Dem HIMMEL ganz nah

AUTONOME PROVINZ BOZEN SÜDTIROL
PROVINCIA AUTONOMA DI BOLZANO ALTO ADIGE
Deutsche Kultur

DIOZESE BOZEN-BRIXEN
DIOCESI BOLZANO-BRESSANONE
DIOZEJA BULSAN-PERSENON

Die Drucklegung des Buches wurde ermöglicht durch
die Südtiroler Landesregierung/Abteilung Deutsche Kultur
und die Diözese Bozen-Brixen.

Bibliografische Information
der Deutschen Nationalbibliothek
Die Deutsche Nationalbibliothek verzeichnet diese
Publikation in der Deutschen Nationalbibliografie;
detaillierte bibliografische Daten sind im Internet
abrufbar: http://dnb.d-nb.de

1. Auflage 2022

Titel der italienischen Originalausgabe: "Santuari del Trentino-Alto Adige. Luoghi di culto e di pellegrinaggio", Athesia-Tappeiner Verlag, Bozen 2021
Übersetzung aus dem Italienischen: Giorgio Hofer, Cavallino
Design & Layout: Athesia-Tappeiner Verlag
Bildbearbeitung: Typoplus, Frangart
Druck: Athesia Druck, Bozen
Papier: Innenteil GardaMatt Ultra

Gesamtkatalog unter
www.athesia-tappeiner.com

Fragen und Hinweise bitte an
buchverlag@athesia.it

ISBN 978-88-6839-634-3

Bildbeschreibung Umschlag
Die Heiligkreuzkirche beim Latzfonser Kreuz (vorne), Votivtafeln aus der Wallfahrtskirche von Montagnaga di Piné (hinten)

FSC
www.fsc.org
MIX
Papier aus verantwortungsvollen Quellen
FSC® C010042

Dieses Buch wurde der Umwelt zuliebe nicht mit einer Schutzfolie eingeschweißt.

designed + produced
IN SÜDTIROL

Fiorenzo Degasperi

Dem HIMMEL ganz nah

Die schönsten Wallfahrtsorte in Südtirol und im Trentino

ATHESIA VERLAG

Sich auf den Weg machen an den Grenzen des Irdischen. Im Zeichen von Demut und Gemeinschaft

Großes Staunen ist die vorherrschende Reaktion auf das umfassende Werk von Fiorenzo Degasperi, das bei Athesia erscheint und zweifelsohne einen Höhepunkt bildet unter den Veröffentlichungen über die Kult- und Wallfahrtsorte in Trentino-Südtirol und an einigen Orten über dessen Grenzen hinweg.

Die Aufarbeitung eines religiösen, architektonischen und künstlerischen Kulturerbes dieser Größenordnung ist gleichsam eine dankbare Anerkennung für das seit Jahrhunderten andauernde Wandern der Menschen unseres Landes auf der Suche nach einem „Jenseits", das in der Lage ist, einem meist kargen, oft am Rande der Armut verlaufenden und häufig auch gesundheitlich prekären Leben wieder Sinn und Hoffnung zu geben.

Die Beschreibungen des Autors – der bereits geübt ist in der sozioökologischen, kulturellen und religiösen Erkundung unseres Landes – offenbaren Schritt für Schritt sein persönliches Engagement an dieser langen Reise, seine Liebe zur Schöpfung, seine Freude am Forschen und seine Leidenschaft zum Erzählen. Wobei sich dies nicht ausschließlich auf den Verfasser dieser Texte zu beziehen scheint: Zwischen den Seiten dieses Buches meint man geradezu den Schweiß derer zu spüren, die diese Wege schon lange zuvor beschritten und damit die Grundsteine für diese Geschichte des kollektiven Glaubens gelegt haben.

Bei näherer Betrachtung ist die Volksreligiosität ein Triumph des Erkennens von Grenzen und somit der Erkenntnis, dass alles ein Geschenk Gottes ist und man sich an ihn wendet, um Gründe für einen Überlebenswillen zu finden, wenn die erkannte Grenze etwa mit der schweren Erkrankung eines engen Familienmitgliedes, mit einer verheerenden Seuche oder dem drohenden Verlust einer Ernte zusammenhängt, für die man bei anhaltender Dürre einen erlösenden Regen erbittet.

Es gibt noch einen weiteren wichtigen Aspekt, den der Autor trefflich beschreibt. In ihrem Wesen waren diese „lokalen" Pilgerreisen immer schon eine typisch gemeinschaftliche Angelegenheit: Die Menschen machten sich nicht alleine auf den Weg, wie häufig auf den klassischen Pilgerrouten, die einst den Kontinent durchzogen, sondern in einer Gemeinschaft, indem sie ihre gesamte Familie oder sogar ganze Dorfgemeinschaften miteinbezogen.

In Zeiten einer extremen Leistungsgesellschaft und des Mythos, man genüge sich selbst, stellt das von Degasperi dokumentierte umfangreiche religiöse Erbe des einfachen Volkes eine großartige Lektion in Sachen Bescheidenheit und Solidarität dar. Doch ist es nicht nur ein Lehrstück für die säkulare Welt, denn übertragen auf den allgemeinen religiösen Kontext übt diese vom Volk genährte Geschichte in ihren vielen Facetten tatsächlich auch Kritik an jener Spiritualität, in der das Persönliche zum Nachteil der Gemeinschaftsdynamik auf die Spitze getrieben wird. Wie schön wäre es – jenseits der folkloristischen Wiederbelebung alter Bräuche –, das Religiöse als Ziel einer Reise der inneren Suche wiederzuentdecken, die nicht nur individuell, sondern gemeinschaftlich erfolgt.

In diesem Sinne wird der Leser und die Leserin auch erkennen, wie außergewöhnlich „modern" dieses Erbgut ist und sicherlich nicht Gefahr läuft, jener „Musealisierung" zum Opfer zu fallen, zu der die Glaubenserfahrung im kirchlichen Bereich manchmal bestimmt zu sein scheint, zumal sie eher an Strukturen und Organisation als an die Kraft des direkten Zeugnisses gebunden ist. Jener fast plastisch anmutenden Zeugnisse, die sich hinter der Fassade einer jeden Wallfahrtskirche zeigen: Gesichter von Menschen und deren Geschichten, Tränen des Leidens oder der Dankbarkeit und selig befreiendes Lächeln in einer zutiefst emotionalen und beschwörenden Dimension, die die Kirche geradezu auffordert, ihre Fähigkeit zu zeigen, das Heute und die Herzen der Menschen anzusprechen.

Zu guter Letzt noch ein Hinweis auf ein weiteres Gütemerkmal dieser Arbeit: Der offene Blick auf die regionale und überregionale Perspektive, auf die uns der Autor und das Verlagshaus aufmerksam machen und demzufolge die Geografie des Sakralen keine Grenzen kennt und nicht den staatspolitisch vorgegebenen Landkarten entspricht. Der Glaube eint, er trennt nicht.

+ **Bischof Ivo Muser**, Diözese Bozen-Brixen
+ **Erzbischof Lauro Tisi**, Erzdiözese Trient

Inhalt

TRENTINO

Heiligtümer, Kultstätten, Wallfahrten

Ein Ort wird nie vom Menschen auserwählt,
er entdeckt in nur, das heißt, der Raum offenbart
sich ihm auf die eine oder andere Weise.

Mircea Eliade

Viele Wege führen zum Heiligen, zum Überirdischen: Wege des Geistes, rituelle Handlungen, Gebete und erhellende Lektüre. Auf all diesen Wegen gibt es eine Konstante, die allen Religionen gemeinsam ist: das Pilgern und die Prozession. Über schroffe Wege bringen sie die Gläubigen zu einem friedvollen Heiligtum und führen sie aus einer Zeit, in der sich alles in Wandel und Umbruch befindet, in einen heiligen Raum, in dem die Zeit innehält. In diesem Raum, wo dem suchenden Menschen das Vorhandensein einer verbindenden Leiter zwischen dem Niedrigen und dem Hohen möglich erscheint – sei es in der kleinen, verlassenen Bergkapelle mitten im Wald oder in der stattlichen Wallfahrtskirche inmitten einer grandiosen Landschaftsszenerie –, findet die Begegnung statt: zwischen denjenigen, die vor einer bitteren Realität eines leidvollen Alltags fliehen, der von Trübsal, Schmerzen und Enttäuschungen geprägt ist, und den Heiligen, die herabsteigen und die Gläubigen begleiten und ihre Gebete, Anrufungen und Danksagungen an die Großen im Himmel – Gott, Christus und die Jungfrau Maria – weiterleiten. Der biblische Jakob träumt von einer solchen Himmelsleiter und materialisiert sie, indem er sein Haupt auf den Stein legt, den er von nun an „Haus Gottes" nennen wird. Dort, in solchen heiligen Räumen, ist es dem Gläubigen möglich, der Zeit zu entfliehen und jene Funken der Pracht zu erleben – wie Elémire Zolla es nannte –, die von der Geschichte verschüttet worden sind. Im Tempel ist die Zeit nicht mehr teilbar in Vergangenheit, Gegenwart und Zukunft, es gibt nur den Augenblick, den Augenblick des Gebetes und der Erfüllung eines Gelübdes.

Santa Giuliana di Vigo im Fassatal. Einst verscheuchten ihre Glocken die Hexen der Marmolata.

Im Jahr 1913 erstellte Alfred Hoppe eine Statistik über die Besucher der alpinen Wallfahrtsorte der österreichisch-ungarischen Monarchie, die auf den Unterschriften der Gläubigen im Wallfahrtsbuch und den während der Messe verteilten Hostien beruhte. Das Ergebnis stellt keine Wertung dar, es handelt sich lediglich um ein Festhalten der Anzahl der Gläubigen, die innerhalb eines dafür günstigen Zeitfensters außerhalb des Alltäglichen an dem Ritus der Wallfahrt teilnehmen:

Mariazell/Steiermark: zwischen 110.000 und 130.000
St. Josef ob Cilli/Slowenien: über 30.000
Weißenstein/Südtirol: zwischen 20.000 und 25.000 (500.000 Pilger im 16. Jahrhundert)
Sonntagberg/Niederösterreich: zwischen 20.000 und 22.000
Rankweil/Vorarlberg. 20.000
Maria Luggau/Kärnten: 20.000
Luschariberg/Slowenien: zwischen 12.000 und 20.000
Maria Saal/Kärnten: 12.000
Maria Kirchental/Salzburg: 11.000
Frauenberg bei Admont/Steiermark: 8.000

Sankt Romedius im Nonstal. Unten in der Krypta, am Grab des Heiligen, fühlte man sich dem Himmel näher.

Trens/Südtirol: 8.000
Mariahilferberg/Niederösterreich: 7.000
Kaltenbrunn/Tirol: zwischen 4.000 und 5.000
Maria Waldrast/Tirol: zwischen 4.000 und 5.000
Maria Schutz/Niederösterreich: zwischen 4.000 und 5.000
Maria Bildstein/Vorarlberg: zwischen 4.000 und 5.000
Absam/Tirol: zwischen 3.000 und 4.000
Mariastein/Tirol: 3.500
St. Georgenberg/Tirol: 1.600
Hafnerberg/Niederösterreich: 1.200
San Romedio/Welschtirol: 1.000

Viele dieser Wallfahrtsorte gehören zu Alt-Tirol, das seit dem 3. Juni 1796, als die Gläubigen vor dem historischen Herz-Jesu-Gemälde von Johann Joseph Karl Henrici im Bozner Dom zum Schwur niederknieten, als „Heiliges Land" gilt. Neben den bekannteren Wallfahrtsorten, die in der genannten Statistik aufgeführt sind, gibt es auch noch eine Vielzahl von kleinen und größeren Pilgerzielen: Kirchen und Kapellen aller Art, und auch einfache Altarbilder sind kennzeichnend für das Gebiet und machen das Land zu einem „heiligen Ort", an dem die Gläubigen – heute auch die vielen Ausflügler und Wanderer – durchaus dem Eindruck erliegen, durch eine „sakrale Landschaft" zu wandeln. Eine Landschaft, die aber natürlich nicht nur aus Kirchengemäuer und Gnadenbildern besteht, sondern ebenso aus einer Natur, die ihrerseits im Laufe der Jahrhunderte ebenso wenig ihre ursprüngliche Sakralität aufgegeben hat. Dazu genüge der Hinweis darauf, dass achtzig Prozent der Wallfahrtsorte in Tirol mit Orten in Verbindung stehen, die seit jeher als heilig gelten: Quellen, Quellwasser, Brunnen, uralte Bäume (Baumkult) und noch viel ältere Felsen und Steine (Steinkult).

Dieses Buch befasst sich mit den *peregrinationes minores*, den Wallfahrten mit lokalem, höchstens regionalem Charakter, die im Laufe der Jahrhunderte immer beliebter wurden, im Vergleich zu den *peregrinationes maiores*, den Pilgerreisen zu den drei großen Zielorten des christlichen Pilgertums: Jerusalem (*peregrinazione gerosolimitana*), Rom (*pregrinazione romea*) und Santiago de Compostela (*peregrinazione jacopea*).

Manchmal kreuzen sich die Wege, überschneiden sich und geraten durcheinander. Es gibt jedoch einen nennenswerten Unterschied zwischen den mittelalterlichen Pilgerfahrten und denen, die mit der tridentinischen Gegenreformation ihren Anfang nahmen. Erstere waren vor allem eine persönliche Angelegenheit, auch wenn sie Teil eines rituellen Gemeinschaftskontextes waren. Denn sobald sie sich entschieden hatten – oder gezwungen waren –, zu ihrem Sühnegang aufzubrechen, mussten sie sich notgedrungen an die von der kirchlichen wie weltlichen Obrigkeit vorgeschriebenen Prozeduren halten, etwa Ansuchen um die bischöfliche Erlaubnis über die Abfassung eines Testaments und die Beilegung von Streitigkeiten bis hin zur Investitur, der letzten Pflichtübung vor Beginn der großen Reise: eine heilige Messe, in deren Anschluss der Zelebrant dem angehenden Wallfahrer die Pilgertasche und den Pilgerstab überreichte und dazu die Worte sprach: „Im Namen unseres Herrn Jesus Christus, nimm dies entgegen als Zeichen deiner Pilgerreise, auf dass du es verdienst, unversehrt, gereinigt und geläutert den Ort des Heiligen Grabes zu erreichen und in voller Gesundheit zurückzukehren."

Die moderne Wallfahrt dagegen ist nicht ein individuelles Anliegen, sie ist ein gedachter Raum, eine Art Bühnenbild, in dem der Wallfahrer die Szene betritt. Die weiten Entfernungen, die offenen endlosen Landschaften, in denen sich die Seele verirren kann, werden ersetzt durch überschaubar begrenzte Raumdimensionen, gleichsam durch einen begehbaren *Hortus*-Garten. Obwohl auch diese „heimischen" Wallfahrten keine politischen Grenzen kannten, wie die Prozessionen zu einigen Heiligtümern außerhalb Tirols zeigen – etwa zur Luggauer Madonna im Kärntner Gailtal oder zur Madonna della Corona in Italien –, erfolgten auch diese Wallfahrten im erweiterten regionalen Umfeld überwiegend in Form eines gemeinschaftlichen Pilgerganges.

Eine Geografie des Sakralen

Beladen mit einem Stein – damals in der Pilgertasche, heute im Rucksack – erreicht der Wallfahrer nach oft stundenlangem Gehen die vorletzte, dreizehnte Station des Kreuzweges, an der Jesus vom Kreuz abgenommen und seiner Mutter übergeben wird. Die Station ist Maria gewidmet, die mit der Umarmung ihres Sohnes gleichsam alle Menschen umarmt und die Ängste und Leiden aller Mütter dieser Erde teilt. Und hier entledigen sich die Gläubigen des mitgeschleppten Steins. Durch die zahllosen Pilger, die im Laufe der Jahrhunderte bereits Steine hierher getragen haben, hat sich inzwischen ein kleiner Hügel angehäuft, ein kleiner Berg, der so wie die Anhöhe, auf der viele Wallfahrtskirchen errichtet wurden (so zum Beispiel Maria Weißenstein), ein neues Golgotha symbolisiert. Es besteht eine enge Beziehung zwischen der Seele und dem Stein. So sagt uns Prometheus, dass Steine einen menschlichen Geruch beibehalten haben. Und die Tuareg erinnern uns daran, dass ein einzelner Stein keine Kraft besitzt, viele gemeinsam sich aber dem Himmel nähern können. So wie wir es bereits vom Jakobsstein her kennen, bestimmt der Stein als Zentrum der Welt, die *axis mundi*, die Sakralität eines Ortes, sei es durch Menhire und Dolmen, durch Schalensteine oder durch die auf Pässen, Gipfeln und Bergrücken aufgeschichteten Steinmännchen, die der Grenzmarkung und als Wegweiser dienen.

Die geschichteten Steine, die nahegelegene Kreuzwegstation, das an einen Baumstamm genagelte Votivbild, die auf den Grenzsteinen eingemeißelten Kreuze, die Bildstöcke, die Kapellen – allein im Gadertal sind es vierzig –, die Altarbilder, die Kirchen und Wallfahrtsheiligtümer selbst und die sakralen Fresken an den Häusern, all dies sind Elemente, die auch heute noch die Kultur- und Naturlandschaft prägen. Ziel und gleichzeitig Zentrum dieser sakralen Geografie ist die Wallfahrtskirche, ein heiliger Ort und Kultstätte mit besonderen Formen der Andacht, der Verehrung von Gnadenbildern und Reliquien, der Ort einer wundersamen Begebenheit oder Erscheinung, an dem man um einen Ablass oder eine Gnade bittet.

Noch nicht völlig vergessen und verlorengegangen sind all diese über das gesamte Gebiet verstreuten Zeichen und Fragmente, aus denen oft Träume, Fantasien und schließlich Legenden entstanden, die man sich dann während der langen Wintermonate in den Ställen und Stuben weitererzählte. Seinem zielstrebigen Gehen verleiht der Wallfahrer einen sakralen Sinn, der über die einfache Bedeutung all dieser Zeichen und Fragmente hinausreicht. Er vollzieht eine religiöse Handlung im wörtlichen Sinn von *re-legere*, dem „Wieder-Zusammennehmen" von Himmel und Erde. Der wandernde Pilger stellt wieder her, was einmal war, aber seither oft in Vergessenheit geraten oder sogar ganz verlorengegangen ist. Heute kann man nur noch zu Fuß die Erinnerung an solche Orte und deren sakralen Besonderheiten wachrufen. Der Pilger, der von Tal zu Tal geht, Pässe und Wildbäche überquert, hat über Jahrhunderte eine Geografie der imaginären Sakralität entstehen lassen, die sich unentwegt mit der Realität überschneidet. Es ist eine Art von Topografie, die seit Jahrhunderten die Abläufe des täglichen Lebens markiert, indem sie profane Rituale und Symbole vermischt zugunsten einer Religiosität nach Menschenmaß, oft auch unter Einbeziehung von uralten Kultstätten unserer eigenen heidnischen Vorfahren und einer daraus folgenden Überschneidung von Kulthandlungen, Riten und Beschwörungen.

Es handelt sich um ein kulturelles und anthropologisches Substrat, das lange über das Konzil von Trient hinaus bestand, als die Geistlichen angewiesen waren, Tal um Tal und Dorf um Dorf, alle Pflanzen, Tiere und sogar Steine zu segnen. Sie taten dies, weil früher einmal wohl alle Kreaturen sprachen, darunter Tiere, Kräuter und sogar Steine. Die Seele war daran gewöhnt, etwas Außergewöhnliches zu erleben, sobald sie mit solch sakralen Zeichen in Berührung kam. Was auch immer dieses Zeichen in Wirklichkeit bedeuten mochte, es stellt auf jeden Fall eine Präsenz dar, die alles eher als nichtssagend ist: Sie verdeutlicht und bestätigt die Inkarnationskraft der kulturellen und kultischen Symbole und deren metaphysische Fähigkeit, sich in eine Zugangs-

Maria Himmelfahrt in Proveis am Deutschnonsberg.

Prozession in Gais im Tauferer Tal.

möglichkeit, eine Art Schlüssel zu verwandeln, um in Kontakt mit dem Jenseits oder dem Überirdischen zu treten, in dem Bewusstsein, dass wir hier unten in einem Mikrokosmos eingeschlossen sind. Aber als solch kleines Gebilde spiegelt es perfekt seinen großen Bruder wider, den Makrokosmos, in der heiligen Vorstellung, die das gesamte Universum umfasst und alles zu Söhnen und Töchtern des Göttlichen macht.

Unter dieser Perspektive betrachtet, ist die Sakralität in einer Landschaft an der Grenze zwischen Realität und Fantasie, zwischen Tatsache und Hoffnung angesiedelt, wo menschliche Schwäche und Hoffnung in existenzieller Spannung zueinander die Gewissheit der göttlichen Allmacht suchen oder oft auch nur den Mut, ein Alltagsleben zu führen, dessen unsichtbare Fäden von einer Instanz bewegt werden, die selbst als Bildnis, als Skulptur oder als Bauwerk geformt den Hintergrund eines verängstigten Unterbewusstseins darstellt.

Eine Legende aus längst vergangenen Zeiten erzählt von einem Waldarbeiter, der einen riesigen Holzblock zu bearbeiten hatte. Als er seine Axt hob, begann das Holz zu sprechen: „Spalte mich in große Stücke, nicht in kleine." In diesem Satz ist das greifbare Zeichen einer Harmonie zwischen Natur und der menschlichen Zivilisation erkennbar, einer Harmonie, die in jenem goldenen Zeitalter, auf das alle Kulturen Bezug nehmen, als vollkommen galt. Es gab auch die Meinung, dass diese Fähigkeit, sich jenseits aller naturgegebenen Unterschiede gegenseitig verständigen zu können, das Böse auf den göttlichen Plan rief und von da an die Tiere, die Pflanzen, das Wasser und die Steine nicht mehr sprechen konnten. Der totemistische Animismus der vorchristlichen Kulturen, die kosmische Magie des Ackerbaus und der Pantheismus der Philosophen der Renaissance gerieten schließlich in Konflikt mit der von der Gegenreformation geförderten Heiligung der Pflanzenwelt. Daran erinnert Piero Camporesi in seinem Buch *Le officine dei sensi* (Mailand 199[illegible]): „In jenen Jahrzehnten des Konzils von Trient erlebte man eine noch nie dagewesene Verbreitung der Christianisierung von Kräutern und Blumen sowie die Taufe von heiligen Wäldern, die von volkskundlichen Botanikern ebenso durchkämmt wurden wie vom magiesüchtigen gemeinen Volk auf der steten Suche nach Wundermitteln (mit *domina herbarum* bezeichneten die Inquisitoren die Kräuterhexen)."

Der Pilger wandert durch diese Geografie des Imaginären und versucht, die Zeichen dieser untergründigen Liturgie wieder zusammenzusetzen, er folgt ihnen durch die Jahrhunderte und verleiht ihnen die unterschiedlichsten Namen, obwohl die Substanz unverändert bleibt. Dieses Wissen um die Symbole ist unerlässlich, damit

die Zeit die vereinzelt verbleibenden Spuren nicht endgültig auslöscht und auch weiterhin der Wille bestehen bleibt, die heiligen Orte damit abzugrenzen und zu kennzeichnen. Die kulturelle und religiöse Landschaft eines Ortes zu rekonstruieren bedeutet auch, die Kluft zwischen der irdischen Welt und dem Himmel, zwischen dem Mikrokosmos und dem Makrokosmos zu überwinden. Durch diese Risswunde sind die Zeichen zu Fragmenten geworden, und diese Zersplitterung der Zeugnisse bringt das Vergessen des Kleinen, des anscheinend Geringfügigen mit sich, wodurch dieser Riss eine Bedeutung erlangt, die weit über ihr unmittelbares Erscheinen hinausgeht. So wie der Stein viel wertvoller ist, als seine physische Präsenz es zu vermitteln mag. Aus der Quelle fließt nicht einfach Wasser, sondern ein flüssiges Element, das Leben schenkt oder es auch nehmen kann. Das Puzzle zusammenzufügen, die Verbindung vom Kleinen zum Großen wiederherzustellen bedeutet, der Geschichte der Volksreligiosität in Verbindung mit Heiligtümern und Wallfahrten ein harmonisches und universelles Gefüge zu verleihen. Es bedeutet auch, an dem Dahinfließen der Geschichte teilzunehmen, jener Geschichte, die nicht nur aus Jahreszahlen und chronologischen Abläufen, aus einer Ansammlung an bloßen Ereignissen und gleichsam aus einem

Palù dei Mòcheni im Fersental. Von hier brach man zur Wallfahrt nach Maria Weißenstein auf.

In der der Heiligen Jungfrau geweihten Friedhofskapelle von Lengmoos werden heute noch zahlreiche Votivbilder als Zeugnis des ungebrochenen Glaubens an die göttliche Fürsprache aufbewahrt.

Abgesang der Gleichgültigkeit besteht. Es bedeutet vielmehr, teilzunehmen an den Windungen, Wirbeln und Strudeln, an all den Vorkommnissen, Handlungen und Erlebnissen, die das alltägliche Leben mit sich bringt und die überall auf der Welt über die Jahrhunderte hinweg die Bewohner einer Gegend geformt und geprägt und nicht nur dem Einzelnen, sondern der ganzen Gemeinschaft eine eigene Identität verliehen haben. Wenn es stimmt, dass die irdische Welt das wahrheitsgetreue Spiegelbild der himmlischen ist, dann ist das Sakrale das kräftige und unlösliche Bindeglied zwischen der materiellen und der spirituellen Welt, zwischen der Welt hier unten und jener dort oben.

Verleiht man dem Heiligen eine bildhafte Form, wird es zu einem Zeichen, das den Menschen an die tiefe Bedeutung des Spirituellen mahnt. Es ist nicht nur der heilige Ort, zu dem der Mensch hinstrebt, vielmehr ist er seit jeher auch selbst Gottes Wohnstätte. Ein Zeichen oder ein Raum wurde von der Gemeinschaft ihrem Gott oder ihren Göttern als Wohnung zugewiesen, ob es nun darum ging, einen heiligen Bereich vom bewohnten Raum abzugrenzen oder auch darum, besiedelte, angebaute, brachliegende, unbewohnte, genutzte und naturbelassene Flächen und Räume nach logistischen Gesichtspunkten voneinander zu trennen.

Uns mögen die Ereignisse, die im Laufe der Jahrhunderte in diesem besonderen Bereich des Sakralen vorgefallen sind, von der Vernunft her nur schwer verständlich erscheinen, doch ist das Heilige per definitionem sehr wohl etwas Reales, eine starke Präsenz, die äußerst wirksam arbeitet, alles in Kraft setzt und bestehen lässt und allem damit Verbundenen Wirklichkeit und Leben verleiht. Das Pilgern und Wallfahren der Menschen hat viele Zeugnisse hinterlassen, vor allem mündliche, und sie genügten mir, um zu versuchen, dieses menschliche Tun jenseits von Zeit und Raum in unserer alpenländischen Region besser zu verstehen, einem Land, das noch weitgehend verschont geblieben ist vom Niedergang des Sakralen, selbst wenn in gewissen Tälern der Beginn eines solchen Verfalls schon allmählich spürbar wird und in Richtung des Vergessens und Verlorengehens fortschreitet.

Die Interpretation der sakralen Geografie dieses Landes hilft uns dabei, die Zeit wieder aufleben zu lassen, in der der Mensch in einer noch vollkommen naturbelassenen und gesegneten Umwelt lebte und der Alltagsrhythmus von den landwirtschaftlichen Abläufen bestimmt wurde sowie vom Segen eines heiteren, ländlichen Gottes, des weisen Spenders von Früchten und Wohlbefinden, wobei den begleitenden Heiligen vor allem die Aufgabe zukam, den Kalender unter sich in entsprechende Feiertage aufzuteilen, die als grundlegende Bezugspunkte im Jahresablauf zu dienen hatten.

Denn, wie Chiara Kirschner in der Ausgabe Nr. 9/10 der *Annali di San Michele all'Adige* anmerkt, hat „die Wallfahrt nicht eine ausschließlich religiöse Bedeutung. Sie bringt die Gläubigen an einen abgelegenen Ort inmitten einer vom Menschen verschont gebliebenen Natur, der durch freiwilliges, rituell gestaltetes Begehen nur schwer und mühsam zu erreichen ist und damit einen wahren Kulturmechanismus auslöst, der auf das Entstehen einer territorialen Identität ausgerichtet ist, bei der das dem religiösen Kult vorbehaltene Gebäude eine zentrale Rolle spielt als eine Art *Drunemeton,* dem biblischen Heiligen Hain, in dessen Funktion als Heiligtum und Ort der Versammlung, an dem sich jene Grenzen abzeichnen lassen, in denen sich die Identifikation der Gemeinschaft der Gläubigen vollzieht".

Das Wesen und die Entstehungsgeschichte der Wallfahrtsorte

Die Stifter der Wallfahrtskirchen bevorzugten entweder die Nähe eines Wasserlaufs, eine Anhöhe oder den Rand einer Hochfläche, was beweist, dass die Suche nach einer neuen Art von Religiosität von einer besonderen Beziehung zur Natur geprägt war. Es handelt sich um Orte, die seit jeher aus unterschiedlichsten Gründen aufgesucht wurden, und die den Betroffenen durch eine besondere Bindung zwischen dem Ich und der umgebenden Natur in einen ganz bestimmten Gemütszustand versetzen. Die Römer stellten diesen besonderen Seelenzustand unter die Ägide eines *genius loci*, eines ortbezogenen Schutzgeistes, der die Kontrolle über den Ort ausübt, sein Wesen prägt und ihn in seinem Dasein begleitet. Es sind Orte, die im harmonischen Einklang mit ihrem *genius loci* stehen und daher ihre Ausstrahlung über die Zeit hinweg beibehalten haben. Unsere Vorfahren glaubten auch, das Wesen eines Ortes werde durch die Energie des menschlichen Tuns zusätzlich geprägt. Raum und Ort bildeten eine wesentliche Grundlage des menschlichen Daseins, weshalb das Verständnis des Menschen ohne seine unmittelbare Umgebung undenkbar erschien.

Die Spiritualität der Menschen kann sich in jeder Hinsicht nur in Verbindung mit ihrem Lebensraum – in unserem Fall die alpine Landschaft – ausformen und verstanden werden. Die Volksreligiosität, die sich hier im Laufe der Jahrhunderte entfaltet hat, hat einen starken Bezug zum Holz, zu Steinen, Moosen und Geröll, zu Wiesen und Weiden, Wäldern, Almen und Bächen, zu weiten Horizonten, Gipfeln, Schneefeldern, Stürmen, Wildtieren, zur Abgeschiedenheit wie auch zum Dorfplatz, dem Läuten von Kirchturmglocken, dem Geruch von Ruß und Rauch und all dem, das von der Anwesenheit des Menschen zeugt. Das seit jeher bestehende Bestreben, die als heilig und demnach als unersetzlich geltenden Orte zu verteidigen, hat diesen Lebensraum mit Werten angereichert, die sich in Vergangenheit und Gegenwart miteinander verbinden.

Heute wird der *genius loci* nicht mehr mit einer Dryade identifiziert, einer Waldnymphe, die mit ihrem Baum starb, oder mit einer Najade, einer der vielen Wassernymphen. Vielmehr nennt man ihn heute Maria, Sankt Romedius oder Jesus Christus. Immer schon hatte man sich solchen heiligen Orten langsam und mit bedachten Schritten zu nähern, so wie auch die Ankunft am Ziel der Wallfahrt immer schon von zahlreichen, vielfältig gestalteten Zeugnissen dieser das Pilgertum prägenden Parallelwelt begleitet wurde. Die allererste Wirklichkeit, die jeder Mensch ununterbrochen wahrnimmt und mit der er eine Beziehung einzugehen hat, ist sein eigenes Ich. Und diese besagte „andere" Parallelwelt offenbart sich nach und nach, indem sie ganz allmählich das Ego miteinbezieht und es mit allem Äußeren in Einklang bringt.

Die Wallfahrtsorte fassen diese uralte Geschichte in sich zusammen und bewahren jenes „Langzeitgedächtnis", das sich in den Verzweigungen unserer Psyche und in denen des umgebenden Lebensraumes entfaltet. Viele der wundersamen Erscheinungen fanden in der Nähe von Orten statt, die bereits seit alters her als heilig galten, nahe an Quellen, denen Heilkräfte zugeschrieben wurden, oder an bestimmten Steinen, an denen man sich rieb, um die ersehnte Fruchtbarkeit zu erlangen. Auch hielt man sich an astronomisch vorgegebene Ausrichtungen, bei denen der Einfall der Sonnenstrahlung ins Spiel kam.

Der Pilger, der sich auf den Weg machte, begann mit einer Zeremonie, die ihn von der profanen Welt des Alltags loslöste. Danach fuhr er fort mit rituellen Handlungen, die das Irdische und Himmlische vereinigten und ihn mit allem Höheren in Einklang brachten. All dies geschah stufenweise, Schritt für Schritt. Im Unterschied zu heute ließ man sich Zeit, um den heiligen Ort zu erreichen, und ebenso hatte man es nicht eilig, ihn wieder zu verlassen. Durch die Hektik verlieren wir heute den Kontakt zum *genius loci* und werden uns der Kultur des Ortes und der Landschaft nicht richtig bewusst. Man denke bloß daran, wie „invasiv" die Eingriffe des Alpinismus seit dem 19. Jahrhundert mit ihrer aufklärerischen Profanierung heiliger Orte waren, die bis dahin durch Verbote und Tabus geschützt waren. „Ausgehend von den wissenschaftlich begründeten Besteigungen des großen Horace Bénédict de Saussurre, der in Mode gekommenen Mythologie des Mont Blanc und des Helvetismus sowie dem Bestreben der Engländer, die Alpen in einen Tummelplatz zu verwandeln, begann das bürgerliche Europa, die Berggipfel als einen Ort zu betrachten, der aufgeklärt und von den Schatten des Aberglaubens befreit werden musste, den es aufzusuchen, zu entweihen und zu bezwingen galt", schreibt Annibale Salsa in seinem Buch *Il tramonto delle identità tradizionali*, (Ivrea 2007).

Die Pfarrkirche von Viarago im Fersental.

An solchen Orten kamen die Gläubigen mit dem *mirabilis*, dem *magicus*, mit dem Übernatürlichen, dem christlichen Wundersamen in Berührung. In diesem Zusammenhang kommt nun das *miraculum* ins Spiel, das Wunder, das zwar Teil des *mirabilis* ist, des Wunderbaren und Wundersamen, aber sich doch grundlegend von diesem unterscheidet. Denn im Unterschied zum Wundersamen, das von vielerlei unfassbaren überirdischen Phänomenen ausgelöst werden kann, entstehen Wallfahrtsheiligtümer stets infolge von Wundern, die auf eine direkte Einwirkung Gottes zurückzuführen sind. Durch die Reglementierung der Entdeckung von Gnadenbildern, die Prüfkriterien und oft auch die Infragestellung des Wunders an sich – in Montagnaga di Piné wurde die von Domenica Targa erlebte Madonnenerscheinung von der offiziellen Kirche bis heute nicht anerkannt – kommt es oft zu Verwischungen, wobei der Versuch, das übernatürliche Ereignis zu rationalisieren, indem ihm vor allem sein wesentliches Merkmal, sprich das Irrationale, genommen wird, dem Heiligtum selbst geradezu das Lebenselixier entzieht.

Die Erscheinungen der Muttergottes und der Heiligen sowie die Entdeckungen der heiligen Kreuze versetzten die Gläubigen in eine Welt jenseits des Rationalen, eine Welt, die durch zeitliche Kreisläufe und einen liturgischen Kalender gekennzeichnet war, der dem Leben in den Bergen mit all seinen Licht- und Schattenseiten entsprach.

Die Religion stellte den zentralen Punkt im Leben der Gläubigen dar. Alles war in den streng geregelten Ablauf des liturgischen Jahres eingebettet, und in diesem Kalender koexistierten das Funktionelle mit dem unerklärlichen Wunder, das Wundersame und Magische mit dem Gefühl der Zugehörigkeit, zumal man erkannte, dass die eigenen Gesten und Handlungen auch die der anderen waren. Davon zeugen die zahlreichen Prozessionen, Messen und Gemeinschaftsrituale, deren Teilnahme kein Gläubiger versäumte wie schlecht das Wetter auch sein mochte. Rituale, zu denen die Gläubigen sich an einem Ort versammelten, der als heilig galt, sei es unterm Kruzifix in der eigenen Stube, in der Kirche oder in einer Wallfahrtskapelle.

Die Wallfahrten und das dichte Netz von Kirchen, Kapellen und Heiligtümern, die Gemeinschaft der Heiligen selbst und die als heilig angesehenen Orte stehen symbolisch für die Berge, die der menschlichen Gemeinschaft überantwortet sind. Der sakrale Charakter dieser Orte wurde von den Gläubigen respektiert und gewürdigt, war Teil ihres eigenen Schatzes an Erfahrungen und Beziehungen, bei denen es um das eigene Ich und den Rest der Welt ging.

Mit bestimmten Heiligtümern war man ganz besonders emotional verbunden. So konnte es durchaus sein, dass ein Ort, der für die Menschen, die dort lebten, nicht besonders wichtig war, für die Gläubigen von anderswoher aber sehr wohl. Die Leute aus dem Cembratal pflegten zu Fuß zur Kirche der heiligen Ursula im Fersental zu pilgern, um deren Schutz zu erbitten, zu einem Ort also, den sie im Unterschied zu den Einheimischen als ein Heiligtum betrachteten. So war es den Fersentalern auch ein wichtiges Anliegen, in Erfüllung eines Pestgelübdes die Kirche der Heiligen Fabian und Sebastian in Viarago in der Valsugana aufzusuchen, eine Kirche, der von den dortigen Dorfbewohnern keine solch außergewöhnliche Bedeutung beigemessen wurde.

Eine Auswahl an Votivtafeln, die an den Wänden der Wallfahrtskirche von Montagnaga di Piné hängen.

Die Wege des Sakralen

Seid untereinander gastfreundlich, ohne zu murren
(1 Petr, 4,9)

Vernachlässigt die Gastfreundschaft nicht,
denn durch sie haben etliche ohne ihr Wissen Engel beherbergt
(Heb 13, 1-2)

Die Wege des Heiligen kreuzen sich, überschneiden sich, verlaufen sich und finden wieder zueinander. Die Berge trennen nicht, vielmehr vereinen sie, und der Glaube gibt den Antrieb, sie zu begehen.
In Zeiten, als Gastfreundschaft noch lebenswichtig war, wurden entlang dieser Wege Hospize errichtet. Die Pilger konnten dort übernachten, sich erfrischen und stärken und im Krankheitsfall Hilfe erhalten. Auch konnten sie dort an den Gottesdiensten teilnehmen. In der auch als Hospiz genutzten St.-Johann-Kirche in Taufers im Münstertal war den Pilgern ein erhöht angebrachtes Schlaflager vorbehalten, von dem aus sie der Messe beiwohnen konnten, ohne sich von ihrer Schlafstelle erheben zu müssen. Im Hospiz von St. Florian in Laag dagegen konnte die Stimme des Zelebranten durch einige Maueröffnungen hindurch bis in den darüber liegenden Schlafraum dringen.

Die St.-Johann-Hospizkirche in Taufers im Münstertal.

Einige dieser Hospize sind uns erhalten geblieben, wie etwa jenes in Ospitale di Cadore am alten Kaiserweg zwischen dem Ampezzanischen und dem Hochpustertal, oder die alte Spitalskirche (heute St. Sebastian) in Klausen, die Pilger aus dem Gadertal auf ihrem Weg zum Heiligen Kreuz auf Säben beherbergte und später durch die Apostelkirche (oder neue Spitalskirche) ersetzt wurde. Intakt geblieben in ihrer mittelalterlichen Struktur sind die beiden bereits erwähnten Hospize von St. Florian in Laag im Südtiroler Unterland und, zumindest in großen Teilen, von St. Johann im Obervinschgau entlang dem Weg, der nach Chur führte.
Viele Hospize befanden sich an strategisch günstigen Orten und in einer Entfernung voneinander, die so berechnet war, dass der Pilger am Ende seiner täglichen Mühsal ein Schlaflager finden konnte. So befand sich das Leprahospiz San Nicolò in Piedicastello bei Trient zusammen mit den anderen fünf städtischen Hospizen Crociferi, San Martino, Santa Maria Coronata, Santa Maria della Misericordia und dem San-Pietro-Spital einen Tagesmarsch von St. Florian in Laag entfernt, ebenso wie das Hospiz Sant'Ilario in Stroparolo zwischen Volano und Rovereto. Ein Tagesmarsch von dort aus führte dann nach San Leonardo in Borghetto oder auch, vorbei an Santa Lucia in Chizzola am rechten Ufer der Etsch, nach Santa Margherita bei Ala. Weiter nördlich traf man auf das Hospiz von San Lazzaro in Lavis, auf das Heilig-Geist-Spital in Bozen und, entlang des alten Kaiserweges, der die unwegsame Eisackschlucht umging, auf das Hospiz der Deutschordner in Lengmoos am Ritten.
Wer es sich leisten konnte, besorgte sich ein Empfehlungsschreiben des Bischofs, des Dekans oder des Pfarrers, um im Notfall auch bei deren Bekannten, in Klöstern oder in Pfarrhäusern unterzukommen. Dazu sei daran erinnert, dass viele christliche Schriften, die in den Kirchenpredigten wiederge-

geben wurden, zur Gastfreundschaft aufriefen und im Gegenzug Ablässe und Bußbefreiung versprachen.
Der Weg wurde stets als Gefahr betrachtet, doch das hielt diejenigen, die gehen wollten, nicht von ihrem Vorhaben ab. Bis zum Ende des Ersten Weltkriegs konnten es sich viele nicht leisten, eine allzu starke Bindung an ihre nähere Heimat aufrecht zu erhalten. Aufgrund von Hungersnöten, Hochwasserkatastrophen, Todes- und Unglücksfällen sowie der Suche nach Arbeit endeten viele Menschen auf der Straße und wurden zum Fortziehen und Auswandern gezwungen. Das Pilgern und Wallfahren war daher oft auch ein Versuch, sichere Bezüge für das Leben zu finden. Die Gläubigen betrachteten den Kampf um das Heil als eine Art Lebensdrama, an dem die militante Kirche auf Erden, die reinigende Kirche (Fegefeuer) und die triumphierende Kirche (Paradies) beteiligt sind.
Von den Gläubigen auf ihren Pilgerwegen wurde auch die Marienverehrung überallhin verbreitet. Die Verehrung eines an einem Wallfahrtsort aufbewahrten Gnadenbildes hängt oftmals mit der jahreszeitlich bedingten Abwanderung der Gebirgsbewohner zusammen, die in der Folge davon mit der Religiosität des südlicheren oder auch nördlicheren Flachlandes in Berührung kamen, wie es uns das Beispiel des Mariahilf-Bildes in der gleichnamigen Wallfahrtskapelle im Osttiroler Defreggental zeigt. Für diejenigen, die nicht nach Rom, nach Jerusalem, zum Monte San Michele in Apulien oder später dann auch nach Santiago de Compostela pilgern konnten, gab es Wallfahrtsorte im eigenen Tal oder in benachbarten Tälern. Oder es gab Orte in erreichbarer Nähe, von denen aus Prozessionen und Gemeinschaftswallfahrten unternommen wurden. Bei solchen Bittgängen oder auch an Kirchtagen fühlten sich die damaligen Gläubigen den wahren Pilgern ebenbürtig.
Abgesehen von den unterschiedlichen Entfernungen war das Begehen eines sakralen Weges – und ist es zum Teil immer noch – durch das Gebet gekennzeichnet, meistens durch das Aufsagen eines Rosenkranzes und durch das Innehalten an den einzelnen Stationen des Kreuzweges oder an anderen besonderen Stellen, die als verehrungswürdig oder wundertätig betrachtet wurden. Weder der Pilger auf den ausgedehnten Routen noch die Wallfahrer auf den heimischen Pfaden ließen sich von ihrem Vorhaben abhalten, es sei denn, es wütete ein Krieg oder eine Seuche, infolgedessen Pässe und Straßen gesperrt waren, oder aber eine Ernte stand an. Und in der Tat, bis in die Zeit der aufkommenden Massenmotorisierung war der Drang zum Pilgern für ganz viele Menschen der vorrangige Ansporn, das Haus zu verlassen und sich auf den Weg zu machen. Mit dem Aufkommen des kollektiven Organisierens sind viele dieser uralten Wege verloren gegangen, und mit ihnen auch der besondere Zauber, der ihnen anhaftete. Michel'Angelo Mariani stellte in seiner Schrift *Trento con il Sacro Concilio et altri atti notabili* (Trient 1673) fest, dass „auswärtige Pilger und Bettler in so großer Zahl durch Trient ziehen, dass im selben Jahr 1671 fast jeden Tag ein ganzes Pack von ihnen zu sehen ist".
Auch aufgrund der starken Präsenz von Pilgern wurden Durchreisende oft streng kontrolliert. Mit dem Aufkommen der Gemeinschaftswallfahrten – die Bittgänge dauerten meist drei Tage und überschritten meist die Grenzen der eigenen Pfarrgemeinde – nahm die Zahl der Raufhändel und anderer Vorfälle zu, bei denen besonders Frauen in Gefahr gerieten oder Ursache für Reibereien und Streitigkeiten waren. Es gab aber auch Frauen, die allein oder in kleinen Gruppen selbst zu entfernt gelegenen Wallfahrtsorten pilgerten. So gibt es Belege für eine Wallfahrt von zwei Frauen aus Kastelruth, die vor einigen Jahrhunderten über Völs, Tiers, das Eggental, den Karer- und dem Manghen-Pass in die Valsugana pilgerten, wo sie angeblich exorziert wurden.[1]
Es gab natürlich auch diejenigen kirchlichen Herren, die den mit Bittgängen oft einhergehenden Lärm als störend empfanden. Viele solcher Prozessionen wurden nicht nur von Glockengeläut, sondern auch von Böllerschüssen begleitet, so wie es in fast allen Tälern üblich war. Schließlich wurden zahlreiche Prozessionen und Wallfahrten verboten, um der öffentlichen Ordnung Respekt zu verschaffen bzw. um eine Störung derselben von vorneherein zu verhindern. Bereits seit dem 18. Jahrhundert wurden häufig nicht nur solche Prozessionen und ausgedehnte Wallfahrten mit gemeinsamen Übernachtungen beider Geschlechter missliebig betrachtet, sondern nahezu alle Veranstaltungen mit religiösem Charakter, hinter denen die Kirche Abergläubisches wähnte. Und solche Veranstaltungen gab es natürlich viele, sei es um irgendeinen Schutzheiligen zu feiern, aber auch um Jenseitiges günstig zu stimmen oder zu beschwichtigen. Während der Regierungszeit von Kaiserin Maria Theresia wurden im Jahr 1772 alle Prozessionen

1. I. Kircher, *Wallfahrten, „Bilder" und Kreuze. Von lebendigem Volksglauben im Eggental/Überleben trotz Raub und Schändung*, in Dolomiten, 29.12.1976, S. 4.

Die Wallfahrtskirche Heiliggeist in Kasern im Ahrntal.

gestrichen, die länger als einen Tag dauerten oder das Gebiet einer Pfarrei überschritten, da längere Veranstaltungen dieser Art als Schaden für die lokale Wirtschaft und als Gefahr für die öffentliche Ordnung eingestuft wurden. Kreuz- und Fahnenträger, die an derlei verbotenen Umzügen teilnahmen, wurden von der Obrigkeit mit fünfzig Stockschlägen bestraft. Demgegenüber bevorzugt behandelt wurden kleinräumige und kurzzeitige Wallfahrten, also solche, die an einem einzelnen Tag und innerhalb der eigenen Pfarrgemeinde stattfanden. Was in jedem Fall unverändert bleibt, ist die Aufmerksamkeit des Pilgers der Landschaft gegenüber, die er durchschreitet und dabei als einen Ort der Erscheinung des Heiligen, des Lichtes, des *mysterium tremendum* empfindet und erlebt.

Aus diesem Grund verlief der Weg des Pilgers nie geradeaus, sondern folgte eher einem Zickzackkurs, der hin und her

schlingerte, je nach Richtung, in der sich die nächste Kirche mit einem Gnadenbild fand, denn man glaubte ja, dass einem durch das Aufsuchen möglichst vieler Heiligtümer auch entsprechend viele Gnaden zuteil kommen und Bußen aufgehoben würden. In vielen Kirchen – auch in solchen, die nicht das Ziel von Wallfahrern sind – finden sich Pilgersymbole, so etwa das Tau-Kreuz, das uns am Eingang der St.-Leonhard-Kapelle in Völs wie auch im Kreuzgang des Klosters Neustift begrüßt, einer wichtigen Zwischenstation auf dem Weg nach Santiago de Compostela, oder die zahlreichen Abbildungen des Jakobus des Älteren, des Schutzheiligen der Pilger, sowie die des heiligen Christophorus, beispielsweise auf dem schönen Relief von 1512 auf dem Altar der Pfarrkirche zur heiligen Katharina in Corvara im Gadertal.

Ein Beispiel für eine „Zickzack"-Pilgerreise, bei der die Bedeutung des Ortes wichtiger ist als der direkteste Weg dorthin,

wird uns von Maddalena da Moena, der Ehefrau von Giovan Maria Tacol aus Canale d'Agordo, in einer Urkunde aus dem Jahr 1550 überliefert, die im Gemeindearchiv von Castello-Molina im Fleimstal aufbewahrt wird (Rogiti Lazzaro Bozzetta, c. 5). Als sie ihr Testament im Beisein eines Notars diktierte, bestimmte sie, dass ihr Mann nach ihrem Tod ein Jahr lang im San-Pellegrino-Hospiz am gleichnamigen Pass unentgeltlich dienen sollte. Nach Erfüllung dieser Aufgabe sollte er dann „zur Kirche der unbescholtenen Jungfrau Maria zu Civezzano" im Valsugana pilgern und dort einen „rainese" (Rheinischer Gulden) stiften. Und nicht genug des Guten, musste er anschließend auch noch dem „seligen heiligen Gottardo de Mezo" in Mezzocorona einen frommen Besuch abstatten und ihm eine vorher zu erwerbende weibliche Wachsstatuette als Votivgabe darbringen.

Als Zeugnis ihrer Pilgerreise, auch als Erinnerung an die besuchten Orte und als Zeichen ihrer Verehrung, brachten die Pilger bei ihrer Rückkehr einiges an sakralen Gegenständen mit. Die Verbreitung solcher Devotionalien, deren unterschiedlichste Materialien vom kostbaren Gold und Silber bis hin zum wohlfeilen Zinn reichten, geht auf das 12. Jahrhundert zurück und ersetzte frühere heidnische Formen des sakralen Andenkens, das heute noch vor allem mit Medaillons und Heiligenbildchen gepflegt wird.

Seit den Anfängen des Pilgerwesens wird unsere Region von einem dichten Wegenetz durchzogen, von sich kreuzenden Wegen, die von Mitteleuropa über Tirol und den Brenner, das Pustertal und das Cadoretal oder über Trient und die Valsugana nach Venedig und Palästina führten. Berühmt ist die Grabplatte des deutschen gefürsteten Grafen Wilhelm von Henneberg im Bozner Dom, der auf dem Rückweg von seiner Pilgerreise ins Heilige Land 1479 in Salurn starb. Im Dom von Bozen findet sich auch ein kurioses Fresko, das einen Pilger namens Ulrich zeigt, wie er von einer herabstürzenden Glocke getroffen wird.

Zu den bekanntesten Tiroler Pilgern gehörten die Adeligen Gaudenz von Matsch, Viktor von Thun, Wolfgang von Liechtenstein, Hans von Sarnthein und Martin Paumgartner von Kufstein. Unter den Pilgern aus dem Trentino sticht Odorico di Castel Spor (Odorich von Spaur, 1363) hervor, der seine Frau Caterina beauftragte, nach seinem Tod einen Mann ihrer Wahl mit Geld zu versorgen und ihn an seiner statt nach Rom pilgern zu lassen. Im Jahr 1222 unternahm der Fürstbischof von Trient, Adalbert von Rafenstein, eine Pilgerreise nach Santiago de Compostela. 1347 gewährte Predacius di Castel Caldes einigen seiner Diener die Freiheit gegen das Versprechen, dass sie nach Rom pilgern würden. Peter von Lodron pilgerte 1450 zu den Gräbern der Apostel Petrus und Paulus nach Rom, und ihm gleich tat es Nicola, seines Zeichens Kellermeister der Rocca di Samoclevo im Val di Sole (Sulzberg), der 1467 eine Sühnewallfahrt nach Rom antrat. Giacomo Lorenzo aus Romallo im Nonstal reiste achtzehn Mal nach Rom, bevor er 1746 im Alter von 94 Jahren starb. Der Trienter Fürstbischof Friedrich von Wangen starb 1216 in Akkon auf dem Weg nach Jerusalem. Im Jahr 1434 brachen hingegen Albert von Österreich, Christoph von Liechtenstein, Johannes von Thun, Thomas von Castelbarco und Heinrich von Castelreale zu ihren Pilgerreisen ins Heilige Land auf.

Eine der interessantesten schriftlichen Aufzeichnungen über Wallfahrten findet sich im *Registrum* der Klosters Marienberg im oberen Vinschgau. Das im 14. Jahrhundert vom Benediktinermönch Goswin verfasste Werk erwähnt wiederholt die Pilgerreise von Uta von Ronsberg nach Jerusalem, die mit ihrem Ehemann Udalricus von Tarasp um die Mitte des 12. Jahrhunderts das Kloster neu gestiftet hatte: „Es soll allen heutigen und künftigen Christgläubigen bekannt gemacht werden, dass, als Frau Uta, die Gemahlin des Herrn Udalricus von Tarasp, in klösterlicher Kleidung auf dem Weg zum Heiligen Grab glückselig dieses Leben verließ, eine hochfromme Frau namens Berntrude, die ihre Reisegefährtin war, wohlerhalten mit einer großen Anzahl von Gegenständen und Reichtümern zurückkehrte, die alle getreu aufbewahrt wurden. Als sie vernahm, dass der besagte Ehemann seine verstorbene Gemahlin seligen Andenkens aus den fernen Weiten der Erde zurückholen würde, bat sie ihn durch Eingebung des Heiligen Geistes mit demütiger Stimme, dass er sie am Grab der Verstorbenen in einer kleinen Einsiedelei wohnen lassen möge, damit sie fürderhin für deren Seelenheil beten könne. Und Udalricus, Gründungstifter unseres Klosters, erhörte ihre Bitte, ließ für sie eine Klause errichten und versorgte sie."

Es war Martin Ketzel aus Nürnberg, der in Jerusalem die exakte Länge der *via dolorosa* nachmaß, um in seiner Heimatstadt eine ähnliche Wegstrecke als Kreuzweg zu gestalten. Er verwirklichte sie 1488 mit vier Stationen und einer runden Kapelle, die das Heilige Grab symbolisiert. Nach diesem Vorbild entstand später in Toblach die erste *via crucis* auf Tiroler Boden.

Auf den Pilgerwegen reisten auch Gedanken und Einfälle mit, denen es nach der Rückkehr aus der Ferne manchmal gelang, ins lokale Brauchtum einzufließen. So soll jenes sakrale Zierelement, das aus roten, häufig ineinander verschlungenen Sternen besteht und immer wieder in Kirchen und besonders auf den dem heiligen Nikolaus geweihten Altären zu sehen ist, über bestimmte Klöster verbreitet worden sein, die in der schweizerischen Bodenseeregion ein unumgängliches Etappenziel auf dem langen Weg nach Santiago, Rom oder Jerusalem darstellten. Irgendein pilgernder Handwerker des 14. Jahrhunderts erkannte die Gediegenheit dieser Ornamente und beschloss wohl, sie in sein Schaffen in den Tiroler Kirchen einzubauen, wodurch sie sich bald schon im oberen Inntal, den Eisack entlang und im ganzen Pustertal bis in die Seitentäler hinein verbreiteten.

Sich als Pilger auf den Weg zu machen war meist kein leichtes Vorhaben. Oft war die Entscheidung, sich auf Pilgerschaft zu begeben, eine öffentliche Angelegenheit, die nicht nur mit der Familie besprochen werden musste, sondern auch mit der Gilde, der man angehörte, oder gar mit dem Dorfvorsteher und dem Pfarrer, um eine Art Freistellung zu erhalten. Und erst nachdem man nachweisen konnte, ausreichend für den Schutz und den Lebensunterhalt seiner Familie vorgesorgt zu haben, erhielt man die feierliche Erlaubnis zum Losziehen. Und ein Testament musste hinterlegt werden.

In der Regel freuten sich die Angehörigen und die ganze Gemeinschaft darüber, wenn einer aus ihrem Kreis in Richtung eines heiligen Ortes aufbrach. Sie trugen ihm auf, für alle zu beten, und erwarteten von ihm, dass er bei seiner Rückkehr ein paar Andenken aus der Ferne mit sich bringen würde, beispielsweise eine Handvoll Erde oder eine Ampulle mit Wasser. In anderen Fällen machen sich auch heute noch mehrere Menschen gemeinsam auf den Weg, wie etwa bei der alle drei Jahre stattfindenden Wallfahrt der Gadertaler nach Säben, die dann eher wie die Entsendung einer Abordnung wirkt. Eine Wallfahrt kann auch zusammen mit der ganzen Familie erfolgen, wobei sich dies aber keiner besonderen Beliebtheit erfreut, da die Betreuung der Kinder und die daraus folgenden unvermeidlichen Diskussionen die geistige Konzentration der Pilger zu stören drohen. In der Regel sollte der Pilger nur den zu begehenden Weg vor Augen haben und sich vom Rhythmus seiner Gesänge und Anrufungen an die oder den verehrten Heiligen leiten lassen. Eine Pilgerreise entspricht in der Tat einer echten, umfassenden Sakralisierung: Zum einen des Gläubigen selbst, der auf dem Weg ist, aber auch des beschrittenen Weges, des Ziehens von einem Ort zum anderen unter den verschiedensten Aspekten. Hindert ein Unfall oder gar sein eigener Tod den Pilger daran, das Ziel zu erreichen, gilt die Wallfahrt dennoch als abgeschlossen und die „Heiligung" des Pilgers als erfolgt. Es wurde aber stets alles dafür getan, dass das Ziel erreicht werden konnte. Oft wurden die Kranken auf Bahren oder auf speziellen Fuhrwerken transportiert, und zahlreiche Legenden erzählen von liebevollen Kindern, die ihre alten, gebrechlichen Eltern mit auf die Wallfahrt nahmen.

Der Weg und das Gehen. Bewusste Handlungen und Gesten von Gläubigen, die selbstlos, wenn auch nur vorübergehend, ihre Familie, ihre Gewohnheiten und die ihnen vertraute Umgebung verlassen, um mit religiösem Geist den heiligen Ort zu erreichen, den sie bewusst gewählt haben oder dessen Besuch ihnen auferlegt wurde.

Der Marienkult und die zentrale Stellung der Heiligen Jungfrau

Die Marienverehrung ist wohl diejenige, die am häufigsten den Weg der Pilger und Wallfahrer begleitete. Ihre Verbreitung ging Hand in Hand mit der zunehmenden Hervorhebung der einzigartigen Stellung Marias im Erlösungsplan Gottes durch die Scholastiker des Mittelalters, denen zufolge der Gottesmutter eine höhere Verehrung gebührt als den Engeln und den übrigen Heiligen.

Dieser besondere Verehrungsgrad wurde Hyperdulie genannt.[1] Als es üblich wurde, die Kirchen mit Kapellen und Seitenaltären auszustatten, gab es kein Gotteshaus mehr, in dem nicht ein oder auch mehrere dieser Altäre der Heiligen Maria geweiht waren. Ihr wurden Gedächtniskapellen und Wallfahrtskirchen, Bildstöcke und Glocken geweiht. Es handelt sich um einen Kult, der mehr als andere einer kontinuierlichen Linie folgt, welche die wundertätigen weiblichen Heiligen der christlichen Welt mit den Muttergöttinnen verbindet, deren Bildnisse einst an denselben Orten verehrt wurden. Eine Kontinuität, die bezeichnend ist für die tiefe Beziehung zwischen Christentum und der alltäglichen Welt des Volkes und die es ermöglicht hat, dass archaische rituelle Praktiken nicht nur durch bloßes Überleben, sondern durch deren Neuinterpretation, um die sich das Christentum bei der Evangelisierung der Alpenvölker bemüht hat, erhalten geblieben sind.

Die Marienverehrung ist eine ausgesprochen anthropologische Frömmigkeit, in der sich die dogmatische Religion und die der Bedürfnisse und Gefühle treffen. Jahrhundertelang stellte das Bildnis der *Mater Dolorosa*, der Schmerzensmutter, ein wahres Paradigma des Leidens und gleichzeitig der Hoffnung jener Bergbauern dar, die den elementarsten Bedürfnissen, den Unbilden des Wetters und dem Machtmissbrauch einer manchmal weit entfernten Obrigkeit ausgeliefert waren. Aufgrund ihrer besonderen Rolle – sie öffnet ihren Mantel und beschützt darunter alle – wird Maria als Mutter bezeichnet und wie alle Mütter um ihr irdisches Eingreifen angerufen. Unfruchtbare Frauen wandten sich an sie – die Frauen aus dem Ampezzaner Gebiet pilgerten in der Hoffnung auf ihr Einwirken bis ins kärntnerische Luggau –, ebenso wie Frauen, die kurz vor der Entbindung standen und um ihr Leben und das des Kindes bangten.

Erhörte Gebete und erfüllte Hoffnungen fanden ihren Ausdruck in freudigen Danksagungen, etwa von Müttern oder Krankenschwestern, von Vätern, Brüdern oder Schwestern, die sich alle um das Neugeborene scharten und ihre Zufriedenheit und Dankbarkeit der Jungfrau gegenüber zum Ausdruck brachten. Die unzähligen Votivbilder in den Wallfahrtskirchen – erwähnt sei dabei die überaus reichhaltige Sammlung von Maria Weißenstein, die katalogisiert wurde und als CD aufliegt – zeigen kniende und bettlägerige Frauen oder deren Angehörige, oft auch in Tracht gekleidete Frauen, die mit flehenden Gesten vor einer Wiege knien. In solch unbeholfener Nachahmung der Madonna als Fürsprecherin bei Christus, verhalten sich in diesen Votivbildern die Frauen selbst als Fürsprecherinnen für ihre Liebsten bei der Gottesmutter.

Aber Maria wurde nicht nur bei Krankheiten angerufen, sondern auch zur Heilung von Besessenen, die von Dämonen beherrscht wurden und wiederholt auf Votivbilder mit weit geöffneten Mündern dargestellt sind, aus denen Teufel entweichen. Die Macht der Jungfrau über die Dämonen verdeutlicht sich vor allem in den Darstellungen der Unbefleckten Empfängnis. „Vor allem das Licht, das auch in den Votivbildern

Mariä Himmelfahrt in Gries, einem Ortsteil von Canazei im Fassatal.

1 Im 13. Jahrhundert schrieb der heilige Bonaventura in Bezug auf die Gottesmutter: „Aus dem Sein selbst der Mutter Gottes ergibt sich, dass sie über die anderen Geschöpfe erhaben ist und deshalb mehr als alle anderen gewürdigt und verehrt werden muss. Die großen Theologen nennen diese Ehre *hyperdulia*."

Mit den Trachten wird die Bedeutung des Sakralen im Alltagsleben zusätzlich gewürdigt.

von Montagnaga oft mit der Gestalt Marias assoziiert wird, verbreitete die Gewissheit, dass sie die Abgründe der Finsternis durchdringen und auch die schwärzesten Seelen erlösen konnte", erinnert Emanuela Renzetti in *Luoghi di culto e forme di religiosità*, enthalten in *Ex Voto, tavolette votive nel Trentino*, herausgegeben von Gabriella Belli (Trient 1981). „Und sie alle beteten mit in ihren Händen den allgegenwärtigen Rosenkranz."
Aber auch ganz allgemein baten die Menschen um ihr Eingreifen in allen Lebensbereichen, ob es sich um die Behütung des Hauses, um Hilfe auf dem Feld oder um den lang herbeigesehnten Regen handelte.

Die derart erstarkte Marienverehrung hatte nicht nur tiefgreifende Auswirkungen auf die Kirchenliturgie, sondern auch auf die Einführung zahlreicher liturgischer Feste zur Würdigung der verschiedenen Glaubensgeheimnisse. Es entstanden vor allem die marianischen Anrufungen, die bei Prozessionen den Weg der Pilger und Gläubigen begleiten: das Ave Maria und das Salve Regina. Ersteres wurde mit der Hinzufügung des Wortes „Jesus" ab dem 12. Jahrhundert zusammen mit dem Vaterunser zu dem am häufigsten gesprochenen christlichen Gebet, während das heutige „Heilige Maria" erst im folgenden Jahrhundert dazu kam. Manche Pilger beteten 150 Ave Maria in Anlehnung an die Lobpreisungen und Anrufungen der 150 Psalmen. War die Wallfahrt von Geistlichen organisiert, wurden neben diesen Gebeten auch Anrufungen gesprochen, die an die Mysterien des Lebens Jesu Christi erinnerten. Waren die Pilger jedoch selbständig unterwegs, begnügten sie sich mit dem Rosenkranz, der psalmodierend aufgesagt wurde und damit Schritt und Stimme in rhythmischen Einklang brachte.

Das Aufsagen eines *rosariums* war eine der einfachsten und am weitesten verbreiteten Gebetsformen, das traditionelle Hilfsinstrument dazu war der Rosenkranz. Oft sehen wir heute noch Rosenkränze an Kruzifixen hängen, die von Gläubigen dort hinterlassen wurden. Der Rosenkranz ist nur dem Anschein nach ein simples Gerät zum Zählen von Gebeten. Sein Ursprung geht auf die Tradition zurück, dass Vasallen ihren Herrschern Blumenkränze als Zeichen ihrer Huldigung darbrachten. Die Christen übernahmen diesen Brauch und schufen zu Ehren Marias den dreifachen Rosenkranz, der an ihre Freude (freudenreiche Geheimnisse), ihr Leiden (schmerzhafte Geheimnisse) und ihre Herrlichkeit (glorreiche Geheimnisse) bei ihrer Teilnahme an den Mysterien des Lebens ihres Sohnes Jesus erinnert. Hinter dem einfachen Erscheinungsbild verbirgt sich jedoch eine starke spirituelle Symbolik: Der Kranz strebt dem Kruzifix zu, das den Anfang und das Ende des Gebets zeichnet, aber auch das Zentrum des christlichen Lebens darstellt. Der Fluss der Rosenkranzperlen kennzeichnet das Gebet, spielt aber auch auf das Fließen des Lebens an, auf den spirituellen Weg des Christen. Der Rosenkranz ähnelt einer Kette und kann als Symbol für ein starkes geistiges Band gesehen werden, als Anbindung der Christen an Jesus und die Muttergottes.

Der Maria Schnee geweihte Festtag in Gries bei Canazei.

Kirchenfahnen im Fassatal als Zeugnis gelebter Volksreligiosität.

Die religiöse Tradition pflegt auch die fünfzehn Verheißungen, die Maria selbst sowohl dem heiligen Dominikus[2] als auch dem seligen Alanus de Rupe in Bezug auf den Rosenkranz gemacht haben soll. Sie lauten wie folgt:

1. *Diejenigen, welche meinen Rosenkranz beharrlich beten, erlangen eine besondere Gnade.*
2. *Ich verspreche jenen, die andächtig den Psalter meines Rosenkranzes beten, große Gnaden und meinen besonderen Schutz.*
3. *Der Rosenkranz ist ein mächtiger Schild gegen den höllischen Feind, er vernichtet das Laster, verhindert die Sünde und rottet die Irrlehre aus.*
4. *Der Rosenkranz bewirkt das Wiederaufblühen der Tugend und Werke der Gottseligkeit. Durch ihn wird den Seelen die Fülle des göttlichen Erbarmens zuteil. Indem sie sich von der eitlen Anhänglichkeit an die Güter dieser Welt losschälen, werden sie erfüllt von dem Verlangen nach den ewigen Gütern. Viele Seelen werden durch den heiligen Rosenkranz gerettet.*
5. *Wer sich mir mit dem Rosenkranz anvertraut, geht nicht verloren.*
6. *Wer meinen Rosenkranz andächtig betet und dabei die Geheimnisse betrachtet, wird nicht vom Unglück bedrängt werden. Wenn er ein Sünder ist, wird er sich bekehren; wenn er ein Gerechter ist, wird er in der Gnade wachsen und des ewigen Lebens für würdig empfunden.*
7. *Die wahren Verehrer meines Rosenkranzes werden nicht ohne den Empfang der heiligen Sakramente sterben.*
8. *Diejenigen, die meinen Rosenkranz andächtig beten, werden während ihres Lebens und im Tod das Licht Gottes und die Fülle seiner Gnaden finden und an den Verdiensten der Heiligen teilhaben.*
9. *Jeden Tag befreie ich aus dem Fegefeuer die Seelen, welche die Andacht des heiligen Rosenkranzes beharrlich gepflegt haben.*
10. *Denen, die wahrhaftig andächtig den Rosenkranz beten, wird im Himmel eine besondere Glorie zuteil werden.*
11. *Alles, worum man mich vermittels des heiligen Rosenkranzes bittet, wird man erhalten.*
12. *Diejenigen, die meinen Rosenkranz verbreiten, werden in all ihren Nöten meine Hilfe erfahren.*
13. *Ich habe von meinem Sohn die Gnade erlangt, dass alle, die der Bruderschaft vom heiligen Rosenkranzes einverleibt sind, die Heiligen des Himmels während ihres Lebens und in der Stunde des Todes als ihre Brüder und Schwestern haben sollen.*
14. *Diejenigen, die treu meinen Rosenkranz beten, sind alle meine bevorzugten Kinder, Brüder und Schwestern Jesu Christi.*
15. *Die Hingabe an den heiligen Rosenkranz ist ein besonderes Merkmal der Auserwählung.*

Neben dem Marienmonat Mai fand der Madonnenkult einen seiner Höhepunkte am 5. August mit dem Fest Maria Schnee, einer Marientradition, die in vielen Tiroler Ortschaften von den Gläubigen sehr geschätzt wurde. An diesem Tag strömten die

2 Der Rosenkranz wird auch „Psalter der seligen Jungfrau Maria" genannt. Es ist eine Art zu beten und zu Gott zu sprechen, die recht einfach ist und von jedem ausgeführt werden kann. Sie besteht darin, die Heilige Jungfrau selbst zu preisen, indem der Engelsgruß hundertfünfzigmal wiederholt wird, so oft wie es Psalmen im Psalter Davids gibt. Nach jedem zehnten Ave Maria wird ein Vaterunser gebetet und ein Rosenkranzgeheimnis angeführt, der das Leben und Sterben Jesu und seiner Mutter Maria betrifft. So beschrieb der Dominikanerpapst Pius V. den Rosenkranz in seiner Bulle *Consueverunt Romani Pontifices* (17. September 1569). Die von dieser Bulle angeregte Tradition, der Rosenkranz in seiner heutigen Form sei vom heiligen Dominikus „erfunden" worden, ist nicht ausreichend belegt. Gesichert erscheint, dass der heilige Dominikus in seinem Kampf gegen die Ketzerei die Geheimnisse des Glaubens wie die Menschwerdung sowie das Leiden und die Auferstehung Christi verkündete und die einfachsten und bekanntesten Gebete wie das Pater noster und das Ave Maria benutzte, um die Gläubigen zum Beten zu bewegen. Der selige Dominikaner Alanus de Rupe (1428–1475) war es dann, der im 15. Jahrhundert den Rosenkranz in der uns heute geläufigen Form kodifizierte.

Menschen aus beiden Teilen des Fassatals – Val de Sot und Val de Sora – in Richtung Wallfahrtskirche Madonna della Neve im Ortsteil Gries der Gemeinde Canazei. Zu diesem Anlass wurden die Fenster der Häuser mit Blumen und Kerzen geschmückt sowie das Kreuz auf dem Sas da Pèra da Fech für diejenigen beleuchtet, die sich stattdessen nach Pera aufmachten.

Die Vorliebe der Tiroler für die Madonna, jener „ekstatisch schönen, zugeneigten Mutter auf einer Wolke voller Engelchen, der sie all ihre Ängste anvertrauen konnten, mitfühlende Trösterin in körperlichen und seelischen Leiden, allgegenwärtige Spenderin von Gnaden" (Piercarlo Jorio, *Santuari Mariani dell'arco alpino italiano*, Ivrea 1993), bestätigt sich in den zahllosen Festen, Ritualen und täglichen Gebeten sowie in den Tausenden von Bildern, die in Kirchen, an Häusern und Bildstöcken zu sehen sind. Sie alle zeigen die Muttergottes in ihren verschiedenen Darstellungsformen – Maria die Schmerzensreiche, Maria Hilf, Maria Schnee, Maria Trost, Unsere Liebe Frau vom Berg Karmel, Rosenkranzmadonna usw. – mit stets der Straße zugewandtem Blick, als wolle sie direkten Augenkontakt mit den Vorbeigehenden aufnehmen, und einem Antlitz, das auch das der ladinischen Sagengestalt Soldanella del Sotsas hätte sein können, deren „Augen für manche graugrün oder meeresgrün, für andere wieder azurblau waren, in Wirklichkeit aber in Schattierungen schimmerten, die an Lindenlaub nach einem Gewitter und trockene Sommerkräuter zur angehenden Brunftzeit der Rehe erinnerten. Soldanella wusste nichts von alledem, nicht einmal, dass man sie um ihre Augen beneidete und dass die Hirten im Tal wundersame Geschichten über sie erzählten".

Die Frauen der ladinischen Sagenwelt haben blondes Haar, blaue Augen und Mäntel so weiß wie Dolomit. Dies sind die Attribute von Dolasilla und Lujanta, den Töchtern aus dem Reich der Fanes. Die sagenhaften Wesen von Buchenstein, die Knappen von Monte Pore und die des Bergwerks von Fursìl, erinnern dagegen an Delibana und ihr Zauberlied, mit dem sie die Stellen zwischen den Bäumen verrät, an denen das kostbare Erz verborgen liegt. Auch Wasserjungfrauen gibt es, die als *ondine, selvane* und *bregostane* in den Seen hausen, von Crespëina bis Antermoia um den Rosengarten herum, vom Karersee bis zum Grünsee in der Fanes-Gruppe, und zahlreiche Quellen dieser Gegend beleben, beispielsweise die von Cialdires im Gadertal, von Lech dla Lè am Fuße des Sas dla Crusc, von den Höhen oberhalb Pedratsches, von Lech da Sompunt und Lech Sant in Gröden. Beschrieben werden sie in denselben Farben, die auch den Trachten der Mädchen und Frauen bei hohen Festen und Prozessionen zu eigen sind.

Die Schmerzensmutter hat die Funktion des Mondes und der Göttin Selene als die Königin des Himmels übernommen. So trägt Maria einen blauen Mantel, der das nächtliche Firmament darstellt, oft wird ihr Haupt und auch ihre Schulter von einem Stern geschmückt, und manchmal ist der ganze Mantel mit goldenen Sternen verziert. Auch wird sie auf der Mondsichel stehend und von zwölf Sternen bekränzt dargestellt. Ihr Mantel zeigt sich bisweilen auch im silbergrauen Farbton der Morgen- und Abenddämmerung oder gar im Schwarz des Nachthimmels. Andere Marienbilder stellen sie wiederum als Himmelskönigin dar, wie sie in der Stunde ihres Todes in den Himmel aufgenommen wird. Pilger, die eine Kirche betraten, trafen dort auf dieselben Bildnisse, die ihnen bereits von zu Hause aus vertraut waren, aber hier wohl eine noch stärkere Anziehung auf sie ausübten, und deretwegen sie bis hierher gekommen sind: Vor ihnen zu beten war es wert, die größten Herausforderungen anzunehmen.

Ein rares *chèder votif*, eine Votivtafel mit fassaladinischer Inschrift, das im Museo Ladin de Fascia in Vigo aufbewahrt wird. Beschrieben wird eine große Lebensgefahr, der man am 27. August 1855 entronnen ist, als in Vigo ein Blitz durch den Kamin im Ofen der Wohnung von Luigi Cigolla einschlug, während sich die ganze Familie in der Küche aufhielt, aber alle unversehrt blieben.

Die Wallfahrtsorte und ihre Heiligen: Stätten ritualisierter Begegnungen, irrationaler Heilungen, der Verehrung und der Wunder

Wie schon erwähnt, ging es den Pilgern nicht darum, sich dem Ziel ihrer frommen Wanderung zügig zu nähern. Sie verehrten nicht nur die Bilder der Muttergottes, sondern hielten auch an, um in den Kirchen, die ihren Weg säumten, zu den verschiedenen Heiligen zu beten. Sie scheuten sich nicht, etliche Meilen mehr zu gehen, wenn sie dies dem Himmel oder der Vergebung einen Schritt näher bringen mochte. So scheint es erwähnenswert, dass sich die Anzahl allein der lokal angerufenen und verehrten Heiligen in den Kirchen und Kapellen der Diözesen Bozen und Brixen, Innsbruck und der Erzdiözese Salzburg auf 167 beläuft, darunter 31 weibliche. Und wer als Pilger das Glück hatte, sich an einem solchen Ort gerade an dem Tag einzufinden, der diesem Heiligen geweiht war, der versäumte es nicht, ihn um eine besondere Hilfe zu bitten.

Die heiligen Medardus (8. Juni), Margareta (20. Juli) und Vitus (15. Juli) aus der Schar der vierzehn Nothelfer galten als Beschützer vor Unwetter und wurden daher im Volksmund als die drei „Regenleute" bezeichnet. Sankt Medardus – von den Vinschgern „Heubrunzer" genannt – war überdies ein wichtiger Lostag, denn an ihm „wird ausgemacht, ob vierzig Tag die Sonne lacht".

Am ersten Sonntag nach Pfingsten wallfahren die Fassaner nach Maria Weißenstein.

Dann gab es die sogenannten Eisheiligen: St. Pankratius, Servatius und Bonifatius und im französischsprachigen Raum St. Mamertus, der schon am 11. Mai gefeiert wurde. Einige dieser Nothelfer sind in Südtirol sehr präsent, die Gläubigen beteten nicht nur vor ihren Bildnissen und Holzfiguren, sondern baten um ihre Fürsprache auch während der Prozessionen im Marienmonat Mai. Man gedachte ihnen auch mit dem Reim „Pancrazi, Servazi und Bonifazi sind drei frostige Bazi, und zum Schluss fehlt nie die kalte Sofie". Die Tage, die unter die Schirmherrschaft dieser drei Heiligen fallen – der Reihe nach vom 12. bis 14. Mai – sind sehr gefürchtet, weil an ihnen die letzten Frostnächte möglich sind, die für die Ernte verheerend sein konnten. Die Einwohner von St. Pankraz im Ultental gingen früher am 12. Mai in die Heilig-Geist-Kirche, um Regen zu erbitten.

Die Attribute des heiligen Oswald als Beschützer vor schlechtem Wetter – Zepter, Schwert und Rabe – gelten als wirksames Werkzeug gegen jene Mächte des Bösen, denen verheerende Gewitter und Windstürme zugeschrieben wurden. An seinem Festtag, dem 5. August, beschenkten die Bergbauern nach alter Tradition ihr Vieh mit einem sogenannten „Leck", einer aus Salz und einer Handvoll Getreidekörnern geformten Kugel, die von den Tieren gierig abgeschleckt wurde. Bis vor nicht allzu langer Zeit wurde dieser Brauch auch von den Grödnern und den Kastelruthern gepflegt, die an diesem Tag zur nahe gelegenen St.-Oswald-Kapelle pilgerten. Eine Tradition, die auch in Hafling, in Schenna und im Sarntal überlebt hat, von wo aus man sich zum St.-Oswald-Kirchlein aufmacht, das 1447 zu Füßen des Ifinger und der Plattingerspitze auf 2365 m Meereshöhe erbaut wurde.

Pilger, die sich auf den Weg zur Heilquelle der Wallfahrtskirche Rumestluns bei Wengen im Hochabtei oder nach Heiligwasser oberhalb von Innsbruck machten – einige tun dies heute noch – führten früher Fläschchen mit sich und füllten sie behutsam mit dem Quellwasser, um es zu Hause dann im Krankheitsfall wie eine Medizin zu trinken oder mit einem Tuch auf der betroffenen Körperstelle zu verreiben. Dasselbe geschah in der romanischen St.-Medardus-Kirche in Tarsch im Vinschgau. Hier sprudelte unter der zweiten Stufe des Presbyteriums, direkt vor dem Altar, eine ergiebige Quelle, und noch heute ist ein kleiner Deckel über dem Schacht zu sehen, aus dem das gegen starkes Fieber und Augenleiden wirksame Quellwasser geschöpft wurde. Früher waren es die Gläubigen aus Marling bei Meran, die traditionsmäßig Wallfahrten hierher unternahmen und sich mit dem Heilwasser bevorrateten. Auch Frauen kamen gepilgert, die keine Kinder bekommen konnten, und tranken ausgiebig an der Quelle. Das mit nach Hause gebrachte Wasser wurde dann äußerst sorgsam auf dem kleinen Stubenaltar aufbewahrt, der Jesus Christus, der Muttergottes und den Schutzheiligen der Tiere, Antonius und Franziskus, geweiht war. Man erhoffte sich dieselben Gnaden wie die Frauen aus dem Ampezzaner Gebiet, die bis zur Wallfahrtskirche Luggau im Gailtal pilgerten, um in der darüber liegenden Quelle zu baden. Es ist kein Zufall, dass die heilige Anna, die als unfruchtbar galt, bevor sie Samuel und Maria gebar, mit dem Wasser in Verbindung gebracht wird und in Überlagerung mit der altgriechischen Mondgöttin Hekate all die dem Mond zugeschriebenen Attribute annahm. Daran erinnert uns das chaldäische Orakel (Fragment 52), in dem Hekate als der Quell der kosmischen Seele definiert wird. In Fragment 51 wird sie auch als Quelle des Lichts, des Feuers, der Luft und des Äthers beschrieben. Im Wesentlichen wird Hekate die Lebenskraft aller Elemente zugeschrieben, sie ist der Schoß des Kosmos. Diese Macht, alles mit Leben zu erfüllen, verleiht ihr auch die Fähigkeit, Tote zu neuem Leben zu erwecken, wie von Psellos in Hyp. Keph. 74.10 K dargelegt wird. So wie ihr eigener Schoß tot war, bevor er dank ihrer ständigen Gebete fruchtbar wurde und ihr ein Engel erschien, der verkündete: „Anna, Anna, der Herr hat dein Gebet erhört, du wirst schwanger werden und gebären, und man wird auf der ganzen Welt von deinen Nachkommen sprechen" (Protoevangelium des Jakobus).

Apropos heiliges und wundertätiges Wasser: Im Mittelalter war es bei manchen Reisenden üblich, vor Antritt der Reise *Sinte Geerts Minne* oder *Gertrudenminne* zu trinken, einen Kräuterschnaps, dessen Brauch auf eine Legende zurückgeht, nach der die später heiliggesprochene Gertrud einige ihrer Anhänger in ein fernes Land entsandte und ihnen versicherte,

Frauen in ihrer Taltracht, die in Gries im Fassatal am Kirchtag von Maria Schnee die Madonnenstatue tragen.

dass ihnen nichts passieren würde. Als sie auf hoher See waren, versuchte ein Seeungeheuer sie anzugreifen, verschwand aber in den Fluten, nachdem sie Gertrud um Schutz und ihre Hilfe angerufen hatten. *Gertrudenminne* wurde auch von ehemaligen Feinden gemeinsam getrunken, um einen zustande gekommenen Frieden symbolisch zu besiegeln.

Nach den Sommerheiligen riefen die Gläubigen dann noch die Herbstheiligen an, bevor sich die Pilgersaison endgültig zu Ende neigte. Der Sommer war natürlich die idealste Zeit, um Reisen zu unternehmen, und vor Ablauf des Sommers mussten auch die infolge von Hungersnöten, Naturkatastrophen und Kriegen abgelegten Gelübde erfüllt werden.

Für die Tiroler Bauern galt *Bartlmä*, der am 24. August gefeierte Tag des heiligen Bartholomäus, als wichtiger Lostag, der den Herbst und damit die schlechte Jahreszeit einläutete: „Um Bartlmä schaut der Schnee übers Joch he'" und „Regnet es an Bartlmä, wird's ein guter Herbst". Und für den Pilger war es an der Zeit, nach Hause zurückzukehren. Die Tiere mussten zurück ins Tal gebracht, das letzte Heu gemäht und das Brennholz für den langen Winter gehackt werden.

Der heilige Ägidius spielte eine ähnliche Rolle, auch er war ein Bezugspunkt für das Wetter der kommenden Jahreszeit.
Und der 8. September, der Tag, an dem Mariä Geburt gefeiert wird, bot all jenen, die keine langwierigen Pilgerreisen unternehmen konnten, eine gute Gelegenheit, ein Mariengelübde abzulegen. Noch heute findet an diesem Tag in fast allen Dörfern Tirols und Südtirols eine der wohl eindrucksvollsten Andachtsprozessionen statt. Die Häuser und Brücken, auf denen die Gläubigen die Bäche überqueren, werden geziert, Heiligenbilder aufgestellt, Altäre mit eigens bestickten Tüchern geschmückt, und dazu werden – so wie es heute auch noch im Fersental Brauch ist – die prachtvollsten und kostbarsten Trachten getragen.
Im Monat September widmeten die Gadertalerinnen ihre besondere Aufmerksamkeit der heiligen Notburga, die am 13. September gefeiert wird und als Schutzpatronin der Knechte und Mägde sowie ganz allgemein des Bauernstandes gilt. Während der Notburga-Prozession wurde die Statue der Heiligen von den Frauen selbst getragen.
Am 28. Oktober fand in Stegen vor den Toren Brunecks ein großer Viehmarkt statt, der drei Tage lang dauerte und vielen die Gelegenheit bot, der Wallfahrtskirche Maria Saalen bei St. Lorenzen oder dem Heiligen Kreuz in Fronwies auf dem Weg von Bruneck nach St. Lorenzen einen Besuch abzustatten. Für eine letzte Wallfahrt im Jahr bot sich den Gläubigen das Allerheiligenfest an, wobei man hoffte, dass die Summe aller im Laufe des liturgischen Jahres unternommenen Wallfahrten die verpasste große Pilgerreise – wenn nicht nach Jerusalem, so doch zumindest nach Rom – wenigstens teilweise ausgleichen würde.
Vor dem Gang zum Friedhof wurden Prozessionen um die Kirche herum abgehalten. Drei Rundgänge wurden absolviert, so wie es auch heute noch bei den Wallfahrern aus Welsperg Brauch ist, sobald sie die Kirche in Enneberg-Pfarre erreichen. Eine Glocke läutete und ihren Klang hörte man bis zu den entferntesten Bauernhöfen: Sie wurde die „Totenläute" genannt und war die Stimme der Verstorbenen, die den Seelen dabei helfen sollte, das Fegefeuer zu verlassen und ins Paradies zu gelangen. Es kam auch vor, dass einige der Seelen, die es am meisten verdient hatten, das Fegefeuer für eine kurze Zeit verlassen durften, um nach Hause zurückzukehren und ihre Lieben zu besuchen. Deshalb musste über Allerheiligen jedes Haus geheizt werden, selbst wenn draußen die Sonne schien und es noch angenehm warm war. Denn Tote frieren immer.

Ein Heiliger, der von vielen Wallfahrern, besonders auch von den Santiago-Pilgern hoch verehrt wird, ist Sankt Ägidius. Er wird am 1. September gefeiert, einem Lostag, der im Tiroler Raum Ägidi oder auch Gidentag genannt wird. Zu diesem Tag gibt es mehrere Wettersprüche in der Art „Ist Ägidi ein schöner Tag, ich dir schönen Herbst ansag". Es ist der Heilige, der kostenlos Brot an die Bedürftigen verteilte und wird vielleicht gerade deshalb von den Pilgern so sehr geschätzt. In Raas bei Brixen wird der Brauch des Verteilens von „Armenbrot" noch heute befolgt. Auch kinderlose Frauen wandten sich gern an den heiligen Ägidius, der im Ruf stand, sie fruchtbar machen zu können. Kinder sind ein Geschenk Gottes, aber vor allem haben sie arbeitsame Hände, die der Familie das Überleben erleichtern. Der Fruchtbarkeitsritus war recht komplex: Am Tag des Heiligen, dem 1. September, musste die Betroffene inbrünstig beten, durfte aber während der drei Tage davor und der neun Tage danach mit niemandem Streit haben. Am Ägidiustag nahm sie dann etwas Gesegnetes in die rechte Hand, stellte sich unter einen Kirschbaum und wiederholte siebenmal *„Gib Leben, gib Leben, lass mei Sipp nit sterben, gib Erbn, gib Erbn, lass insere Freundschaft nit verderbn"*.
Ab dem 31. Oktober, dem Tag des heiligen Wolfgang, wurden keine großen Wallfahrten mehr unternommen, zumindest nicht solche, die mehrere Tage dauerten. Es war der Tag, mit dem die Erntedankfeste eingeleitet wurden – sofern es Ernten gab – und an dem die Männer der Zünfte ihre Satzungen überarbeiteten und die Regeln für Lehrlinge, Gesellen und Meister festlegten. Regnete es an diesem Tag, durfte man auf ein gutes Jahr hoffen (*Sankt Wolfgang mit Regen, verspricht ein Jahr mit Segen*). Viele pilgerten ins Salzkammergut zum Grab des Heiligen am Wolfgangsee. Auf einem alten Pilgerweg, der von Fürberg über Falkenstein nach St. Wolfgang führt, stößt man nahe einer Kreuzigungskapelle auf eine Halde von Bußsteinen, so wie man es vom alten Weg nach Maria Weißenstein her kennt. St. Wolfgang war als Wallfahrt derart beliebt, dass eines Tages im Jahr 1492 eine Feuersbrunst die Kirche fast vollständig zerstörte und dabei auch alle darin brennenden Kerzen zum Schmelzen brachte: Es waren ihrer so viele, dass ein wahrhaftiger Wachsschwall entstand, der sich in den darunter liegenden See ergoss.
Es gab auch viel Aberglauben im Zusammenhang mit Pilgern und Reisenden im Allgemeinen. So glaubte man, dass es an bestimmten Tagen des Jahres unklug sei, eine Reise anzutreten, nämlich am 3. März, am 17. August sowie am 1., 2.

und 30. Dezember. Allerdings variierten diese Tage von Gegend zu Gegend, und manche Kalender stuften sogar bis zu zweiundvierzig Tage im Jahr als ungünstig ein. Unheilvolle Tage waren im Allgemeinen die mit abnehmendem Mond, auch der Montag, Mittwoch und Freitag sowie allen voran der Aschermittwoch und der Karfreitag. Auch sollte man eine Reise nie zur Mittagszeit antreten, und wenn es trotz allem nicht anders ging, musste man sich vorher Salz in die Schuhe streuen oder einen Kamm mit einpacken. Dem Johanniskraut mit seinen gelben Blüten, das am Tag seines heiligen Namensgebers, dem 24. Juni, gepflückt wurde, war die Kraft zugeschrieben, die Müdigkeit vom Gehen zu lindern und vor jeder Art Unheil zu schützen.

Außerdem sollten die Pilger immer vor Sonnenuntergang ihr Tagesziel erreichen, da dieser mit dem Klang des Ave-Maria-Läutens zusammenfiel, das in der Volkstradition die Nahtstelle zwischen Tag und Nacht, Arbeit und Ruhe, Licht und Dunkelheit, aber auch zwischen Gut und Böse darstellt, zwischen dem, was dem Göttlichen unterworfen ist, und dem, was jenem Dämonischen und Gespenstischen anhängt, das uns nachts heimsucht und erst beim Klang des morgendlichen Ave-Maria-Läutens wieder das Weite sucht. Vito Pallabazzer erzählt uns in *Gente di montagna* (Treviso 2005) einige Geschichten über das Eindringen der Toten in die Welt der Lebenden zu bestimmten Jahres- und Tageszeiten. Dazu bemerkt er, dass vor dem Tridentinischen Konzil wohl viel häufiger Tote zu sehen waren als heute. Es habe damals kaum einen Menschen gegeben, der davon nichts mitbekam, wenn er nachts zwischen dem abendlichen und dem morgendlichen Ave-Maria-Läuten unterwegs war.

Einmal am Ziel seiner Wallfahrt angekommen, musste der Pilger ein bestimmtes Ritual befolgen, damit sein Gelübde erfüllt werden konnte. Zunächst wurde die Kirche, die Statue oder der Altar mit dem Gnadenbild andächtig umkreist. Die Wallfahrer aus Welsperg taten dies an der Enneberger Wallfahrtskirche dreimal in Folge, stets von links nach rechts, von Westen nach Osten.

Die Kreisförmigkeit eines solchen *ambitus* zeigt sich bereits in den Riten, mit denen römische Siedlungen gereinigt wurden (*amburbium*), im Umschreiten der Felder (*ambarvalia*) und wohl auch in allen anderen Kreise ziehenden Ritualen, die neben der Reinigung auch die Trenn- und Wehrkraft von Grenzen und Schwellen stärken und erneuern sollten. Etwas kreisförmig abzuschreiten erzeugt ein positives Einwirken überirdischer Mächte, und die Folgen solcher Handlungen kommen sowohl denjenigen zugute, von denen sie ausgeführt werden, als auch den Menschen, dem Gegenstand oder der Sache im Inneren des gebildeten Kreises. Oft weisen derartige Rituale auch einen apotropäischen Charakter auf, durch den eine symbolische Umhüllung des Objektes als reinigende und wehrhafte Barriere gegen schädliche Einflüsse aller Art heraufbeschworen wird. Dabei ist ausschließlich ein rechtsdrehender Umlaufkreis erfolgversprechend, zumindest wirkt er sich nicht störend aus, weder auf den Kosmos noch auf die Gemeinschaft oder den Menschen selbst.

Ebenso verpönt war es, mit der linken Hand eine Kerze anzuzünden – in der Antike war die Linke den Opfergaben an die Unterwelt und für chthonische Gottheiten vorbehalten –, zumal nur dem Himmel und den höheren Gottheiten die rechte Hand des Menschen gebührte.

Südtirol

1. Das Kirchlein Vallierteck
Kinder, die dem Tod entrannen

Über den historischen Gehweg, der vom Dorf Reschen hinauf über den Weiler Rojen in Richtung Graubünden führt, gelangt man auf das etwa 1700 Meter hoch gelegene Vallierteck mit seiner Wallfahrtskapelle. Wie dem Wald entsprungen steht sie plötzlich auf einer kleinen Lichtung vor einem, umringt von jahrhundertealten Fichten und Föhren, die einstmals den Schmugglern als Deckung dienten, als diese noch Zucker und Zigaretten aus der nahen Schweiz herüberholten. Zahlreichen Legenden zufolge sollen hier mancherlei Sagengestalten ihren Schabernack getrieben haben, wie etwa die *Norggen* und *Lorggen* vom nahen Piz Lad, oder selbst Hexen, die ebenso hier gehaust haben sollen. Der Wallfahrtsort kündigt sich schon am Talboden bei Beginn des Aufstiegs an, und zwar über die erste der vierzehn Kreuzwegstationen aus dem Jahr 1895, die den Weg zum Vallierteck mit seinem herrlichen Talblick bis ans Grabmal Christi begleiten: *per viam, per quam ascendit Christus, baiulans sibi crucem.*

Am Weg von Reschen herauf versinnbildlicht ein altes Wegkreuz die Harmonie der Schöpfung.

Auf einer Lichtung inmitten sattgrüner Waldung steht plötzlich die Kapelle zu Unserer Lieben Frau vor uns.

Erstmals erwähnt wird die Wallfahrtsstätte 1775. Die Pfarre Reschen veranstaltete deshalb im Jahr 2000 eine festliche Gedenkwallfahrt, an der Gläubige aus dem ganzen Vinschgau teilnahmen und die Muttergottes für den Schutz und die Hilfe würdigten, die sie während der vergangenen 225 Jahre den Wallfahrern gewährt hat.

Die heutige Kapelle stammt aus dem Jahr 1886 und ist mit ansprechenden jugendstilartigen floralen Motiven und einem Sternenhimmel im Apsisgewölbe ausgeschmückt. Den Altar

Von weither sichtbar ist die mittelalterliche Nikolauskapelle in Rojen. Entlang des Bergkammes über ihr verläuft die Grenze zur rätoromanischen Schweiz, über die früher bei Nacht unzählige Schmuggler kamen.

zieren zwei Statuen, die einen Heiligen mit einer Schaufel in der Hand zeigen sowie eine bäuerlich gekleidete Heilige, die als Attribut ein hölzernes Gefäß in ihrer Rechten hält. Die beiden Heiligenfiguren stehen dem Gnadenbild Mariahilf zur Seite, das dem gleichnamigen Meisterwerk von Lucas Cranach (1549) nachempfunden ist.
Eine Besonderheit stellt der Kopf des Jesukindes dar, der in die Fensterrose über dem Eingangsportal eingearbeitet ist. Er stammt aus der ehemaligen Pfarrkirche von Reschen, die gesprengt wurde, als seinerzeit mit dem Bau des Reschener Stausees begonnen wurde. Woraufhin es wundersamerweise gelang, den intakt gebliebenen Jesuskopf aus dem Trümmerhaufen zu bergen. Der Überlieferung nach soll die ursprüngliche Kapelle von einem Bauer aus der Umgebung als Dank für die Errettung seiner beiden Kinder aus äußerster Lebensgefahr errichtet worden sein. Nachdem die drei den Tag über auf den Mähwiesen oberhalb der berüchtigten Valliertschlucht verbracht hatten, kam bei der Rückkehr ins Tal das von zwei Ochsen gezogene Heufuder, auf dem die drei saßen, plötzlich ins Wanken, um gleich darauf den steilen Abhang über dem tosenden Pitzerbach hinabzustürzen. Der Vater, dem es im allerletzten Augenblick noch gelungen war,

Die alten Wege werden von Wegkreuzen, Bildstöcken und Kapellen begleitet, die Zeugnisse tief verwurzelter Volksgläubigkeit sind.

Die malerische Kulisse des kleinen Weilers Rojen im gleichnamigen Tal, mit der Klopaierspitze im Hintergrund. Orts- und Flurnamen verweisen hier auf die kulturelle Anbindung an den rätoromanischen Sprachraum.

abzuspringen, musste mit unfassbarem Entsetzen mitansehen, wie seine beiden Kinder mit in die Tiefe gerissen wurden. In seiner Verzweiflung kniete er an der Abgrundkante nieder und flehte die Gottesmutter um Hilfe an, wobei er gelobte, ihr eine kleine Kirche zu errichten, sollte er seine Kinder lebend wiederfinden. Daraufhin stieg er in die Schlucht hinunter, wo er fast ungläubig, aber überglücklich seine nahezu unversehrt gebliebenen Kinder in die Arme nehmen konnte und sich nebenbei auch noch über seine beiden Ochsen freute, die zwar arg mitgenommen, doch immerhin lebendig geblieben waren. Beim Aufstieg aus der Schlucht gewahrte er oben am Rande des Abgrunds einen Hirsch, der sie eine Weile lang

DER WEG

Ausgangsort: Reschen (1525 m)

Wegverlauf: Vom Dorf Reschen aus steigt man zuerst auf dem Panoramaweg Nr. 5 und dann weiter auf dem Weg Nr. 6 zum Vallierteck (1750 m) auf, wo sich unser Wallfahrtskirchlein befindet. Die Rückkehr erfolgt über denselben Weg.

Gehzeit: ca. 1 Stunde für den Hinweg, etwas weniger für den Rückweg

Höhenunterschied: 225 m

Die Ausschmückung der Wallfahrtskapelle am Vallierteck ist der Marienverehrung gewidmet, in deren Mittelpunkt eine Nachbildung des Mariahilf-Gemäldes von Lucas Cranach d. Ä. steht.

aufmerksam zu beobachten schien, um dann ganz plötzlich abzudrehen und von der Bildfläche zu verschwinden. Der Bauer hielt Wort, und bald schon stand auf der darüber liegenden Waldlichtung, dort wo die Straße ins Rojental abzweigt, die versprochene Kapelle. Später wurde sie umgebaut und vergrößert, um zukünftig auch die zahlreichen Wallfahrer an den heiligen Messen teilnehmen zu lassen: gläubige Menschen, ob jung oder alt, die vor dem Gnadenbild niederknien und ihre Wünsche und Hoffnungen vortragen oder um Hilfe für ihre Leiden und Gebrechen zu erbitten.
Im Februar steigen die Menschen nachts zur Kapelle hinauf, um an der heiligen Messe zum Gedenken an Unsere Liebe Frau von Lourdes teilzunehmen. Im August dagegen findet täglich um halb acht Uhr morgens eine Messe statt. Und

HINWEISE UND TIPPS

Geht man den mit Nr. 6 markierten Weg weiter, vorbei am Hoheneggerhof bis zu den Rojener Höfen (1973 m), die unterhalb des lawinengefährdeten Kammes des *Spi da Russenna* liegen (entlang des Kammes verläuft die Schweizer Grenze), trifft man auf ein mittelalterliches Kleinod, das Nikolauskirchlein bei Rojen, dessen Schlüssel man im nahe gelegenen Gasthaus ausgehändigt bekommt. Der gesamte Chor der Kirche wurde Anfang des 15. Jahrhunderts mit bemerkenswerten Fresken ausgemalt. Interessant sind auch die in das steinerne Spitzbogenportal eingemeißelten Zeichen, die auf die ausführenden Steinmetze und Bauhandwerker verweisen. Gewissermaßen sind es die Markenzeichen einer bestimmten Mannschaft, die auch am Bau anderer Kirchen in Südtirol und im benachbarten Graubünden mitgewirkt haben.
Mit dieser Wegvariante nimmt man einen zusätzlichen Höhenunterschied von 250 Metern und eine weitere Stunde Gehzeit in Kauf.

weitere Messen werden im Laufe des Jahres als Gedächtnisgottesdienste für die verstorbenen Gemeindemitglieder abgehalten.
Die Kapelle am Vallierteck – sie gilt als die bevorzugte Gnadenstätte der Gläubigen aus dem Oberen Vinschgau – ist durchgehend geöffnet und lädt jeden Vorbeikommenden ein, ein paar Minuten in völliger Stille dem Gebet oder der Meditation zu widmen. Womöglich kann seine Anwesenheit aber auch nur dazu dienen, die legendären Unholde zu verscheuchen, die an solch verborgenen Orten ihr Dasein fristen. Zudem bietet der Weg, der dorthin führt, eine der wohl spektakulärsten Ausblicke auf den Reschensee und die ihn umsäumenden Berggipfel, während das Auge nach Osten hin die glitzernde Gletscherwelt der Weißkugel und des Langtauferer Ferners erfasst.

2. Sankt Georg in Agums
Der „Große Herrgott"

Die Kirche zu Sankt Georg in Agums war einst so bedeutend, dass sie auch den benachbarten Dörfern Prad, Stilfs und Sulden als Pfarrkirche diente. Eine vor 1614 ausgestellte Urkunde verpflichtete die Einwohner von Stilfs und Sulden dazu, für den Bau der Kirche an die vierzig Fuhren Tuffstein zu liefern, der für das Portal, die Strebepfeiler der Apsis, die Gewölberippen und andere Teile des Gebäudes benötigt wurde.
Die bereits 1303 urkundlich erwähnte, von oben her durch die mächtige Burganlage Lichtenberg geschützte Kirche wird um

Schon von weitem erblickt man entlang der ehemaligen Via Claudia Augusta den Spitzturm der Agumser Sankt-Georgs-Kirche.

das Jahr 1500 herum vollständig im gotischen Stil umgebaut und mit ihren drei Altären am 9. Mai 1510 vom Churer Weihbischof geweiht. Dazu soll daran erinnert werden, dass damals der gesamte Vinschgau zum Bistum Chur gehörte, und zwar bis hinunter an die Passer in Meran, den Grenzfluss zum Bistum Trient. Das angeblich wundertätige große Holzkruzifix mit dem leidenden Christus, dessen Darstellung in Teilen zwar unproportional erscheint, aber deshalb nicht minder berührend wirkt, machte die Kirche zu einem beliebten Wallfahrtsziel auch für Gläubige aus der weiteren Umgebung. Im Jahr 1705 wurde ein seitlicher Altarraum errichtet und über dem Altare dieser neuen *Gnadenkapelle* der sogenannte „Große Herrgott" angebracht, das lebensgroße Kruzifix aus dem ausgehenden 14. Jahrhundert, dessen Entstehung nach Meinung anderer Kunsthistoriker allerdings erst mit dem Jahr 1618 zusammenfällt. Aber jenseits dieser rein kunsthistorischen Auseinandersetzung liegt der wahre Wert dieser einmaligen Holzskulptur in ihrer heilsamen Funktion für die Gläubigen, die sie seit Jahrhunderten verehren. Die Skulptur wurde von einem einfachen Mann geschnitzt, einem Schafhirten, der sich dazu des Stammes eines hoch oben am Berghang einsam stehenden

Der drachentötende heilige Georg beschützt das gotische Portal der ihm geweihten Kirche.

Baumes bediente. Er schnitzte gläubig und fromm und gab sich alle erdenkliche Mühe, um dem Antlitz Christi einen zugleich erhabenen und bewegenden Ausdruck zu verleihen. Kaum war das Kruzifix in der Kirche ausgestellt, begannen auch schon die Wunder. Der erste Bericht dazu hat mit dem

QUELLENANGABEN

Pfarre Prad-Agums, Der „Große Herrgott" kehrt zurück, Nachrichten aus der Kreuzgasse, 9. Oktober 1988

Kuntner Werner, Die Kirchen der Pfarre Prad und Agums, Tappeiner Verlag, Lana 1996

In den Beichtstuhl eingeschnitzte groteske Grimassen zweier apotropäischer Figuren halten das Böse und die Dämonen fern, die die Umgebung heimsuchen.

Gewicht der Skulptur selbst zu tun: Sie sei so schwer gewesen, dass vier Männer sie nicht vom Boden heben konnten. Dem Hirten sei dies dagegen mit Leichtigkeit gelungen, er nahm sie auf seine Schultern und trug sie allein von seinem Schafsberg hinunter ins Dorf, wo er sie an die linke Außenwand der Kirche lehnte. Was er vergessen hatte in die Brust des Gekreuzigten zu schnitzen, war die Wunde, die von der Speerspitze des Longinus stammte. Als nach einiger Zeit kaiserliche Truppen durch das Dorf zogen, feuerte ein womöglich vor lauter Langeweile verdrossener Soldat einen Schuss auf

Der Zahn der Zeit ist auch am weißen Laaser Marmor und den darin eingemeißelten Wappen der einst einflussreichen Lichtenberger nicht spurlos vorübergezogen.

die Christusfigur ab, der seitlich an der Brust einschlug und sie schwer beschädigte. Der Hirte erklärte den Gläubigen, die sich daraufhin am Fuß des Kreuzes versammelten, dass der Heiland selbst die Freveltat zugelassen hatte um zu zeigen, dass er kein verschlossenes, sondern ein für alle offenes Herz habe, aus dem künftig Gnaden und Wundertaten hervorquellen sollten. Die Kugel wurde herausgenommen und in einem Kästchen aufbewahrt, das seinerseits zu einer Reliquie wurde, um an bestimmten Festtagen öffentlich ausgestellt und den Wallfahrern gezeigt zu werden. Das Kruzifix selbst wurde dagegen in die Leichenkapelle überstellt und erst 1702 wieder hervorgeholt, nachdem die zur Fronleichnamsoktav versammelten Gläubigen unter ungläubigem Staunen erlebten, wie plötzlich Schweißtropfen das Antlitz Christi benetzten. Die Kunde davon verbreitete sich im ganzen Tal wie ein Lauffeuer, und immer mehr Menschen strömten herbei, um Gnade zu erbitten oder um Hilfe zu suchen. Heute ist die Gestalt des Gekreuzigten nicht nur durch Schweißtropfen gezeichnet, sondern auch durch unzählige Blutstropfen, die unter dem Lendenschurz bis hinunter zu den Füßen erscheinen und den mit grausamen Schmerzen verbundenen Todeskampf versinnbildlichen, wobei der hagere Körper, an dem man die Rippen abzählen kann, dieses Leiden noch zusätzlich hervorhebt. Ganz offensichtlich steht die Figur damit im Einklang mit der spätgotischen Tradition, die im Blick des zu Tode Gemarterten

Der sogenannte „Urweg" führt von Agums hinauf zur Wallfahrtskirche.

DER WEG

Ausgangsort: Prad am Stilfser Joch (915 m)

Wegverlauf: Vom Dorf aus gehen wir in Richtung des Suldner Baches und überqueren ihn. Danach biegen wir links ab und folgen der Beschilderung nach Frauwaal. Nach einem kurzen Anstieg führt der Weg eben bis oberhalb der Sankt-Georgs-Kirche in Agums. An der Kreuzung biegen wir nach rechts hinunter auf den mit Nr. 9 markierten Pilgerweg.

Gehzeit: ca. 1 ½ Stunden für Hin- und Rückweg

Höhenunterschied: ca. 200 m

dessen verzweifeltes Erstaunen über das Verlassensein auszudrücken scheint und sich gleichzeitig der Entscheidung beugt, sein Dasein für die Errettung der Menschheit zu opfern.
Die Wunder wurden vom Ordinariat der Diözese Chur aufgenommen, untersucht und von diesen schließlich wahr und gut geheißen. Nachdem 1705 die neue Gnadenkapelle errichtet worden war – mit dem Kruzifix unter dem großen Baldachin zwischen einer Marien- und einer Johannesstatue und darunter dem heiligen Josef mit Stab und den heiligen Thomas mit Lanze aus der Werkstatt des Schludernser Bildhauers Andreas Rainalter – wurde viele Jahre lang jeden Freitag die heilige Messe am Kreuzaltar gefeiert. Im Jahr 1736 wurde die Bruderschaft vom Heiligen Kreuz gegründet. Als die kaiserlichen Truppen 1799 die französische Armee besiegten, die den gesamten oberen Vinschgau in Schutt und Asche gelegt hatte, schrieb das Volk diesen Sieg allein der Fürsprache und dem Eingreifen des „Großen Herrgotts" zu, wie man die überlebensgroße Holzfigur hier in der Gegend auch heute noch nennt. Damals wurde erzählt, dass Christus bei dieser Gelegenheit seinen Zeigefinger ausstreckte als Warnung und als Verweis auf die Grenze, die die Franzosen nicht zu überschreiten hatten. Woraufhin das Dorf tatsächlich verschont blieb.
Beachtenswert ist auch das große Fresko des heiligen Christophorus an der Außenwand der Apsis. Obwohl stark verblasst, ist es eine der größten Darstellungen dieser Art in der ganzen Region. Ein hölzerner Beichtstuhl aus der Zeit um 1700 zeigt unter den Sockeln seiner Ziersäulen die grotesken Gesichter zweier „wilder Männer" mit einem Ring im Mund, der wohl die Macht des Glaubens symbolisiert, die selbst wilde Wesen, die hier als Heiden verstanden werden, zu zähmen weiß.

3. Heilig Drei Brunnen in Trafoi
Die Kreuze im Quellwasser

Von den vereisten Felshängen des Ortlers und der drei Trafoier Madatschspitzen stürzt das Wasser steil ins Tal hinunter, ein reines klares eiskaltes Wasser aus einem Stück unberührter Natur. Wer weiß, was dem jungen Hirten Moritz, der auf den kargen Weiden rund um Trafoi seine Schafe hütete, angesichts dieses großartigen Naturschauspiels aus Fels, Eis, Wasser und Wald durch den Kopf gegangen sein mag. Schon damals, im 13. Jahrhundert, der Zeit, in der Moritz lebte, war die Strecke über das Stilfser Joch vom Vinschgau ins Veltlin ein intensiv genutzter Handelsweg, der selbst im Winter mit Schlitten befahren wurde. Auch an Bergleuten mangelte es nicht, die bereits im 14. Jahrhundert hier nach Eisen und Kupfer gruben. Der Ort Trafoi wird erstmals 1304 erwähnt, und zwar als *Tra Ful*, was im Rätoromanischen „drei Quellen" bedeutet.

Die Welt des Schafhirten Moritz war eingegrenzt von den schroffen Felsen und den eisbedeckten Gipfeln, die gleich einer Jakobsleiter den Himmel zu berühren schienen und wie ein Bindeglied zwischen Erde und Himmel wirkten. Die Weltanschauung eines Hirten im Mittelalter, der oft monatelang keinerlei menschlichen Kontakt hatte, war geprägt von bäuerlichen Mythen, dem Volksglauben und einer Vorstellungskraft, die alles denkbar und möglich erscheinen ließ. So kam es eines Tages, als er seine Herde am Trafoier Bach tränkte, dass er plötzlich Zeuge der Entstehung von drei neuen, nebeneinander aus der Erde sprudelnden Quellen wurde. In jedem der drei Bäche, die daraus entstanden, entdeckte Moritz ein hölzernes Kreuz, von denen er zwei zu fassen bekam, während das dritte vom Wasser mitgerissen wurde. Zurück im Tal erzählte der Hirte die Geschichte, woraufhin die Menschen in Scharen zu den neuen Quellen hinauf strömten, um von ihrem Wasser zu trinken, das sich alsbald schon als wundersam erwies. Im Jahr 1229 wurde an dem auf 1607 Metern Höhe

gelegenen Ort eine kleine hölzerne Kapelle errichtet, aus der später das heutige, 1701 erbaute Wallfahrtskirchlein „Unserer Lieben Frau zu den heiligen drei Brunnen" entstand. Dass das Wasser als wundertätig gilt, bezeugen die verschiedenen Prothesen, die an den Wänden der Kapelle hängen, und auch andere Votivgaben, die seit Jahrhunderten die sonst kahlen Wände der kleinen Kirche bereichern, die heute mit Statuen von Jesus, Maria und dem Apostel Johannes sowie einem Gemälde aus dem Jahr 1693 geschmückt ist, das die Legende dieser Wallfahrtsstätte wiedergibt.

Von den Einsiedlern, die einst hier wohnten, kennen wir namentlich nur einen gewissen Johannes de Grava. Von anderen hingegen, die sich schon viele Jahrhunderte vorher hier niedergelassen hatten, ist in einer Schrift des Bischofs Enodius von Bormia († 482 n. Chr.) die Rede. Darin wird ein später als heilig angesehener Antonius erwähnt, der aus Bormio geflohen war und sich über das Stilfser Joch in den Vinschgau rettete, wo er beim Abstieg auf dem Weg zum Tartscher Bühel bei einem Drei-Quellen-Heiligtum auf zwei Einsiedler trifft und beschließt, bis zu deren Tod bei ihnen zu bleiben.

Wegen seiner so wundervoll in die Naturlandschaft eingebetteten Lage und der drei Quellen, die in kurzer Entfernung zueinander aus dem Boden sprudeln, stellte dieser Ort immer

QUELLENANGABEN

Heinz P. Sebastian, *Das Celtenthum im Obervinschgau bzw. Im Gerichte Glurns*, Bozen 1895

Aus drei Quellen sprudelt das Wasser, eine typische Anzahl vieler heilkräftiger Brunnen. Die Drei steht nicht nur für die Vollkommenheit, sondern auch für die Dreifaltigkeit.

schon etwas Besonderes dar. Vermutlich wurde er bereits während der Bronzezeit als Kultstätte genutzt. Wer weiß, ob nicht früher oder später auch in dieser Gegend ein paar von den berühmten urzeitlichen Schalensteinen ans Licht kommen, die vor allem hier im Vinschgau, ganz besonders im Bereich des Sonnenberges und meist in der Nähe von Wasserläufen häufig anzutreffen sind. Es heißt, dass hier rätische Priester – Heinz P. Sebastian bezeichnet sie in seiner Schrift über das Gericht Glurns als Kelten –, vom Ganglegg bei Schluderns oder auch vom Tartscher Bühel aus bis hierherkamen, um rituelle Handlungen zu vollziehen und ihre Novizen zu unterrichten.
Doch zurück zur Legende der Drei Brunnen: Von den beiden aus dem Wasser geretteten Kreuzen soll nach dem Willen des Hirten Moritz eines an die Stilfser Pfarre von Sankt Ulrich abgegeben worden sein, und das andere an die Hospizkirche von Sankt Johannes dem Täufer im Münstertal. Aus Tradition wird auch heute noch das der Stilfser Pfarre anvertraute Kreuz bei Prozessionen am Fahnenmast des Junggesellenbanners mitgetragen.

DER WEG

Ausgangsort: Trafoi (1570 m), das man vom Vinschgauer Talboden aus auf dem Weg zum Stilfser Joch erreicht. Parkplatz in der Nähe des Besucherzentrums des Nationalparks.

Wegverlauf: Vom Dorf aus folgen wir den Hinweisschildern „Heilig Drei Brunnen", Markierung Nr. 18, bis wir über den Weiler Neuwies ans Ziel gelangen (1605 m). Rückkehr auf demselben Weg.

Gehzeit: eine Dreiviertelstunde für den Hinweg, etwas weniger für den Rückweg

Höhenunterschied: ca. 200 m

Neben der Legende zu den drei Quellen gibt es aber noch eine, die mit diesem Ort verbunden ist und sich auf ein wundertätiges Madonnenbildnis bezieht. Diesmal ist es ein armer Holzfäller, der in der Nähe der einst von Johannes de Grava bewohnten Einsiedelei einen Baum fällen wollte. Als er seine Axt zu schwingen begann, hielt er plötzlich inne, weil eine Stimme aus dem Baumstamm drang, die zu ihm sprach: „Mach ruhig weiter, aber fälle nicht mich". Ungläubiges Staunen und Verwirrung waren dem Holzfäller ins Gesicht geschrieben und wurden noch größer, als er zwischen dem Geäst des Baumes das Antlitz der Muttergottes erblickte, ein Gnadenbildnis, das heute noch in der kleinen Wallfahrtskirche aufbewahrt und von vielen Gläubigen hoch und innig verehrt wird. Aber schon damals kamen sie scharenweise, um bei den drei heiligen Quellen nun auch die Jungfrau Maria anzubeten. Die Chronik berichtet von einem großen Bittgang im Jahr 1526 und dem Beschluss, eine neue Kapelle aus Mauerwerk zu bauen, was dann allerdings erst hundert Jahre später geschah.
Bis zum heutigen Tag wird die Marienstatue jeden Pfingstmontag in einer Prozession von der Pfarrkirche in Trafoi bis zur kleinen Wallfahrtsstätte getragen, wo sie den ganzen Sommer über verweilt, um am letzten Sonntag im September in einer neuerlichen Prozession wieder zurück ins Tal gebracht zu werden.
Eine Prophezeiung besagt, dass sich an dem Tag, an dem das immer noch ausstehende dritte Kreuz gefunden wird, sich die Macht der drei Kreuze vereinigen wird, die drei Quellen versiegen werden und das Ende der Welt bevorsteht.

4. Maria Lourdes in Laas
Schutz und Genesung für die Braut

Wenn man auf der Vinschgauer Straße nach Schlanders den Anstieg in den oberen Teil des Tales hinter sich gebracht hat, trifft man bald schon linkerhand auf eine neuromanische Kirche, die so hell erstrahlt wie die Gletscher des Ortlermassivs, das den Hintergrund dieser Landschaft bildet. Ihr junges Baujahr geht auf Ende des 19. Jahrhunderts zurück, in der Zeit von 1975/76 wurde sie von Grund auf renoviert. Viele werden sich wundern, wie eine derartige stattliche Kirche in eine so offene Landschaft wie diese hineingebaut werden konnte, zumal es in nächster Umgebung nur ein einzelnes Gehöft gibt und der Rest der Landschaft aus Apfelplantagen, Wiesen und Wäldern besteht. Tatsächlich handelt es sich um ein steinernes Zeugnis des Glaubens der Menschen im Vinschgau, das mit einer Brücke zu tun hat, die hier einst den von Allitz herunterfließenden Strimmbach überquerte. Auf ihr kam am 15. Juni 1885 ein von Mals kommender Stellwagen wegen eines scheuenden Pferdes von der Straße ab, wobei Herr Benedict Edler von Vintschgau ums Leben kam. Zum Gedenken an den Verstorbenen errichtete seine Witwe eine Marienkapelle, die 1887 eingeweiht und mit einer Statue der Muttergottes von Lourdes ausgestattet wurde. Noch heute erinnert eine Gedenktafel über dem Eingangsportal an das tragische Ereignis von damals. Im selben Jahr der Einweihung erfolgte die wundersame Heilung eines schwerkranken Mädchens aus der Gegend, und in den nachfolgenden Monaten und Jahren wiederholten sich solche Heilungen immer häufiger, sodass immer mehr Gläubige hierher pilgerten, um ihre Leiden der Muttergottes von Lourdes anzuvertrauen. Vor

Direkt an der durch den Vinschgau führenden Landesstraße erhebt sich, hell leuchtend mitten im Talboden und umgeben von Apfelplantagen und Wäldern, die neuromanische Wallfahrtskirche zu Maria Lourdes bei Laas.

ANFAHRT

Von Meran aus durch den Vinschgau fahrend liegt die imposante neuromanische Wallfahrtskirche, umgeben von Obstplantagen, an der linken Straßenseite kurz vor der Ortseinfahrt von Laas.

allem waren es Frauen aus den umliegenden Dörfern, die fest an die Macht der Fürsprache „ihrer" Madonna glaubten. Auch heute noch sind es zwischen vierzig- und fünfzigtausend Gläubige im Jahr, die sich hier zum Beten einfinden, und viele Paare wählen diese Kirche für ihre Hochzeit, um ihre Ehe in Gegenwart der Muttergottesstatue segnen zu lassen.
Bereits der ursprüngliche Ansturm von Gläubigen führte dazu, dass die frühere Kapelle bald schon nicht mehr ausreichte, all diese Menschen aufzunehmen, und so beschloss der Laaser Pfarrer Nikolaus Ortner, der dem Marienkult treu ergeben war, nach seiner Rückkehr von einer Wallfahrt nach Lourdes eine größere Kirche zu bauen. Es war das Jahr 1895, und trotz der schlechten wirtschaftlichen Lage im Tal brachten seine Aufrufe von der Kanzel bald schon den gewünschten Erfolg, und die für den Neubau benötigte Summe konnte ohne Schwierigkeiten aufgebracht werden. Das Projekt wurde dem Architekten Josef von Stadl anvertraut, der sich für einen Bau im neuromanischen Stil entschied – typisch für viele jüngere Bergkirchlein im Tal –, und den oberen Teil des Turms achteckig ausführen ließ in Anlehnung an das Symbol der Auferstehung und des ewigen Lebens sowie an die bevorzugte Formgestaltung der christlichen Taufbecken. Der Bau selbst wurde von Maurermeister Stecher aus Prad am Stilfser Joch ausgeführt, während die Altäre aus der Werkstatt des Tischlers Fleischmann aus Schlanders stammen. Am 19. April 1896 wurden die drei Glocken geweiht – eine von ihnen wurde während des Ersten Weltkriegs eingeschmolzen –, und am 1. September desselben Jahres kam es schließlich zur Kirchweihe durch den Trienter Fürstbischof Eugen Karl Valussi. Die Muttergottesstatue wurde in einer feierlichen Prozession im Beisein aller Priester

QUELLENANGABEN

Laimer Tappeiner Gertraud, Lechthaler Konstantin, *Die Pfarre Laas mit ihren Kirchen und Kapellen*, Tappeiner Verlag, Lana 1998

Kirchenschiff und Apsis symbolisieren zusammen den Leib und das Haupt Christi. Zudem beherbergen sie die Schwarze Madonna von Loreto.

des Tales und einer großen Menschenmenge von Laas aus in die neue Kirche getragen. Großes Aufsehen erregte die Feier zum fünfzigjährigen Jubiläum am 26. Mai 1935: Eine endlose Prozession bildete sich, als sich an die dreitausend Menschen von sämtlichen Höfen des Tales hier einfanden, wie von den *Dolomiten* damals berichtet wurde.
Auch die marianische Jungfrauenkongregation von Mals mit ihren siebzig Mitgliedern kam, um ihr Gelübde zu erneuern. Abends, bei Einbruch der Dunkelheit, kehrten dann alle nach Hause zurück, erneut in Prozessionen, diesmal mit brennenden Fackeln. Eine leuchtende Lichterschnur schlängelte sich so durch den ganzen Vinschgau, von denen sich immer wieder ein paar Funken trennten, um den einzelnen Höfen entgegenzustreben, zu denen die Gläubigen heimkehrten.
Das Innere der Wallfahrtskirche ist sehr einfach und schlicht, bereichert allein durch die zahlreichen Votivtafeln in der Vorhalle, die vom Glauben der Wallfahrer und deren Erwartungen zeugen. Kunsthistoriker haben dieses Gebäude, das gewissermaßen einer Kathedrale in der Wüste ähnelt, immer als ästhetisch eher minderwertig und außerdem zu neu angesehen, um sich damit auseinanderzusetzen. Die Kraft der Volksfrömmigkeit und die Gläubigen, die hierher strömen, scheren sich dagegen wenig um den Stil der Kirche, denn sie sehen sie als den Aufbewahrungsort eines wundertätigen Gnadenbildnisses, das sie so sehr lieben und verehren. Innerhalb der Masse der eher geschmacklosen Bauten des 20. Jahrhunderts bewahrt diese neuromanische Kirche wenigstens die architektonischen und symbolischen Merkmale der romanischen Sakralkunst und entstand nicht etwa aus der kreativen Laune eines Architekten heraus, der das Heilige mit religiös-architektonischen Experimenten verwechselt.

5. Sankt Martin im Kofel bei Latsch
Den Tieren zum Schutz

Dort oben, dem Himmel nahe, befinden sich die höchstgelegenen und unzugänglichsten Bergbauernhöfe des gesamten Vinschgaus. Verstreut liegen sie an den steilen Hängen unterhalb der Grauen Wand und der Vermoispitze. Einige von ihnen tragen noch heute ihren ursprünglich romanischen Namen, wie zum Beispiel Forra, ein Gehöft in Extremlage auf 1677 Metern Höhe. Sie scheinen vom Rest der Welt isoliert zu sein, in Wirklichkeit sind aber die Wege, die sich über die Hänge des Vinschgauer Sonnenbergs schlängeln, seit Jahrtausenden begangen, und die Zeugnisse entlang dieser Urwege mit ihren prähistorischen Kultstätten – nicht weniger als vierundzwanzig mystische Schalensteine finden sich in dieser Gegend – belegen ein ständiges Kommen und Gehen zwischen dem Talboden und dem benachbarten Schnalstal über das 2662 Meter hoch gelegene Niederjoch. Dieser Pass wird auch heute noch von Schäfern benutzt, wenn sie im späten Frühjahr ihre Schafe auf die satten Weiden des Nordtiroler Ötztals treiben und im Spätsommer wieder mit ihnen zurückkehren. Die frühere Bedeutung dieser Nord-Süd-Verbindung lässt sich am dichten Netz von Hospizen ablesen, die das Gebiet zwischen dem Nonstal, dem Ultental, dem Schnalstal und dem Ötztal prägten, so etwa Sankt Mauritius, Sankt Medardus, Sankt Karpophorus und die schutz- und zufluchtbietende Felsgrotte von Sankt Martin im Kofel. Zu dieser kleinen Doppelkirche – der untere Teil besteht aus einer überbauten Höhle – pilgern seit alters her die Gläubigen aus der Umgebung,

Sankt Martin im Kofel ist einer der faszinierendsten Orte in den Alpen. Einst benötigten die Bauern viele Stunden, um vom Talboden aus zu ihren Höfen aufzusteigen, und während der langen Wintermonate waren sie vom Rest der Welt fast vollständig abgeschnitten. Heute bewältigt eine bequeme Seilbahn in wenigen Minuten die 1.100 Meter Höhenunterschied.

Über dem aus einer Felsgrotte bestehenden Untergeschoss liegt der obere Kirchenraum mit seinem barocken Altar und Wandgemälden aus dem frühen 20. Jahrhundert, welche Episoden aus dem Leben des heiligen Martin von Tours darstellen.

aber auch aus dem Schnalstal, dem Martelltal und dem Passeiertal, vor allem um den Heiligen um Fruchtbarkeit und Schutz für das Vieh zu bitten. Diese tierbezogene Funktion des heiligen Martin ist typisch für den Vinschgau und kommt anderswo äußerst selten vor, da dort der Soldatenheilige meist nur von Bettlern und Armen um Hilfe angerufen wird. Im Vinschgau gibt es zahlreiche Kirchen und Kapellen, die dem Heiligen Martin geweiht sind, mag sein als ein Erbe der früheren Präsenz der Franken in diesem Tal. Sie kamen nicht nur aus den Dörfern des Talbodens und des Schnalstals, sondern auch aus dem Passeiertal und dem Martelltal.

Der Legende nach wurde die Felsenhöhle, auf der die Kirche errichtet wurde, einst von einem Hirten des nahe gelegenen Theinhofs als Stall genutzt. Es war inmitten dieses harten und mühsamen Lebens, als er eines Tages all seine Schafe geblendet auf der Weide vorfand und sich das Unheil nicht erklären konnte. In der Zwischenzeit waren unten im Tal aus der Sankt-Martin-Kirche im nahe gelegenen Göflan eine Statue des Kirchenpatrons, ein Kruzifix, eine Gans und eine Glocke verschwunden.

Das in den Hang hinein gebaute Wallfahrtskirchlein von Sankt Martin im Kofel wacht über den seit Jahrtausenden von Menschen bewohnten und mühsam bewirtschafteten Vinschgauer Sonnenberg.

Doch alles wurde tags darauf in der besagten Höhle hoch oben am Sonnenberg völlig unbeschadet inmitten der plötzlich von ihrer Blindheit geheilten Schafe wiedergefunden. Der Pfarrer von Göflan brachte alles wieder ins Tal und schloss das rückeroberte Kirchengut auf Anraten des Bauern Georg Platzer vom gleichnamigen Hof hin in einen sicheren Schrank ein, verstaute den Schlüssel unter seinem Kopfkissen und schlief beruhigt ein. Im Traum erschien ihm eine Engelsgestalt, die ihm mitteilte, dass alles wieder dort oben in der Höhle sei und der Schrank wieder leer dastehe. Dem war auch so, und deshalb wurde kurzerhand entschlossen, nach Gottes und des Platzerbauern Wille über der Höhle des wundersamen Fundes eine kleine Kirche zu errichten. Noch heute erreicht man die Grotte vom Kirchlein aus über eine kurze Treppe, die über das Tal führt, um schließlich vor der verehrten eher grob geschnitzten, doch im reinen Barockstil des 18. Jahrhunderts gekleideten Heiligenstatue mitsamt dem beschenkten Bettler zu stehen.
Die Kirche besitzt noch eine weitere, heute nur noch wenig bekannte Eigenheit: Sie ist wegen der Platzbeschaffenheit

Vom Kirchlein aus erreicht man entlang idyllischer Wege einige der ältesten und höchstgelegenen Bergbauernhöfe des Tales.

zwangsweise in Süd-Nord-Richtung ausgerichtet, hat aber gegen Osten hin ein Fenster, durch das am 11. November, also genau zu Martini, ein Sonnenstrahl direkt auf den Altar fällt. Es handelt sich also um eines jener astronomisch ausgerichteten Gotteshäuser, deren sakrale Architektur seit jeher präzisen Orientierungsregeln folgt, die sich vor allem auf die Sonne und die Himmelsrichtungen beziehen, um die Bedeutung des Symbolhaften am Bauwerk hervorzuheben, seien es nun ägyptische Pyramiden, hochstrebende äthiopische Obelisken, mächtige etruskische und skythische Grabhügel oder sardische Megalithgräber und mittelalterliche Kirchen. All diese hatten einen gemeinsamen Nenner: die erhabene Bedeutung der Sonne selbst und ihrer Strahlen. Die mittelalterlichen Baumeister bezeugten auch damit ihr profundes Wissens über die Geschehnisse am Himmel, das sie in den Bau einfließen lassen konnten. Die Kirche ist damit also nicht mehr nur ein Hort des Glaubens, sondern teilt sich uns auch in einer Symbolsprache mit, durch die der Erbauer das Wesen des Ortes zu einer Einheit von Zeit und Raum verdichtet.
Am 1. Mai 1510 wurde der Hochaltar zu Ehren des Schutzpatrons der Kirche geweiht. Das Innere des Kirchleins weist eine Reihe von Fresken im Triumphbogen auf, die Szenen aus dem Leben des heiligen Martin darstellen, sowie weitere Fresken an der Decke des Langhauses, die aber erheblich jünger sind. Auf dem Barockaltar befindet sich der Heilige zwischen den Statuen des heiligen Isidor und der heiligen Notburga, die beide der bäuerlichen Welt angehören: Ersterer ist Beschützer der Bauern und ihrer Felder und Ernten, während Notburga als Vorbild der Landjugend dient und als Schutzpatronin der Mägde verehrt wird. Ihr Kult ist hierzulande wie auch in Österreich, Bayern und Istrien stark verbreitet.

DER WEG

Ausgangsort und Ziel: Latsch (630 m) und St. Martin im Kofel (1740 m)

Wegverlauf: Das Kirchlein ist zwar mit der Seilbahn schnell zu erreichen, aber um die Faszination des uralten Weges mit seinen ehrwürdigen Bauernhöfen und den archäologischen Fundstätten genießen zu können, ist es durchaus empfehlenswert, zu Fuß aufzusteigen, auch wenn der Weg lang und mühsam ist und einen beträchtlichen Höhenunterschied aufweist. In Latsch überqueren wir die Vinschger Landesstraße, nehmen den Weg Nr. 7 und folgen ihm so lange, bis wir auf den Weg Nr. 6 treffen, um darauf rechts zu unserem Ziel abzubiegen.

Gehzeit: ca. 3 Stunden

Höhenunterschied: 1110 m

Abstiegsvariante: Von der Bergstation der Seilbahn geht es zu Fuß hinunter nach Latsch, vorbei an Schloss Annenberg, an alten Stolleneingängen und mehreren Schalensteinen (nicht markiert, aber mit Geduld und Forschergeist nicht schwer zu finden). Als Variante folgen wir dagegen dem Weg Nr. 14, der an den ausgesetzten Bauernhöfen Egg und Forra vorbeiführt, um dann auf dem Weg Nr. 14A weiter abzusteigen. Bei Schloss Annenberg geht es auf dem Weg Nr. 6 weiter bis zu einer Gabelung (Schalenstein), an der man den Weg Nr. 5 nach links nimmt und auf einer Hängebrücke die Tisserschlucht überquert, um dann leicht ansteigend auf eine kleine Hochebene zu gelangen. Danach steigen wir über den Weg Nr. 5A wieder ab, bis wir auf den Latschander-Waalweg treffen, der uns in östlicher Richtung bis nach Latsch zurückbringt.

Gehzeit: 5–6 Stunden

Höhenunterschied: ca. 1200 m

Infos: Eine moderne kleine Seilbahn bringt Sie in acht Minuten von der Talstation in Latsch (630 m) nach St. Martin im Kofel (1740 m). Den Fahrplan erfahren Sie bei www.bergbahnen-latsch.com. Die Öffnungszeiten des Wallfahrtskirchleins hingegen beim Fremdenverkehrsamt in Latsch (Tel. +39 0473 623109, www.latsch-martell.it).
Erfrischungen gibt es an der Bergstation (von Mai bis Oktober tagsüber immer geöffnet, außerhalb der Saison dienstags geschlossen). Weitere Gaststätten vor Ort finden Sie auf der Homepage der Seilbahn.

6. Unser Frau in Schnals

Im Reich der heiligen Stätten

Das von hohen Bergen eingeschlossene und doch nicht abgeschiedene Schnalstal ist ein „heiliges" Tal. Sieht man vom jüngsten Zustrom an Skifahrern, Bergsteigern und wandernden Feriengästen ab, lässt sich die Anzahl der Siedlungen und Weiler am Talboden an einer Hand abzählen und an der anderen die auf den seitlichen Hanglagen. Seit jeher – also seit Ötzis Zeiten – wurde das Tal von Hirten, Jägern und wanderndem Volk auf dem Weg ins benachbarte Ötztal durchquert. Die eigentliche Besiedlung begann dagegen ab dem 5. Jahrhundert n. Chr., als sich neben rätoromanisch geprägten Bauern auch germanische Stämme im Vinschgau niederließen und die saftigen Weiden des Tales nutzten. Diese Menschen benutzten entweder die Pfade, die vom Schlandrauntal über das Taschenjöchl führten, oder sie kamen aus dem Passeiertal über das Eisjöchl und das Pfossental herüber, wobei sie in beiden Fällen die enge, damals undurchlässige Schlucht am südlichen Taleingang umgingen.
Auch die sich hoch über dem Taleingang erhebende Burg Juval diente einst dem Schutz dieser Übergangswege, über die man ins Tal gelangte, aber natürlich auch als Ort der Überwachung und des Einhebens der Wegegelder seitens der Gebietsherren. Jenseits der profanen Burganlage waren es

Jahrhunderte lang mussten die Verstorbenen in stundenlangen mühseligen Märschen zum Pfarrfriedhof von Tschars gebracht werden, der Gemeinde im Vinschgauer Talboden, von wo aus die Besiedlung des oberen Schnalstals begonnen hatte.

Die Wallfahrtsprozessionen an den hohen Feiertagen zogen durch diese Wiesen und Felder, angeführt von der Musikkapelle und gefolgt von Fahnenträgern, Heiligenstatuen – darunter die der Gnadenmutter – und den in traditionelle Trachten gekleideten Gläubigen.

aber vor allem drei sakrale Orte im Tal, die über die Bewohner wachten und sie beschützten: das Dörfchen Katharinaberg mit seiner gleichnamigen Pfarrkirche auf einem Bergsporn im Eingangsbereich des Tales, das Dorf Karthaus mit seinem ehemaligen Kartäuserkloster Allerengelberg und schließlich die Siedlung Unser Frau in Schnals mit der weitum bekannten Marienwallfahrtskirche, die dem Ort ihren Namen verleiht. Um die Geschichte und die Bedeutsamkeit dieser in so wohltuender Abgeschiedenheit gelegenen Gnadenstätte besser zu verstehen, muss man die Kirche betreten, vorbei an einem großen Schalenstein, der den bronzezeitlichen Ursprung dieser Kultstätte bezeugt, und sich einigen Barockgemälden aus dem 18. Jahrhundert widmen, die näher auf die Geschichte dieses Ortes eingehen. Eines davon zeigt eine Prozession bei ihrem Einzug in die Kirche mit der dazugehörenden Inschrift *Alß man zaltt nach Cristygeburdt MCCC und 6 Jar ist diß Gotth(au)ß erbauett worden gar*, aus der hervorgeht, dass das Gebäude im Jahr 1306 errichtet wurde. Eine andere Inschrift unter einem weiteren Gemälde erinnert hingegen daran, dass *Im MCCC und Im 4 Jar ist komen ain Bilger firma Im disn thal ganz unbekandt auß weidten und auch fern Landt Auf disem koffel wie die kirchenstett Unser frauenbildnus erfunden hadt Im gestirei und dornen hanngen darnach hadt man angefanngen*, will heißen, dass bereits 1304, also zwei Jahre vor dem Bau der Kirche, Pilger aus nah und fern hierher kamen, um zu einer als wundertätig geltenden Muttergottesstatue zu beten. In jenen Jahren begann die Entwicklung der eigenen Pfarrei von Unser Frau, deren Gläubige bis dahin noch dem Vinschgauer Pfarrbezirk von Tschars angehörten, von wo aus auch – laut Johann Rainer – die ursprüngliche Besiedlung des mittleren Schnalstals ihren Anfang genommen hatte. Dies bedeutete unter anderem, dass die Toten nicht mehr im Frühjahr nach Tschars gebracht werden mussten, um dort begraben zu werden, sondern dass sie nun hier oben in ihrer eigenen Erde und im Schutz des weit ausgebreiteten Mantels ihrer Muttergottes in Frieden ruhen konnten.

Mehr als verständlich erscheint uns demnach die religiöse Begeisterung, mit der durch die Jahrhunderte hindurch diese aus Buchsbaum geschnitzte kleine Marienstatue mit Jesukind sowohl von den Gläubigen vor Ort als auch von den zahlreichen Wallfahrern von außerhalb verehrt und angehimmelt wurde. Sie ist nur dreizehn Zentimeter groß und stark abgenutzt von den Küssen und den frommen Händen der Menschen, die sie um Hilfe baten, sie um ihr Eingreifen in hehre wie auch irdische Belange anflehten und selbst dem Wind ihre Gebete anvertrauten, damit er sie in den Himmel zu ihr hinauf trage, zu der in diesem Gnadenbildnis so lebendig wiedergegebenen Gestalt der göttlich vorbildhaften Frau und Mutter, der man sich bedingungslos zugeneigt fühlte und deren Nähe man mit großer Hingabe und dem Wunsch nach Heiligkeit suchte, der damals von zentraler Bedeutung war und von dem selbst das Alltagsleben zutiefst geprägt wurde. Berührte, streichelte oder küsste man das Bildnis – oder versuchte gar, kleine Splitter davon abzulösen und zu schlucken –, so verinnerlichte man dadurch die Präsenz des Heiligen im eigenen Körper (das Heilige als Speise), wodurch paradoxerweise auch die Statue selbst wiederum an geglaubter Lebendigkeit dazugewann.

QUELLENANGABEN

Bodini Gianni, Rainer Johann, *Die Höfe des Schnalstals*, Tourismusverband Schnalstal, Meran 1993

Gruber Karl, *Führer zu den Kirchen im Schnalstal*, Tappeiner Verlag, Lana 2004

Rainer Johann, *Das Schnalstal und seine Geschichte*, Tappeiner Verlag, Lana 1997

Um einen weiteren derartigen Verzehr und Verschleiß zu verhindern, wurde die wundertätige Marienstatuette bald schon in einem Reliquarium verschlossen aufbewahrt und nur noch daraus hervorgeholt, wenn die Wallfahrer von Sankt Martin im Kofel den langen und beschwerlichen Weg durch das Penaudertal hinter sich gebracht hatten und hier die Messe feierten, um anschließend dem kleinen Gnadenbildnis zu huldigen. Bereits 1349 wurde die kleine Kirche mit einem neuen Marienaltar ausgestattet, zu dessen Weihe sogar zwei Bischöfe aus dem fernen Chur anreisten und zahlreiche Ablässe für die künftigen Wallfahrer gewährten, wodurch die Zahl der Pilger noch weiter anstieg. Im Jahr 1407 wurden die Umbauarbeiten an der Kirche abgeschlossen, die nun erheblich größer und mit Gewölben im gotischen Stil versehen war. Doch bald schon reichte auch dieses neue Gebäude nicht mehr aus, die weiterhin zunehmende Schar der Gläubigen aufzunehmen. Und so kam es auf Veranlassung des Pfarrers Franz Mathui zu einem neuerlichen Umbau der Wallfahrtskirche, diesmal von Grund auf und im Barockstil, wobei ihr nun ein mächtiger Zwiebelturm zu Seite gestellt wurde, der heute noch vom ganzen mittleren Schnalstal aus gut sichtbar ist. Man schrieb das Jahr 1765, als das kleine Gnadenbildnis feierlich dem neuen Altar an der linken Seite des Langhauses anvertraut wurde. Eine kleine Kapelle voller Votivgaben zeugt von den zahllosen Gnaden, mit denen Maria in Zeiten von Krankheit, Not und Unheil ihre hilfesuchenden Verehrer bedacht hat. Eine dieser Votivtafeln geht auf das Jahr 1694 zurück und schildert das große Glück im Unglück, das dem Schäfer Georg Kofler beim Auftrieb seiner Schafe über das mehr als dreitausend Meter hohe Niederjoch beschieden war. Tief in eine Gletscherspalte gestürzt, gelang es zwei weiteren Schäfern dennoch, ihn mithilfe von Seilen wieder in Sicherheit zu bringen. Als Zeichen seiner Dankbarkeit für die empfangene Gnade stiftete er daraufhin das Votivbild. Weniger Glück hatten da fünf andere Hirten und ihre mehr als hundertköpfige Schafherde, die an gleicher Stelle am 10. September des Jahres 1744 in der Kälte des Gletschers erfroren.

Ein wunderschönes altes Wegkreuz am Weg zur Mastaunalm unterhalb des gleichnamigen Jochs (2931 m), über das einst nicht nur die Schafherden von Kortsch und Schlanders her ins Ötztal getrieben wurden, sondern das auch den Wallfahreren als Übergang ins Schnalstal diente.

DER WEG

Ausgangspunkt: das Dorf Karthaus (1327 m)

Wegverlauf: Zuerst der Weg Nr. 21 und danach der Weg Nr. 19A führen uns über den Südhang des Schnalstals zum Wallfahrtsort, vorbei an den alten Raindlhöfen und dem Brugghof. Die Rückkehr erfolgt auf demselben Weg.

Gehzeit: ca. 1 Stunde für den Hinweg, etwas weniger für den Rückweg

Höhenunterschied: ca. 250 m

Infos: Es empfiehlt sich ein Besuch im nahe gelegenen Archeo-Parc, um die Welt von Ötzi näher kennenzulernen. Er ist täglich von Ostern bis Allerheiligen geöffnet, www. archeoparc.it. Des Weiteren sehenswert ist das kleine Dorf Karthaus am Ausgangspunkt unserer kurzen Wanderung, in dem Teile des alten Kartäuserklosters, aus dem das spätere Dorf entstanden ist, erhalten geblieben sind und man entlang des Kreuzgangs und der daran anschließenden Höfe mittelalterliche Luft schnuppern und genießen kann wie bei einer Schatzsuche nach Zeichen und Symbolen, die in die Fassaden eingemeißelt sind – die Schlange, das kosmische Ei und vieles mehr – und deren genaue Bedeutung oftmals bis heute ein Geheimnis bleibt.

7. Sankt Moritz im Ultental
Ein uraltes Bergheiligtum

Weithin sichtbar auf den sonnigen Hängen des Ultentals ist die Häusergruppe in alter Holzbauweise des Weilers St. Moritz. Obwohl auch im Ultental in den letzten Jahren viel gebaut wurde, lebt ein großer Teil der Bevölkerung immer noch in Einzelhöfen, die sich verstreut oder in kleinen Gruppen wunderbar in die Landschaft einfügen. Die oft uralten, meist von der Sonne stark nachgedunkelten Holzhäuser bilden zusammen mit ihren Holzzäunen und Bildstöcken eine idyllische und beeindruckende Berglandschaft. Die Dächer sind mit Holzschindeln gedeckt, die mit großen auf Latten aufliegenden Steinen beschwert sind. War der lange Winter endlich vorbei, taute auch das Leben auf den Höfen von St. Moritz wieder auf, an denen der uralte Weg verbeiführte, auf den man einst vom Nonstal und dem Sulzberg über das Hochmahdjoch (1785 m), die Haselgruber Seen (2417 m) und schließlich den Tarscherpass (2551 m) bis in den Vinschgau gelangte. Entlang des Weges markierten zwei Hospize die Zeit der Reisenden und Pilger: St. Moritz im Ultental und St. Medardus in Tarsch am Vinschgauer Nördersberg. Diesen Weg war 1488 auch ein Pilger aus Fondo am Nonsberg gegangen, dessen Ziel die Erfüllung eines Gelübdes im fernen Santiago de Compostela war, woran bis heute eine Votivmalerei an der Fassade der Casa Donà in Fondo erinnert. Und denselben Weg haben auch die Kreuzritter genommen, um

Sankt Moritz gilt als die älteste Kirche des Ultentals.

Die Freitreppe zum Hügelkirchlein lässt uns dem Himmel noch ein Stück näherkommen.

die Häfen zu erreichen und sich ins Heilige Land einzuschiffen. Auf dem gotischen Portal des Bauernhauses neben der Sankt-Medardus-Kirche zeugt heute noch deren eingemeißeltes Kreuz davon.
Das Sankt-Moritz-Kirchlein wurde aber auch aus einem anderen Grund aufgesucht, und zwar der nahen Quelle wegen, der seit prähistorischer Zeit heilende Kräfte zugeschrieben werden. Ein uraltes Quellheiligtum, dessen spätere Widmung an den heiligen Mauritius der strengen Logik der Christianisierung heidnischer Kultstätten folgte, die mit Wasser in Verbindung standen und ebenso den heiligen Cosmas und Damian anvertraut werden konnten. Zu einem großen Teil wurden dabei die lokalen Mythen und Riten in die heilige Geschichte

Der Weiler um Sankt Moritz bietet ein anschauliches Beispiel für die Holzbauweise der Ultner Bauernhöfe.

und die Sprache des christlichen Glaubens integriert. Dies gilt für die Schwefelbäder in Moritzing bei Bozen genauso wie für das bereits 1418 wegen seiner Heilwasser bekannte Mitterbad im Ultental mit seiner den heiligen Cosmas und Damian geweihten Kapelle.

Die Räter wie die Kelten waren sowohl dem Wasser als auch den Bergen besonders zugetan. Den Wasserkulten standen hier die ladinischen Nymphen vor, die *Gane*, im Trentino waren es die *Anguane*, während es in der keltischen Welt die drei *Matronae Iuniones* waren, die mit der Wasser- und Naturwelt verbunden waren. Auch Hexen, die unmittelbaren Nachfolgerinnen heidnischer Göttinnen und Nymphen, waren für die Belange des Wassers zuständig. So hieß es, dass sie Donner, Regen, Stürme und schwere Überschwemmungen oder gar Regenbögen heraufbeschwören konnten, indem sie mit einer Haselnussstange auf das Wasser schlugen und dann rittlings auf derselben durch die Lüfte flogen, um dem Hagel zu befehlen, wann und wo genau er fallen sollte. Feen besaßen dagegen Zauberstäbe, vorzugsweise aus Ebereschenholz, hatten wallendes blondes Haar und lebten gewöhnlich in Dreiergruppen wie die erwähnten *Matronae*, die griechischen Moiren, die nordischen Nornen oder auch die heiligen drei Jungfrauen von Meransen.

Im germanischen Götterhimmel war es Freya, die über die Meere, Flüsse, Seen, Quellen, Wolken und den wohltuenden Regen herrschte. In der späteren Rezeption oft gleichgesetzt und verwechselt mit Frigga, der germanischen Hochgöttin und Gemahlin Odins, geht auf ihren Namen unter anderem auch das Wort Freitag zurück, dessen italienische Variante *venerdì* hingegen auf die römische Venus verweist.

Mauritius, sprich Moritz, der „maurische Mohr", d. h. der dunkelhäutige afrikanische Anführer der thebanischen Legion, der an der Grenze zwischen dem Aostatal, dem Piemont und Frankreich den Märtyrertod erlitt, hat unter den vielen Patronaten, die er bekleidet – von den Rittern bis hin zu den Färbern – auch das der Heilquellen inne. Eine Schutzherrschaft, die aus den militärischen Rängen heraus entstanden ist und in der Folge davon vor allem von den Kreuzrittern, den

DER WEG

Ausgangspunkt: Kuppelwies (1153 m), eine kleine uralte Siedlung, die im Mittelalter Schauplatz regelmäßiger Viehmärkte war, die bei den Bauern und Händlern aus dem Rabbital, dem Nonstal, dem Sulzberg, dem Vinschgau und dem ganzen Burggrafenamt überaus beliebt waren.

Wegverlauf: Von Kuppelwies am oberen Ende des Zoggler-Stausees aus folgen wir dem mit Nr. 12 markierten Weg, der mehrere Bauernhöfe auf der Sonnenseite des Tales erschließt. Sobald wir auf die Markierung M treffen, folgen wir dieser nach rechts bis an unser Ziel, das Sankt-Moritz-Kirchlein (1635 m) mit anliegender Gaststätte. Für den Rückweg nehmen wir den neben dem Gasthaus steil abfallenden Kreuzweg, der uns auf den 12er Weg bringt, auf dem wir nun wieder den Ausgangspunkt erreichen.

Gehzeit: ca. 1 ½ Stunden für den Aufstieg, ca. 1 Stunde für den Abstieg

Höhenunterschied: 482 m

Infos: Gasthaus St. Moritz, geöffnet vom 31. Mai bis 1. November

Hospitalitern und den Johannitern weithin verbreitet wurde. Verehrt wurde dieser Heilige – sein Festtag wurde aus dem liturgischen Kalender gestrichen, wird aber am 22. September gefeiert – vor allem von den ins Heilige Land ziehenden Rittern und Pilgern wegen seiner Standhaftigkeit im Glaubenskampf und seinem Schutz über Pilger- und Reisewege sowie über Orte, an denen ein besonders hohes Maß an Gastfreundschaft gefordert ist.

Das Wallfahrtskirchlein St. Moritz, das als *capella sancti Mauriceii* verbriefte älteste Gotteshaus im Tal, erhebt sich auf einem kleinen Hügel und weist trotz der vielen Umbauten im Laufe der Jahrhunderte noch immer eine gediegene gotische Struktur auf. Das Innere wird von einem Bilderzyklus aus dem 15. Jahrhundert mit Szenen aus der Passion Christi bereichert. Beachtenswert sind auch die geschnitzten Verzierungen an den Kirchenbänken.

Geprägt wird das Wallfahrtskirchlein von seinen Fresken, dem gotischen Spitzbogenportal und dem Altar mit dem Bildnis des heiligen Mauritius.

8. Sankt Helena im Ultental

Das Kreuz, das Holz, das Wasser

Wer diese Kirche in 1532 Metern Höhe auf dem Gipfel eines bewaldeten Hügels an einem derart abgeschiedenen Ort errichtete, musste einen starken Sinn für das Heilige gehabt haben. Von der Straße im Talboden aus ist sie kaum zu sehen, da sich die Natur den einst gerodeten Waldhügel größtenteils zurückerobert hat und das Kirchlein mitsamt den wenigen alten Bauten des Weilers wieder im Grün der Nadelwälder eingebettet ist.

Von hier oben bietet sich ein atemberaubender Ausblick auf die Dolomiten, die Fleimstaler Alpen, auf das Schwarz- und Weißhorn, den Rosengarten und den Latemar sowie auf den Salten.

Die Schirmherrschaft der heiligen Helena ist eine ganz besondere, die vor allem durch ihre wunderwirkende Kraft als durch ihr Leben als Heilige bedingt ist. Denn es war Helena, die Mutter des römischen Kaisers Konstantin, die das Kreuz Christi aufgefunden hat, jenes Kreuz, an dem der Heiland für die Erlösung der Menschheit litt und starb. Mit der Entdeckung des Kreuzes, des Symbols schlechthin von Jesus Christus, gab die Heilige dem Christentum einen gewaltigen Auftrieb zu

Hoch über St. Pankraz, auf 1532 Metern und umgeben von dichten Nadelwäldern, erhebt sich das Kirchlein von Sankt Helena, einer der beliebtesten Wallfahrtsorte des Ultentals.

HINWEISE UND TIPPS

Auf dem Rückweg nach unten trifft man auf mehrere Bildstöcke, von denen der interessanteste die Totenrast darstellt, ein Bild, das einen Sarg mit einem Verstorbenen zeigt. Der angefügte Text erinnert alle daran, dass der Tod das unausweichliche Ende ist, das alle vereint, ob arm oder reich: eine vereinfachte ikonografische Variante der berüchtigten Totentanz-Darstellungen.

einer Zeit, in der sich die neue Religion schwer tat und sich mit noch unsicheren Schritten zwischen dem Heidentum und den vielen Irrlehren bewegte, die diese frühe Phase des Christentums begleiteten.
Biblisch betrachtet symbolisiert das Kreuz den ältesten Ritus, mit dem die Kraft des Felsens mit der der Quellen verbunden wurde.
Im gesamten Ultental ist Wasser ausgiebig vorhanden. Auch unter dem Hügel von Sankt Helena fließt es reichlich im rauschenden Kirchbach dem Tal zu, der auf seinen Weg hierher all die Bächlein und Rinnsale in sich aufgenommen hat, die weiter oben am Mariolberg, am Peilstein und um die Falkomaiseen herum entspringen. Schon in uralter Zeit haben die Hirten mit ihren Stöcken den Untergrund abgeklopft, um die geeigneten Kanäle zu entdecken, die das kostbare Wasser in Richtung ihrer Bauernhöfe leiten. In gewisser Weise wiederholten diese mit ihren Hirtenstäben eine Geste, deren Ursprung auf Moses und Aaron zurückreicht, als sie mit einem Stab gegen den Felsen schlugen, aus dem dann das herbeigesehnte Wasser sprudelte. Und als Moses mit dem Stab auf das Wasser des Nils schlug, verwandelte sich dieses und auch alle übrigen Gewässer Ägyptens in Blut und blieb sieben Tage lang ungenießbar. Ebenso war es der Stab, den Moses in den Himmel reckte, der einen Hagelsturm über ganz Ägypten auslöste und die erntereifen Flachs- und Gerstenfelder vernichtete. Die für Südtirol so typischen Waale, die noch heute ihre Funktion als Bewässerungskanäle erfüllen, brachten das Wasser zu den abgelegenen Staffelsberger Höfen, kleinen Oasen an den steilen Hängen des Hochjochs. Sie verleihen der rauen Landschaft etwas Menschenfreundliches und ermöglichen dort ein halbwegs

Die Wallfahrtskirche von Sankt Helena erhebt sich auf einem malerischen bewaldeten Hügel und beherbergt in ihrem Inneren auch eine wertvolle Madonnenstatue aus dem ausgehenden 18. Jahrhundert.

würdiges Leben. Die Menschen auf diesen Berghöfen nutzen immer noch die Sonntage und die gebotenen Feiertage für glaubensbekennende Handlungen und Veranstaltungen, die ebenso willkommene Momente der Geselligkeit darstellen, mit denen die Abgeschiedenheit und die Einsamkeit ihres alltäglichen Lebensraumes freudig und erlebnisreich unterbrochen werden. Es sind Männer, Frauen und Kinder, die allen Wettern trotzen, um ins Tal hinabzusteigen oder nach Sankt Helena zu pilgern, um an Messen und Segnungen teilzunehmen und dem Himmel ihre Bitten um reiche Ernte und um Gesundheit für Mensch und Tier anzuvertrauen. Zahlreiche Wegkreuze und Bildstöcke zeugen davon, wie stark das Schutzbedürfnis bei diesen Menschen ausgeprägt ist. Und

jedes dieser hölzernen und steinernen Glaubenszeugnisse ist stets mit frischen Blumen geschmückt, die zu Füßen des leidenden Christus oder auf den Schoß der Muttergottes gelegt werden. Sollte der so eindringlich angerufene Himmel dennoch einmal nicht ausreichend Schutz gewähren, dann sorgen die vielen Zäune aus uraltem Holz für den Rest an Sicherheit. Sie begleiten uns hier über lange Strecken unseres Weges und trennen vor allem den vom Mensch und Tier benutzen Boden von der umliegenden Naturlandschaft, aber in gewisser Weise auch einen geschützten Übergang markieren zwischen dem alltäglich Bekannten und jenem Raum des naturbelassenen Unbekannten, in dem die Legenden, zahlreiche Fantasiegebilde, der Aberglaube und die archaische Angst vor Hexen, Geistern und Unholden zu Hause sind.

Die ursprüngliche Kapelle stammt aus den frühen Jahren der Christianisierung und ist im Stil des nicht weit von hier entfernten St.-Moritz-Hospizkirchleins gebaut. Im Jahr 1303 kam es zu ersten baulichen Umgestaltungen, denen 1533 weitere folgten, bevor es 1698 zu einer Kirchweihe durch den Fürstbischof von Trient kam, zu dessen Bistum das Ultental gehörte. Um der weiterhin zunehmenden Anzahl der sich hier versammelnden Gläubigen Rechnung zu tragen, wurde die Kirche im Jahr 1730 ein letztes Mal umgebaut und erweitert. Bedenkt man ihre große Entfernung zu den nächsten menschlichen Siedlungen sowie die Steilheit und Unwegsamkeit des umgebenden Geländes, beeindruckt dieser Kirchenbau wegen seiner durchaus imposanten Erscheinung. Der Altar mit dem zentral angebrachten Relief der heiligen Helena im Schutz der Dreifaltigkeit wird seitlich von den Barockstatuen der heiligen Aloysius und Josef vervollständigt.

Noch heute versammeln sich an jedem 18. August auf der Kirchwiese alle Bewohner der benachbarten Höfe Gruben, Holz, Kapauern, Nasl, Moos, Fuchsen, Rauheck und anderer mehr, dieselben Leute, die den hölzernen Kreuzweg errichtet haben. Auch die Gläubigen von St. Pankraz kommen zahlreich dorthin, um bei dieser Gelegenheit neben der heiligen Helena auch das Bildnis der Muttergottes mit Kind anzubeten, eine Reliefkopie des im Wallfahrtskirchlein von Maria Larch in Terfens bei Schwaz aufbewahrten Gnadenbildnisses, das 1744 von Josef Schwienbacher geschaffen wurde.

Zur Feier des großen Tages sorgt die Musikkapelle für zusätzlich gute Stimmung, die sich auch im bestens besuchten Gasthaus breitmacht. Auf der Lichtung, um das große freistehende Kruzifix herum, erklingen liturgische Gesänge und Marienlieder, deren weithin verhallendes Echo mit Sicherheit die schrillen Nachklänge zu übertönen vermag, die einstmals von den hier angeblich stattgefundenen Hexenfesten verbreitet wurden. Im Ultental gab es anscheinend mehrere Orte, meist auf Hügeln und Berggipfeln, an denen sich Hexen zu ihrem Sabbat versammelten. Es heißt, ein junger Mann vom Nachbarhof habe sich in ein Mädchen verliebt, war sich aber nicht sicher, ob sie nicht eine Hexe war. Um sicherzugehen, stieg er eines Abends auf den Hügel herauf, setzte sich auf einen Baum und wartete ab, was passieren würde. Und bald schon kamen sie, die Hexen, aus allen Himmelsrichtungen, und unter ihnen war auch das Mädchen, das er so sehr liebte. Die Dorfältesten rieten dem Jungen, er solle, wenn er sich wieder mit dem Mädchen treffe, sie mit den Worten empfangen: „Da ist sie, die Hexe Erlene". Er tat wie ihm geheißen. Als das Mädchen diese Worte hörte, brach es auf der Stelle tot zusammen. Wer weiß, ob die Kirche nicht auch die Aufgabe hatte, solche verstörenden Vorkommnisse zu unterbinden.

DER WEG

Ausgangspunkt: St. Pankraz (736 m)

Wegverlauf: St. Pankraz (736 m) ist das erste Dorf, das man auf dem Weg durch das Ultental erreicht. Vor Beginn des Aufstiegs nach St. Helena empfehlen wir einen Besuch der Pfarrkirche zu Sankt Pankraz und der Sebastians-Friedhofskapelle. Danach folgen wir dem Weg Nr. 5, vorbei an mehreren sehenswerten alten Bauernhöfen, bis direkt zu der Kirche (1532 m). Für den Rückweg nach unten steigen wir den Kreuzweg hinab, bis wir auf die Markierung Nr. 6 treffen, der wir bis an den Kirchbach folgen, um dann nach rechts in den Weg Nr. 3 einzubiegen, der uns an den Ausgangspunkt zurückführt.

Gehzeit: ca. 2 ½ Stunden für den Aufstieg, 1 ½–2 Stunden für den Abstieg

Höhenunterschied: 800 m

Infos: In unmittelbarer Nähe der Kirche befindet sich das ganzjährig geöffnete Gasthaus Helener Pichl.

9. Zur Schmerzhaften Muttergottes in Riffian

Ein Kleinod des Glaubens und der sakralen Kunst

Die Wallfahrtskirche mit Heiligenbild der Pietà ist eines der ältesten in ganz Südtirol, wie in den Kirchenarchiven gefundene Briefe aus dem Jahr 1310 belegen. Darin werden von vier verschiedenen Bischöfen bestätigte Ablässe zugunsten von Pilgern erwähnt, die bereits Wallfahrten zur *Capella Sanctae Mariae* in Riffian unternommen hatten. Dank dieses Datums feierte das Dorf vor den Toren Merans am Eingang ins Passeiertal im Jahr 2010 sein siebenhundertjähriges Bestehen als Wallfahrtsort. Die erste Nennung der Siedlung *Ruffian* erfolgt bereits zwei Jahrhunderte zuvor und verweist wohl auf *Rufanum,* dem Landgut eines römischen Veteranen namens Rufus, der womöglich auch Anteil hatte am Beginn des Weinbaus in dieser einst rebenreichen Landschaft.
Wie bei allen Wallfahrtsorten, die etwas auf sich halten, steht auch hier am Anfang eine Legende, die ein bis dahin nicht weiter beachtenswertes Dörfchen in einen geheiligten Ort der Anbetung verwandelt. Hier erzählt die Legende von einem Bauern, der mehrmals ein hell strahlendes Licht über dem

Am Eingang des Passeiertals liegt der Wallfahrtsort Riffian.

Inmitten üppigen Grüns erhebt sich die barocke Wallfahrtskirche mit ihrem architektonisch recht ungewöhnlich gestalteten Kirchengebäude und dem mächtigen freistehenden Zwiebelturm.

Flussbett der an Riffian vorbeifließenden Passer gesehen haben soll. Als er der Sache nachging, entdeckte er unter Sand und Steinen inmitten des Bachbettes die Gnadenstatue der schmerzhaften Muttergottes. Im Dorf beschloss man daraufhin, eine dem Bildnis würdige Kapelle zu bauen. Doch die Arbeiten kamen nur schleppend voran, denn immer wieder verunglückten Arbeiter, und was tagsüber gebaut wurde, stürzte nachts wieder ein. Schließlich erschienen einige Schwalben und trugen in ihren Schnäbeln die mit dem Blut der zu Tode gekommenen Arbeiter besudelten Balkensplitter auf die nahe gelegene Anhöhe, was als eine Anweisung des Himmels angesehen wurde, die Kapelle an dieser Stelle zu errichten.

Schon beim Betreten der Kirche fällt der Blick auf den goldenen Strahlenkranz, der das außergewöhnlich kostbare und gediegene Gnadenbildnis der schmerzensreichen Jungfrau umgibt.

Die Baugeschichte der Kirche beginnt also mit einer romanischen Kapelle aus dem 12. Jahrhundert, der 1368 ein gotischer Baukörper hinzugefügt und die 1465 durch einen zweiten Anbau erweitert wurde. Aus der Zeit der Hochromanik stammt der Fund – auf dem Friedhof der Kirche – einer Grabplatte mit der Darstellung eines phantastischen Fabelwesens, das an die Marmorfiguren am Portal der Kapelle von Schloss Tirol erinnert.

Ende des 17. Jahrhunderts musste die Kirche aufgrund ihrer zunehmenden Beliebtheit ein weiteres Mal erweitert werden. Beauftragt wurde damit der Bozner Architekt Francesco Delai, der dem Bau sein heutiges, von barocken Formen geprägtes Aussehen verlieh. Die aus Gips geformte Gnadenstatue

Der aufwendig gestaltete romanische, fünfeckige Taufstein ist unter anderem mit den Figuren von Adam und Eva verziert, um dem Täufling seinen künftigen Glaubensweg zu erschließen.

Im Hintergrund der Wallfahrtskirche leuchten die Felshänge des Hirzer aus den Sarntaler Alpen und zu seinen Füßen die vielen verstreuten Höfe, von denen nahezu alle auch eine Kapelle haben und damit dieser Landschaft einen Hauch des Sakralen verleihen.

aus dem Jahr 1415 wurde schließlich 1749 aus der Friedhofskapelle auf den neuen imposanten Barockaltar überführt, wo sie unter anderem von sieben Putten umgeben wird, deren Schriftrollen die sieben Leiden der schmerzhaften Muttergottes wiedergeben.

Neben den zahlreichen ebenso kostbaren Fresken und Ausstattungsstücken der Kirche ist in ganz besonderer Weise das fünfeckige Taufbecken aus dem Ende des 14. Jahrhunderts hervorzuheben, das an den Kanten mit Skulpturen von Adam und Eva sowie von zwei Männern mit Löwen und einer weiblichen Figur verziert ist. Bildnisse, die von der Rolle des Wassers als Element der Reinigung und Erlösung für die Gläubigen erzählen und diesem Taufstein, der zu den kostbarsten von ganz Tirol gehört, sein einzigartiges Aussehen verleihen.

Durch erneute Renovierungsarbeiten und Ausschmückungen im weiteren Verlauf des 18. Jahrhunderts entstand so eine der wohl schönsten und gelungensten Barockkirchen der ganzen Region.

Das Innere der Kirche birgt ein reichhaltiges Repertoire an marianischer Symbolik, beginnend mit dem Engel in der Mitte des Rundbogens, der die Gottesmutter darum bittet, ihren barmherzigen Blick auf die Gläubigen zu richten, über die Kanzel bis hin zu den prunkvollen Altarbildern und Wandmalereien, die immer wieder sinnbildliche und allegorische Bezüge zur Jungfrau Maria beinhalten. Die um 1500 geschnitzte thronende Madonna mit Kind auf dem Kissen, hierzulande

ANFAHRT

Riffian (504 m) ist bequem mit dem Auto über die Passeiertalstraße von Meran aus zu erreichen. Wir aber entscheiden uns für den Meditationsweg, der dem Verlauf eines uralten Waalweges folgt.

Eine Vielzahl an Votivtafeln zeugt von vielen thaumaturgischen Wundertaten der Riffianer Gnadenstatue.

auch als die „Polstermadonna" bekannt, die heute neben dem linken Seitenaltar aufbewahrt wird, besticht allein schon in der Art und Weise, wie ihr Blick auf dem Jesukind ruht.

Auf keinen Fall sollte man sich einen Besuch der Friedhofskapelle, dem früheren Aufbewahrungsort der gnadenspendenden Muttergottesstatue, entgehen lassen. Sie wurde um 1400 erbaut, ist doppelstöckig, hat einen quadratischen Grundriss und ein Pyramidendach. Das Innere ähnelt einem Bilderbuch zum Durchblättern: Wir stehen hier vor einem einheitlich zusammenhängenden spätgotischen Freskenzyklus, der auf das Jahr 1415 datiert und aus der Hand eines „Meisters Wenzel" stammt, der mit *Magister Venclaus anno 1415jar ille pictura factum est* sein Werk signiert. Wohl derselbe Wenzeslaus, der den berühmten Monats-Freskenzyklus im Adlerturm des fürstbischöflichen Castello del Buonconsiglio in Trient gestaltet hat, einem viel beachteten Meisterwerk der spätgotischen Freskenmalerei, der sich hier in der Riffianer Friedhofskapelle jedoch einer ganz anderen Thematik widmet, und zwar einer ganzen Reihe von Episoden aus dem Alten wie auch dem Neuen Testament.

In Wahrheit gebührt dem Marienheiligtum von Riffian eine noch bedeutend höhere Aufmerksamkeit als die, die es bereits besitzt, und dies sowohl aus Sicht der hierher pilgernden Gläubigen – heute sind es vorwiegend deutschsprachige Südtiroler aus der Umgebung –, als auch wegen seiner großen kunsthistorischen Bedeutung.

Die Kapelle zu Unserer Lieben Frau am Friedhof ruht auf einer Krypta mit Tonnengewölbe und birgt unter dem Kreuzgewölbe seines oberen Kirchenraumes einen kunsthistorisch bedeutsamen spätgotischen Freskenzyklus.

DER WEG

Ausgangspunkt: Kuens (592 m), Parkplatz am Hochübelweg

Route: Vom Parkplatz aus folgen Sie den Hinweisschildern zum Waalweg, der zum Wallfahrtsort in Riffian führt. Die Rückkehr erfolgt auf demselben Weg. Im Winter bitte auf womöglich vereiste Wegabschnitte achten.

Gehzeit: ca. 40 Minuten für den Hinweg, dasselbe für den Rückweg

Höhenunterschied: weniger als 100 m

10. Kapelle zu den Vierzehn Nothelfern in Gaid über Eppan

Wenn einer nicht ausreicht

Wenn ein einziger Heiliger nicht ausreicht, um ein Problem zu lösen oder ein Unheil abzuwenden, dann müssen eben mehrere her. So dachten einst wohl auch die Menschen aus dem süddeutschen Raum, als sie in der Anrufung der Vierzehn Nothelfer die Erfüllung all ihrer Bedürfnisse nach sakralen Lösungen im Alltagsgeschehen sahen. Das Problem, an welchen von ihnen man sich im Einzelfall wenden sollte, stellte sich nicht mehr angesichts der stattlichen Teilnehmerzahl an dieser Schar von Heiligen, die zumeist aus dem osteuropäischen Raum stammten, wo sie in der Zeit zwischen dem 3. und dem 4. Jahrhundert n. Chr. gelebt und schließlich das Martyrium erlitten hatten.

Es sind dies der heilige Achatius von Byzanz, der gegen Kopfschmerzen und Todesängste angerufen wird, die heilige Barbara von Nikomedien, um das Schicksal eines plötzlichen Todes abzuwenden, der heilige Blasius von Sebaste, dessen

Votivtafeln überdauern Zeit und Weltgeschehen als stumme Zeugen von Glaube und Hoffnung.

Am Ende des Aufstiegs steht man plötzlich vor der kleinen Wallfahrtskirche mit dem angrenzenden Bauernhof, einst ein Ort der Pilgern und Reisenden Schutz und Verpflegung bot.

Fürsprache sich gegen Halsschmerzen wirksam erweist, und die heilige Katharina von Alexandrien, die für Leiden der Zunge und Sprachschwierigkeiten zuständig ist, während der heilige Cyriacus gegen Besessenheit und alle teuflischen Anfechtungen zu Hilfe gerufen wird. Schutz für alle Reisenden und das Abwenden von Hagelstürmen und Seuchen sind dagegen die Aufgaben des heiligen Christophorus, während Dionysius, Bischof von Paris, sich als fähiger Thaumaturg gegen Kopfschmerzen und Gewissensnöte erweist, der heilige Ägidius gegen Wahnsinn und Sterilität und Erasmus von Antiochia gegen Leibschmerzen und Magenkrankheiten ankämpft, Eustachius imstande ist, die Gefahren des Feuers zu bannen – besonders jenes der Hölle –, und Sankt Georg von

Der Weg hinauf am Gaider Bach entlang ist geprägt von üppig wuchernder Natur und Zeugnissen des Volksglaubens.

DER WEG

Ausgangspunkt: Andrian (283 m)

Wegverlauf: Wir rückverfolgen den alten Weg, der das Dorf Andrian mit der Burg Festenstein verband und bis hinauf nach Gaid (902 m) führte. Vom Dorfplatz in Andrian aus erreichen wir in Kürze den Eingang der Schlucht (man kommt auch mit dem Auto bis dorthin). Von da an folgen wir so lange der Wegmarkierung Nr. 15, bis wir unser Ziel erreicht haben. Für den Rückweg nehmen wir den Weg Nr. 8, bis wir auf den mit R markierten Weg stoßen, dem wir in nördlicher Richtung bis zu den Weinhöfen Bitter und Regele folgen (nette Einkehrmöglichkeiten, die fast ganzjährig geöffnet sind), um dann weiter auf dem R-Weg an den Ausgangspunkt zurückzukehren.

Gehzeit: ca. 2 Stunden für den Hinweg, ca. 1 ½ Stunden für den Rückweg

Höhenunterschied: 620 m

Infos: Nur wenige Meter vom Gaider Wallfahrtskirchlein entfernt befindet sich das Gasthaus Moarhof, dessen Wirtsleute die Schlüssel zur Kirche verwahren.

Kappadokien als Beschützer vor Infektionskrankheiten und Schlangenbissen geschätzt wird. Während Margareta von Antiochia als Patronin aller Frauen gilt, die Mutter werden wollen, ist Pantaleon von Nikodemien wiederum der Schutzheilige der Hebammen, hilft aber auch den Schwindsüchtigen. Und schließlich ist da noch der heilige Veit, beziehungsweise Vitus von Mazara, der gegen Chorea – besser bekannt als Veitstanz –, Lethargie und Bisse von giftigen Tieren um seine Hilfe gebeten wird.

Die Verehrung der vierzehn Märtyrer als Helfer in der Not entsprach in hohem Maß den Ängsten der mittelalterlichen Menschen, die beim Auftreten sowohl körperlicher wie auch seelischer Problemsituationen wissen wollten, an wen sie sich

QUELLENANGABEN

Testa Marina, *Die Vierzehn Heiligen Nothelfer. Entstehung und Entwicklung ihrer Verehrung in Südtirol*, Autonome Provinz Bozen-Südtirol, Bozen 1996

Auch heute noch werden die zahlreichen sakralen Wegbegleiter liebevoll geschmückt und gepflegt.

wenden und wem sie ihr Vertrauen schenken sollten. Diese Verehrung eines ganzen Heiligenkollektivs gewann mit der Ankunft des Schwarzen Todes in Europa (1346–1353) zusätzlich an Zuspruch und Bedeutung. Der früheste Ursprung einer solchen gemeinschaftlichen Heiligenverehrung weist in Richtung Italien, zu den byzantinischen Kolonien Siziliens und Kalabriens, die dem griechisch-östlichem Kontext angehörten. Im Griechischen wurden diese Nothelfer als *Apotrop*è bezeichnet, und in Frankreich werden sie auch noch heute so genannt. Es war aber die nördlich gelegene Welt, insbesondere die deutsche, in der sich der Kult der Vierzehn Nothelfer in seiner ganzen Herrlichkeit entfaltete. Die ältesten ikonografischen Zeugnisse davon finden sich in den Kirchen von Krems, St. Peter in München und im Glasfenster des Regensburger Doms, das um 1304 entstanden ist. Von hier aus verbreitete sich der Kult in das benachbarte Franken und dann allmählich nach Süden, bis er das südliche Tirol erreichte, das heute noch die natürliche Grenze dieser speziellen Heiligenverehrung nach Süden hin zu bilden scheint. Bis hierher eingeschleppt worden war sie höchstwahrscheinlich von süddeutschen Knappen, die in den Bergwerken Tirols und des Trentino nach Erz schürften, wobei im letzteren Gebiet kaum noch Spuren dieser Verehrungstradition zu finden sind.

Unter den zahlreichen Orten, an denen die Vierzehn Nothelfer verehrt werden, fällt unsere Wahl auf das ihnen geweihte Wallfahrtskirchlein in Gaid, einer kleinen Bergfraktion der Gemeinde Eppan. Dabei handelt es sich um ein paar einzelne, auf etwa 900 Metern Höhe gelegene Höfe des Überetscher Mittelgebirges zu Füßen des Mendelkammes und nahe dem ebenso zu Eppan gehörenden Dörfchen Perdonig, von dem aus sie mit dem Auto über eine schmale, aber dafür wenig befahrene Bergstraße erreicht werden können.

Um an unser Ziel zu gelangen, nehmen wir den alten und recht unwegsamen Steig, der einst die Verbindung zwischen

Entlang des Weges, der von Gaid nach Perdonig führt, trifft man auf diese kleine Totenkapelle, an der der Sarg mit dem Verstorbenen auf dem Weg zum Friedhof abgestellt wurde, um eine Gebets- und Verschnaufpause einzulegen. Das kleine Gemälde erinnert an längst vergessene Riten.

Die Ruine der Burg Festenstein auf dem hoch über der Gaider Schlucht aufragenden Felsen kann man von Andrian am Talboden aus nur über einen äußerst steilen und ausgesetzten Steig erreichen. Die wehrhafte Anlage wird um die Mitte des 13. Jahrhunderts erstmals urkundlich erwähnt und gehörte zum Herrschaftsbereich der Grafen von Eppan.

den Gaider Höfen und dem Talboden darstellte. Dabei kommen wir an den Ruinen der auf einem steilen Porphyrfelsen über der Gaider Schlucht erbauten Burg Festenstein vorbei, die 1220 erstmals erwähnt wird und von der nur der Bergfried erhalten geblieben ist.

Das Kirchlein selbst wurde dagegen entlang der antiken Straße errichtet, über den man einst von Trient über Tramin bis ins Burggrafenamt gelangte. Sie führte durch Eppan und Nals und folgte dem Verlauf des prähistorischen Höhenweges, der es beispielsweise den Nonsbergern erlaubte, rasch die darunter vorbeiziehende Via Claudia Augusta zu erreichen, ohne erst bis in den Talboden absteigen zu müssen. Erbaut wurde die kleine Wallfahrtskirche 1638 von Eustach Franzin von Zinnenberg aus einer Eppaner Adelsfamilie, und zwar auf den Überresten einer frühgeschichtlichen Befestigungsanlage und einer aus dem Frühmittelalter stammenden kleineren Kapelle, die den heiligen Märtyrern Sisinius, Martyrius und Alexander geweiht war. Unweit des benachbarten Mayrhofes

HINWEISE UND TIPPS

Der erste Teil des Weges hinauf zur Burgruine Festenstein führt an der Gaider Schlucht entlang, weshalb der Boden immer sehr feucht ist und von einer Begehung nach starken Regenfällen oder während der Wintermonate abgeraten werden muss. An den schwierigsten Stellen ist er mit Holzleitern und Halteseilen gesichert. Um diesen Abschnitt des Weges zu meiden genügt es, auch beim Anstieg den Weg zu nehmen, der als Rückweg angeführt und empfohlen wird, um danach über den Weg Nr. 8 in südlicher Richtung bis zum Lipphof (Gasthof Lipp, www.lipp.it) abzusteigen und schließlich auf dem Weg Nr. 2 in etwa der gleichen Zeit wieder am Ausgangspunkt einzutreffen.

auf dem darüber liegenden Hügel gelangt man zum Burgstalleck, einer urzeitlichen Kultstätte, von wo aus man einen atemberaubenden Ausblick auf das gesamte Etschtal zwischen Bozen und Meran genießt.

In der Apsis der Kirche stehen dem ehrwürdigen Altarbild mit den Vierzehn Nothelfern die aus Holz geschnitzten Statuen der heiligen Katharina und einer weiteren Märtyrerin zur Seite. All die heiligen Nothelfer und Nothelferinnen, die auf dem Altarbild zusammen mit der Jungfrau Maria und dem Jesukind abgebildet sind, werden von ihren jeweiligen Attributen und Symbolen begleitet. Über der Jungfrau zeigen uns zwei Engel die Inschriften *Heilige Maria pitt für die Arme Sinder* und *Ihr heilige Northelfer pitet für di Arme Sinder.* Beim Altarbild handelt es sich nicht um das ursprüngliche Original, sondern um eine Kopie aus der Bozner Malerwerkstatt des Franz von Teutenhofen, die vermutlich um die Mitte des 17. Jahrhunderts für das Gaider Kirchlein gestiftet wurde.

Im Inneren der Kirche befindet sich eine wertvolle Sammlung von vorwiegend aus dem 17. und 18. Jahrhundert stammenden Votivbildern, die nicht nur von den Gläubigen der umliegenden Höfe, sondern auch von Pilgern aus den verschiedensten Dörfern des Etschtals hier zurückgelassen wurden. Diese Sammlung wird als die älteste und eine der umfangreichsten von ganz Südtirol bezeichnet. Aus den Unterlagen geht hervor, dass die Kirche in der Antike von einer lokalen Adelsfamilie gegründet wurde und sich ab dem 17. Jahrhundert großer Beliebtheit erfreute, wie die vorhandenen Votivbilder belegen.

11. Unsere Liebe Frau im Walde

Ein Heiligtum inmitten der Waldeinsamkeit

Der Gampenpass (1518 m) ist einer der ältesten alpinen Verbindungswege zwischen dem Nonsberg und Meran (dem Burggrafenamt). Begangen wurde er bereits von Jägern aus der mittleren Steinzeit, die später von Händlern, Schmugglern, Militärtruppen, wandernden Handwerkern und Pilgern abgelöst wurden. Kurz hinter der Passhöhe, auf der Deutschnonsberger Seite, erkennt man heute noch eine ehemalige Zollstation, die ursprünglich auf die Zeit der Grafen von Tirol zurückgeht und der Einhebung des Wegzolls diente, der auf die mitgeführten Waren, vor allem auf Salz und Wein, zu entrichten war.

Noch etwas weiter talwärts, wo sich einst ein weitläufiges Sumpfgebiet ausbreitete, bestand bereits im 12. Jahrhundert ein Hospiz für schutzbedürftige Reisende, in dem die betreuenden Mönche bei jedem aufkommenden Unwetter die Pflicht hatten, eine Wetterglocke zu läuten, an der man sich orientieren konnte, um möglichst schnell in Sicherheit zu gelangen. Bei widrigen Bedingungen war es außerdem ihre Pflicht, die Reisenden ein Stück des Weges zu begleiten. Die Anwesenheit von Ordensleuten diente auch dazu, die hier in den Moosen und an den Bachufern hausenden Fabelwesen von den Durchreisenden fernzuhalten. Meist handelte es sich um verführerische Frauengestalten mit langem blonden Haar und luftigen, weißen Kleidern. ehemalige Wassernymphen, die vor ihrer Verschmähung seitens der Menschen friedlich jenen Teil der Schlucht bewohnten, die sich vom Sankt-Christophorus-Kirchlein ein Stück unterhalb von Unserer Lieben Frau im Walde bis nach Fondo erstreckt.

Wer weiß, ob nicht auch der Ursprung der die Wallfahrtskirche betreffenden Legende auf die Zeit zurückzuführen ist, in der man sich um eine Verchristlichung solcher heidnischen Mythen bemühte.

In den moorigen Wäldern dieser Gegend fand einst ein Hirtenjunge eine Madonnenstatue mit dem Kind im Arm. Die Freude darüber war bei den Hirten und Holzfällern, den ersten Bewohnern dieser Gegend, überaus groß, und noch größer war ihre Entschlossenheit, eine Kapelle auf einem nahen Berghang zu errichten, die das wundersame Fundstück in sich verwahren sollte. Nachdem aber die Madonna dreimal hintereinander von diesem ungebetenen Ort verschwand und man sie jedes Mal mitten im Waldmoor wiederfand, blieb den Gläubigen nichts anderes übrig, als den Wink aus dem Himmel zu akzeptieren und eine neue Kapelle direkt über dem ursprünglichen Fundort mitten im Schilf zu errichten. Gewissermaßen eine glückliche Wassernymphe im Vergleich zu den vielen ihrer Schwestern, die ihre Schönheit verloren und sich allmählich in Hexen oder kreischende Megären, in heimtückisch boshafte Weibsbilder, in Kindesentführerinnen oder auch in lasterhaft verführerische Jungfrauen verwandelten. Selbst Müttern, die ihre ungeratenen Sprösslinge ohrfeigten, sollen sie als Ausrede gedient haben, indem sie dem verdutzten Kind erklärten, dass es in Wirklichkeit nicht sein liebendes Mütterchen selbst, sondern vielmehr eines dieser verwünschten Wesen war, dem ab und zu – zu gutem Recht – die Hand ausrutschte.

Der weitum im deutschen wie auch im italienischen Sprachraum bekannte Wallfahrtsort ist von zum Teil uralten Bauernhöfen umgeben.

ANFAHRT

Unsere Liebe Frau im Walde (1342 m) erreicht man von Lana im Burggrafenamt aus über den Gampenpass, kurz nachdem man ihn passiert hat.

Im Laufe der Zeit wurde die Kapelle zu einer romanischen Kirche mit drei Apsiden erweitert, die im Jahre 1184 von einem Mönch namens Domenicus Rodegerius betreut wurde, dem *rectori et fratribus sanctae Mariae de Senale*, wie ihn Papst Luzius III. nannte. Angesichts der stetig zunehmenden Zahl von Pilgern und einkehrenden Reisenden kam es immer wieder zu weiteren Um- und Ausbauten, so im Jahre 1224, als der Kirche ein Augustinerkloster angegliedert wurde. Und zu Beginn des 15. Jahrhunderts kam es unter Aufsicht des Baumeisters Johannes Hueber aus Villach zu einer neuerlichen Vergrößerung des Gebäudes, das nun unter Beibehaltung seiner gotischen Struktur in eine stattliche Wallfahrtskirche – ein *templum pulcherrimum et ornatissimum* – umgewandelt und ihr Inneres mit zusätzlichen kunstvoll geschnitzten Barockaltären bereichert wurde.
1807 ging die Wallfahrtskirche in den Besitz des Benediktinerordens über und gehört heute zur Abtei Muri-Gries in Bozen. Beeindruckend wirkt auch heute noch der viereckige Turm aus romanischer Zeit, eine Art weithin sichtbarer Leuchtturm, der sich einst aus dem sumpfigen Moorwald erhob.
Eine Besonderheit dieses Wallfahrtsortes bestand darin, dass es zu einem Netz von *Hospitia* gehörte, die allein dem bischöflichen Recht unterstanden und somit nicht dem Adel und seinen oft willkürlichen Entscheidungen unterworfen waren. Davon zeugt unter anderem ein von Bischof Konrad II. von Beseno im Jahr 1199 bestätigtes Privileg dieser Einrichtungen, nie und nimmer einem Vogt unterstellt zu sein. Trotzdem bewahrte sich der Adel stets eine gewisse Nähe zu diesem Ort der Andacht und der Zuflucht. So hatte sich 1325 Graf Heinrich von Tirol und Herzog von Kärnten „zu seinem Seelenheil" dazu verpflichtet, jährlich fünf Karren kostbares Salz aus den Salinen von Hall zollfrei anzuliefern. Und Johannes Drächsel aus dem nahen Dorf Prissian stiftete vor seinem Tod eine Schenkung für alle Pilger, die hier an den Tagen vor Maria Himmelfahrt auf dem direkten Weg nach Unsere Liebe Frau im Walde vorbeikamen: Ab dem 13. August wurden all diesen Wallfahrern kostenloser Wein aus zwei vom Wohltäter gestifteten Yhren kredenzt (eine Bozner Yhre entsprach knapp 78 Liter Wein). Der edle Spender war kurz zuvor dank der Fürsprache der kleinen gnadenspendenden Madonna auf wundersame Weise von einem Gebrechen, das unweigerlich zu einer Lähmung geführt hätte, geheilt worden.
Eine andere unter den Pilgern stark verbreitete Legende erzählte, dass einer von ihnen, der am Rande des Moors unterwegs war, von Räubern überfallen wurde und den Schutz der Jungfrau erbat, die plötzlich im Glanz eines blendenden

Die sich im Laufe der Zeit angesammelten Votivgaben erzählen von vielerlei Tragödien und von wundersam erlangten Gnaden. Mit einer Votivtafel aus St. Pauls im Überetsch bedankt sich einer sogar für das Verschwinden von allerlei Gesindel und anderem schädlichen Ungeziefer aus den eigenen Weingärten, so geschehen in den Jahren 1883 und 1886.

QUELLENANGABEN

Gruber Karl, *Die Wallfahrtskirche Unserer Lieben Frau im Walde*, Tappeiner Verlag, Lana 2000
Mehrere Autoren, *Cammino Jacopeo d'Anaunia*, Fondo o. D., mit beigefügter Karte des Wegverlaufs

DER WEG

Ausgangspunkt: Castelfondo (948 m) oder, als Alternative, Fondo (1030 m)

Wegverlauf: Von Castelfondo aus folgen wir dem mit Nr. 157 markierten Weg und kommen am Restaurant Arnica vorbei. Diese Örtlichkeit wird auf detaillierten Landkarten als *Le Regole* bezeichnet, was daran erinnert, dass die Pflege und Nutzung der Weiden und Wälder dieser Gegend bereits seit dem frühen Mittelalter durch gesetzlich verankerte Bräuche geregelt waren. Bald danach kommen wir an einer erst vor Kurzem errichteten Kapelle vorbei und gleich danach an der *Croce del Barba* (1407 m), einem Bergkreuz, das mittlerweile leider verschwunden ist. Von hier aus steigen wir entlang des Weges Nr. 1 ab, überqueren den *Rio Novella* und steigen zum Weiler Urban hinauf, der sich bereits auf Südtiroler Gebiet und gewissermaßen auch schon in Sichtweite unseres Zieles (1342 m) befindet. Für den Rückweg folgen wir den Schildern nach St. Felix und kommen auf einer kleinen Asphaltstraße an der gotischen Friedhofskirche Sankt Christophorus vorbei, einer ehemaligen Raststätte für mittelalterliche Pilger und Reisende. Wenige hundert Meter weiter südlich, zweigt nahe an einem Gehöft ein Weg nach rechts ab (er wird dann zum Weg Nr. 1B), der uns über den Hang des *Dosso della Ceora* mit Blick auf den *Rio Novella* zurück zum Restaurant Arnica führt.

Gehzeit: 5 bis 6 Stunden für die gesamte Runde

Höhenunterschied: ca. 600 m

Variante: Auf den Spuren der Wallfahrer aus Fondo gehen wir von der kleinen Ortschaft Tret (1150 m) an der Gampenpassstraße aus, wobei wir der Beschilderung nach St. Felix (1281 m) folgen, die uns entlang eines Forst- und eines Wanderweges an herrlichen Aussichtspunkten über der Rio-Novella-Schlucht vorbeiführt, bevor es von St. Felix aus über eine kleine asphaltierte Straße weiter zur Wallfahrtskirche geht. Denselben Weg schlagen wir auch für unsere Rückkehr ein. Für den Hin- und Rückweg benötigt man insgesamt etwa drei Stunden, der Höhenunterschied beträgt circa 200 Meter.

Infos: Auf dem Weg zwischen dem Trentiner Dörfchen Tret und der Südtiroler Ortschaft St. Felix fällt einem sofort der Unterschied zwischen den beiden alpenländischen Kulturräumen auf: Während im ersten Fall die Häuser nach Art des italienischen Haufendorfes in Gruppen angeordnet sind, überwiegt in St. Felix die germanische Tradition der Streusiedlung mit über Wiesen und Wälder verstreuten Bauernhöfen. In den 1970er Jahren schrieben zwei amerikanische Anthropologen, John Cole und Eric Wolf, ein vielbeachtetes Buch mit dem Titel *The Hidden Frontier* (Die verborgene Grenze) – seinerzeit auch in italienischer Übersetzung als *La frontiera nascosta* bei Edizioni il Mulino erschienen –, in dem die unterschiedliche sozio-anthropologische Entwicklung der beiden nur wenige hundert Meter voneinander entfernt gelegenen Dorfwelten beschrieben und analysiert wird.
In Unserer Lieben Frau im Walde gibt es mehrere Gaststätten und Übernachtungsmöglichkeiten, darunter der altehrwürdige Gasthof zum Hirschen (www.zumhirschen.com), der um das ehemalige Hospiz herum entstand, eines der wenigen Überbleibsel der bewegten mittelalterlichen Vergangenheit dieses Ortes. Alternativ dazu kann man auch im Gasthof zur Sonne (www.gasthofsonne.com) sowohl speisen als auch übernachten. In Castelfondo dagegen gibt es einen Lebensmittelladen, eine Bar und das erwähnte Restaurant Arnica. Weitere Infos erhalten Sie beim Tourismusverein Deutschnonsberg in Laurein, Tel. +39 0463 530088.

Lichtes erschien und die verängstigten Bösewichte in die Flucht schlug. Als Dank für das göttliche Eingreifen wurde der fromme Mann zum Einsiedler und legte den Grundstein für eine Kapelle und ein Hospiz, um auch anderen Pilgern Sicherheit und Zuflucht in dieser unwegsamen Gegend zu bieten. Und es kursiert noch eine weitere Geschichte, die sich ebenfalls hier, im Jagdrevier der mächtigen Grafen von Thun, abgespielt haben soll. Ein Mitglied dieser berühmten Adelsfamilie war einst hier auf der Pirsch, als es zwischen zwei Erlen eine kleine Madonnenstatue mit Kind entdeckte. Sie ist nur vierzehn Zentimeter groß, besteht aus bemaltem Hartgips und trägt die Züge der spätromanischen Marienfiguren aus dem 13. Jahrhundert. Von Anfang an wurde sie von einer sich schnell vermehrenden Anhängerschaft hoch verehrt, die sich von nun an den Wallfahrtsort mit den zahlreichen Pilgern teilten, die auf ihrer noch weiten Wanderung nach Rom oder Santiago de Compostela unterwegs waren. Damals entstand auch die jahrhundertlange Tradition der Nonsberger Landbevölkerung, im Mai oder Juni vor Beginn der sommerlichen Feldarbeit die kleine Gnadenstatue aufzusuchen, um sie um ausreichend viel Regen zu bitten.
Bis heute überlebt hat von diesen traditionellen Bittgängen die Wallfahrt der Gläubigen aus Fondo, die an jedem ersten Sonntag nach Christi Himmelfahrt hierher pilgern, um ein vor Jahrhunderten abgelegtes Gelübde zu erfüllen. Bis vor nicht allzu langer Zeit – ein paar Ältere erinnern sich noch daran –

Der prunkvolle Hochaltar aus dem Jahre 1748, ein fester Bezugspunkt der Gläubigen.

kamen jeden Mai auch noch die Bauersleute aus Castelfondo, um die Jungfrau um erntegerechtes Wetter zu bitten, nachdem sie bereits nach Bresimo gepilgert waren und die dortige Gnadenmadonna mit derselben Fürbitte beauftragt hatten. Doppelt genäht hält halt besser. Und die Gläubigen von Coredo taten es ihnen gleich.

Es gab eine Zeit, in der die Gläubigen von Sanzeno, Tavon, Casez, Banco, Malgolo und Salter aus dem italienischsprachigen Nonstal sich in einer gemeinsamen Prozession, aber mit ihren eigenen Kirchenfahnen hier einfanden, doch wurde diese Wallfahrt im Jahr 1695 kurzerhand und ohne Angabe

von Gründen von der Trienter Kirchenbehörde verboten und durch einen von oben angeordneten Bußgang nach Revò ersetzt. Und dies war in jener Zeit nicht das einzige Verbot.

So war es beispielsweise bis 1672 üblich, bei Todesfällen die kleine Gnadenstatue ganz in Schwarz zu kleiden und auf den Schultern bis an die Schwelle des Hauses zu tragen, in dem die Leiche aufgebahrt war. Dieser sakrale Brauch wurde auf Anordnung der Kurie unterbunden: Das Gnadenbildnis musste auf dem Hochaltar bleiben und durfte nicht bewegt werden.

Viele Jahrhunderte hindurch wurde Unsere Liebe Frau im Walde auch immer wieder von sehr seltsam anmutenden Menschen besucht. Sie kamen stets scharenweise, ihre eigenartige und bunte Kleidung spiegelte die Vielfalt der Länder wider, aus denen sie stammten, und sie sangen zu fröhlicher Musik, die sie ihren Streich- und Blasinstrumenten entlockten, welche im Laufe der Zeit vermehrt durch Fidel und Gitarre ersetzt wurden. Es waren Zigeuner, die dieses Marienheiligtum über alles schätzten und herkamen, um die Statuette zu berühren, die heute im Tabernakel aufbewahrt wird. Seit den 1970er Jahren sind ihre fröhlichen Gesichter und auffälligen Kleider nicht mehr zu sehen, ihre Musik hallt nicht mehr durchs Kirchenschiff und über den Kirchhof davor. Der Grund für diesen Verzicht ist uns nicht bekannt. Viele von ihnen haben sich wohl denjenigen angeschlossen, die nach Weißenstein gehen, andere mögen sich einzeln über andere Wallfahrtsorte verstreut haben.

Trotz ihres Fehlens ist der 15. August hier auf dem Deutschnonsberg ein großes Fest geblieben. Es kommen Gläubige aus ganz Tirol, sogar aus Deutschland und aus allen Ecken Österreichs, aber sie kommen alle in Bussen, nicht einmal die Nonsberger pilgern heute noch zu Fuß über die alten Wallfahrtswege und haben längst die Gelübde vergessen, die ihre Vorfahren durch die Jahrhunderte hindurch abgelegt und erfüllt haben. Dennoch hält jeder von ihnen inne, um die zahlreichen Votivgaben zu bewundern, die hier die Wände zieren, auch wenn die ältesten von ihnen – laut einem Bericht aus dem 17. Jahrhundert gab es davon eine große Menge – leider verschwanden, als 1784 im Zuge der von Kaiser Joseph II. eingeleiteten Säkularisation zusammen mit der Aufhebung zahlreicher Heiligtümer auch Wallfahrten und Prozessionen verboten wurden. Damals wurden auch alle Krücken verbrannt, die sich als angesammelte Votivgaben in einer Kiste hinter dem Hochaltar befanden.

12. Maria Weißenstein bei Petersberg
Das Marienheiligtum der Minderheiten

Wenn es für die Gläubigen eine Heilsgeschichte gibt – und mit Heil ist das Eintreten Gottes in die Geschichte gemeint, um die Menschheit zu ihrem letzten erreichbaren Ziel zu führen, dem göttlichen Heil –, dann kann man durchaus auch von einer Heilsgeografie sprechen, denn es kann wohl kaum eine Geschichte geben, wenn sie sich nicht an bestimmten Orten abspielt. Und in einer solchen Geografie wird die biblische Geschichte zu einer Brücke zwischen gestern, heute und morgen, zu einer Bühne der Menschheit auf deren Reise.

Die Kirche – im Griechischen *Ekklesia*, die „Zusammengerufene" im Sinne des sich versammelndes Volkes – ist in ihrer irdischen Gestalt ein Bauwerk aus übereinandergeschichteten Steinen, von denen jeder einzelne einen Gläubigen symbolisiert, und gleichsam der Ort des Innehaltens eines jeden Gläubigen auf seiner Pilgerreise durch das Leben. So auch Weißenstein, von den Ladinern *Baissiston* und den Italienern *Pietralba* genannt.

Nichts Genaueres weiß man über den Ursprung des Namens, der vielleicht einem uralten Flurnamen oder einer Legende entstammt, aber möglicherweise auch auf den weißen Alabaster zurückzuführen ist, aus dem die kleine Gnadenstatue, die so hoch verehrte Pietà, gefertigt ist.

Inmitten einer atemberaubend schönen Alpenlandschaft liegt die Wallfahrtskirche von Maria Weißenstein auf 1520 Meter Höhe nahe der Grenze zum Trentino. Das ikonografische

Eingebettet im Grün der Wiesen und Wälder thront Maria Weißenstein auf einer Anhöhe von 1520 Metern.

Thema der Pietà, im deutschen Sprachraum auch als Vesperbild bekannt, ist in der frühmittelalterlichen Glaubenskultur verwurzelt und stellt die Endphase der Passion Christi dar. Der wesentliche Charakter dieser sakralen Darstellung liegt in der Betonung des in sich gekehrten und meditativen Kummers einer Mutter über den Tod ihres Kindes. Diese Schmerzensmutter, die mit dem Leichnam ihres Sohnes auf dem Schoß in der Regel losgelöst von den anderen bei der Kreuzabnahme anwesenden Figuren dargestellt wird, spiegelt in der orthodoxen Tradition die Züge einer Madonna im reifen Alter wider, während in den nördlicheren Kulturkreisen die Muttergottes in ihrer noch jugendlichen Gestalt erscheint, was auf die Zeit ihrer heiligen Empfängnis verweist. Diese während der Renaissance übliche mittel- und nordeuropäische Typologie wurde schließlich ab dem 15. Jahrhundert auch von der mediterranen Madonnenikonografie übernommen.

Das älteste auf Weißenstein bezogene Zeugnis der Volksfrömmigkeit besteht darin, dass in dieser Höhe nichts ohne ein spontanes Einverständnis und Mitwirken des gläubigen Volkes hätte gebaut werden können, wie dies auch aus den Chroniken des Wallfahrtortes von seinen Anfängen an hervorgeht. Und diese Anfänge verlieren sich im Nebel der Zeit dieser Gegend, die so reich ist an prähistorischen Siedlungen, um die sich Sagen und Legenden ranken, an Orten der Stille, an denen der Wind uralte Geschichten von Drachen, Riesen, Zwergen und heldenhaften Recken vorbeiträgt. Da ist es wohl mehr als schlüssig, dass auch die Ursprünge dieses Marienheiligtums auf derlei Legenden gründen.

So soll in der Mitte des 16. Jahrhunderts in den hiesigen Wäldern ein Bauer namens Leonhard gelebt haben, der für sich ein ansehnliches Stück Land gerodet hatte, auf dem er glückliche Jahre mit seiner Familie verbrachte. Doch dann, eines Tages, wurde er plötzlich verrückt. Er irrte umher, bis er die Orientierung verlor und in die tiefe Schlucht des Brantentals fiel. Als er schwer verletzt im Abgrund lag und sich sicher war, dass er sterben würde, blitzte plötzlich ein gleißendes Licht auf, in deren Mitte die Jungfrau erschien und ihm vollständige Genesung versprach, wenn er ihr zu Ehren eine Kapelle bauen würde. Um jeden Zweifel an der Echtheit ihrer Erscheinung zu zerstreuen, fügte sie noch hinzu: „Damit du nicht an meinem Versprechen zweifelst, wirst du noch neun Tage hier ausharren ohne zu essen und zu trinken, und erst am Ende des neunten Tages wird dich deine Familie finden. Vergiss meine Worte nicht". Und so geschah es. Leonhard wurde gefunden, vergaß aber bald sein Versprechen. Dann wurde er wieder von seiner schlimmen Krankheit befallen, und jedes Mal, wenn er nachts hinausging und herumirrte, sah er ein grelles Licht aufblitzen, immer an ein und derselben Stelle. Bis er sich endlich an sein Versprechen erinnerte, woraufhin er wieder gesund wurde und sich sofort an die Arbeit machte. Kaum hatte er mit dem Aushub für den Bau der Kapelle begonnen, kam im Erdreich eine kleine Statue der Schmerzensmutter zum Vorschein. Leonhard betrachtete es als ein Zeichen des Himmels und stellte sie, als die Kapelle fertig war, dort zur allgemeinen Verehrung auf. Und es erwies sich wahrhaftig als ein himmlisches Zeichen: Die trauernde Schmerzensmutter Jungfrau offenbarte große Barmherzigkeit und bedachte ihre Verehrer und Bittsteller mit vervielfachten Gnaden. Man schrieb das Jahr 1553. Als sich die Nachricht von

Seit dem Jahr 1560 pilgern auch die Gläubigen aus dem Fassatal nach Maria Weißenstein, das damals noch unter dem Namen des nächstgelegenen Ortes Petersberg bekannt war.

ANFAHRT

Mit dem Auto erreicht man den Wallfahrtsort, indem man die Brennerautobahn entweder in Bozen Nord verlässt und die Straße ins Eggental nimmt, die über Deutschnofen bis nach Weißenstein führt, oder aber man fährt von der Autobahn in Neumarkt-Auer ab, folgt der Straße in Richtung Cavalese und biegt dann links nach Aldein ab. Überdies verkehren den ganzen Tag über auch öffentliche Busse zwischen Bozen, Neumarkt und Maria Weißenstein. (www.suedtirolmobil.info).

QUELLENANGABEN

Degasperi Fiorenzo, *Pietralba. Il santuario degli uomini dei monti*, Edizioni Curcu & Genovese, Trient 2017

Zu Hunderten und Aberhunderten drängen sich an den Wänden die Votivgaben der ungezählten Pilger aneinander, die darin ihre tiefe Dankbarkeit und Verehrung der gnadenspendenden Gottesmutter gegenüber zum Ausdruck bringen.

diesen ersten wundersamen Ereignissen verbreitete, strömten immer mehr Gläubige – oder einfach auch nur Neugierige – herbei, um sich vor dem Muttergottesbildnis hinzuknien und ihre Gunst zu erbitten. Leonhard aber, der mittlerweile seine Güter an die Söhne abgetreten hatte, kümmerte sich bis an sein Lebensende nur noch um die liebevolle Pflege und Instandhaltung der Kapelle. Als Einsiedler und verdienstvoller Bewacher seines kleinen Heiligtums starb er im Jahre 1571.

Von nun an nahm die Volksverehrung der Weißensteiner Madonna ein ungeahntes Ausmaß an, das schon bald in jährlich fünfzig Wallfahrtsprozessionen gipfeln sollte. 1757 kam es schließlich dazu, dass aufgrund der sich drängelnden Menschenmenge das originale Gnadenbildnis zur Verwahrung ins Kloster gebracht und durch eine Kopie ersetzt werden musste, so sehr erschien es mitgenommen von der ständigen Abküsserei und dem Abtrennen kleiner Stofffetzen aus den Kleidern der Jungfrau, die zu Haus dazu verwendet wurden, auf Wunden aufgelegt oder an erkrankten Körperteilen gerieben zu werden. Es kam sogar zu bewusst herbeigeführten Absplitterungen am Alabstergips der Statue, um die abgelösten Fragmente zu Hause dann in den Brotteig einzukneten und so die ganze am Tisch versammelte Familie an der gottesmütterlichen Gnade teilhaben zu lassen.

Neben der von Leonhard errichteten Kapelle wurde bald schon eine viel größere gebaut, die 1638 wiederum dem heutigen Kirchenbau wich, der 1654 nach Plänen von Giambattista Delai aus Bozen fertiggestellt und am 1. Juni 1673 von Fürstbischof Sigismund Alfons von Thun geweiht wurde. Weitere Eingriffe erfolgten im Jahr 1753, vor allem mit dem Bau der szenisch neugestalteten Aufgangstreppe und den barocken Gewölben im gesamten Innenraum der Kirche nach Plänen von Giuseppe Delai, dem letzten Spross der Bozner Baumeisterfamilie, die

ursprünglich aus der Gegend am Comer See stammte und zu den *Magistri Comacini* gehörte, den seit dem Mittelalter weitum privilegierten lombardischen Bauhandwerkern, die im deutschen Sprachraum auch als die „Comasken" bekannt und geschätzt waren.

Ab 1651 war das Marienheiligtum einem ständigen anwesenden Geistlichen anvertraut, der nicht nur die heilige Messe zu zelebrieren und die Beichte abzunehmen hatte, sondern sich auch um die Instandhaltung der Zugangswege, das leibliche Wohl der Wallfahrer und die moralische Ordnung kümmern musste. Doch angesichts der stetig wachsenden Anzahl der Gläubigen erwies sich die Anwesenheit eines einzelnen Priesters als unzureichend, und so beschloss man, die Aufsicht über den Wallfahrtsort einer Ordensgemeinschaft anzuvertrauen. Die Wahl fiel auf die Serviten, den *Ordo Servorum Mariae* (OSM), zumal sich diese Ordensgemeinschaft ganz besonders der Verehrung der *Mater Dolorosa* verschrieben hat.

Nach Überwindung einiger Schwierigkeiten zogen sie am 21. November 1718 mit Zustimmung des Domkapitels von Trient, des Papstes Clemens XI. sowie des österreichischen Kaisers Karl IV. feierlich in Weißenstein ein, wobei der habsburgische Monarch sich wünschte, dass all seine Untertanen die gnadenbringende Jungfrau Maria von Weißenstein in besonderer Weise verehren sollten.

Im Jahr 1787 wurden dagegen auf Geheiß des österreichischen Kaisers Joseph II. die Wallfahrtskirche wie auch das Kloster aufgehoben und alle Gottesdienste untersagt. Alles zu Weißenstein gehörende Hab und Gut wurde von der Regierung zugunsten des „k.u.k. Religionsfonds" beschlagnahmt und versteigert. Die Gnadenstatue selbst wurde indes der Pfarrkirche von Leifers anvertraut, wo sie bis zu ihrer Rückführung nach Weißenstein blieb, zu der es 1847 auf Anordnung der Innsbrucker Regierungsbehörde und des bischöflichen Ordinariats von Trient kommen sollte. Am 12. Januar 1847 begab sich eine aus den Herren Curzel, Gentili und Gerber bestehende Abordnung der Gemeinde Leifers nach Trient, um dem Bischof ihre Bereitschaft zur Rückgabe zu bestätigen, derweil jedoch das gläubige Volks in Leifers heftigen Widerstand leistete, zumal der Pfarrer höchstpersönlich von der Kanzel herunter dazu aufrief, das Ansinnen auf keinen Fall zu billigen. Der Geistliche wurde daraufhin von Trient aus mit der Androhung einer Versetzung nach Kardaun gemaßregelt. Während der Herrschaftsjahre von Kaiser Joseph II. waren alle drei Türme der Wallfahrtskirche abgerissen worden, während das Gebäude selbst wie durch ein Wunder von einer Zerstörung verschont blieb, genauso wie die Einsiedeleien, die im Laufe der Zeit in der Nähe des Marienheiligtums errichtet worden waren. Denn glücklicherweise hatte sich bei der Versteigerung ein Bozner Interessent gemeldet, ein gewisser Johann Gugler, der den ganzen Gebäudekomplex kaufte und ihn so vor der Zerstörung bewahrte. Leider kam in jener Zeit dennoch ein großer Teil der massenhaft vorhandenen Votivgaben abhanden.

Das neuerliche Aufblühen des Wallfahrtortes begann im Jahr 1836 und erreichte seinen Höhepunkt am 24. August 1885, als in Anwesenheit von hundertdreißig Priestern und fünf-

Auch an der nahegelegenen Einsiedlerklause des Bauern Leonhard haben Gläubige ihre Zeichen und Spuren hinterlassen.

Wenige Minuten von der Wallfahrtskirche entfernt findet sich steil über dem Talboden die Klause, in der sich Leonhard in seine Gebete vertiefte. Eine steinerne Stiege führt uns hinab in die kleine Zelle, die den frommen Einsiedler die Nähe Gottes spüren ließ.

zehntausend Gläubigen der Fürstbischof von Trient, Giovanni Giacomo della Bona, den Krönungsritus an der wunderwirkenden Weißensteiner Gnadenstatue, die einst der Bauer Leonhard gefunden und in seiner Kapelle zur Schau gestellt hatte, vollzog. An diesem Tag wurde nun der kleinen Schmerzensmutter ein goldenes mit Diamanten besetztes Diadem aufs Haupt gesetzt.

In der Folgezeit bemühte man sich auch um eine Wiederherstellung der großen Sammlung von Votivgaben, von denen viele verloren geglaubte wiedergefunden wurden, sodass es heute wieder mehr als viertausend davon gibt, die alle von den ungezählten Fürbitten und Gnaden zeugen, um die die Muttergottes von Weißenstein seit Jahrhunderten angefleht wird.

Bis in die 1950er Jahre gab es an die fünfundvierzig jährlichen Wallfahrtsprozessionen, die nahezu alle den drei verschiedenen Kreuzwegen folgten, die hier bereits seit den Anfängen beschritten werden. Der erste davon ist der, der aus dem Etschtal von Leifers aus hier heraufführt. Ein weiterer geht von Aldein aus, ein uralter Kreuzweg, der bei Lerch beginnt und dessen Stationen 1995 von Thomas Kofler neu gestaltet wurden. Diesen Kreuzweg gehen die meisten Gläubigen, die aus dem Fleimstal, dem Cembratal und dem Fersental nach Maria Weißenstein pilgern. Ein dritter, ebenso sehr alter Weg führt von Deutschnofen her und wird vorzugsweise von den Gläubigen aus den ladinischen Tälern benutzt. Die ihn begleitenden Kreuzwegstationen wurden 1848 angelegt und 1987 von Grund auf erneuert.

Die Häufigkeit der eintreffenden Wallfahrtsgruppen hat mittlerweile wieder bemerkenswerte Ausmaße angenommen, sie belaufen sich auf fast eintausend pro Jahr und kommen aus ganz Tirol, aus Bayern und Norditalien. Am 17. Juli 1988 stattete Papst Johannes Paul II. Weißenstein einen historischen Besuch ab, und obwohl es am Tag zuvor stark geregnet hatte, fanden mit ihm 55.000 Gläubige den Weg hier herauf, und es wurden an diesem Tag 35.000 Kommunionen gespendet.

DER WEG

Ausgangsort: Leifers (257 m)

Wegverlauf: Von Leifers aus geht es der Wegmarkierung Nr. 1 entlang steil hinauf zur Kapelle von St. Peter am Köfele – sie ziert das Stadtwappen von Leifers – und zu den Resten der Burg Liechtenstein. Weiter geht es über den mit Natursteinen gepflasterten Wallfahrtssteig mit den Kreuzwegstationen den Franzenberg hinauf, vorbei am ehemaligen Gasthaus Halbweg, dessen Namen uns verrät, dass wir etwa die Hälfte des Anstiegs bereits hinter uns haben. Weiter aufwärts treffen wir dann auf den Gasthof Munter, bei dem wir die Straße nach Deutschnofen überqueren und den letzten Teil des Anstieges zum Wallfahrtsort bewältigen (1520 m). Später kehren wir dann über denselben Weg zurück ins Tal.

Gehzeit: ca. 4 Stunden bergauf, 3–3 ½ Stunden bergab

Höhendifferenz: 1290 m (von der Leiferer Pfarrkirche aus berechnet)

Variante: Von Aldein aus erreicht man Weißenstein über den Weg Nr. 10 in etwa 2 Stunden und bewältigt dabei einen Höhenunterschied von 410 Metern.

Infos: Maria Weißenstein ist das ganze Jahr über täglich von 7.30 Uhr bis 19 Uhr geöffnet. Besuche sind erlaubt, nicht aber während der Gottesdienste. Die Patres stehen sowohl den deutsch- wie auch den italienischsprachigen Wallfahrern für die Beichte zur Verfügung. Tel. +39 0471 615124, info@pmw.it, www.weissenstein.it

13. Sankt Valentin in Gummer
Das Heiligtum der Fassaner Hirten

In früheren Zeiten waren die Bewohner des Fassatals vor allem als Hirten unterwegs. Es ist überliefert, dass die Fassaner Schäfer zu Beginn des 16. Jahrhunderts jedes Jahr mit bis zu tausendfünfhundert Schafen auf eine fünfzig Tage dauernde Wanderung gingen, um von ihrem Tal aus zu den Weiden im sumpfigen Etschtal um Bozen herum zu gelangen. Vorher

Kaum jemand, der im Auto durchs Eggental den Dolomiten entgegen fährt, wirft einen Blick auf den hoch über dem Tal thronenden Kirchturm von Sankt Valentin in Gummer, einst Ort der Andacht und Verehrung der Schafhirten aus dem Fassatal.

mussten sie allerdings durch fürstbischöfliches Brixner Hoheitsgebiet, weshalb ihnen in Welschnofen ein entsprechender Wegzoll abgeknöpft wurde. Ausgangspunkt des Schaftriebes waren die Hochweiden am Fedaiapass. Der durch das Fassatal ziehenden Herde schlossen sich nun hintereinander auch die Schäfer und Schafe aus den anliegenden Dörfern an wonach es über den Karerpass bis nach Welschnofen weiterging. Hier querte man horizontal den bewaldeten Bergrücken, der das Eggental vom Tierser Tal trennt, und zwar auf einem uralten Weg, der heute noch dazu dient, die Bergbauernhöfe dieser Gegend mit Gummer, Steinegg und Kardaun zu verbinden. Einer Gegend, die gespickt ist mit Legenden über Hexen und anderen Unholden, über zwielichtige Gastwirte, unerfüllte Lieben und wundersame Erscheinungen. Dazu gehört auch die ladinische Legende, in der ein junges Mädchen zur Belustigung ihrer hohnlachenden Schwester dazu gezwungen wird, einen missgestalteten und ungehobelten Mann zu heiraten, der sich kurz nach der Hochzeit allerdings in einen wunderschönen Jüngling verwandelt: eine volkstümliche Themenvariation des allbekannten Grimm'schen Märchens *Der Froschkönig*.

Auf halber Strecke erhebt sich im Dörfchen Gummer die weithin sichtbare Sankt-Valentins-Kirche mit ihrem charakteristischen zugespitzten Glockenturm und dem sehenswerten mauerumfriedeten Friedhof.

Die Verehrung des Kirchenpatrons – es handelt sich hier um den heiligen Valentin von Rätien – geht in Südtirol auf das 6. Jahrhundert zurück und erreicht den Höhepunkt an seinem Feiertag, dem 7. Jänner. Ikonografisch kennt man ihn als Heiler und besonders als wirkungsvollen Helfer gegen die Epilepsie. Die Fassaner Hirten hielten hier an, um zu diesem Heiligen zu beten, dem große thaumaturgische Kräfte zugeschrieben wurden, und der sogar imstande war, Teufel und Dämonen auszutreiben, weshalb er von manchen Gläubigen auch der „heilige Valentin der Besessenen" genannt wurde. Überdies galt er auch als Beschützer vor Tierseuchen

Ein Besuch der Valentinskirche in Gummer – eines ursprünglich romanischen Baus aus dem 13. Jahrhundert, der gegen

ANFAHRT

Man erreicht die Wallfahrtskirche vom Eggental aus, indem der Beschilderung nach Gummer folgt. Nach der Besichtigung der Kirche empfiehlt sich eine Wanderung über den dortigen „Planetenweg".

Ende des 19. Jahrhunderts im neugotischen Stil umgebaut und erst vor Kurzem durch eine zusätzliche Erweiterung des Langhauses erneut renoviert wurde – war einst nicht nur für die Hirten aus dem Fassatal ein absolutes Muss, sondern ebenso ein von allen Gläubigen aus den umliegenden Ortschaften gepflegter Brauch. Diese Volksverehrung des Heiligen ist bis in das 18. Jahrhundert hinein bezeugt, als sie unter den Einheimischen langsam abzunehmen begann, nachdem bereits die Fassaner Hirten fast vollständig verschwunden waren, als mit großangelegten Bonifizierungsarbeiten der sumpfige Talboden der Etsch urbar gemacht wurde, was eine Beweidung dieser Grünflächen mit freilaufenden Schafherden unmöglich machte. Heute empfängt uns die Kirche immer noch in ihrer ganzen Pracht, doch Wallfahrer sieht man wohl keine mehr. Von dieser eingekehrten Einsamkeit zeugen auch ihre Öffnungszeiten: Die Kirchentür steht montags, dienstags und samstags von 18 bis 20 Uhr offen, wenn die Messe gelesen wird.

Längst vorbei sind die Zeiten, in denen dieser Ort zu den bekanntesten „Wasserheiligtümern" östlich des Eisacks zählte. Entstanden war er nahe an einem ehemaligen Weiher in Obergummer, an dem das Vieh getränkt wurde und dessen

QUELLENANGABEN

Degasperi Fiorenzo, *I vecchi dei nostri vecchi erano pastori. La transumanza dei pastori fassani* (ladinischer und italienischer Text), Edizioni Curcu & Genovese, Trient 2011

Die Valentinskirche in Gummer mit dem sagenumwobenen Latemar im Hintergrund.

Wasser heilende Kräfte zu besitzen schien, weshalb der Ort zu einer Kultstätte wurde. In diesem Zusammenhang steht auch der 1971 bei dem nahe am Teich gelegenen Lantschnoarhof gefundene kleine heidnische Votivaltar, der dem römischen Gott Saturn geweiht war und von einem frommen Stifter stammt, der sich als Angehöriger einer Siedlungsgemeinschaft namens *Pagus Scaredranorum* ausgibt, des Dorfes der Scaredraner, gewissermaßen. Hinter dem Saturnkult stand sicher eine lokale Gottheit, und auch der Stifter des Altars muss wohl ein Einheimischer gewesen sein. Die Verbindung dieses kleinen Saturnaltares zum Wasser liegt auf der Hand, zumal die enge Beziehung zwischen dem Wasserkult, der Fruchtbarkeit des Bodens und der religiösen Welt des Jenseits auch von vielen Gelehrten bestätigt wird. Saturn, der Gott der Aussaat, hat dies alles auf sich vereint. Es wird vermutet, dass in dieser vorchristlichen Kultstätte, bevor sie durch ein christliches Gotteshaus ersetzt wurde, Menschen übernachteten und in Zusammenhang mit dem Teich Fruchtbarkeitsriten und der Tempelschlaf zelebriert wurden, die fester Bestandteil der griechischen wie auch der römischen Religiosität waren. Es

DER WEG

Ausgangspunkt: Schenk-Parkplatz zwischen Gummer und Steinegg (1290 m)

Planetenweg: Vom Parkplatz aus folgen wir der Beschilderung zum Untereggerhof (blau-weiße Markierung N) bis zum Wegweiser „Pluto". Beim Tschigghof steigen wir bis zur Anhöhe auf (1420 m), an der sich eine Lehrtafel über den Zwergplaneten Pluto befindet. Weiter geht es zum Untereggerhof, der genau in der Mitte des Planetenweges liegt und die Sonne symbolisiert. Dann geht es weiter vorbei an Tafeln, die den Planeten Mars, Erde, Venus und Merkur gewidmet sind. Auf dem Weg zu Jupiter und Saturn kommen wir an einem kleinen Moorweiher vorbei, in dem Amphibien und Libellen leben. Nachdem wir auch die Stationen zu Uranus und Neptun erreicht haben, kehren wir durch den Wald an unseren Ausgangspunkt zurück.

Gehzeit: insgesamt ca. 3 Stunden

Höhenunterschied: ca. 200 m

gibt eine Fülle von Belegen für die wichtige Rolle des Tempelschlafes (lateinisch *incubatio*) in Wasserkultstätten oder Tempeln an heilsamen Quellen und Gewässern. Von Aristoteles bis Tertullian liest man von der möglichen Befreiung von obsessiven Visionen und Schreckgespinsten all jener, die in solchen Tempeln die Nacht über schliefen. Daher ist es wohl kein Zufall, dass auch Sankt Valentin, der Heilige, der Saturn ersetzt hat, nicht nur Epileptiker, sondern auch Besessene geheilt haben soll. Vielleicht lässt sich sogar in den späteren Bräuchen und Gewohnheiten der Fassaner Hirten eine Weiterführung dieser magisch-religiösen Riten erkennen, deren heilsamer Nutzen nun auch ihnen zugute kam.

Münzen, Rosenkränze und allerlei andere Gegenstände wurden als Opfergabe in den Teich geworfen, wie dies unter anderem auch im paläovenetischen Wasserheiligtum von Lagole im Cadore, in Moritzing bei Bozen sowie in Untermoi im Gadertal geschah. Leider ist davon nichts mehr zu retten, es sei denn durch eine völlige Trockenlegung dessen, was einmal ein stattlicher Teich war und heute nur noch ein riesiges Sumpfloch ist.

Die Valentinskirche von Gummer war nicht das angestrebte Ziel einer unternommenen Wallfahrt, vielmehr lag sie an einem Weg, den man zu begehen hatte auf einer Art langen Reise durch Zeit und Raum, so wie es eben auch der Schaftrieb der Fassaner war. Man machte hier beide Male Halt, auf dem Hinweg mit Gebeten, deren Inhalt von der Hoffnung bestimmt war, im Talboden üppige Weiden vorzufinden, auf dem Rückweg dagegen mit Danksagungen für die erfolgreich zu Ende gegangene Talweide.

Nicht vergessen werden soll auch, dass die Kirche den heiligen Valentin gewissermaßen dazu benutzt hat, um ein gängiges heidnisches Fruchtbarkeitsritual auszumerzen, dessen Entstehung auf das vierte vorchristliche Jahrhundert zurückreicht und einmal im Jahr unter der Ägide des römischen Herdengottes Faunus, auch Lupercus genannt, zelebriert wurde. Dabei wurden die Namen der Männer und Frauen, die diesem Gott und seinen Ritualen huldigten, in Urnen gelegt und durchgemischt, wonach einem Kind die Aufgabe zufiel, blindlings Namen aus den beiden Töpfen zu fischen, um somit Paare auszulosen, die daraufhin ein ganzes Jahr in trauter Zweisamkeit verbringen mussten. War das Jahr um und dem Fruchtbarkeitsritus genüge getan, konnte man an der nächsten Auslosung teilnehmen.

Fest entschlossen, dieser archaischen Unsitte ein Ende zu setzen, gedachten die Kirchenväter, den animalischen Faunus durch einen Heiligen der Liebenden zu ersetzen. Und sie fanden ihn im Märtyrer Valentin.

Die ehemals wichtige Wallfahrtskirche erhebt sich eindrucksvoll über dem Eggental, das seinen Namen dem Wasser verdankt (ladinisch *ega*).

HINWEISE UND TIPPS

Möglichkeit zur Einkehr bieten das Gasthaus Untereggerhof (ganzjährig geöffnet, mittwochs Ruhetag), der Landgasthof Lärchenwald (www.landgasthof.it, montagabends und dienstags Ruhetag) und das Gasthaus Vajolet.

14. Heiligkreuzkirche auf Säben
Eine Wallfahrt nur für Männer

Es war in längst vergangenen Zeiten, als die Wallfahrer aus dem Gadertal mit zotteligem Haar und staubigen Sandalen, die Pilgertaschen mit wenig Proviant über die Schultern gehängt, den tosenden Eisack überquerten und vor Klausen standen. Aber sie waren noch nicht an dem ersehnten Ziel angekommen, das sie zu Dutzenden und Hunderten aus den entlegensten Weilern des Gadertals hierher kommen ließ. Allein das Heilige Kreuz war ihr Ziel, das am ehemaligen frühmittelalterlichen Sitz der Bischöfe von Säben auf der felsigen Anhöhe oberhalb von Klausen auf sie wartete. In jener klösterlichen Festung auf dem steil hochragenden Säbener Berg, deren Ursprünge auf das 6. Jahrhundert n. Chr. zurückreichen, während die Besiedlung dieses ausgesetzten Ortes bereits einige Jahrtausend zuvor begonnen hatte. Und von hier gingen die Worte der Hoffnung und des Wandels aus, die seit jeher die Religiosität der gläubigen Gadertaler zu beflügeln wusste.

Im Gassenlabyrinth von Klausen beginnt der von einem hölzernen Kruzifix geschützte Aufstieg zur Wallfahrtskirche auf dem Säbener Felsen.

Die Pilger, die vor dem 15. Jahrhundert ankamen, hielten vorher noch in der runden Sebastianskirche inne, die auch als alte Spitalkirche bekannt ist und sich auf der anderen Seite des Eisacks befindet. Hier wurde gebetet, man stärkte sich ein letztes Mal, und wer erschöpft oder gesundheitlich angeschlagen war, konnte sich auf einem der zwölf Betten ausruhen, die sich in den zwölf Mauernischen befanden, von denen jede einem Apostel zugeordnet war. Die dreizehnte vorhandene Nische mit dem steinernen Altar war dagegen Jesus Christus selbst und dem Zelebrieren der heiligen Messe vorbehalten.

Im 15. Jahrhundert wurde die alte Spitalkirche aufgelassen, nachdem sie immer wieder den Hochwassern des Eisacks zum Opfer fiel. Von da an mussten die Gadertaler, um sich zu erfrischen und zu beten, ein kleines Stück weiter gehen zur neu errichteten Apostelkirche gleich rechts hinter dem Brixner Tor, dem nördlichen Eingang zu Klausen.

Bei der Prozession der Gadertaler geht stets ein Gläubiger voraus, der das hölzerne Vortragekreuz trägt. Entlang des Weges erzählen die Älteren den Jüngeren unter anderem auch, dass der Legende nach die Vertiefungen auf den prähistorischen Schalensteinen nichts anderes darstellen, als die Knieabdrücke des heiligen Kassian, der hier auf der Flucht strauchelte

Auf dem Weg nach oben treffen wir auf die Liebfrauenkirche, die als Dank für das Ende einer Pestepidemie errichtet wurde.

QUELLENANGABEN

Renzetti Emanuela-Chistè Luca, *Un cammino di devozione. Il pellegrinaggio a Sabiona del 1994*, Istitut Cultural Ladin Micurà de Rü, 1995

Das Kloster und seine Kirchen auf Säben – auch die Akropolis von Tirol genannt – fügen sich zu einem unermesslichen religiösen, historischen, archäologischen und künstlerischen Schatz zusammen.

und zu Boden fiel. Wohl wirklich nur eine Legende, so wie auch die Lebensgeschichte des Heiligen selbst. Aber das spielt keine Rolle, und schon gar nicht bei den Pilgern aus Ladinien, die von ihrem weiten Bittgang ein gesegnetes Säbener Buchsbaumsträußlein mit nach Hause bringen. Das grüne Gebinde ersetzt den Olivenzweig in einer Gegend, in der das Klima rau und unwirtlich ist. In den Stuben wurde es dann anstelle der weiter südlich üblichen Olivenzweige am Kruzifix angebracht. Manchmal sieht man sogar heute noch derartige Buchsbaumzweige oder Kräutersträußchen an Scheunentoren festgebunden. Sie sollen den Stadel, den Stall und das Vieh vor Unheil schützen, besonders vor Feuersbrünsten und Krankheiten, aber auch gegen Dämonen aller Art wie etwa die vorweihnachtlichen Krampusse, die in einer Jahreszeit, in der die Tage kürzer werden und das Licht spärlicher wird, stellvertretend für alles Teuflische und Bestialische auftreten, das sich in und mit der Dunkelheit wohlfühlt und sein Unwesen treibt. Kräuter haben in der Volkskultur immer schon eine belebende, heilende und lebensspendende Rolle gespielt, wobei ihre Heilkräfte den Göttern selbst zugeschrieben werden. Auch die Kreuze und Fahnen, die von den Wallfahrern getragen werden, sind reichlich mit Gräsern, Blumen und Bändern geschmückt.

Nach zwei Tagen mühsamen Pilgergangs überschreiten die Gläubigen endlich die Schwelle der Kirche des Heiligen Kreuzes, deren Inneres reichlich mit barocken Wand- und Deckenmalereien und zum Teil auch Leinwandgemälden ausgestattet ist, auf denen Szenen aus der Passion Christi dargestellt sind: von den fünf Rosenkranzgeheimnissen bis zum Ecce Homo, von den Heiligen Frauen am Grab bis zum Kalvarienberg, der Grablegung Christi und schließlich der Himmelfahrt Christi. An allen Wandflächen und Nischen setzt sich die malerische Ausschmückung der Kirche fort, sodass keinerlei freie Stellen zu sehen sind. Es bedarf hier keiner allzu großen Fantasie: Wie in einem Film läuft alles Geschehen vor einem ab, Szene für Szene, Bild für Bild. Ein visuelles Erlebnis, das zusätzlich von den Statuen der schmerzhaften Muttergottes und des gegeißelten und dornengekrönten Christus bereichert wird. Und alles scheint sich in einem vorbildlich inszenierten Spiel von Perspektiven und Scheinarchitekturen zu bewegen, die den

Die Benediktinerinnenabtei auf Säben mit ihrer barocken Heilig-kreuzkirche, dem Ziel der Wallfahrer aus dem ladinischen Gadertal.

Das Innere der Wallfahrtskirche mit ihrem reichen Bilderschmuck, dessen einzelne Szenen in einer Scheinarchitektur eingebettet sind, die zu einer Bühne des barocken liturgischen Schauspiels wird.

Regeln der räumlichen Wahrnehmung des *Theatrum sacrum* folgen, der typisch barocken Darstellungsart der christlichen Heilsgeschichte mit bewusst theatraler Gestik sowie ausgeklügelten Farb- und Lichteffekten.
Man muss sich für einen Moment in die Psyche der damaligen Wallfahrer hineinversetzen, die mit solchen figurativen Illusionsspielen konfrontiert wurden, welche einen an der eigenen Sinneswahrnehmung zweifeln ließen. Man war in eine andere Welt eingetreten, hatte die letzte der zahlreichen Schwellen überschritten, die den Weg einer solchen Wallfahrt kennzeichneten. In jene andere, obere Welt, die auch einem selbst nicht verwehrt bliebe, würde man das Bekenntnis zum Glauben voll und ganz erfüllen. Angesichts dieser Bilder wurde so mancher Pilger von einer Art Schwindelgefühl ergriffen, das körperlich Wahrnehmbare verlor an Konsistenz und wurde vergeistigt. So stellte man sich den Himmel vor: eine sich ins Unendliche erstreckende Reihe an wunderschön gestalteten Säulen, darüber Emporen mit Balustraden, hinter denen sich selige Damen und Herren, Ritter und Engel scharen.
Nachdem man das gesamte Kirchenschiff durchquert hat, stößt man in der Apsis über dem Altar auf das imposante Kruzifix, dem die Madonna und der heilige Johannes zur Seite stehen. Das Werk – es wird Leonhard von Brixen zugeschrieben – stammt aus dem zweiten Viertel des 15. Jahrhunderts und ersetzt wohl ein früheres Kruzifix.
Für manche ist die Säbener Heiligkreuz-Wallfahrt ein Bittgang um gutes Wetter, um eine ausgeglichene Aufeinanderfolge der Jahreszeiten, um die fruchtbare Ausgewogenheit

Auf die Wanderer, die den Eisacktaler Kastanienweg begehen, muss der Säbener Felsen mit dem uralten Bischofssitz wie ein magisches Traumbild wirken, in dem sich die Dimensionen vermischen.

zwischen Sonnentagen und Regentagen. Und so behaupten denn auch einige Villnösser, dass in den Jahren, in denen die Gadertaler nach Säben pilgern, das Land mit besseren Ernten gesegnet sei.
Vermutlich gehen die Ursprünge dieser Wallfahrt auf die Pestjahre um die Mitte des 14. Jahrhunderts zurück, als auch die ladinischen Täler von der Seuche heimgesucht wurden. Aus dieser Zeit stammen auch die ersten Pestkreuze und den oft eindrucksvoll gestalteten Pestkapellen mit Darstellungen der beiden Schutzpatrone Rochus und Sebastian. Eine Zeit lang folgten auch die Frauen ihren Männern tagelang hierher, dann aber blieben sie aus – oder wurden dazu gezwungen, es zu tun – und verharren seitdem Vestalinnen gleich am heimischen Feuer auf die Rückkehr ihrer frommen Männer.
Es gab zahlreiche bischöfliche Interventionen unter Einbeziehung der Pfarrer und Dekane, um solche Gemeinschaftswallfahrten außerhalb der Grenzen der eigenen Pfarrei zu unterbinden. Ein Dorn im Auge der hohen Geistlichkeit waren vor allem die vielen ausartenden Trinkgelage, Raufhändel und Sünden der Fleischeslust, von denen solche tagelangen Bittgänge mitgeprägt wurden. Wiederholt kam es deshalb zu öffentlichen Aufrufen wie dem vom 10. Juni 1880 in Enneberg, in denen angemahnt wurde, auf strenge Ordnung und fromme Andächtigkeit zu achten und den Bittgang hier in der Kirche zu beginnen und ebenso hier in der Kirche zu beenden. Aus all diesen und anderen Gründen – Krieg, Hungersnot, Seuchen – wurde die Wallfahrt nach Säben jahrelang unterbrochen, um dann wieder aufgenommen zu werden. In der

Zeit, in der sie nicht abgehalten wurde, soll die Gerste nicht mehr wie früher gediehen sein, und ihre Ähren waren von Würmern befallen. Doch als die Wallfahrt wiederaufgenommen wurde, ging alles Unheil vorüber und die Getreideäcker trugen wieder reiche Frucht.
Eine weitere Unterbrechung des traditionsreichen Bittganges ergab sich aus der vorübergehenden Einverleibung von Säben in die Diözese Trient, deren Obrigkeit die Wallfahrt aus Gründen der öffentlichen Ordnung untersagte. Doch derart heftig und eindringlich erhoben alle Pfarrer des Tales ihre Stimme, um zu fordern, auch in Zukunft das tun zu dürfen, was ihre Vorfahren immer schon getan haben, dass es dem Trienter Fürstbischof wohl leid wurde, mit derartigen Bitt- und Protestbriefen belästigt zu werden, und den Gadertalern irgendwann mitteilte, sie dürften von nun an wieder wohin auch immer wallfahren, solange sie dies nicht in alle Winde verkünden würden.
Der erste schriftliche Nachweis dieser Wallfahrt ist eine Urkunde aus dem Jahr 1503, die im Archiv der Pfarre Enneberg aufbewahrt wird und in der es um die Pflichten des Pfarrers gegenüber den wallfahrenden Gläubigen geht. Heute wird diese Wallfahrt alle drei Jahre durchgeführt. Dass nur Männer daran teilnehmen, liegt daran, dass Prozessionen mit Kreuzen angeblich den männlichen Gläubigen vorbehalten sein sollten, die mit der Muttergottes hingegen den weiblichen – oder zumindest sind es da immer die Frauen, die der Prozession vorangehen. Eine strikte Trennung der Geschlechter also, die seit Jahrhunderten beachtet wird, so wie es auch in den Kirchen jahrhundertelang gehandhabt wurde. Von 1979 bis 1994 wurde die Anzahl der Teilnehmer an der alle drei Jahre abgehaltenen Wallfahrt erhoben, und man kam auf einen Durchschnitt von jeweils siebenhundert Pilgern. Nicht alle davon sind Gläubige, manche machen aus anderen Gründen mit, beispielsweise aus dem, eine Tradition fortsetzen zu wollen, oder das zu vollenden, was ihre Vorväter begonnen hatten. Andere wiederum nehmen daran teil, um sich wieder zu treffen, um Zusammengehörigkeit zu pflegen oder um eine andere Art des Gehens und des Seins wiederzuentdecken.

Die gemalte Architektur des Säulenganges führt das Auge unmittelbar an den Fluchtpunkt, die Kreuzabnahme Christi.

DER WEG

Ausgangspunkt: Klausen (523 m)

Wegverlauf: Vom Zentrum von Klausen aus folgen wir den Schildern nach Säben. Vorbei an der Burg Branzoll und deren Burghauptmannturm geht es den Kreuzweg entlang steil bergauf bis an das Ziel (704 m). Für den Rückweg nehmen wir von der Kirche aus den Weg rechts hinunter und kommen so wieder an den Ausgangspunkt zurück.

Gehzeit: ca. 1 ½ Stunden für den gesamten Wegverlauf

Höhenunterschied: 170 m

Infos: Das Kloster Säben thront im wahrsten Sinne des Wortes über Klausen auf einem imposanten, weithin sichtbaren Felsen, dem „Heiligen Berg". Jüngere Ausgrabungen belegen, dass der Mensch hier bereits im vierten Jahrtausend vor Christus gesiedelt hat. Vom 6. Jahrhundert an bis spätestens 960 n. Chr. befand sich hier der Sitz der Säbener Bischöfe, unter denen der erste historisch nachweisbare der später heiliggesprochene Ingenuin war, dessen Grabmal sich in der Kirche Unserer Lieben Frau befindet, einer der vier Kirchen auf Säben. Nach der Verlegung des Bischofssitzes nach Brixen blieb Säben eine fürstbischöfliche Hochburg. Im Jahr 1685 wurde die Benediktinerinnenabtei gegründet, die mittlerweile wegen Nachwuchsmangels leider aufgelassen werden musste. Alle vier zum Klosterareal gehörenden Kirchen können besichtigt werden (Info: Tel. +39 0472 847424, www.klausen.it).

15. Das Latzfonser Kreuz

Der schwarze Herrgott der Bergweiden

Die kleine Heiligkreuzkirche beim Latzfonser Kreuz auf 2300 Metern Höhe – eine der höchstgelegenen Wallfahrtsstätten Europas – wirkt inmitten der schroffen Hochgebirgslandschaft der Sarntaler Alpen wie aus dem Fels entsprungen. Besucht man sie im Sommer, steht man im Altarraum unter dem großen Holzkruzifix mit dem „schwarzen Herrgott", wie ihn die Gläubigen aus der Gegend hier nennen. Das dunkelhäutige Gnadenbildnis des Gekreuzigten wird die meiste Zeit des Jahres in der Latzfonser Pfarrkirche zum heiligen Jakobus aufbewahrt, ein paar Wochen lang auch im romanischen Kirchlein St. Peter im Wald – dem ältesten

Ein rotweißer Fleck inmitten des erdfarbenen Landschaftsbildes der Sarntaler Alpen unterhalb der Kassianspitze.

Gotteshaus dieser Gegend –, bevor es erst im späten Frühjahr wieder, am Samstag vor Sankt Peter und Paul, von einer Prozession begleitet auf die Hochalmen von Ritzlar zurückkehrt, um die dort weidenden Herden vor Blitz und Hagel zu schützen. Im steinigen Talkessel zu Füßen der Kassianspitze, des Ritzlars und des Jocherer Berges befindet sich ein kleiner, höchst reizvoller Hochgebirgssee, der in Wirklichkeit einen wahren Magneten für Gewitter und Blitze darstellt. Wohl auch deshalb galt dieser kleine See lange Zeit als Treffpunkt böser

An den Hängen der östlichen Sarntaler Alpen in ihrem prachtvollen Winterkleid erkennt man als rötlichen Farbklecks die Wallfahrtsstätte zum Latzfonser Kreuz.

Hexen und anderer Unholde. Zwei Buben aus Latzfons beteuerten gar, diese Hexen dabei beobachtet zu haben, wie sie sich am See herumtrieben und im Plankenbach ihre Haare wuschen, und dass, als sie sich dabei ertappt fühlten, ein wildes Gewitter losbrach, das in einem der schwersten Stürmen seit Menschengedenken endete. Es gibt viele Berichte über Sichtungen dieser „wilden Weiber" oder *Zussln,* wie sie auf tirolerisch heißen. Andere Hirten hatten beim Weiden der Schafe am Kassiansee eine dieser wilden Geschöpfe beim „Zotteln" beobachtet – heißt beim Versuch, ihre Zöpfe zu flechten – und sie deswegen verspottet, woraufhin das beleidigte Weibsbild mit der flachen Hand wütend auf das Wasser klatschte und schlagartig ein fürchterliches Gewitter einsetzte. Auch erzählte man sich, dass diese Zussln sehr lange

QUELLENANGABEN

Schrott Balthasar, *Das Latzfonser Kreuz*, Tappeiner Verlag, Lana 2003

Haare und sogar Schnurrbärte trugen und dass sie sich einen Spaß daraus machten, Wege zu versperren, vorzugsweise den über die Fortschellscharte am Übergang zum Durnholzer Tal. Doch sie waren nicht die einzigen beunruhigenden Erscheinungen in dieser Gegend. Dem Volkskundler Hans Fink zufolge sind auch die auf den Höhen anzutreffenden „stoanernen Mandln", die aus Steinen aufgeschichteten turmartigen Gebilde, ursprünglich auf die Verkörperung von Schutzgottheiten zurückzuführen, die am Wegesrand standen, wie es immer noch in den buddhistischen Ländern des Himalaya der Fall ist. Kein reiner Zufall mag es daher sein, dass hier in der Nähe des Sees prähistorische Zeugnisse in Form von Steinplatten aufgetaucht sind, die darauf hinweisen, dass hier einst eine heidnische Kultstätte angesiedelt war, eine Hypothese, die auch vom Kunsthistoriker Karl Gruber befürwortet wird.

Die Gewitter wurden für das Brummeln und Grollen all dieser Wesen gehalten, die zwischen den umgebenden Berggipfeln hin und her schwirren. Der 1982 errichtete Kreuzweg zwischen der Klausner Hütte (1923 m) und dem Wallfahrtskirchlein mag daher auch als eine Art Wehrwall betrachtet werden,

der sie am Berg festhält und verhindert, dass sie auch die weiter talwärts liegenden Bauernhöfe und Dörfer heimsuchen. Dazu brauchte diese Gebirgsgegend zu seiner Verteidigung etwas Starkes und Mächtiges. Und was könnte stärker und mächtiger sein als die Präsenz Christi?
Im Herbst, wenn das letzte Vieh den Almabtrieb schon hinter sich hat, meist am 16. Oktober, dem Gallustag, macht sich der „schwarze Herrgott" inmitten einer ansehnlichen Gläubigerschar wieder auf den Weg ins Tal, um in der Latzfonser Pfarrkirche zu überwintern. Einst wurde das in reinem gotischen Stil geschnitzte Kruzifix angeblich mit einer Mischung aus Ochsenblut und flüssigem Harz behandelt, um es vor einem weiteren Verfall zu schützen, was aber die Schwärzung der Christusfigur zur Folge hatte.

Das Gnadenkruzifix, schwarz wie die angeschwemmte Erde des Nils, schwarz wie getrocknetes Blut.

Den ganzen Sommer über wird jeden Sonntag mit Hunderten von Gläubigen die heilige Messe zelebriert.

Hat man es selbst erlebt, kann man leicht verstehen, wie früher den Hirten und Bauern zumute war, als sie vor diesem Kruzifix standen. Wir haben es hier nicht mit einem sakralen Kunstwerk zu tun, in dem das didaktische und pädagogische Element im Vordergrund steht, sondern mit einer neuen Art der geistigen Innerlichkeit. Dieser schwarze Christus berührt den emotionalen Zustand der Gläubigen, es ist ein Bildnis, das aufwühlt, den Menschen erschüttert und ihn über den Sinn des Lebens nachdenken lässt. Derart einprägsam vermittelt einem diese Skulptur das schreckliche Leid eines qualvoll verblutenden Menschen – die klaffende Wunde in seiner Brust sagt es uns –, und dennoch strahlt das Antlitz des Gekreuzigten ungeheuer viel Harmonie, Ruhe, Frieden und Ergebenheit aus. Eine Darstellung, die zugleich überaus grausam und wunderschön ist. Hinter dem Sterbenden erkennt man die Liebe Gottes, die alles überflutet, wie ein überlaufender Fluss oder ein überflutendes Meer. Wahrscheinlich sahen die damaligen Gläubigen darin nicht nur das unermessliche Leiden und den Tod, sondern auch die göttliche Gnade und deren Eingreifen in das tägliche Leben. Deshalb wurde er dorthin gebracht, wo er gebraucht wurde, also auf die Weiden im Hochgebirge, wo die meisten Gefahren lauerten. So sehr es uns auch überraschen mag, dieses Bildnis ist ein Liebesbekenntnis und ist als solches durchaus imstande, das Leben seines Betrachters tief zu beeinflussen und zu verändern. Und die schwarze Farbe des gemarterten Körpers schreit nicht etwa nach Rache, sondern verheißt Vergebung. So lautet denn die Botschaft: Eure Sünde ist groß, aber die Liebe Gottes ist noch größer.
Den Chroniken zufolge war es der letzte Wille des Villnösser Pfarrers Stephan Schenk aus Taisten, demzufolge der in der Latzfonser Totenkapelle gefundene „schwarze Herrgott" auf die Hochweiden von Ritzlar gebracht und dort im Freien

aufgestellt wurde, um das grasende Vieh und seine Hirten zu beschützen. Ursprünglich soll die Skulptur dank eines Stiers gefunden worden sein, der am Bauernhof *Moar zu Viersch* entkommen war und sich damit beschäftigte, die Erde mit seinen Hörnern so lange umzugraben, bis er auf das Kruzifix stieß. Zuerst verstauten es die Bauern in ihrer Rumpelkammer, änderten dann aber angesichts einer monatelangen Dürre ihre Meinung und brachten es zur Kirche, wo es in der Totenkapelle landete. Um ihr schlechtes Gewissen zu beruhigen, unternahm man schließlich einen Bußgang zu den heiligen drei Jungfrauen von Meransen. Und das ist nur eine von mehreren Legenden, die sich um den Fund der Gnadenstatue ranken.

Tatsache hingegen ist, dass das Kreuz um das Jahr 1700 herum im Rahmen einer feierlichen Prozession von Gläubigen aus dem Dorf und von den darüber verstreuten Bauernhöfen auf den Berg getragen wurde. Erst deutlich später, im Jahr 1743, kam es dann auch dank der Spenden von Gläubigen zum Bau einer Kapelle, die schließlich über ein Jahrhundert später im Jahr 1867 nach einem Entwurf von Kaplan Johann Krapf vollständig umgebaut und erweitert wurde.

Im Juli, am Tag der heiligen Magdalena, findet die wichtigste Wallfahrt statt, und wenn sie nicht auf einen Sonntag fällt, wird sie am darauffolgenden Sonntag durchgeführt. Ein weiteres wichtiges Datum, an dem zahlreiche Gläubige aus dem Tal herauf pilgern, ist der 14. September, der Tag der Kreuzerhöhung.

Es gibt zwei verschiedene Wege, die zu diesem Heiligtum im Gebirge führen, beide sind gleichermaßen landschaftlich reizvoll und zum Wallfahren geeignet.

DER WEG

Wegverlauf 1: Von Klausen aus über Feldthurns fahren wir nach Latzfons und von dort aus weiter bis zum Parkplatz am Kühhof (1550 m). Nun steigen wir auf dem Weg Nr. 2 bis zur Klausner Hütte auf (1919 m, den Sommer über geöffnet), wonach uns der Steig Nr. 17 (Kreuzweg) bis auf das Latzfonser Kreuz führt. Für den Abstieg nehmen wir denselben Weg.

Gehzeit: insgesamt ca. 4 Stunden

Höhenunterschied: 750 m

Wegverlauf 2: Von Reinswald im Sarntal aus bringt uns die Umlaufbahn auf 2200 Metern Höhe. Nun geht es auf dem Weg Nr. 11 vorbei an der Getrumalm (Einkehrmöglichkeit) und danach auf dem Weg Nr. 7 hinauf zum sogenannten „Lückl" (2370 m), von wo aus man in wenigen Minuten zum Wallfahrtskirchlein absteigt.

Gehzeit: ca. 2 Stunden für den Hinweg, ebenso viel für den Rückweg

Höhenunterschied: 300 m, wenn Sie mit der Umlaufbahn auch ins Tal zurückfahren, ansonsten 700 m bis zum Parkplatz der Talstation

Infos: Das Schutzhaus Latzfonserkreuz ist in der Regel – je nach Schneelage – vom 8. Juni bis zum 26. Oktober geöffnet (www.latzfonserkreuz.com).
Die vom CAI betriebene Klausner Hütte ist dagegen vom 20. Juni bis zum 1. November in Betrieb (www.klausnerhuette.it).

16. Maria Trens in Freienfeld

Das wundersame Gnadenbildnis

Dieser Wallfahrtsort gilt als der älteste im Südtiroler Wipptal und ist Maria Himmelfahrt geweiht. Der Legende nach ist ihr Ursprung mit dem Fund eines wundertätigen Gnadenbildnisses der Jungfrau Maria im 14. Jahrhundert unter einer Mure am nahe gelegenen Bach verbunden. Einen Hinweis auf eine bereits bestehende Marienkirche findet man allerdings bereits 1345 in einem Dokument in den Archiven von Avignon, dem damaligen Sitz des Papstes. Darin wurde eine mit einem Ablass verbundene Genehmigung zum Bau einer Kirche erteilt.

Der Bauer, der eines Tages die völlig unversehrte Madonnenstatue fand, nahm sie mit zu sich nach Hause und stellte sie in den Herrgottswinkel seiner Stube, um sie dort täglich gemeinsam mit ihrem göttlichen Sohn und mit anderen Heiligen zu verehren. Als er am nächsten Morgen nach ihr sah, war sie jedoch spurlos verschwunden. Nachdem er sie lange umsonst in den umliegenden Wiesen und Wäldern gesucht hatte, fand er sie schließlich in der Dorfkirche. Da wurde ihm klar, dass die Statue wohl dorthin gehörte und dass es sinnlos

Votivbilder, wohin das Auge reicht.

Sonntags füllt sich der Wallfahrtsort mit Leben.

wäre, sie an seinen Hof zurückzubringen, weil sie dann zweifelsohne auch diesmal in die Kirche zurückkehren würde. Bald sprach sich die wundersame Geschichte im Dorf und an den verstreut gelegenen Bauernhöfen der Gegend herum, bis sie schließlich bis nach Brixen hinunter und bis zum Brenner hinauf in aller Munde war. Und so begann allmählich das bis

ANFAHRT

Wir verlassen die Brennerautobahn an der Ausfahrt Sterzing, biegen rechts ab und fahren in Richtung Süden bis nach Freienfeld.

Maria Trens genießt auch bei Kunstliebhabern großes Ansehen.

Das 1470 geschnitzte Gnadenbild wurde vom Ulmer Meister Hans Multscher angefertigt.

heute anhaltende stetige Kommen und Gehen von Gläubigen, die bei der Trenser Muttergottes Hilfe und Trost suchen. Schon nach kürzester Zeit war der Wallfahrtsort in ganz Tirol bekannt und beliebt. Viele Jahre lang galt Maria Trens auch als ein *sanctuair* à répit, ein sogenanntes Auferweckungsheiligtum, zum dem tote Kinder gebracht wurden. Dabei handelte es sich um einen Brauch, der sich nachweislich bis 1812 halten konnte: Der Gedanke, dass der Tod vor der Taufe die Seele des verstorbenen Kindes zum ewigen Verbleib in der Vorhölle verdammte, wurde von den Gläubigen nie

Es gab immer wieder Wallfahrer, die das letzte Wegstück zur Kirche auf den Knien gingen.

Ein schmiedeeisernes Gitter schützt die Gnadenkapelle und die Statue, die sie beherbergt.

DER WEG

Ausgangspunkt: Freienfeld (937 m)

Wegverlauf: Zuerst folgen wir der Wegmarkierung Nr. 24 bis zum Weiler Gschleng, dann dem Weg Nr. 24B bis zur Burg Sprechenstein. Von hier aus führt der Weg hinab zum Gasthaus Burgfrieden, wo er in den alten Pilgerweg nach Maria Trens mündet, über den man schließlich wieder zurück an den Ausgangspunkt gelangt.

Gehzeit: insgesamt ca. 2 Stunden

Höhenunterschied: 280 m

wirklich akzeptiert. Sie durften nicht einmal in geweihter Erde begraben werden, sondern nur an verlassenen Orten, an Gewässern oder zwischen Felsen in den Bergen. Der Legende nach wanderten ihre Geister auf der Suche nach Frieden umher und kehrten zurück, um die Lebenden heimzusuchen. Die Eltern machten sich dann oft mit dem toten Kind in den Armen auf den Weg zu einer solchen Wallfahrtskirche und legten das verstorbene Kind vor dem Gnadenbild auf den Kirchenboden in der Hoffnung, es möge einen kurzen Moment lang zu neuem Leben erwachen, um die Taufe durchführen zu können.

Da im Laufe der Jahre die Zahl der Wallfahrer weiterhin deutlich zunahm, ließ Domherr Johann Arb 1498 eine neue Kirche im spätgotischen Stil errichten, die um 1750 von dem Wiener Künstler Joseph Adam von Mölk vollständig im Barockstil ausgemalt und ausgestattet wurde. Für Kunstliebhaber ist die Kirche eine kleine Schatztruhe, in der Dutzende von künstlerisch äußerst wertvollen Gemälden und Skulpturen untergebracht sind.

Tritt man durch das Westportal ein, wird man als erstes von einer wunderschönen Madonna mit Kind begrüßt, einer gemalten Marmorstatue aus dem Jahr 1510, die Gregor Türing zugeschrieben wird. Das Gnadenbild befindet sich jedoch heute in der 1726/27 von Franz Andreas von Sternbach errichteten Gnadenkapelle, deren freie Wände vollständig mit Votivgaben ausgekleidet sind. Auch an den Außenwänden der Kapelle und an der Abschlusswand des Langhauses hängen eine Vielzahl von Spruchbildern und Tafeln, die von dankbaren Pilgern hier zurückgelassen wurden. Auch die Überführung des wunderwirkenden Gnadenbildnisses in die Wallfahrtskirche von Trens ist auf einem Votivbild festgehalten und zeigt, unter welch großer Beteiligung sowohl der Geistlichkeit als auch der Bevölkerung dieses sakrale Großereignis stattgefunden hat.

Jedes Jahr wird am ersten Oktober eine nächtliche Frauenwallfahrt mit brennenden Kerzen in den Händen abgehalten.

Mitten auf dem Altar der Gnadenkapelle steht die 1470 kunstvoll geschnitzte und in prächtige Barockgewänder gekleidete Marienstatue mit dem Kind im Arm, dessen figürliche Gestaltung noch nichts mit den ernsten und unnahbaren Bildern zu tun haben, an die uns die Kunst der Renaissance gewöhnen wird. Hier wird das Jesukind in einer spielerischen Szene dargestellt, in der es sich mit der linken Hand am Schleier seiner Mutter festhält, während es die rechte den Gläubigen entgegenstreckt, als wolle es dazu einladen, an der gemeinsamen Freude von Mutter und Kind teilzuhaben.

Das spätgotische Werk wird einem unbekannten Bildhauer aus dem Umkreis des Meisters Hans Multscher zugeschrieben, der auch in der Pfarrkirche von Sterzing tätig war und dort 1459 den prachtvollen gotischen Altar vollendete.

Es gab eine Zeit, in der sogar Wallfahrer aus dem Gadertal nach mehrtägiger Pilgerschaft hier ankamen, wie der Volkskundler Lois Trebo zu berichten weiß: „Als es noch keinen Tourismus gab, heirateten viele Paare in der Vorfastenzeit, und zwar ausschließlich in der Kirche. Um das Sakrament der Ehe mit der gebührenden Würde und Gnade empfangen zu können, wurde viel gebetet und am Sonntag vor der Hochzeit eine Marienwallfahrtskirche besucht, wie etwa die von Absam bei Innsbruck, Maria Weißenstein oder Maria Trens. Am Hochzeitstag war das Brautpaar bereits um vier Uhr wach, um mit ihren beiden Elternpaaren den Rosenkranz zu beten und den göttlichen Segen für ihre Zukunft als Eheleute zu erbitten."

Sogar Ladiner aus dem entlegenen Ampezzaner Gebiet pilgerten nach Maria Trens, wie auf einem Votivbild zu sehen ist, das sich im Eingangsbereich der Kapelle Madonna della Salute von Cadin in Cortina d'Ampezzo befindet und mit der Inschrift *„Maria zu Trens, Bit fir uns / 1716"* versehen ist.

Nach Maria Trens zu wallfahren ist auch heute noch ein durchaus lebendiger Brauch. Jedes Jahr am 1. Mai versammeln sich hier Hunderte von Gläubigen aus Sterzing und Umgebung – viele auch aus dem benachbarten Nordtirol –, um gemeinsam zu singen und zu beten. Und dabei gibt es immer noch einige, die das letzte Stück des Kirchwegs in vollkommener göttlichen Hingabe ganz auf den Knien gehen. Denselben Tag wählen auch die Gläubigen aus dem Cadore, um traditionsgemäß einmal im Jahr nach Trens zu pilgern – allerdings im Bus und nicht mehr *per pedes* wie früher.

QUELLENANGABEN

Trebo Lois, *Il sentimento religioso dei ladini della Val Badia*, in *La religiosità popolare nelle valli ladine*, Edizioni Associazione Circolo Valentino Rovisi, Moena 2005

17. Sankt Magdalena in Mareit

Die Kirche der Schneeberger Knappen

Das Ridnauntal offenbart seinen historischen Reichtum bereits im bestens erhaltenen Barockschloss Wolfsthurn sowie in den vielen kleinen Kirchen und Kapellen, die den Lauf des Mareiter oder Ridnauner Baches durch das Tal begleiten und den heiligen Laurentius, Pankratius, Josef, Jakobus, Veit und Nikolaus geweiht sind. Errichtet wurden sie im Laufe der Zeit dank der Ersparnisse der frommen Knappen aus den hiesigen Bergwerken sowie der zahlreichen Stiftungen und Vermächtnisse der Grafen von Eppan, der einstigen Herren über die Bergwerke am Schneeberg und zu Füßen der Telfer Weißen. Die Verehrung der Heiligen des Lebens war eine natürliche Wahl für diejenigen, die wie die Bergleute die Fähigkeit verloren hatten, Tag und Nacht zu unterscheiden, und denen ständig der Tod durch Grubengase oder Einstürze lauerte. Seit der Gegenreformation wird die heilige Maria Magdalena als eine Büßerin dargestellt, deren gequälte Haltung eine pessimistische Lebensauffassung widerspiegelt. Von dieser Art ist auch die kostbare spätgotische Statue, die von den Schneeberger Knappen gestiftet wurde für ihre kleine Kirche, die „Knappenkapelle", die sie auf einer Anhöhe inmitten des Tales errichten ließen. Seither betet ihre Magdalena mit gefalteten Händen und einem Blick voll flehender Traurigkeit im oberen Relief des Hauptaltars, wobei ihr der heilige Laurentius mit dem Rost in der Hand zur Seite steht sowie eine weitere ritterliche Figur, die höchstwahrscheinlich den heiligen Georg darstellt. Auf den seitlichen und unteren Reliefs sehen wir Szenen aus dem Leben der Heiligen – Magdalena salbt Christus die Füße, Christus begegnet Magdalena, die Auferstehung des Lazarus und Magdalena empfängt die heilige Kommunion – sowie aus der Passion Christi, die dem hervorragend ausgeführten Schnitzwerk ein harmonisches Gleichgeweicht von Malerei und Skulptur verleihen. Allein schon dieser spätgotische Flügelaltar aus der Sterzinger Werkstatt von Matheis Stöberl und der ebenso kostbare Einfigurenaltar von Hans Harder – beide stammen aus dem Jahr 1509 – zeigen einen für eine Bergkirche nahezu einmaligen Reichtum. Meister Stöberl verewigte sich rechts am Altar mit dem Hinweis: *Das werch hat gmacht maist' Matheis stöberl 1509.*

Einsam auf einem aussichtsreichen Hügel erwartet uns Sankt Magdalena im Ridnauner Tal.

Die St.-Magdalena-Kirche wurde 1480 von Thomas Scheiter und seinen Handwerksgesellen auf dem Scheitelpunkt einer Anhöhe errichtet, auf der sich einst eine Gießerei sowie eine ältere Kapelle befand, die ihrerseits wiederum mit größter Wahrscheinlichkeit eine prähistorische Wasserkultstätte überlagert. Die weithin sichtbare Kirche mit ihren weißen Mauern und dem spitzen gotischen Turm, der sich vor dem Hintergrund der Gletscherlandschaft im westlichen Talschluss in den Himmel hebt, entstand einst aus dem Bekenntnis der Bergknappen zu ihrem Glauben und ist noch heute das Ziel von Wallfahrten, die von Maiern aus talauswärts oder von den östlicher gelegenen Dörfern taleinwärts ziehen.

ANFAHRT

Mareit liegt im Ridnautal, das man von Sterzing aus erreicht.

Die Schlichtheit und das Weiß des Äußeren dieser Kirche kontrastieren mit der Pracht ihres Inneren, das ihr einen wichtigen Platz in der Geschichte der mittelalterlichen Sakralkunst des Alpenraums zuweist. Und die Schönheit der umgebenden Gebirgs- und Gletscherlandschaft hebt diese Einmaligkeit noch zusätzlich hervor.

Von ganz besonderem Interesse sind auch die ikonografischen Aspekte dieser Magdalenendarstellung. Wie von der Legende vorgegeben, ist sie mit einem vergoldeten Haarkleid bekleidet, das sich wie eine zweite Haut an sie schmiegt. Dies macht sie gewissermaßen mit den zeitgenössischen Darstellungen des „wilden Mannes" verwandt, der ursprünglich eine heidnische Waldgottheit war, die für Fruchtbarkeit und Überfluss stand. Magdalenas Haarkleid hat etwas von sich kräuselndem Wasser an sich, von winzigen Wellen, auf die Licht fällt und darin die schillernde Pracht unserer Sonne widerspiegelt. So trägt die Heilige ein vorchristliches Andenken mit sich, das mit dem hier reichlich fließenden Wasser sowie der Fruchtbarkeit des Bodens sowohl über als auch unter Tage in Zusammenhang steht. Eine Legende besagt sogar, dass die Kirche auf diesem Hügel erbaut wurde, weil sie einst von einem großen See umgeben war, an dessen Ufern Bauern siedelten, die auch Fischer waren.

Eine weitere Legende, die mit dieser Kirche in Verbindung steht und zu jenen gehört, in denen wundersame Ereignisse an sehr besonderen Orten vorkommen, erzählt vom „Mareiter Aveglöcklein". Kaum erschallte zum Feierabend Läuten der kleinen Glocke, hörten die Ochse, die auf den Feldern arbeiteten, selbstständig auf. Doch jemand hatte einmal versucht, die gutmütigen Zugtiere nach dem Läuten des Aveglöckleins zu weiterer Arbeit anzustacheln, woraufhin die Ochsen nicht mehr in den Stall zurückkehren wollten, sondern die ganze Nacht herumirrten, und es dem verzweifelten Bauer nicht gelingen wollte, sie zum Stehen zu bringen.

Beachtenswert in diesem Tal sind auch die Bildstöcke, sei es aus Holz wie auch aus Stein, die hier in großer Anzahl und oft sehr nahe aneinander aufgestellt sind, denn sie haben eine Besonderheit: Ihre Dächer sind blau gestrichen, in der Farbe des Himmels und der Unendlichkeit, während deren Unterseiten rot wie das Blut Christi sind. Wie kleine Juwelen stechen sie in der Natur- und Kulturlandschaft des Tales hervor.

DER WEG

Ausgangspunkt: Mareit (1070 m)

Wegverlauf: Von Mareit aus steigen wir zum Schloss Wolfsthurn hinauf, umrunden es und folgen dann dem Wegweiser „Hofmannsteg" bis zum Weiler Gasse. Dort gehen wir etwa 500 Meter lang über die asphaltierte Straße und folgen schließlich der Beschilderung zur bereits sichtbaren Magdalenenkirche (1414 m). Für den Rückweg folgen wir der rot-weißen Markierung in westlicher Richtung hinunter ans Bachufer und gehen bachaufwärts bis zur Brücke. Nach deren Überquerung folgen wir den Schildern nach Mareit. So kehren wir auf den Wegen des Sonnenbergs, die an uralten, oft ausgesetzt über den Bach gelegenen Bauernhöfen vorbeiführen, an unseren Ausgangspunkt zurück.

Gehzeit: ca. 2 Stunden für den Hinweg, 1–1 ½ Stunden für den Rückweg

Höhenunterschied: ca. 450 m

Infos: Um die Kirche zu besichtigen, wende man sich an den Tourismusverband Ratschings, www.ratschings.info. Besonders mit Kindern empfiehlt sich ein Besuch des Naturlehrpfades am Fuße des Hügels von Schloss Wolfsthurn (sehr gut ausgeschildert). An seinen verschiedenen naturkundlichen Stationen wird man durch die Wunder der Tier- und Pflanzenwelt geführt und erlebt die Natur unter ganz neuen Gesichtspunkten.

18. Die Heiliggrabkapelle in Spinges
Südtirols Auferstehungskirche

In früheren Zeiten pilgerten am ersten Freitag im März, während der Fastenzeit, bei jedem Wetter zahlreiche Gläubige aus Enneberg und dem unteren Gadertal nach Spinges, um in der Heiliggrabkirche zu beten. Es ist nicht näher bekannt, woher diese Wallfahrt und die Vorliebe der Gadertaler für diesen Ort stammen, doch möglicherweise ist auch das Andenken an Katharina Lanz mit im Spiel, die 1771 in St. Vigil, einer Fraktion der Gemeinde Enneberg, geboren wurde. Sie ging in die Tiroler Geschichte als Symbolfigur des Freiheitskampfes ein, nachdem sie sich während der Schlacht von 1797 auf dem Spingeser Kirchhof den französischen Soldaten heldenhaft entgegengestellt hatte, woran unter anderem eine Gedenktafel an der Außenmauer der Pfarrkirche erinnert.

Durchquert man den Talboden an der Einmündung des Pustertals in das Eisacktal, nimmt man dieses Dörfchen oberhalb der Ortschaft Mühlbach kaum wahr, und dennoch befindet sich hier einer der meistbesuchten Wallfahrtsorte des Landes: die Heiliggrabkapelle, die der Kurat Georg Stocker 1685 nach seiner Rückkehr von einer Pilgerreise ins Heilige Land errichten ließ. Dreimal, so erzählt man sich, musste er die beschwerliche Reise unternehmen, weil ihm der Teufel zweimal die Pläne entwendet hatte. Zurück in der Heimat mit den Aufzeichnungen zur Jerusalemer Grabeskirche, dachte er wohl an seine vielen gläubigen Mitbürger, die ihr Leben lang nie in der Lage sein würden, eine solche Pilgerreise an die Quelle des Christentums zu unternehmen. So aber konnten sie das Unerreichbare durch eine Wallfahrt zu dem nachempfundenen heiligen Ort ersetzen, der hier entstehen sollte, einer der wohl eigentümlichsten Wallfahrtskapellen des gesamten Alpenraumes, die heute bedauerlicherweise viel weniger bekannt ist als sie es in den vergangenen Jahrhunderten war.

Die Grabeskirche, die von den orthodoxen Christen „Auferstehungskirche" genannt wird (griechisch *Anastasis*, armenisch *Surp Harutyun*), wurde in Jerusalem an jenem Ort erbaut, an dem Jesus der Überlieferung nach gekreuzigt und begraben

Ein Gotteshaus jenseits des Alltäglichen, das uns in einen zeitlosen Raum versetzt.

Die Kreisform der Kirche ist der Grabeskirche von Jerusalem nachempfunden.

ANFAHRT

Nach Verlassen der Brennerautobahn an der Ausfahrt Brixen Nord und Weiterfahrt in Richtung Pustertal, biegt man nach wenigen Kilometern links nach Spinges ab.

DER WEG

Ausgangspunkt: Spinges (1105 m)

Wegverlauf: Wir gehen den mit Nr. 7 markierten Rundweg, steigen zum Anratterhof hinab, danach geht's über den Dickahof wieder an den Ausgangspunkt in Spinges zurück.

Gehzeit: ca. 1 ½ Stunden

Höhenunterschied: ca. 230 m

wurde und an dem er wieder auferstanden ist. Sie befindet sich heute innerhalb der Mauern der Altstadt von Jerusalem am Ende der *Via Dolorosa* und umfasst sowohl den Hügel von Golgata, den Ort der Kreuzigung, als auch die in den Fels gehauene Grotte, in der Jesus laut Neuem Testament begraben wurde. Die Grabeskirche ist neben der Verkündigungsbasilika in Nazareth und der Geburtsbasilika in Bethlehem eines der wichtigsten Ziele aller Pilger, die das Heilige Land besuchen. Diese Pilgerströme lassen sich bis ins 4. Jahrhundert zurückverfolgen. Wie alle diese Pilger, sah auch Georg Stocker in Jerusalem die runde Kreuzfahrerkirche zum Heiligen Grab und war tief beeindruckt von ihr, sowohl wegen ihrer Formgestaltung als auch wegen ihrer Symbolkraft als Ort der christlichen Glaubensverdichtung. Als er in sein Dorf zurückkehrte, das auf einer 1105 Meter hoch gelegenen, landschaftlich sehr reizvollen kleinen Hochebene liegt und die künftig auch wegen der historischen Schlacht zwischen den Freiheitskämpfern und den napoleonischen Truppen in die Tiroler Geschichte eingehen würde, beschloss er also, ein Nachbau dieser Kirche in kleinerem Maßstab zu errichten. Das Ergebnis ist ein niedriges Gebäude, auf dem zwei kleine Glockentürme ruhen. Auch hier finden wir einen stark verkleinerten ringförmigen Chorumgang *(Ambulatorium)*, der den Gläubigen die Möglichkeit zu einer weiteren kleinen, zwar nicht räumlichen, aber zumindest zeitlichen Pilgerreise bietet. Das Dach wird außerdem von zehn Marmorskulpturen geziert, die der Passion Christi gewidmet sind. Anstelle älterer Fresken, die verloren gegangen sind, wurde das Innere der Kirche 1929 von Franz Peskoller mit biblischen Szenen und Gestalten bereichert, die dem Leiden Christi sowie Heiligen und Propheten aus dem Alten und Neuen Testament gewidmet sind. Der Raum ist in zwei Teile gegliedert: eine innere Kapelle und eine Krypta, in der sich auf einer Balustrade eine lebensgroße Christusstatue befindet. Der Chorumgang findet im Inneren statt und wird von einer Atmosphäre der Schlichtheit und des Wesentlichen geprägt. Man ist beeindruckt und fasziniert von der Hingabe und Fähigkeit des Kuraten, einen solchen Akt des Glaubens in Zeiten zu materialisieren, in denen die Verwirklichung von Träumen alles eher als einfach war, und sich architektonisch an die so vielseitige Welt der religiösen Symbolik anzunähern, indem man beispielsweise auf die göttliche „Achtheit" in Form der Außenfassade zurückgreift. Acht sind die Seiten der sakralen Bauten und acht ist das Symbol für Gottes Allgegenwart und die Ewigkeit. In der Tat hatten die ursprünglichen Baptisterien und Taufbecken alle acht Seiten, um demjenigen, der in das heilige Wasser eintauchte, den Übergang der Seele von einem irdischen in einen göttlichen Zustand anzukündigen. Die Achtheit und die Kreisform des Innenraums, die das Unendliche und ein zyklisches Zeitverständnis symbolisieren, zeigen sich deutlich auch in diesem kleinen Sakralbau, der an die Symbolik des *Ouroborus* erinnert, der Schlange, die sich in den Schwanz beißt und ein Tor zur Ewigkeit öffnet. Der achte Tag ist der Tag der Auferstehung Christi, der Sonne der Gerechtigkeit, die im Osten aufgeht.
Die Kirche liegt zu Füßen der mächtigen spätgotischen Pfarrkirche, die dem heiligen Rupert geweiht ist, dem Abt des Sankt-Peter-Stiftes und ersten Bischof von Salzburg, und die uns schon von weitem mit ihrem großen Christophorus-Fresko an der Westfassade des Kirchturms begrüßt.

QUELLENANGABEN

Spinger Heimatbuch, Athesia, Brixen 1997

19. Sankt Jakob und die Heiligen Drei Jungfrauen von Meransen
Eine Wallfahrt zu Aubet, Cubet und Quere

Die Triade ist eines der am häufigsten wiederkehrenden Symbole in den religiösen Kulturen der verschiedenen Völker. So die christliche Dreifaltigkeit, denn „Gott hat alles nach Maß, Zahl und Gewicht geordnet", wie es im Buch der Weisheit (XI, 21) heißt, und drei sind die Attribute Gottes: Wahrheit-Einheit, Liebe und Güte. Weitaus älter ist die hinduistische Triade Trimurti, die sich aus Brahma, Shiva und Vishnu zusammensetzt, wie auch die nordische Trias des Odin, des Thor und der Freya und das römische Göttertrio Jupiter, Mars und Quirinus. Der persische Philosoph Mani, Stifter des Manichäismus, spricht dagegen von der Dreieinigkeit der Zeit und der Triade, die sich aus Licht, Kraft und Weisheit zusammenfügt. Die Alchemisten bezeichneten sogar die drei Ursprungsprinzipien der Materie – Schwefel, Öl und Feuer – als eine Dreieinigkeit. Aber es ist das weibliche Element, das solchen Dreierbünden all jene Werte verleiht, die mit der Mutter Erde, der Fruchtbarkeit und dem Wasser in engster Verbindung stehen. Davon zeugen die Göttinnen der drei heiligen hinduistischen Flüsse Ganga, Yamuna und und Saraswati, die keltische Göttin Brigit in ihrer dreifachen Gestalt, die griechischen Moiren und Erinnyen – die einen Göttinnen des Schicksals, die anderen die der Rache –, die drei Athener Jungfrauen Aglauros, Herse und Pandrosos, die drei christlichen Marien (Maria von Nazareth, Maria von Ägypten, Maria von Magdala), die ägyptischen Märtyrerinnen Theotista, Theodotas und Eudokia von Heliopolis sowie die drei vorislamischen Göttinnen Al-Làt, Al-Manat und Al-Uzzà. Orte, an denen Quellen fließen, tragen oft Namen, die an die Dreifaltigkeit erinnern, so etwa die Tre Sorelle im Ledrotal, oder es werden dort sogar drei Gotteshäuser errichtet wie in Bad Dreikirchen bei Barbian im Eisacktal.

Auch Meransen, ein sonnenverwöhntes Dorf auf der grünen Südterrasse am Eingang des Pustertals, hat seine drei weiblichen Heiligen mit legendären geheimnisvollen Namen: Aubet, Cubet und Quere. Einst hießen sie auch Embede, Warbede und Wilbede und waren sicherlich die Nachgestaltung einer keltischen Mütter-Triade mit Anklang an die nordischen Nornen Urd, Werdandi und Skuld, von denen die Vergangenheit, die Gegenwart und die Zukunft verkörpert wird. Der Legende nach waren die drei in Meransen verehrten Jungfrauen drei Prinzessinnen, die aus Angst vor den eingefallenen Hunnen in die Berge flüchteten. Sie kamen aus dem Norden und erreichten Latzfons, oberhalb von Klausen, ließen sich dort nieder und taten Gutes, was ihnen von den Dorfbewohnern aber nur mit Hohn und Spott gelohnt wurde. So beschlossen sie, das Dorf zu verlassen und machten sich auf ins Pustertal, wo sie auf dem uralten Steig – dem heutigen Kreuzweg – nach Meransen aufstiegen. Auf halber Strecke sanken sie vor Durst und Erschöpfung zu Boden und beteten auf den Knien zu Gott, als plötzlich eine Quelle aus dem Felsen sprudelte und der Kirschbaum, unter dem sie knieten, köstliche Früchte trug. Sie wurden daraufhin von der Meransener Dorfgemeinschaft wohlwollend aufgenommen und verbrachten dort eine lange Zeit, bis sie den Beschluss fassten, in ihre Heimat – vermutlich war es das Rheinland – zurückzukehren. Seitdem gedenken die Einheimischen der drei Jungfrauen mit einer über die Weiler und Höfe der Umgebung ziehenden Wallfahrtsprozession, die an jedem ersten Sonntag nach dem 16. September stattfindet. In der Kirche von Meransen findet sich auf einem Fresko, das von Johann Mitterwurzer mit *pinxit/brixinae 1776* signiert ist, ein Gebetsspruch zur Erlangung der Fürsprache der Heiligen Jungfrauen und Märtyrerinnen Aubet, Cubet und Quere.

Eine weitere Legende sieht sie als Gefährtinnen der heiligen Ursula von Köln, mit der zusammen sie den Märtyrertod erlitten haben sollen. In der Wallfahrtskirche, die dem Apostel Jakobus dem Älteren geweiht ist und 1780 umgebaut und erweitert wurde, um dem stetig zunehmenden Pilgerstrom gerecht zu werden, ist einer der Altäre der Verehrung der heiligen Ursula gewidmet. Jahrhundertelang pilgerten die Gläubigen von Latzfons in Zeiten großer Trockenheit zu den drei Heiligen Jungfrauen nach Meransen, um Regen herbeizubeten, wobei sie streng fasteten und barfuß gingen. Der letzte dieser Bittgänge der Latzfonser fand 1906 statt. Im Mittelalter gab es auch eine regelmäßig abgehaltene Wallfahrt von Vals aus, einem kleinen Dorf im nahen Valler Tal, die jedoch 1653 von der geistlichen Obrigkeit verboten wurde, und zwar weil ihr das Ganze zu sehr „nach Götzendienst roch".

Die drei heiligen Fürbitterinnen waren ein wichtiger Bezugspunkt für die Gläubigen dieser Gegend. Sie halfen ihnen, ihren mühsamen und kargen Alltag zu ertragen, aber vor allem waren sie imstande, wahre Wunder zu wirken. Viele Votivbilder und auch Wandmalereien erzählen Geschichten von wundersamen Rettungen und Heilungen. Über den Eckzwickeln der großen Gewölbekuppel hat der aus Mühlbach stammende Maler Johann Mitterwurzer einige der wundersamen Ereignisse dargestellt, die den drei Heiligen Jungfrauen zugeschrieben wurden. Beeindruckend dargestellt ist dabei die kleine Schar der sieben hilfesuchenden Gläubigen, die ihre Gesichter und Hände nach oben zu den drei Heiligen wenden und von einem Mann in blauer Tracht angeführt werden. Eine andere Szene zeigt eine Mutter, die ein Kind im Arm trägt und mit der freien Hand die neben ihr kniende Tochter auf die drei heiligen Wohltäterinnen hinweist. Weiter geht es mit einem Bettler in gelber Kleidung mit rotem Umhang, der um Almosen bittet, und hilfreichen Menschen, die einem Fußleidenden stützen. Fußkrankheiten und Beinleiden aller Art waren jahrhundertelang eine weit verbreitete Plage, eine wahre Geißel für die damaligen Menschen. Um davon geheilt zu werden, konnte man sich unter anderem an den heiligen Peregrinus wenden, den wir sowohl auf Maria Weißenstein als auch in der kleinen Johanneskirche in Lana gleich neben der Falschauerbrücke dargestellt finden. Alle diese Wandmalereien, Votivtafeln, Gemälde und Skulpturen erzählen Geschichten aus dem Alltagsleben vergangener Tage und sind äußerst nützlich, um die Psyche der Gläubigen, aber auch die sozio-ethnologischen Aspekte der Menschen jener Zeit besser zu verstehen. Die Wallfahrtskirche von Meransen steht auf einer felsigen Anhöhe, die den Ostwinden ausgesetzt ist und auf eine alte vorchristliche Kultstätte verweist. Der erste Kirchenbau geht auf die frühe Zeit der Christianisierung des Tales zurück, während in einer Urkunde aus dem Jahr 1252 eine Kirche im romanischen Stil Erwähnung findet. Obwohl auch hier später vieles umgebaut und verändert wurde, zeigt sich die Kirche mit einem bemerkenswert großen ikonografischen Reichtum, der nicht nur dem Kult der drei heiligen Frauen gewidmet ist, sondern auch den heiligen Antonius miteinbezieht, den Schutzpatron der Tiere, der bei den Bauern als „Fackentoni" äußerst beliebt war, sowie die heiligen Johannes und Paulus, zwei übergeordnete Schutzheilige der Vergangenheit, den heiligen Christophorus, Schutzpatron der Reisenden, und schließlich auch den heiligen Jakobus, dessen Präsenz hier an den uralten Weg erinnert, der das Pustertal – und damit auch die Gebiete von Kärnten und Belluno – über das Valler Tal und dem Wilden See mit der Gegend um Sterzing verband.

DER WEG

Ausgangspunkt: Mühlbach (775 m)

Wegverlauf: Von Brixen kommend ist Mühlbach die erste Ortschaft im Pustertal. Von hier aus nehmen wir den Weg Nr. 12, der von den Kreuzwegstationen begleitet wird und an der Gedenkstätte der wundersam entsprungenen Quelle und des Kirschbaumes vorbeiführt, bevor wir Meransen (1410 m) erreichen. Der weithin sichtbare markante Kirchturm führt uns sicher an unser Ziel. Entlang des Weges stößt man auf zahlreiche Kreuzzeichen, die im Mittelalter in die Felsen geritzt wurden, sowie auf einen schönen Bildstock, in dessen Nischen die Wallfahrer Steine ablegten, wie wir es bereits von der dreizehnten Station des Weißensteiner Kreuzweges her kennen. Die Rückkehr erfolgt über den gleichen Weg.

Gehzeit: ca. 2 Stunden für den Hinweg, ca. 1 ½ Stunden für den Rückweg

Höhenunterschied: ca. 640 m

QUELLENANGABEN

Pfarrei Meransen, *Lindenweg Meransen*, 1997

Gruber Karl, *Die Pfarrkirche von Meransen*, Tappeiner Verlag, Lana 1997

Wielander Hans, *Aubet Cubet Quere. Die Wallfahrt zu den Heiligen drei Jungfrauen von Meransen*, Arunda Edition, Schlanders 1978

20. Sankt Margarethen in Margen bei Terenten

Um uns vor Stürmen und Lawinen zu schützen

Der kleine Weiler Margen im Gemeindegebiet von Terenten am westlichen Ende des Hochplateaus des Pusterer Sonnenbergs gehört zur Gemeinde Terenten, eine sonnenverwöhnte Gegend in diesem eher kalten und schattigen Abschnitt des Pustertals. Als Sonnenberg bezeichnet man in Südtirol jenes Mittelgebirge an der dem Süden zugewandten Talseite, das das ganze Jahr hindurch von der Sonne beschienen wird. Die höchstgelegenen Bauernhöfe des Pusterer Sonnenbergs zu Füßen der Eidechsspitze und des Altbergs – so etwa die Höfe Krautgartner, Fuchssteiner, Kofler und Jakoben – profitieren jedoch nicht nur von der wärmenden und fruchtbringenden Sonne, sondern sind auch ununterbrochen der Gefahr von Muren- und Lawinenabgängen ausgesetzt sowie der ständigen Angst vor Hochwasser in den umgebenden Wildbächen und nicht zuletzt vor Blitzschlag, der nicht nur den Stadel, sondern den ganzen Hof einäschern kann. Um all dieses Unheil abzuwehren, haben die Gläubigen dieser Gegend die heilige Margarethe zu ihrer Fürsprecherin im Himmel erkoren, auch weil sie sich nicht allein auf den bronzenen Klang der Wetterglocken auf den Dächern des Pustertals und des Ahrntals verlassen wollten. In Zeiten, in denen die abgelegene Lage der Höfe ernste Gefahren mit sich brachte, dienten diese Glocken vor allem auch dazu, bei Bedarf Hilfe herbeizuholen. Aber zudem musste man sich der Hilfe von Heiligen sicher sein, in solchen Fällen vor allem seitens der heiligen Margarethe. Eine mittelalterliche deutsche Heiligenlegende schreibt ihr die Macht zu, mithilfe einer kleinen Glocke Gewitterwolken zu vertreiben, eine Legende, die noch heute in Roana, einem Dorf in der deutschen Sprachinsel der zimbrischen Sieben Gemeinden der Provinz Vicenza, lebendig ist. Dort hatte einst ein Mann die Aufgabe, bei drohendem Gewitter zur Kirche der Santa Margherita zu eilen, um Sturm zu läuten. Er tat dies hoch oben im Turm, unter den schwarzen, bedrohlich angeschwollenen Gewitterwolken, und hörte dabei die aufgescheuchten Wetterhexen aus den Wolken rufen: „Schnell, schnell weg von hier, sonst erschlägt uns der Klang von Margarethens Glocke".

Der heiligen Margarethe, Beschützerin vor Unwettern, sind nicht selten Kirchen in ausgesetzter Lage geweiht, sei es in den Bergen als auch an Bächen und Flüssen.

Auch heute noch ist den Gläubigen des Pusterer Sonnenbergs und darüber hinaus die Verehrung dieser Heiligen überaus wichtig. Viele dieser Verehrer kommen aus dem Pfunderer Tal, das einst besonders bekannt und berüchtigt war wegen der vielen Lawinen im Winter und der verheerenden Hochwasser im Sommer. Vereinzelt und in kleinen Gruppen pilgern die Menschen hierher, um die Heilige um ihren Schutz vor allem Bösen zu bitten oder sie als Fürbitterin für eine besondere Gnade zu beauftragen. In großen Scharen trifft man sich hier dagegen am 20. Juli, dem Festtag der Schutzpatronin des Weilers Margen, um von ihr nach alter Tradition gutes Wetter für den Rest des Jahres zu erbitten. Für die Bewohner der Bergbauernhöfe, die verstreut an den von Unwettern gepeitschten Hängen liegen und trotz des Ausbaus der Erschließungswege und einer vorsorglichen Wildbachverbauung immer noch nahezu unnahbar sind, ist Margarethe nach wie vor die hochverehrte Heilige, die zu schützen, zu bewahren und Gnade zu vermitteln weiß. Da sie auch als Schutzpatronin werdender Mütter gilt, trugen früher nicht wenige schwangere Frauen auf ihrer Wallfahrt zu ihr ein kleines Stückchen der zukünftigen Wiege mit sich, das sie auf den Altar legten und dort bis zur Geburt des Kindes hinterließen, um eine gesegnete und wohlbehütete Schwangerschaft zu durchleben. Auch wenn im Allgemeinen die heute stattfindenden Wallfahrtsprozessionen nicht mehr vom Kanon der liturgischen Tradition bestimmt werden, so wird hier immer noch die Fahne mit dem Bildnis der Heiligen über die verschiedenen Feldwege des Weilers getragen, von denen einige noch von uralten granitenen Marksteinen gesäumt sind, von Steinen, die früher gesegnet wurden. Sie trennten den öffentlichen Boden von der eigenen Scholle und zogen gleichsam die Grenze zwischen dem Sakralen und dem Profanen. Und hier boten sie wohl auch Schutz gegen die widrigen Einflüsse, die vom nahen Höhenbühel ausgehen mochten, einer vorgeschichtlichen Wallburg mit heidnischer Kultstätte. In diesem Gebiet gibt es auch mehrere kleine Feuchtgebiete, die wegen ihrer ökologischen Bedeutung als Biotope geschützt sind. Ob es sich dabei etwa um die Fußspuren der heiligen Margarethe handeln könnte, der Beschützerin des Ursprungswassers, der Geburt? Fest steht hingegen, dass Quellen, Brunnen und Gewässer seit jeher vom weiblichen Element beherrscht wurden,

DER WEG

Ausgangspunkt: Niedervintl (756 m)

Wegverlauf: Von Niedervintl aus folgen wir wenige Dutzend Meter lang links der Straße nach Pfunders, danach biegen wir rechts auf den Weg Nr. 16 ab, der uns steil nach oben auf den Sonnenberg führt. Auf der Hochebene angekommen, geht es an der ersten Kreuzung links leicht ansteigend zum Weiler Margen (1322 m), wo unsere Wallfahrtskirche mit ihrem weithin sichtbaren Spitzturm steht. Für den Rückweg nehmen wir dem Weg Nr. 13 bergab nach Weitental, wo wir nach links auf den Weg Nr. 4 abbiegen und entlang dem Pfunderer Bach an den Ausgangspunkt zurückkommen.

Gehzeit: ca. 2 ½ Stunden für den Aufstieg, ca. 2 Stunden für den Abstieg

Höhenunterschied: 570 m

Infos: Die Schlüssel zur Kirche werden am darunterliegenden Bauernhof verwahrt.

HINWEISE UND TIPPS

Es empfiehlt sich am nahegelegenen Stockerhof vorbeizuschauen, einem wahren Meisterwerk der Architektur des 17. Jahrhunderts, dessen Außenfassade mit Fresken geschmückt ist, auf denen der heilige Florian, Beschützer vor Feuersbrünsten, die Kreuzigung, die Jungfrau Maria und die heiligen Georg und Valentin dargestellt sind. Daneben bereichern zwei prächtige Sonnenuhren die Hausmauern des Hofes.

zunächst von den unterschiedlichsten Wassergöttinnen und Nymphen, nach der erfolgten Christianisierung dann von vielen unserer weiblichen Heiligen, wie unter anderem der Muttergottes. Einer der Verdienste des Christentums mag es sein, dass es in der Lage war, dieses dem Höheren zugewandte Denken und Wahrnehmen zu einer Religiosität zu verschmelzen, die den Bedürfnissen der Menschen in der jeweiligen Zeit auf vernünftigere Weise entsprach. So verschmolzen antike Darstellungen chthonischer Kräfte sowie Wasser- und Berggottheiten mit der institutionellen Ikonographie der neuen Heiligen und Märtyrer.

Von der gotischen Kirche von Margen, die erstmals 1309 urkundlich erwähnt wird, aber sicher um einiges älter ist, leuchtet schon von Weitem das nach Süden hin ausgerichtete Fresko des heiligen Christophorus. Die Grundstruktur des Kirchengebäudes ist in ihrer ursprünglichen Formgestaltung erhalten geblieben, so auch die für nördlichere Regionen typische Eigenheit der vom Kirchturm umschlossenen Apis mit dem Hauptaltar. Eine zusätzliche Überraschung erleben wir schon kurz nach Übertreten der Kirchenschwelle: Der kunstvoll geschnitzte spätgotische Flügelaltar zeigt uns eine ganze Reihe von Heiligenfiguren, die in einem engen Zusammenhang mit dem Element Wasser stehen. Neben der Kirchenpatronin sind dies Katharina, Magdalena, Barbara und Agnes, während der männliche Part von Bartholomäus, Christophorus, Stephanus und Laurentius eingenommen wird, die wegen ihrer schützenden Rolle in der Volksfrömmigkeit auch sehr beliebt sind. Über allem schwebt aber das Jüngste Gericht, das die Gläubigen mit den Flammen der Hölle erschreckt und gleichzeitig mit himmlischen Landschaften tröstet, indem es zu sagen scheint: „Ihr habt die Wahl!“ Auf dem Triumphbogen aufgemalt, stehen uns hier auch noch die Vierzehn Nothelfer zur Verfügung, deren Anzahl allein schon genügt, um uns vor allem Übel zu bewahren.

21. Maria Saalen in St. Lorenzen
Zu Unserer Lieben Frau von Loreto

Wer von St. Lorenzen her kommt und auf der alten Straße, die ins Gadertal führte, die Ortschaft St. Martin durchquert, stößt kurz darauf auf den Kreuzweg, der zum Rindlerbühel über den Flusslauf der Gader führt, dem Ort, an dem 1652 auf Veranlassung des St. Lorenzener Pfarrers Benedikt Achmüller die Wallfahrtskirche von Maria Saalen errichtet wurde, deren Namen sie mit zwei weiteren Wallfahrtsorten verbindet, dem Kärntner Städtchen Maria Saal und die Kirche Maria Saal bei Lengmoos auf dem Ritten. Die Toponyme *Sal* und *Saal* verweisen in der Regel auf uralte Handelswege, die von Salzbergwerken aus durch den ganzen Alpenraum führten.

Ursprünglich beherbergte der Ort einen Einsiedler, der die Erinnerung an jenes wundersame Ereignis wach hielt, das zur Gründung des Heiligtums führte. Wo genau die Kirche zu errichten sei, soll die Jungfrau Maria selbst bestimmt haben, nachdem man eine andere Stelle einige hundert Meter weiter in Richtung Gadertal ausgewählt hatte, und zwar jenen Ort, an dem in der Vergangenheit mehrere Marienerscheinungen stattgefunden hatten. Als man dort mit dem Bau begonnen

Von herrlicher Naturlandschaft umgeben erwartet uns die Loreto-Madonna von Maria Saalen.

ANFAHRT

Wir erreichen Maria Saalen über eine asphaltierte Straße von St. Martin aus, einer Fraktion der Gemeinde St. Lorenzen.

hatte, wurden ein Weiterarbeiten immer wieder durch Vögel verhindert, die vom Blut der verletzten Bauarbeiter getränkte Holzspäne aus den Balken lösten und dann zum Rindlerbühel flogen, um mit den dort abgelegten blutigen Spänen die genaue Stelle auszuweisen, an dem die Kirche dann auch tatsächlich ihren heutigen Platz finden sollte. Das Geschehen von etwas Außergewöhnlichem, Unerklärlichem und Wundersamem liegt dem Entstehen vieler Wallfahrtsorte zugrunde, insbesondere denjenigen, die der Gottesmutter geweiht sind. Nachdem der Gründung dieser Kirchen ein solch wundersames Geschehen vorausging, wurde die Kirchen selbst als Ort des Wunderwirkens wahrgenommen.

Eine weitere Version dieser Legende, die sich nur wenig von der vorhergehenden unterscheidet, erzählt davon, wie beim Pflügen eines talauswärts gelegenen Feldes plötzlich eine schwarze Marienstatue an die Oberfläche kam, die der Bauer natürlich mit nach Hause trug. Am nächsten Tag fand man das Bildnis aber wieder zwischen den Furchen des frischgepflügten Ackers. Darauf begann man, direkt über der Fundstelle eine Holzkapelle zu bauen, doch die Zimmerleute verletzten sich andauernd an ihren Werkzeugen. Vögel kamen und flogen mit den blutverschmierten Hobelspänen in ihren Schnäbeln zum Rindlerbühel hinauf, wo sie die Späne genau an der Stelle zu Boden fallen ließen, an der Kinder Tage zuvor eine seltsame schöne Dame in einem blauen Mantel gesehen hatten.

Die Muttergottesstatue auf dem Hochaltar ist der Schwarzen Madonna nachempfunden, die wir von Loreto her kennen, dem vielbesuchten Wallfahrtsort in den Marken, die aber auch anderswo auf den Altären zahlreicher Marienheiligtümer thront, so etwa im bayerischen Altötting, im flämisch-brabantischen Halle, im schweizerischen Einsiedeln, im polnischen Tschenstochaus, auf dem spanischen Montserrat sowie in Cagliari, Crotone, Tindari, Oropa, Turin, Ivrea, Monserrato und noch vielen anderen Wallfahrtsorten mehr. Hier in Maria

DER WEG

Ausgangspunkt: Montal (810 m)

Wegverlauf: Vom Dörfchen Montal aus, das zu St. Lorenzen gehört, folgen wir der Straße ins Gadertal bis zum Gasthaus Berger und nehmen dort den nach Maria Saalen beschilderten Weg Nr. 9, überqueren den Bach, kommen am Tanglerhof vorbei und erreichen schließlich, leicht ansteigend, unser Ziel (975 m).

Gehzeit: ca. 1 Stunde für den Hinweg, etwas weniger für den Rückweg

Höhenunterschied: 150 m

Infos: Der Gasthof Saalerwirt, gleich neben der Wallfahrtskirche, ist eines der ältesten Gasthäuser des Landes und hat viel von seiner Ursprünglichkeit beibehalten.

Saalen nimmt die prachtvoll gekleidete Madonnenstatue seit dem 18. Jahrhundert ihren Platz auf dem im Stil der Neo-Renaissance gestalteten Säulenaltar ein.
Schwarze Madonnen gehen auf eine sehr alte Tradition zurück, die weit über die christliche Vorstellung der geheimnisvoll verborgenen, verdeckten oder getarnten Göttinnen hinausgeht, die als Gegensatz zu den weißen, „offenbarten" Madonnen galten. Man denke dabei an die Göttin Kali, die „schwarze Mutter" des Hinduismus, die mit ihren ausdrucksleeren Gesichtszügen das „Undarstellbare" zum Ausdruck bringt, oder an die ägyptische Göttin Isis, die Schwarze, denn schwarz war die fruchtbare Schlammerde des Nils, die dem Land der Pharaonen alljährlich Leben einhauchte. Schwarz ist aber auch die Farbe des Samenkorns, das sich in der Dunkelheit des Erdreiches verliert, um in der Sonne wiedergeboren zu werden. Dieses Motiv geht auf die Symbolik vieler weiblicher heidnischer Gottheiten zurück, darunter auch Kybele, die Große Mutter einer grauen Vorzeit, in der Schwarz noch positiv konnotiert war und Leben und Wohlstand symbolisierte.
In vielen Mythen über die Entstehung des Universums wird die Farbe Schwarz mit dem ursprünglichen Unbestimmten in Verbindung gebracht, dem Archetyp des Chaos und des Prinzips, das später auf die großen Mutterfiguren der Religionsgeschichte übertragen wurde. Und Maria, die zur Mutter aller Menschen geworden ist, hat im Laufe der Jahrhunderte alle Eigenschaften in sich vereint, die man einst der großen universellen Göttin, der Mutter der Götter und der Menschen, zuschrieb.
Im Gegensatz zu anderen Darstellungen der Madonna von Loreto trägt die von Maria Saalen – unter Beibehaltung aller Attribute der Himmelskönigin mit weißer Krone, Zepter in der Rechten und Jesukind im linken Arm – einen Mantel mit Goldstickereien und einem reichhaltigen floralen Muster, der an jenen der Madonna von Crea auf den piemontischen Hügeln des Monferrats erinnert, der ihr rotes Gewand umhüllt, das mit Lilien, dem Symbol der Reinheit, übersät ist. Typologisch geht diese Art der Madonnendarstellung auf die Zeit um 1200 zurück, als der Thron als Sitz der gekrönten Jungfrau

allmählich abgelöst wurde vom pyramidal gestalteten Modell der Mutter, die selbst zum Thron ihres Sohnes wird.
Die Kirche von Maria Saalen zieht mit ihrer malerischen Lage und ihrem auffällig roten Äußeren zweifellos den Blick all jener auf sich, die an ihr vorbeikommen. Wahrscheinlich diente der rote Außenputz auch als Vorbild für die wenige Jahrzehnte später (1742) errichtete Wallfahrtskirche im nahe gelegenen Fronwies, die dem Heiligen Kreuz geweiht ist.
Schon beim Eintreten in die Kirche durch das Portal mit dem eingemeißelten Baujahr *„16·erbaut·52"* empfängt uns ein Fresko der Madonna von Loreto, das 1931 von Hans Peskoller geschaffen wurde. Das Tonnengewölbe im Kircheninneren ist äußerst reichhaltig mit Malereien und Skulpturen ausgestattet, die unter anderem dem Thema der Verkündigung sowie der heiligen Anna und den heiligen Joachim, Josef und Sylvester gewidmet sind.
Von Anfang an zog die Wallfahrtskirche Maria Saalen mit dem Gnadenbildnis Unserer Lieben Frau von Loreto eine Vielzahl von Gläubigen sowohl aus dem Gadertal wie aus dem ganzen Pustertal an. Die ladinischen Gläubigen kamen vor allem aus den Pfarreien von Enneberg, von wo aus seit Jahrhunderten jedes Jahr eine Wallfahrt nach Maria Saalen stattfindet. Dabei geht es vor allem um die Glocke der Wallfahrtskirche, die 1656 gegossen wurde – also vier Jahre nach dem Bau der Kirche –, mit den Initialen *B.G.* und *L.G.* versehen ist (wohl die Namen der Stifter) und von einer äußerst ungewöhnlichen Abbildung verziert wird: einem Schwarm Heuschrecken, der sich über eine Pflanze hermacht – ein Anklang an die Heuschreckenplage biblischen Gedenkens. Das Läuten der „Heuschrecken-Glocke" empfing die Gläubigen, bestimmte und begleitete den liturgischen Rhythmus der heiligen Messe und bewahrte vor allem – wie die allermeisten Glocken in der Tradition des alpenländischen Volksglaubens – die Felder der Bauern vor Unwettern und schädlichen Einwirkungen aller Art, inklusive auch der einer möglichen Heuschreckenplage.
Vor der besagten Prozession versammeln sich die Gläubigen von Enneberg gegen sechs Uhr morgens auf dem Vorplatz der Pfarrkirche zu Maria Lichtmess und ziehen los zu einem zwei- bis dreistündigen Bittgang nach Maria Saalen. Ihr Weg verläuft entlang der weiß-roten 12er Markierung. Die Prozession findet stets an Christi Himmelfahrt statt und bildet daher den würdigen Abschluss der traditionellen sechs Bitttage. Nachdem die Wallfahrer von der Heuschrecken-Glocke begrüßt wurden und der feierlichen Messe beigewohnt haben, trifft man sich ebenso traditionsbewusst im anliegenden Gasthof wieder, dem historischen Saalerwirt, einem der ältesten Gasthäuser des Landes, der seit 1887 von der Familie Tauber vorbildlich geführt wird. Hier verzehren die Enneberger Pilger eine kraftspendende Fleischsuppe, die speziell für sie zubereitet wird.
Heute ist es eine Pilgerreise von nur noch wenigen, aber immerhin eine, die vor allem die Erinnerung wach hält an alte Ängste vor verheerenden Unwettern und gefräßigen Heuschrecken, aber auch den Gedankenaustausch und die Beziehungen von Tal zu Tal am Leben erhält.

Die Originale der wertvollsten Votivbilder sind zwar aus Sicherheitsgründen durch Kopien ersetzt worden, bleiben aber trotzdem unveränderter Ausdruck der Schicksale, Sorgen und Wünsche von gläubigen Menschen, die sich der Fürbitte der Himmelsmutter anvertrauen.

22. Die Marienkirche in Aufkirchen und St. Peter am Kofl bei Toblach

Den Dolomiten zu Füßen

Zumindest bis zum Ausbruch des Ersten Weltkriegs hielt sich die Tradition der gemeinschaftlichen Wallfahrt der Ampezzaner nach Toblach zum Aufkirchener Marienheiligtum. Und bis in die 1950er Jahre ist die Anwesenheit mehrerer Pilger aus Ampezzo belegt, die kleine, in Glas eingeschlossene Wachsfiguren der Madonna oder anderer Heiliger mitbrachten. Die gesegneten Wachsstatuetten wurden dann nach Hause zurückgebracht und in der Stube auf den kleinen Marienaltar gestellt.

Den Weg nach Toblach schaffte man in einem anstrengenden Tagesmarsch, indem man von Ampezzo aus dem Boite entlang bachaufwärts ging, bei der Kirche von San Nicolò und ihrem Hospiz eine kurze Rast einlegte, und dann das Höhlensteintal auswärts bis nach Toblach zog. Nach einem kurzen

Der Spitzturm der Aufkirchener Wallfahrtskirche strebt dem Himmel zu wie der Birkenkofel und die Gipfel der Haunoldgruppe, von denen einige heute noch als Bezugspunkte zur Bestimmung der Tageszeit anhand des Sonnenstandes gelten.

ANFAHRT

Von Toblach aus fährt man über die ausgeschilderte Straße bis nach Aufkirchen.

Besuch der dortigen Pfarrkirche, einem stattlichen Bauwerk in gediegenem Barockstil, musste noch der Kreuzweg bewältigt werden, der zur Wallfahrtskirche hinaufführt, deren weithin sichtbare gotischer Spitzturm nun immer näher rückte. Am Ziel angelangt, begrüßt uns auch heute noch von der Kirchturmfassade ein imposantes Fresko des heiligen Christophorus aus dem frühen 16. Jahrhundert, das dem großen Pustertaler Künstler Simon von Taisten zugeschrieben wird.
An der Turmfassade erkennt man auch eine Reihe von Adelswappen, darunter auch das der Grafen von Görz und Tirol, die die Bedeutung dieser Kirche als landesweit hochgeachteter Ort der Marienverehrung hervorheben. Die bereits 1262 erbaute Kirche wird erstmals im 14. Jahrhundert als ein marianisches Wallfahrtsziel erwähnt. Eine Urkunde aus dem Jahr 1333 bezeugt, dass hier samstags regelmäßig Messen gefeiert wurden, was für jene Zeit eine Seltenheit darstellt. Um den stetig zunehmenden Pilgerstrom gerecht zu werden, wurde der heutige, 1465 geweihte gotische Bau im Jahre 1730 durch das nach hinten verlängerte Langhaus vergrößert, um schließlich 1892 unter Beibehaltung seines gotischen Charakters ein weiteres Mal umgebaut zu werden.
Im Inneren empfangen uns zahlreiche Heiligenbilder, allen voran ein Fresko über dem Eingangsportal, das die heiligen Blasius und Leonhard mit Maria in ihrer Mitte zeigt. Aber auch die heiligen Margarete, Barbara, Katharina, Johannes der Täufer und Petrus finden sich hier abgebildet. Die Bildnisse der

Einst war diese Marienkirche das Ziel zahlreicher Prozessionen und Bittgänge. Ihren Triumphbogen ziert ein herrliches Fresko mit der Darstellung des heiligen Christophorus.

Im Hintergrund das Fresko mit der von Engeln getragenen heiligen Maria Magdalena.

Kirchenväter Papst Gregor, Ambrosius, Augustinus und Hieronymus zieren hingegen, zusammen mit denen der vier Evangelisten, die Schlusssteine des Langhausgewölbes. Wappen bekannter Adelsfamilien haben auch im Inneren der Kirche ihren Platz gefunden, wohl um dem Paradies noch näher zu sein als auf einer Außenwand.

QUELLENANGABEN

Gruber Karl, Grießmair Hans, *Geheimnisvolles Südtirol,* Athesia, Bozen 2002
Lercher Martin, *Die Kirchen von Toblach, Aufkirchen und Wahlen,* Pluristampa, Bozen 2005
Der Besinnungsweg St. Peter am Kofl, hrsg. von der Pfarrei Toblach, Tappeiner Verlag, Lana 1997

DER WEG

Ausgangspunkt: Aufkirchen (1330 m)

Wegverlauf: Von Aufkirchen aus steigt man über den ausgeschilderten Besinnungsweg bis zur Kapelle St. Peter am Kofl (1450 m) auf. Der Abstieg erfolgt über denselben Weg.

Gehzeit: eine halbe Stunde für den Aufstieg

Höhenunterschied: 120 m

Nicht fehlen dürfen überdies die Darstellungen des heiligen Florian mit Fahne und Löscheimer, des heiligen Bischofs Blasius mit der Kerze, des heiligen Leonhard mit der Kette und des heiligen Georg in Ritterrüstung. Auf dem Altarbild sehen wir Maria, die künftige Gottesmutter, als lernendes Mädchen, das aufmerksam und gehorsam den Weisungen seiner Eltern Anna und Joachim lauscht. Wer weiß, wie oft gläubige Eltern vor diesem Altar ihren Kindern mahnend zugenickt und auf das Bild gezeigt haben, um ihnen den Wert von Gehorsam und Respekt vor den eigenen Eltern zu veranschaulichen.
Es ist jedoch das wundertätige Gnadenbildnis von Aufkirchen, um das herum sich hier alle anderen Bilder versammeln. Eine Pietà, in der die schmerzerfüllte Gottesmutter zusammen mit den heiligen Frauen und dem Jünger Johannes den Tod Christi beweint. Umsonst suchen wir diese Szene in den Evangelien, denn sie ist einer religiösen Legende nachempfunden, nach der Jesus nach seiner Abnahme vom Kreuz auf einen Stein gelegt und von seiner Mutter betrauert wurde. Ein Motiv, das im Mittelalter bei den Künstlern wie auch bei den Gläubigen sehr beliebt war, zumal die Menschen sich selbst und ihr eigenes Leben darin wiedererkannten, ein Leben, das zwar von Liebe, aber auch von wiederkehrenden Todesfällen in der Familie geprägt war.
Die trauernde Figurengruppe stammt aus der zweiten Hälfte des 15. Jahrhunderts und ist auf Umwegen aus einem süddeutschen Frauenkloster ins Hochpustertal gelangt. Deren bildhauerische Entsprechung finden wir in Michelangelos Meisterwerk im Petersdom in Rom.
In seinem Beitrag über die Toblacher Kirchen weist Martin Lercher darauf hin, dass diese Szene mehr aussagt als das bloße Trauern einer Mutter um ihren eigenen und einzigen Sohn: „Maria erscheint uns in tiefer innerer Ruhe und in der

Gewissheit, dass ihr Sohn wieder auferstehen wird. Sein geheiligter Leib und besonders seine Wunden werden den Gläubigen zur Anbetung dargeboten."

Verstärkt wird diese Auslegung durch eine Inschrift an anderer Stelle der Kirche, die das Leben als einen Rosenkranz der Widrigkeiten beschreibt, den der weise Gläubige furchtlos in seinen andächtig gefalteten Händen hält, mit denen er bis an sein Ende beten wird.

Eine kleine Blütezeit der Ampezzaner Wallfahrten erlebte Aufkirchen mit der Inbetriebnahme der Eisenbahnlinie von Calalzo di Cadore nach Toblach. Diese Bahn verkehrte von 1921 bis 1964, dem Jahr ihrer Stilllegung, entlang der Staatsstraße 51 (Alemagna) und brachte in ihren blau-weißen Wagengarnituren die Gläubigen in zweieinhalb Stunden von Cortina nach Toblach. Ebenso lange brauchte man für die Rückfahrt mit dem Schmalspurzug, der anfänglich noch von rußschnaubenden Dampflokomotiven, später dann von modernen Elektrotriebwagen angeführt wurde.

Wer sein Essen nicht selbst mitgebracht hatte, ging in das nahe gelegene Gasthaus, das damals noch recht anspruchslos war und dessen Wirt – so will sich jemand noch daran erinnern – sich nicht unbedingt dem Gebot der Gastfreundschaft verpflichtet fühlte, da er übertrieben viel Geld für das verlangte, was er seinen frommen Wallfahrern vorsetzte. Aber was nimmt man nicht alles für seinen Glauben auf sich!

Es gab auch einige Wallfahrer, denen die Andacht vor dem Aufkirchener Marienaltar anscheinend nicht genügte, und so machten sie sich erneut auf den Weg, diesmal über einen schmalen Steig zu einem kleinen weißen Punkt weiter oben im Gelände, wo an einem uralten Römerweg die Wallfahrtskapelle von St. Peter am Kofl auf sie wartete. Sie liegt am Südhang des Ratsbergs auf einer Höhe von 1450 Metern direkt über Aufkirchen und wirkt wie ein göttlicher Wächter über das darunterliegende Marienheiligtum. Errichtet wurde sie bereits vor der ersten Jahrtausendwende anstelle einer römischen Kultstätte, deren heidnische Gottheiten von nun an durch christliche Heilige ersetzt wurden, hier allen voran durch den heiligen Petrus, dem die Kapelle geweiht ist. Schon der Name allein liefert einen Hinweis auf ihr Alter, denn zusammen mit Laurentius, Georg und Vigil steht der Name Petri für das Entstehen der ersten Kapellen in dieser Region. Gläubige versammelten sich hier schon vor 769, dem Jahr der Gründung des Benediktinerklosters von Innichen, womit diese Kapelle zu den ältesten des gesamten Pustertals zählt.

Die Kapelle steht an einem Ort, den Karl Gruber als „energetisch" bezeichnet, und die seit jeher als heilig gelten. Außerdem weist die Kapelle eine architektonische Struktur auf, die trotz ihrer Einfachheit – ein einziges Schiff mit halbkreisförmiger Apsis – zu den sogenannten „astronomischen Kirchen" zählt. Am Tag der Wintersonnenwende, genau um die Mittagszeit, fällt ein Lichtstrahl durch das schmale Bogenfenster auf den Hochaltar. Allein die Beobachtung dieses Phänomens, das ja keinem Zufall zuzuschreiben ist, ließ früher mehr als einen Gläubigen nach einem Wunder rufen. Obwohl die Kapelle während der Herrschaft von Kaiser Joseph II. offiziell geschlossen blieb, wurde sie trotz des Verbots weiterhin regelmäßig besucht, da sie als ein kleines, aber wahrhaftiges Heiligtum galt. Der Weg zu ihr hinauf wurde 1996 neu angelegt und gestaltet, und zwar als Besinnungsweg, der von mehreren Stationen gesäumt wird, die aus Granitsteinen mit Bronzereliefs bestehen und von Jakob Oberhollenzer, dem Leiter der Ahrntaler Schnitzschule, unter Mithilfe seiner Schüler geschaffen wurden.

Die Kapelle zu St. Peter am Kofl ist erst vor kurzem wieder zu neuem Leben erwacht. Mitten im Wald gelegen, steht sie laut Karl Gruber auf einen energetisch bedeutsamen Kraftort. Der Kunsthistoriker erinnert auch daran, dass am Tag der Wintersonnenwende genau zur Mittagszeit ein Sonnenstrahl direkt auf den Altar fällt.

23. Sankt Silvester auf der Alm bei Toblach
Anstelle des heidnischen *Deus Silvester*

Die Wallfahrtskirche zu St. Silvester auf der Alm ist ein kleines romanisches Juwel, das im 12. Jahrhundert an der höchsten Stelle am Ausgang des Silvestertals errichtet wurde und bis heute noch touristisch nahezu unentdeckt geblieben ist. Das kleine Tal selbst – ein Seitental, das von Toblach bis Winnebach parallel zum Pustertal verläuft und an den felsigen Hängen unter dem Pfannhorn an der Staatsgrenze zu Österreich endet – ist noch weitgehend stille wilde Natur. Während auf der gegenüberliegenden Seite des Pustertals in den Dolomiten Touristen Schlange stehen, ist hier nur das Klopfen der Spechte und das Pfeifen der Raubvögel zu hören, die uns auf unserer Wanderung begleiten. Die Erbauer dieses Kirchleins stammten aus den abgelegenen Höfen von Wahlen, die am Eingang des Tales verstreut liegen, sowie von den hoch über Winnebach gelegenen Bergbauernhöfen wie dem Egarter-, dem Walder-, dem Reiden- und dem Hubenhof, deren Nachkommen den Wallfahrtsort noch heute betreuen. Es stellt sich die Frage, warum die Kirche nicht viel bequemer und mit erheblich geringerem Aufwand auf dem Pass gebaut wurde, über den man vom Silvestertal nach Winnebach gelangt, statt auf dem unwegsamen und nur sehr mühsam erschließbaren felsigen Gelände unterhalb des Strickbergs. Wie immer gibt es auf alles eine Antwort, die in diesem Fall in einer Legende zu finden ist, die uns vor Augen führt, wie sehr die Kapelle den Hirten des ganzen Tales noch heute am Herzen liegt. Schon in vorchristlicher Zeit zogen Hirten durch das Silvestertal auf dem Weg zu den Hochweiden, den künftigen Almen von St. Silvester, Strickhof, Wieslehen, Berg, Geiger und Wegfeld. Hier, wo heute das Kirchlein steht, legten sie einen Zwischenhalt ein und vertrauten dem Rauch ihrer Opferfeuer die Anrufungen an, mit denen sie ihre Götter um Schutz für das Vieh und ihr eigenes Dasein baten. Archäologische Ausgrabungen haben die sakrale Bedeutung dieses 1900 Meter hoch gelegenen Ortes bestätigt, der durch die Jahrhunderte hindurch ununterbrochen von den Menschen aus der Gegend aufgesucht wurde. Über dieses kulturelle Substrat des frühzeitlichen Alltagslebens hat sich eine Legende gelegt, die zu berichten weiß, wie einst ein christlicher König hier hieraufgestiegen sei, die heidnische Götzenstätte zerstört und an ihrer Stelle eine Kapelle errichtet habe. Doch da der Aberglaube nicht unterzukriegen ist, hingen bald schon an einer jahrhundertealten Lärche vor der Kapelle zahlreiche Abbildungen von Pferden, Schafen, Schweinen und Hühnern, die von den Hirten angebracht wurden, um dem uralten Baum an der einstmaligen Kultstätte zu huldigen, während die neu

Hier wird der Gläubige daran erinnert, wie gut er daran tut, ab und zu eine Rast einzulegen und innezuhalten.

Fast verborgen im Grün des Bergwaldes erweist sich diese Höhenwallfahrtskirche als kleines alpenländisches Juwel.

entstandene christliche Kapelle von den Hirten gemieden wurde. Bis eines Tages der zuständige Pfarrer die Lärche fällen ließ. Doch die Gläubigen knieten vor dem Baumstumpf nieder und huben eine Grube aus, die sie mit Kreuzen, Kerzen, Krücken, Masken und menschlichen wie tierischen Opferfiguren füllten, um Gnaden zu erflehen und Silvanus, den römischen Waldgott, gütig zu stimmen. Der Weg vom Namen der heidnischen Gottheit zu dem des christlichen Heiligen war ein recht kurzer, denn wie uns die Geschichte lehrt, ist es durchaus ratsam, einen Kult, der nicht auszurotten ist, zu integrieren, indem man die alte Gottheit durch eine neue Heiligenfigur ersetzt, die seine Eigenschaften übernimmt. Und so geschah es auch in diesem Fall. Im Jahr 1917 verschüttete ein Erdrutsch die Grube mit all den symbolischen Opfergaben, die sich im Laufe der Jahrhunderte angesammelt hatten. Von da an begannen die zur Kapelle pilgernden Gläubigen den Brauch zu pflegen, zwei Lärchenzweige mit Grashalmen zu einem Kreuz zu binden und es auf den Boden über der ehemaligen Votivgrube zu legen. Ein Brauch, der bis heute lebendig geblieben ist: Wird das kleine Kreuzgebinde im folgenden Jahr unversehrt vorgefunden, werden daraus günstige Omen abgeleitet, andernfalls ist ein strenges Jahr mit viel Schneefall, Lawinenabgängen und Missernten zu erwarten.

Wie man sieht, wurde der Platz des heidnischen Waldgottes Silvanus zwar vom heiligen Silvester eingenommen, der am letzten Tag des Jahres gefeiert wird, doch vieles am Glauben ist unverändert geblieben in einer Art synkretischer Verschmelzung mit abergläubischen Denkmustern, die uns seit jeher begleiten. Am 29. September, dem Tag des heiligen Michael, zu einer Zeit also, in der die Ernte- und Weidesaison dem unaufhaltsamen Fortschreiten des Herbstes und dem Herannahen des Winters weichen, ziehen die Gläubigen von den Bauernhöfen Winnebachs in einer Prozession hinauf zu St. Silvester auf der Alm und machen das Kirchlein winterdicht. Im späten Frühjahr sind dann die Toblacher und insbesondere die Bauersleute aus Wahlen an der Reihe, die überwinterte Wallfahrtskapelle wieder zu öffnen und zugängig zu machen. Dank einer von Kardinal Cusanus von Brixen (Nikolaus von Kues) beschlossenen Ablassgewährung ist es seit 1455 den gläubigen Wallfahrern nach St. Silvester auf der Alm sogar möglich, verschieden gestaltete Ablässe zu erlangen.

Im Inneren des Gebäudes ist der protoromanische Bautypus erhalten geblieben: ein rechteckiger Andachtsraum unter einer flachen Holzdecke und mit einer kleinen, nach Osten hin gerichteten Apsis. Ein Bilderzyklus der Brixner Schule, der zwischen 1450 und 1460 entstanden ist, vervollständigt die Gediegenheit dieses Sakralbaus. Darauf abgebildet sehen wir neben dem heiligen Silvester die Muttergottes mit Kind, den heiligen Nikolaus und die Schutzpatrone des nahen Stifts Innichen, die heiligen Candidus und Korbinian, nebst Szenen von der Verkündigung, der Geburt Christi, der Anbetung der Heiligen Drei Könige und der Darstellung des Herrn. Die Fensterlaibung zeigt dagegen die Szene der Maria Heimsuchung mit den heiligen Katharina und Dorothea an deren Seite. Die beiden halten sich an den Händen und sind mit gebeugtem Körper dargestellt, um dem Verlauf der Laibung des kleinen Fensters in der Mitte der Lünette zu folgen. Das Wallfahrtskirchlein, ein kleines Juwel unter dieser Art der Sakralbauten des Alpenraumes, wurde 1898 von Grund auf restauriert, nachdem sie jahrelang vernachlässigt worden war, weil Kaiser Joseph II. sie im Jahre 1786 entweiht hatte.

DER WEG

Ausgangspunkt: Toblach (1250 m) liegt an der Wasserscheide, von der aus die Rienz in Richtung Mittelmeer und die Drau dagegen in Richtung Schwarzes Meer strömen. Die Pfarrkirche, eine der schönsten Barockkirchen des Pustertals, ist einen Besuch unbedingt wert. Vom Toblach aus folgt man der Beschilderung ins Silvestertal, bis man nach der Enzianhütte (1435 m) an einen Parkplatz gelangt.

Wegverlauf: Vom Parkplatz aus gehen wir rechterhand auf der Forststraße Nr. 1B ein weites Stück lang durch das herrlich wilde Tal und folgen dabei dem Verlauf des Toblacher Höhenweges. Auf der Höhe der Wasserscheide angekommen, sehen wir die kleine, 1900 Meter hoch gelegene Wallfahrtskirche bereits vor uns und erreichen sie auf steilem Weg in wenigen Minuten. Die Rückkehr ins Tal erfolgt auf demselben Weg.

Gehzeit: ca. 1 ½ Stunden für den Aufstieg, ca. 1 Stunde für den Abstieg

Höhenunterschied: ca. 400 m

Infos: Auf 1811 Metern Höhe erwartet uns die Silvesteralm, ein Berggasthaus mit familiärer Atmosphäre, in der einem der Wirt die Speisekarte mit täglich wechselnden Gerichten mündlich vorträgt. Ganz besonders zu empfehlen sind auch der selbstgemachte Joghurt mit Obst und natürlich die eigenen Kuchen.

24. Die Heiliggeistkirche in Kasern
Der blutende Christus

Der eindrucksvolle uralte Weg, der mit Steinplatten ausgelegt ist und seitlich von kleinen Wällen aus aufgeschichteten Steinen begrenzt wird, wurde bereits von abertausenden Pilgern beschritten, die seit dem Frühmittelalter diesen malerisch gelegenen Wallfahrtsort aufsuchen.
Es ist ein Abschnitt des Tauernweges, der von Kasern zum Heiliggeistkirchlein führt, das einsam auf 1624 Metern Höhe zusammen mit der tosenden Ahr die Landschaft des Talschlusses unter der Pferrerspitze prägt. Während sich die Ursprünge dieser Wallfahrtsstätte im Nebel der Zeit der Christianisierung verlieren, ist sie heute die nördlichste Kirche von ganz Italien. Auf dem Weg von hier bis zum Weiler Trinkstein bewegen wir uns vor einer beeindruckend schönen Naturkulisse mit zahlreichen Wasserläufen, Sümpfen, Teichen, Quellen, kleinen Wasserfällen und Biotopen, die als Teil des Naturparks Rieserferner-Ahrn unter streng bewachtem Naturschutz stehen. Nicht weit entfernt, über dem anderen Ufer der Ahr, erkennt man auf 1600 Metern Höhe die höchstgelegenen noch dauerhaft bewohnten und bewirtschafteten Bergbauernhöfe von Kasern.

Am uralten Saumweg, der einst das Pustertal mit dem Salzburger Land verband, liegt eines der ehrwürdigsten Bergheiligtümer Tirols.

Aus dieser Gegend führten immer schon langgezogene und mühsam zu begehende, größtenteils mit Natursteinen gepflasterte Saumpfade bis hinauf zum Krimmler Tauern (2633 m), auf dem sich heute die gleichnamige oder auch Neugersdorfer genannte Schutzhütte befindet. Über diesen Pass, der heute Italien von Österreich trennt, gelangte man in die Tauernregion des Landes Salzburg.
Auf den Hängen des sogenannten Knappenbergs, über die man ins Röttal gelangt, führten Dutzende von Stollen – jeder dem Schutz eines eigenen Heiligen befohlen – in die Tiefe des Berges, in denen man besonders nach Kupfer schürfte, mit dem unter anderem auch die Glockengießereien beliefert wurden. Es handelt sich dabei um das gleiche Kupfer, aus dem auch die Bronzeskulpturen in der Innsbrucker Hofkirche – eben der „Schwarzmanderkirche" maximilianischen Gedenkens – gegossen wurden. Belege für den Ahrntaler Bergbau gehen bis ins 15. Jahrhundert zurück, doch neuere Forschungen zeigen eindeutig auf, dass hier bereits in der Bronzezeit Erz abgebaut wurde. Heute hingegen bieten uns ein Bergbaumuseum und ein Schaubergwerk die Möglichkeit, den harten Alltag der damaligen Knappen nachzuempfinden und die wichtigsten Stollen zu besichtigen.
Das Tal war nicht nur ein Sammelpunkt der Bergknappen, sondern wurde seit jeher auch von vielen anderen Menschen besucht. Kaufleute, Handwerker und einfache Reisende zogen auf dem Weg zu ihren Arbeitsplätzen immer wieder ins Ahrntal hinauf, andere wiederum kamen aus der Gegenrichtung, dem Salzachtal, über den Tauernhauptkamm, dessen Berggipfel hier beträchtliche Höhen erreichen wie die von Gletschern umgebene Herrenspitze mit ihren stolzen 3499 Metern.
Wo viele Menschen, da auch viele Seelen. Ein guter Grund, um den Bau einer ursprünglich den heiligen Nikolaus, Oswald und Ursula geweihten Knappenkapelle zu veranlassen. 1455 wurde die kleine Kirche dann auf Anweisung von Kardinal

Nikolaus von Kues, dem damaligen Bischof von Brixen, wiederaufgebaut und von ihm höchstpersönlich dem Heiligen Geist geweiht. Der Bau steht auf einer vorbestehenden heidnischen Kultstätte, die der weiblichen Fruchtbarkeit gewidmet war. Der sich in der Nähe befindende Spalt zwischen zwei geteilten Felsblöcken wird seit Jahrhunderten von Frauen mit unerfülltem Kinderwunsch aufgesucht, um ihren Unterleib am glatten Felsen zu reiben und dadurch die ersehnte Fruchtbarkeit zu erlangen. Ähnliche sogenannte Rutschsteine gibt es hierzulande auch in Taufers, Castelfeder, Elvas bei Brixen und Lengstein am Ritten. An solchen in Fruchtbarkeitsrituale einbezogenen Felsplatten wurden aber auch Heilungsrituale gegen andere Krankheiten ausgeführt.

QUELLENANGABEN

Camporesi Piero, *Il sugo della vita*, Mondadori, Mailand 1988

Die im gotischen Stil erbaute und in Ost-West-Richtung ausgerichtete Kirche birgt einige kostbare Kunstwerke. Den Chor überspannt ein Rippengewölbe mit Kragsteinen in Form von grob gehauenen Fratzen, sogenannten Neidköpfen, die ganz offensichtlich eine apotropäische Funktion ausüben. Die Fresken, von denen einige aus der zweiten Hälfte des 15. Jahrhunderts stammen, zeigen die heiligen Nikolaus und Oswald, die Ankunft der heiligen Ursula und die Krönung Marias mit zwei Bergleuten. Aus dem 17. Jahrhundert stammen dagegen die Darstellungen des schmerzhaften Christus, der Unbefleckten Empfängnis und des Jüngsten Gerichts. In einer Nische aufbewahrt, bestaunen wir dagegen eine ungewöhnliche hölzerne Darstellung der Dreifaltigkeit, die bei den Pilgern überaus beliebt ist. Dabei handelt es sich um die Kopie aus dem 17. Jahrhundert eines ursprünglich drei Jahrhunderte älteren Schnitzwerks, das leider verlorengegangen ist. Ein geflügelter Putto hält den Thron, auf dem der gekreuzigte Christus, der Heilige Geist als Taube auf dem Balken des Kreuzes und der sie liebevoll umarmende Gottvater dargestellt sind. Die auffälligste sakrale Darstellung in dieser Kirche betrifft aber ein anderes Kruzifix, und zwar der in Lebensgröße aus Holz geschnitzte Gekreuzigte, der förmlich vor Blut trieft. Es ist ein barocker Christus, geschaffen in einer Zeit, in der Blut – der Saft des Lebens, wie Piero Camporesi ihn definiert hat – zu

Christi Blut wurde vor allem von den Bergknappen verehrt, die ihr Leben unter Tage verbrachten.

ANFAHRT

Kasern erreicht man, indem man von Bruneck aus durchs Tauferer Tal und weiter bis ans Ende des Ahrntals fährt.

DER WEG

Ausgangsort: Kasern (1595 m)

Wegverlauf: Von Kasern aus folgen wir der Beschilderung nach „Heiliggeist" und gehen später denselben Weg wieder zurück.

Gehzeit: insgesamt ca. 1 Stunde für Hin- und Rückweg

Höhenunterschied: praktisch keiner

Infos: In Kasern (www.kasern.com) wie auch in Prettau gibt es mehrere Einkehr- und Übernachtungsmöglichkeiten. Das Prettauer Bergbaumuseum ist von April bis November geöffnet (Tel. +39 0474 654298, www.bergbaumuseum.it).

einer kollektiven *passio* ausartete, zu einer nahezu morbiden Epidemie, einer dunklen Krankheit der Seele, in der sich die verführerische Horrorvision eines verschwendeten Lebens widerspiegelt, das von vergossenem Blut symbolisiert wird. Der Schöpfer, der zum Henker seiner selbst wird und sich ausbluten lässt, um die nach Blut und Leben dürstende Menschheit damit zu versorgen. Es ist der Allmächtige, der sich in einem höchsten Akt der Liebe opfert, er ist das sanfte Lamm, das für die ganze Gemeinschaft geschlachtet wird. Die Aussage dieses Werkes geht weit über seine künstlerischen Aspekte hinaus und wird zu einem Zeugnis über das Leben und den Tod.

Der Fruchtbarkeitsstein, ein riesiger, in zwei Hälften gespaltener Felsbrocken, an dem die Frauen ihren Leib rieben, um Fruchtbarkeit zu garantieren.

Und noch ein weiteres Kruzifix ist in der Heiliggeistkirche von Kasern zu sehen, eines mit auffälligen drei in die Brust Christi gerissenen Löchern. Der Legende nach stand dieses hölzerne Kreuz vor etwa zweihundert Jahren am Weg nahe dem Prastmannhof. Ein Talbewohner, der sich auf dem Weg über die Tauern zu einem Schützenfest im Pinzgau befand, wollte seine Zielsicherheit unter Beweis stellen und gab drei Schüsse auf die Christusfigur ab. Bei dem am nächsten Tag ausgetragenen Scheibenschießen gewann er den ersten Preis und damit einen jungen Stier, den er stolz nach Hause führte. Als sie am Wegkreuz beim Prastmann vorbeikamen, scheute das Tier, wurde wild und trampelte den Kreuzfrevler zu Tode.
Nicht entgehen lassen sollte man sich den kurzen und leicht zu gehenden Weg, der direkt zum Kirchlein führt. Der Rhythmus der Schritte sollte dabei von den Kreuzwegstationen bestimmt werden, die den Pilger dorthin begleitet. Absolut sehenswert sind auch das Bergbaumuseum im nahe gelegenen Prettau, der Stegerhof und die Kapelle Maria Heimsuchung beim Innerbichler.

25. Die Heiligkreuzkapelle auf Raschötz

Für eine reiche Ernte

Ji *con Crëusc sal Crist*, mit dem Kreuz zu Christus gehen, so nannten die Grödner einst die Prozession, mit der sie von St. Ulrich aus über Oberwinkel, Col Ciarcancei, Campestrins und vorbei am frischen Quellwasser der *Ega di Cason* in Richtung der Heiligkreuzkapelle auf Raschötz zogen (2198 m), dem kleinen Bergheiligtum knapp unterhalb des 2282 Meter hohen Gipfels der Außerraschötz. Bevor Raschötz 1890 mit einer Straße erschlossen wurde, trug man noch gehunfähige Kranke auf Bahren mit hinauf. Im Jahr 1903 wurde das Raschötzhaus, die heutige Raschötzhütte, umgebaut, was Pfarrer Franz Anderlan später zum Anlass nahm, die Wallfahrt wegen der nun allzu vielen irdischen Ablenkungen zu untersagen. Denn in der Tat ging es oft recht ausgelassen zu, wenn die Wallfahrer nach der Anbetung des Heiligen Kreuzes in die Schutzhütte strömten, um den Rest des Tages zu feiern, ausgiebig zu bechern und sogar zu tanzen.
Früher wurden die Gläubigen auf ihrer Wallfahrt von Kreuzwegstationen mit Holzreliefs des Bildhauers Vinzenz Moroder begleitet, der sie 1921 als Dank für seine erfolgreiche Rückkehr aus dem Ersten Weltkrieg, in dem er an der Dolomitenfront gekämpft hatte, geschaffen hatte. Nachdem vier dieser Reliefs gestohlen wurden, entschied man sich dazu, auch die restlichen zu entfernen und durch neue Bilder zu ersetzen. Einige der Moroder-Originale sind heute im Museum de Gherdëina zu sehen, das 1954 in der Cësa di Ladins, dem Haus der Ladiner, eingerichtet wurde.
Bis heute besteht der Brauch bei den Gläubigen von St. Ulrich, jedes Jahr im September auf die Raschötz zu pilgern, um für das gute Wetter zu danken. Die Gläubigen aus Lajen kommen dagegen traditionsgemäß am 29. Juni, am sogenannten „Wetterherrentag“, um für einen für die Ernte günstigen Sommer zu beten. Es ist der Tag der heiligen Peter und Paul, eben jenen Heiligen, die seit jeher über das Wetter bestimmen.
Auch die Leute von den auf der Schattenseite des angrenzenden Villnößtals liegenden Bergbauernhöfen – Bad Froi, Flitz, Brunner, Fischer, Patschid und Maschis – stiegen einst regelmäßig hier herauf, weil sie diesem Kirchlein viel näher waren als ihrer eigenen Pfarrkirche in St. Peter, zu der man mühsam

Auch heute noch finden Wallfahrer den Weg zu diesem Bergheiligtum. Die meisten von ihnen kommen aus St. Ulrich, manche von den Bergbauernhöfen des Villnößtals, einige auch über den frühgeschichtlichen Höhenweg *Troi Paian* von Lajen herauf.

in den Talboden absteigen und an der anderen Talseite wieder aufsteigen musste. Hier herauf gingen sie dagegen – und manche von ihnen tun es heute noch –, entweder über Oberflitz, den Schaglboden oder dem Brandegg. Christoph Karl Schenk, Pfarrer von Villnöß, schrieb 1746 in seinem Bericht an das Konsistorium von Brixen, dass „die Bewohner der Höfe im schattigen Teil des Tales sonntags nicht mehr zur Messe in die Kirche gingen, sondern den Weg durch den Wald hinauf zum Raschötzer Kreuz nahmen, um dort ihre Andacht zu halten“. Hinzu fügte er, dass sie dorthin gingen, weil viele bei diesem Kruzifix Hilfe und Trost für ihre Leiden und Sorgen fanden. Das vor dem Bau der Kapelle dort stehende Kreuz muss sehr beeindruckend gewesen sein, so wie es, einem Baum des Lebens gleich, auf einer Bergwiese der Erde entsprang und in die Lüfte ragte. Eine ähnliche überwältigende Wirkung übt heute das riesige hölzerne Kreuz mit Korpus auf dem Gipfel der Außerraschötz aus, das effektvoll am Rande des Abhangs über dem Villnößtal aufgestellt wurde.
Als die Verehrung für das Raschötzer Kreuz weiter zunahm, ließ der wohlhabende Lajener Kaufmann Jakob Christoph

von Ingram Ritter zu Liebenrain und Fragsburg im Jahre 1755 eine neue Kapelle errichten, in der das bis dahin im Freien stehende und mit der Jahreszahl *17+4* (1704) versehene Raschötzer Kreuz verlegt wurde und heute noch den Altar überragt. Vor dieser Kapelle gab es bereits eine kleinere, die 1746 erbaut worden war, aber 1752 von einem Blitzschlag völlig zerstört wurde, einem in dieser Gegend häufig vorkommenden Schlechtwetterphänomen. Die Gläubigen aus St. Ulrich und Lajen nahmen die neue Kapelle dankbar an und machten sie von da an zum Ziel ihrer Wallfahrten.

Einen Schicksalsschlag erlitten Kapelle und Wallfahrt in der Zeit der von Kaiser Joseph II. eingeleiteten Reformen: Die Kirche musste geschlossen und aufgelassen werden mit der Auflage, alles darin Enthaltene zu versteigern und zu entsorgen. Am 24. November 1789 bestätigte der Gerichtspfleger von Gufidaun, Josef Sebastian Aichner, dass die Heiligkreuzkapelle nach ihrer Schließung nicht mehr benutzt werden durfte. Doch der feste Glauben der Menschen machte es irgendwie möglich, dass noch nicht mal ein Jahr später das Kirchlein wieder offenstand und trotz aller anderslautenden regierungsamtlichen Anordnungen wieder gewallfahrt werden konnte. Bei vielen dieser Pilger war das Raschötzer Kreuz derart beliebt, dass einige von ihnen damit begannen, Holzsplitter von den Beinen Christi abzulösen, um sie zu Hause als heilsame Reliquien aufzubewahren. Eine übliche Geste tiefer Gläubigkeit, eine Art obsessiver Wunsch, sich etwas Sakrales anzueignen, für die es immer wieder zahlreiche Belege gibt. Man denke bloß an das große Christophorusfresko an der Südfassade der Pfarrkirche St. Jakobus und der Drei Heiligen Jungfrauen in Meransen: In der Mörtelschicht unter der großen Zehe des Heiligen fällt einem sofort ein ziemlich großes Loch auf, das auf schwangere Frauen zurückzuführen ist, die hier immer wieder einzelne Mörtelkörner abkratzten, sie zu Hause fein verrieben und dem Krapfenteig beimischten, in der Hoffnung auf einen guten und vor allem gesunden Abschluss ihrer Schwangerschaft. Spuren dieses eigenwilligen Rituals findet man auch in der Nikolauskirche in Albions bei Lajen sowie im Kirchlein von St. Kathrein über dem Tierser Tal. Sogar ein Pferd, das sich in die Raschötzer Kapelle verirrte, hatte nichts Besseres zu tun als die Christusstatue anzunagen. Vielleicht war es diesem Ereignis geschuldet, dass die Einwohner von St. Ulrich im Zuge der vollständigen Restaurierung der Kapelle im Jahre 1957 – am 16. September desselben Jahres wurde sie von Hochwürden Engelbert Comploi neu geweiht – rundherum mit einem Zaun versahen, um sie vor den Tieren zu schützen, die ringsum weideten.

In den Schränken im Inneren der Kapelle werden seit Jahrzehnten die Sterbebildchen von Verstorbenen aufbewahrt, zumeist Bürger aus St. Ulrich, Menschen, die in ihrem Leben besonders mit diesem Berg verbunden waren, die hier gearbeitet haben oder die einfach zum Beten hierher kamen.

HINWEISE UND TIPPS

Der Weg auf die Raschötz ist auch im Winter zu Fuß, gegebenenfalls mit Schneeschuhen, gefahrlos zu bewältigen.

DER WEG

Ausgangspunkt: St. Ulrich (1234 m)

Wegverlauf: Von St. Ulrich aus fahren wir mit der Raschötzer Seilbahn bis zu deren Bergstation, die auf 2094 Metern Höhe liegt. Von dort aus folgen wir der Wegmarkierung Nr. 35, die uns direkt zur Heiligkreuzkapelle (2198 m) bringt und von da in nur wenigen Minuten auf die Außerraschötzspitze (2281 m) mit ihrem beeindruckenden großen hölzernen Gipfelkreuz. Auf dem Rückweg folgen wir dem mit Nr. 10 markierten Weg bis zur Raschötzer Hütte, an der wir links auf den 35er Weg zur Bergstation der Seilbahn einbiegen.

Gehzeit: insgesamt ca. 2 Stunden

Höhenunterschied: 134 m

Infos: Einkehrmöglichkeiten gibt es an der Bergstation der Seilbahn, in der Schutzhütte Raschötz (www.rifugioresciesa.com, sommers wie winters geöffnet) sowie den Sommer über in der in der nahen Cason-Saltner-Hütte. Den Fahrplan der Seilbahn findet man auf www.resciesa.com.

26. Sankt Jakob in Gröden

Die älteste Kirche des Tales

Wenn einst die Räter ihre religiösen Rituale unter freiem Himmel, auf den Lichtungen der Wälder – den alpinen Heiligtümern jener Zeit – vollzogen, versammelten sie sich um symbolträchtige Elemente der Natur, die eine Verbindung zwischen Erde und Himmel wiederherzustellen vermochten. Hier in Sacun, wie die Örtlichkeit, an der heute die Jakobskirche steht, auf ladinisch heißt, trafen sich die damaligen Talbewohner, um einen Baum anzubeten. Wohl eine mächtige jahrhundertealte Fichte oder Tanne, die gewiss auch all jenen ins Auge fiel, die hier auf dem *Troi Paian*, dem Heidenweg, unterwegs waren.

Die Kirche ist nach Osten hin *versus solem orientem* ausgerichtet.

Besonders die Tanne (*Abies alba*) galt schon im alten Ägypten als heiliger Baum, denn unter ihm wurde die Gottheit von Byblos geboren, ein prädynastischer Vorgänger des ägyptischen Osiris. Im antiken Griechenland war die Weißtanne Artemis geweiht, der Göttin des Mondes und der Geburten, zu deren Huldigung bei dionysischen Festen ein mit Efeu umflochtener Tannenzweig geschwungen wurde, an dessen Ende ein Tannenzapfen hing, der als eindeutiges Fruchtbarkeitssymbol angesehen wurde. Elàte wiederum war die Göttin des Neumonds – auch Kaineìdes genannt, aus dem Griechischen *kainìzo*: erneuern, Neues bringen – und im Griechischen steht das Wort *elàte* für Tannenbaum. Das druidische Baumalphabet der Kelten, in dem jeder Buchstabe nach einem Baum oder Strauch benannt ist, beginnt mit *ailm*, dem Namen der Tanne. Auch galt sie als kosmischer Baum, der dem Zentrum des Universums entspringt. Deshalb wurden Tannen auch seit eh und je geziert. Die Erinnerung an solch uralte Rituale, die in Sacun stattfanden, war noch zu Beginn des 20. Jahrhunderts sehr lebendig, denn Chroniken berichten, dass kleine Figuren und Darstellungen von Pferden,

Der idyllische Kreuzweg zur St.-Jakobs-Kirche hinauf.

Ochsen, Ziegen, Krebsen, Kröten, Händen und Füßen an die Zweige des Baumes gehängt wurden, um dem heiligen Jakobus für erteilte Gnaden zu danken.

Berichte und Vasenmalerei aus der Antike bezeugen den Brauch, heilige Altäre und besonders bedeutsame sakrale Bildnisse mit Zweigen zu umwickeln, vor allem im Zusammenhang mit Dionysos. So etwa die Darstellung des *Hermes Dendrites*, dem Beschützer der Bäume, die auf einer Keramik aus Kato Simi auf Kreta gefunden wurde. Bei den keltisch-gallischen Riten wurden Menschen als Opfer dargebracht und ihre Köpfe an den Bäumen aufgehängt, so wie es die keltischen Krieger unter ihrer Heerführerin Boudicca zu tun pflegten, wie Lucanus in seinen Pharsalia zu berichten weiß. An den Ästen hingen auch Gottheitssymbole, denen man zu bestimmten astronomischen Anlässen mit dem Entzünden großer Feuer huldigte. Titus Livius erinnert sich, an den Bäumen um den Heratempel herum allerlei Siegestrophäen hängen gesehen zu haben. Aus diesen in verschiedensten Kulturkreisen herrschenden Bräuchen entstand auch das Phänomen des plötzlichen Auftauchens von Madonnen- und Heiligenbildern im Geäst vom Bäumen, das vielen Legenden von wunderwirkenden Gnadenbildern zugrunde liegt, ebenso wie deren wundersames Auffinden zu Füßen eines ganz bestimmten Baumes oder zwischen den Erdschollen während des Pflügens eines Ackers. Viele Bergkirchen, Kapellen, Wegkreuze und Bildstöcke verdanken ihr Entstehen an meist abgelegenen Orten solchen und ähnlichen Legenden.

HINWEISE UND TIPPS

Im Zentrum von St. Ulrich ist neben der Pfarrkirche auch die Antoniuskirche, einst Endpunkt vieler Prozessionen, durchaus einen Besuch wert. Ebenso sehenswert ist das in der Nähe liegende Museum Gherdëina (www.museumgherdeina.it) mit seiner reichen Sammlung antiker Holzskulpturen und der besonderen Behandlung des Themas Kunstschnitzerei und die Herstellung von hölzernem Kinderspielzeug, wofür das Grödner Tal ab dem 17. Jahrhundert weit über seine Grenzen hinaus bekannt war.

In Sacun gab es bereits im 13. Jahrhundert eine Andachtsstätte, und so setzte Gebhard von Stetteneck bzw. sein Sohn Jakob lediglich eine bestehende Tradition fort, als er beschloss, eine Kirche als Votivgabe für eine Gnade zu errichten, die ihm

Die dem Schutzpatron der Wallfahrer geweihte Kirche ist die älteste von ganz Gröden.

während einer Pilgerfahrt nach Santiago de Compostela zuteilgeworden war. Folgerichtig wurde es die Jakobskirche, die heute als die älteste von ganz Gröden gilt.
Die Verehrung des heiligen Jakobus war an diesem Ort wohl auch die passendste, denn Jakob von Stetteneck, dessen Burg hier einst in der Nähe stand, war während seiner Pilgerreise nach Santiago des Diebstahls angeklagt worden und wäre am Galgen gelandet, wenn sein heiliger Namenspatron nicht selbst eingegriffen hätte, um ihn zu entlasten. In einer anderen Version der Legende galt er bereits als gehängt und tot, aber als der Graf von Galizien erfuhr, dass er zwar am Strang hing, aber immer noch am Leben sei, war er von seiner Unschuld überzeugt, ließ ihn vom Galgen nehmen und befreite ihn. Es handelt sich um eine weit verbreitete Geschichte, die in Zusammenhang mit Santiagopilgern in zahlreichen Abwandlungen als das „Jakobuswunder des Gehängten" in die Geschichte eingegangen ist. Szenen daraus befinden sich auf Dutzenden von Fresken dargestellt, viele davon an Kirchenfassaden, die von dem daran vorbeiführenden Pilgerweg aus gut sichtbar waren, so an der Kirche zu den heiligen Kassian und Hippolyt in Castel Tesino, an der Antoniuskapelle in Romeno, auf den Wandmalereien aus dem 14. Jahrhundert in der St.-Jakobs-Kirche in Kastelaz bei Tramin, in Sankt Jakobus in Grissian und in St. Jakob an der Mahr vor den Toren Brixens. Die Malereien zum Thema der Jakobslegende in der *Dlieja da Sacun,* wie die Grödner ihre Jakobskirche nennen, sind dagegen verloren gegangen, werden aber immer noch in einer alten ladinischen Ballade besungen, die sich auf die Umgebung von St. Ulrich bezieht.

Ab dem 13. Jahrhundert wurden die Gläubigen, die zu ihr hinaufstiegen, vom Klang der kleinsten Glocke ihres Geläutes empfangen, der sogenannten *Cusè da Sacun,* die wahrscheinlich aus der Burgkapelle von Schloss Stetteneck stammt und während des Ersten Weltkriegs in die Totenkapelle auf dem Kirchplatz von St. Ulrich verlegt wurde. Stattdessen ertönt die große Glocke aus dem Jahr 1565 immer noch und zieht mit ihrem kristallklaren Klang weiter die Aufmerksamkeit der Menschen im Tal auf sich.
Einer der Höhepunkte des liturgischen Jahres war für die Gläubigen von St. Ulrich die Fronleichnamsprozession am ersten Sonntag nach Pfingsten. Einst dauerte sie den ganzen Tag lang, heute nur noch ein paar Stunden. Früher ging es nämlich auch darum, mit der Prozession so viele Örtlichkeiten wie nur möglich zu erreichen. Daher begann sie bereits um fünf Uhr morgens an der Pfarrkirche und führte über Planziran und Ciarea da Poz zur Jakobskirche hinauf. Auf den Platz vor der Kirche traf – in den meisten Fällen nahezu zeitgleich – auch eine zweite Prozession ein, die von St. Christina über Soplases, Festil und Pertan heraufgezogen war. Nach

Das große Fresko mit einem sogenannten Feiertagschristus – einer vorwiegend dem deutschen Sprachraum eigenen Tradition – galt als Mahnbild, das die Gläubigen daran erinnern sollte, die Sonn- und Feiertage zu heiligen.

DER WEG

Ausgangspunkt: St. Ulrich (1234 m)

Wegverlauf: Von St. Ulrich aus folgen wir dem Weg Nr. 6 – der erste Teil deckt sich mit dem Besinnungsweg, dem „Weg des Dialogs“ – und steigen über den Col de Flam zur Jakobskirche hinauf (1566 m). Für den Rückweg nehmen wir wieder den 6er Weg bis zur Siedlung St. Jakob und steigen von dort aus über den Weg Nr. 4 bis zum Ausgangspunkt ab.

Gehzeit: insgesamt ca. 2 ½ Stunden

Höhenunterschied: ca. 330 m

Infos: Die St.-Jakobs-Kirche ist normalerweise geschlossen. Informationen zu den Öffnungszeiten erhält man beim Tourismusverband St. Ulrich (Tel. +39 0471 777600). In der Regel werden im Winter von Dezember bis anfangs April jeden Mittwochvormittag Führungen angeboten, zu denen man sich binnen 18 Uhr des Vortages beim genannten Tourismusverband anmelden kann.

der gemeinsamen Messe ging es weiter über Ciria im Annatal, zum Haus Uedl Bruel und weiter zum Col de Murena, zu den Höfen Ciascian und Lip, vom alten Hospiz zum Petlimhof und schließlich zurück zur Pfarrkirche in St. Ulrich, in der eine weitere feierliche Messe zelebriert wurde. Ursprünglich wurde die Fronleichnamsprozession gemeinschaftlich durchgeführt, denn sie war auch eine Gelegenheit, den heiligen Jakobus – wie auch die Heiligen im Inneren der Kirche, die alle eine fürbittende Funktion ausübten – um Schutz vor den Schädlingen zu erbitten, die den Feldern oft derart zusetzten, dass man den Rest der ganzen Pfingstwoche auf den Feldern damit beschäftigt war, dem Insektenfraß Einhalt zu gebieten und die Ernte zu retten.

Nach St. Jakob strömen die Menschen besonders auch Mitte Oktober am Tag der Kirchweihe, dem tags darauf in St. Ulrich das größte Fest des Jahres folgt, der weithin bekannte Blättermarkt der *Segra Sacun,* ein großes herbstliches Volksfest, an dessen zahlreichen Ständen sich unter anderem die Menschen aus den Bergbauernhöfen des ganzen Tales mit Vorräten für den nahenden Winter einzudecken pflegten.

Früher konnte man die Gläubigen von St. Ulrich bei den Prozessionen sofort an ihrer Tracht erkennen: schwarzer Hut mit Quaste, der sogenannte *Cneidl,* dazu ein schwarzer Umhang, die *Bagana,* weiters das Messerbesteck am Gürtel und ein Muff aus Luchsfell.

27. Die Heiligkreuzkirche über Abtei

La Crusc, ein heiliger Ort für die ganze Talschaft

Im späten Frühjahr, wenn der Schnee auf den Bergwiesen verschwunden ist und die Morgensonne die Felswände des Kreuzkofels anstrahlt, zieht eine lange Prozession von Gläubigen von der Abteier Pfarrkirche zu St. Jakob und St. Leonhard aus mit dem kreuztragenden Christus auf den Schultern in Richtung der *Dlijia de Chël Bel Dî da La Crusc*, wie die Heiligkreuzkirche auf Ladinisch heißt. Ihre Weihe wird am ersten Sonntag im Juni gefeiert, und bis vor ein paar Jahrhunderten gewährte der Bischof zu diesem Anlass allen Teilnehmern an der Prozession einen vierzigtägigen Ablass als Ausgleich für die im Jahresablauf anfallenden Feiertage.

Beim Aufstieg von der 1365 Meter hoch gelegenen Pfarrkirche bis zur Heiligkreuzkirche auf 2045 Metern, passiert der Zug der Gläubigen die Siedlungen Pransarores, Raine und Cianacëi und folgt dann – ab der heutigen Ütia-Nagler-Hütte – den Kreuzwegstationen, die mit Terrakottareliefs aus dem Jahr 1911 kunstvoll gestaltet wurden. Diejenigen hingegen, die von St. Kassian (1535 m) herauf pilgern, folgen ab Rü de Feria dem Höhenweg unter dem Piz Lavarela und von Pra de Medesc aus wiederum einen Kreuzweg, dessen Malereien 1960 von Loris Isara geschaffen wurden. Es handelt sich um eine Gemeinschaftswallfahrt aus allen Teilen des Gadertals,

Im späten Winter, wenn der große Skizirkus seine Zelte schon abgebrochen hat, hört man oft nur noch den Wind, der zwischen den Fichten und Lärchen und entlang der weißen Mauern der Wallfahrtskirche weht.

an der Hunderte von Gläubigen teilnehmen. Weit mehr – die Zahl ging in die Tausende – waren es am 13. September des Jubiläumsjahres 2000.
Wenn die Schneelage es zulässt, findet die Wallfahrt in der Regel zur Zeit der Enzianblüte statt, der Gebirgsblume, die im benachbarten Agordino-Gebiet *fior de santa cròs,* die Heiligkreuzblume, genannt wird und eine Entsprechung zwischen dem Erwachen der Natur und dem Wiederaufleben der Anbetung des Heiligen Kreuzes darstellt.
Die Heiligkreuzkirche und ihr Hospiz wurden anstelle einer bereits bestehenden Kapelle errichtet. Die Gründung des Heiligtums, die wieder einmal im Bereich der Legenden angesiedelt ist, wird dem göttlichen Willen zugeschrieben und wiederholt thematisch die Geschichte, die wir von Maria Saalen her kennen. Die Gläubigen von St. Leonhard wollten eine Kapelle auf dem Col d'Anvi bauen, der sich nördlich des Dorfes erhebt. Während der gemeinsamen Bauarbeiten verletzten sie sich aber ständig an Holzsplittern, und jedes Mal, wenn sie sie aus der Wunde entfernten und zu Boden fallen ließen, hoben weiße Vögel sie mit ihren Schnäbeln auf und trugen sie im Fluge davon. Als man den Vögeln folgte, um zu erfahren, wo sie wohl ihr Nest aus blutigen Holzsplittern zu bauen vorhatten, erreichte man nach einem langen und mühseligen Marsch den Ort, den man sofort als den von Gott gewollten für die Kapelle erkannte. Und so kam es denn auch, zumal sich nun alle Dorfbewohner angesichts dieses wundersamen Ereignisses voll und ganz für den Bau der kleinen Kirche einsetzten und dabei auch tatkräftig mithalfen.
Es gibt noch zwei weitere Legenden, die sich um diesen Ort ranken, der seit jeher als magisch, später dann als heilig galt. Die eine davon erzählt vom Grafen Ottwin von Lurn und Pustrissa, der sich als Kreuzritter einkleidete und zum Beten ins gelobte Land zog. Zurück kehrte er in Begleitung von Arion, einem Priester, der sich auf die Seite der Arianer geschlagen hatte. Zu Hause angekommen, bereute er dies, und um seine Schuld zu sühnen, zog er sich am Fuße des Heiligkreuzkofels als Eremit zurück, der den Herrn um Vergebung bat und zur Bestätigung seines festen Glaubens an Jesus Christus eine Kapelle errichtete. Die andere Legende besagt dagegen, dass Graf Ottwin auf den Heiligkreuzkofel zog, um zu beten und über die Passion des Herrn zu sinnieren. Er hatte sich für den Glauben entschieden und damit auf all seine weltlichen Besitztümer verzichtet. Den Benediktinerinnen schenkt er dabei als Klosteranlage Schloss Sonnenburg, die noch heute

Oberhalb der Heiligkreuzkirche stehen die Kreuze des Kalvarienbergs.

auf einer Anhöhe über St. Lorenzen im Pustertal besichtigt werden kann. Nach seiner Zeit als Einsiedler wurde er dann schließlich Pfarrer in Brixen.
Die ursprüngliche Kapelle gibt es nicht mehr, doch an ihrer Stelle wurde eine Kirche errichtet, deren Weihe in einer Urkunde vom 18. Mai 1484 festgehalten ist: „Konrad, Titularbischof von Belluno und Weihbischof des Brixner Bischofs Georg Golser, weiht auf Ersuchen des Kaplans der Pfarre Enneberg Erasmus Prugsinger die Kirche des Heiligen Kreuzes in Abbattia zusammen mit dem Altar der Heiligen Dreifaltigkeit, der Heiligen Maria und dem Heiligen Kreuz". Ein weiteres Dokument, das von Pater Frumenzio Ghetta im Pfarrhaus von Vigo di Fassa gefunden wurde, erzählt uns die Geschichte von Morellus de Caninis und den beiden Brüdern Conrad und Pietro Colzo – der Colzhof existiert heute noch im gleichnamigen Weiler nördlich von St. Leonhard –, die im Heiligen Jahr 1500 nach Rom pilgerten, um eine Ablassgewährung für die Heiligkreuzkirche zu beantragen, der sie zutiefst verbunden waren. Nach ihrer Rückkehr aus Rom stifteten sie eine nicht unerhebliche Geldsumme, mit der die Kirche großzügig und reichhaltig neu ausgestattet werden konnte. Eine der beiden Glocken trägt das Gießdatum 1485, die andere wurde 1500 gegossen.
Dokumentarisch belegt ist ebenso, dass im Jahr 1584 der Pfarrer von Abtei dazu verpflichtet war, sechsmal im Jahre in der Heiligkreuzkirche eine Messe zu lesen, während aus einer anderen schriftlichen Quelle hervorgeht, dass dort 1649 in der Zeit des Heiligkreuzfestes am 6. Juni bis zum Tag des heiligen Franziskus am 4. Oktober jeden Freitag eine Eucharistiefeier abgehalten wurde. Dieselbe Quelle erwähnt auch erstmals ein zur Kirche gehörendes Hospiz, das dem Mesner wie auch den Wallfahrern als Unterkunft diente. Die stetig wachsende Zahl der Pilger führte dazu, das 1718 ein neues, größeres Hospiz errichtet werden musste, das später dann in ein Hotel umgewandelt wurde. Die Kirche selbst war bereits gegen Ende des 17. Jahrhunderts erneuert und vergrößert worden, um dem Besucherzuwachs gerecht zu werden, und aus derselben Zeit dürfte auch die Statue des Erlösers mit dem Kreuz stammen, die als wundertätiges Gnadenbildnis verehrt wird. Die Schenkung an die Kirche eines Fragments des Kreuzes Christi durch Fürstbischof Kaspar Ignaz Graf Künigl im Jahr 1711 anlässlich eines Pastoralbesuchs gab den Wallfahrten neuen Auftrieb. Im Zuge der josephinischen Reformation wurde die Kirche geschlossen und geplündert, und zwischen 1782 und 1839 diente sie sogar als Unterstand für das hier weidende Vieh. Die spätgotischen und später barocken Altäre sind fast vollständig verloren gegangen, nur wenige Teile von ihnen fanden in den heutigen Altären eine weitere Verwendung. Nach wiederholten Bittbriefen und Eingaben an die Regierung konnte die

DER WEG

Ausgangspunkt: das Dorf St. Leonhard (1365 m)

Wegverlauf: Die Wallfahrtskirche zum Heiligen Kreuz und die gleichnamige Schutzhütte sind am einfachsten mit der Seilbahn zu erreichen, deren Talstation sich ein paar hundert Meter vor der Dorfeinfahrt von St. Leonhard befindet. Aber wir gehen natürlich zu Fuß, indem wir vom Dorf aus hinter der Kirche der Wegmarkierung Nr. 7 vorbei an den uralten Bauernhöfen Pransarores und Rainé bis zur Ütia-Nagler-Hütte folgen und von da aus den Kreuzweg einschlagen, der uns ans Ziel führt (2045 m). Rückkehr auf demselben Weg, aber auch über mehrere angenehm zu gehende Varianten möglich.

Gehzeit: ca. 2 Stunden für den Aufstieg, 1–1 ½ Stunden für den Abstieg

Höhenunterschied: 720 m

Infos: Das Bergheiligtum wurde von der Diözese Bozen in die Liste der dreizehn Wallfahrtsorte in Südtirol aufgenommen, an denen Ablässe gewährt werden können. Einkehr- und Übernachtungsmöglichkeit in der Utia-Nagler-Hütte (www.utianagler.it) sowie im ehemaligem Hospiz der Wallfahrtskirche.

Berge, die als natürliche Sonnenuhren den Ablauf der Zeit bezeugen, sowohl der des alltäglichen als auch jener des sakralen Lebens, und es damit den Kirchenglocken gleichtun.

Kirche schließlich 1839 wieder geöffnet werden und einem neuen Dasein entgegenblicken, nachdem sie von den Bauersleuten aus der Umgebung von Grund auf renoviert und hergerichtet worden war. In der Zeit, in der die Kirche aufgelassen war, scheint jedoch ihre Beliebtheit bei der Bevölkerung keine Einbuße erlitten zu haben. So hatte der Bauer vom Colzhof die Aufgabe übernommen, die Kirche in Ordnung zu halten, auch auf Kosten der gegen ihn verhängten Amtsstrafen. Während jener Zeit ihres offiziellen „Nichtvorhandenseins" begannen sich neue Gerüchte und Legenden um die Kirche zu ranken. So soll sich in ihrem Inneren Geisterhaftes zugetragen haben. Es hieß, dass schwarze, blutende Vögel in der Kirche nisteten und hie und da ein enthaupteter Mann erschien, der von seiner ruhelosen Seele dorthin getrieben wurde, um für sein sündhaftes Verbrechen zu büßen. Den wenigen Gläubigen, die sich in jener Zeit noch trauten, vor der Kirche zu verweilen, sollen auch blaue Lichtgestalten erschienen sein.
1840 wurde das wundertätige Gnadenbildnis aus der Kirche St. Leonhard hierher zurückgebracht, während andere Teile der Kircheneinrichtung nach und nach bis ins 20. Jahrhundert hinein erneuert wurden.
Die Tradition des Wallfahrens wurde wiederaufgenommen, der Berg wurde wieder gemeinschaftlich begangen. Von der früheren Ausstattung überlebt hatte auch ein kostbares Votivbild aus dem Jahr 1570, das die wundersame Auffindung des Heiligen Kreuzes seitens der heiligen Helena, der Mutter des römischen Kaiser Konstantins, zum Thema hat. Der Stifter dieser Tafel namens Ploner ist zusammen mit Gattin und Familie im unteren rechten und linken Teil des Bildes abgebildet, das heute im Altarraum hängt.

Im Zuge der Neubelebung der Kirche und des ehemaligen Hospizes sowie der Wiederaufnahme der Wallfahrten war auch der Wunsch entstanden, den zum Berg hin ansteigenden Raum hinter der Kirche zu sakralisieren. Und so wurde dort ein weithin sichtbarer Kalvarienberg mit großen Kreuzen und den Figuren Christi und der beiden Schächer nachinszeniert. Ein vielbesuchter Ort des heiligen Gedenkens, besonders im Anschluss an eine Messe. Selbst heute gibt es noch Strenggläubige, die sich auf den Knien diesem nachempfundenen Golgata nähern und dabei ihren Bußgang entsprechend der Anzahl der Leidensstationen vierzehnmal kurz unterbrechen. Im Sommer wird hier zweimal groß gefeiert. Das erste Mal am 26. Juli, am Tag der heiligen Anna, der Schutzpatronin aller schwangeren Frauen. Diese wandten sich an sie, um vor allem drei Dinge zu erbeten: eine schadlose Niederkunft, ein gesundes Kind und genügend Muttermilch, um es aufzuziehen. Sie ist aber auch Schutzpatronin mehrerer Berufe, die mit der Rolle einer Mutter verbunden sind, darunter die der Wäscherinnen und Stickerinnen. Knapp einen Monat später wird dann ein zweites Mal gefeiert, diesmal am Tag des heiligen Bartholomäus – dem 24. August –, dem die Fähigkeit zugeschrieben wird, Kranke und Besessene zu heilen.
Es ist jedoch das wundertätige Bildnis der Abteier Heiligkreuzkirche, das Christus mit dem Kreuz auf seinem Leidensweg darstellt, das hier die größte Anziehungskraft auf die Menschen ausübt. Es handelt sich dabei um ein kleines Szenarium aus Holz, dessen Figuren mit einem Strick aneinander gegürtet sind: Christus (wahrscheinlich 14. Jahrhundert), ein Kreuz neueren Datums und zwei weitere geschnitzte Figuren aus der Zeit um 1840.
Auch heute noch wird der „Kreuztragende Heiland" jedes Jahr im Juni von der Pfarrkirche in Abtei in einer feierlichen Prozession zur Heiligkreuzkirche hinaufgetragen, um Mitte Oktober wieder in die dem heiligen Leonhard geweihte Dorfkirche zurückzukehren, auch dieses Mal wieder im Rahmen einer feierlichen Prozession, die von der auf den Schultern getragenen Statuengruppe angeführt wird.
Früher kamen auch die Ladiner aus dem Gebiet um Cortina d'Ampezzo in einer Gemeinschaftswallfahrt hierher, die noch bis in die 1950er Jahre hinein regelmäßig stattfand. In der *Plata di ladins* vom 13. Mai 2003 beklagt sich der Kolumnist Ernesto Majoni in einem Artikel über die von den Ampezzanern vergessene Tradition der Wallfahrt zum Heiligen Kreuz, von der kein Mensch mehr rede.

28. Das Heiligtum des hl. Josef Freinademetz in Oies

Wenn ein Wohnhaus zum Heiligtum wird

Am 28. Jänner 1908 starb Josef Freinademetz – hier der heilige Ujöp genannt – in Taikia in der südlichen Provinz Shandong an den Folgen einer der zahllosen Typhusepidemien, die immer wieder in den chinesischen Ebenen grassierten. Dort war er als Jo-shei Shenfu bekannt, kurz als Fu Shenfu, der „Priester des guten Glücks". Dieser schlanke Mann mit seiner hageren Gestalt und den fast mystisch anmutenden Händen, die er einer byzantinischen Ikone gleich in die Höhe reckte, wurde bewusst zum „Chinesen unter den Chinesen" und kehrte nie mehr in seine

Auch die Ladiner aus dem Trentiner Fassatal wallfahren jeden Herbst nach Oies, dessen Heiliger Josef Freinademetz nach den Worten Fabio Chiocchettis vom ladinischen Kulturinstitut in Vigo di Fassa „bereits zu einem gemeinsamen religiösen Kulturerbe aller Ladiner geworden ist".

Heimat zurück. Ein mächtiger Sprung für einen Bauernsohn aus dem Gadertal, der in diesem Haus aus Stein und Holz in 1500 Metern Höhe am Fuße der bleichen Dolomitfelsen des Piz Cunturines am 15. April 1852 geboren wurde und in ein weit entferntes Land kam, wo es im gelang, in die Seele des Volkes, die von den Fängen des Teufels umschlungen war, vorzudringen und sie zu verstehen. Er selbst bemerkte einmal, China sei wahrlich das Reich des Teufels und man könne hier keine zehn Schritte tun, ohne dass der Blick auf Höllisches und Teuflisches falle.

Bereits seit seiner Zeit als Seminarist dem missionarischen Gedanken verhaftet, sagte er in einer Predigt, die er noch als Kaplan der Pfarrkirche in St. Martin im Gadertal kurz vor seiner Abreise hielt, wie schnell sein Herz schlage und ihm zum Weinen zumute sei bei dem Gedanken an die vielen unglücklichen Länder und Völker, in denen immer noch die dunkelste Nacht des Heidentums herrsche und die wahre Religion all diesen Menschen fremd sei, obwohl sie doch unsere Brüder und Schwestern sind.

ANFAHRT

Der Weiler Oies mit dem Heiligtum und dem Geburtshaus des heiligen Josef Freinademetz ist von St. Leonhard bei Abtei aus bequem mit dem Auto zu erreichen.

Nach seiner Zeit im Priesterseminar in Brixen, seiner Tätigkeit als Kaplan in seinem Heimattal und einer kurzen Missionarsausbildung im niederländischen Steyl, schiffte er sich am 15. März 1879 zusammen mit Johann Baptist Anzer in Ancona nach China ein. Obwohl er nie mehr in seine Heimat zurückkehrte, entstand in diesem so streng und doch wieder sakral erscheinenden Dolomitental schon früh eine stetig wachsende Verehrung für seinen ausgewanderten Sohn, der am 19. Oktober 1975 seliggesprochen und am 5. Oktober 2002 von Papst Johannes Paul II. heiliggesprochen werden sollte.
In China hatte er zusammen mit vielen anderen Missionaren und Christen unter der Gewalt der berüchtigten Boxer zu leiden, den Mitgliedern eines chinesischen Geheimbundes, die nach der Niederlage Chinas gegen Japan im Jahr 1894 eine fremdenfeindliche Bewegung ins Leben gerufen hatte.
Zur Feier seines 100. Todestages kamen die Steyler Missionare, Hüter seines Geburtshauses und nahe gelegenen Wallfahrtskirche, in Begleitung einer großen Zahl von Gläubigen, wobei den Feierlichkeiten Wilhelm Egger, Bischof der Diözese Bozen-Brixen, und der Trienter Bischof Luigi Bressan vorstanden.
Der heilige Josef Freinademetz ist im deutschen Raum – von Südtirol bis Tirol, von Bayern bis in die Schweiz – sehr viel bekannter als im italienischen Raum, obwohl sich auch dort sein Name zaghaft durchzusetzen beginnt.
Die 1985 geweihte Josef-Freinademetz-Kirche im Brixner Stadtteil Milland, in deren Untergeschoss in einer Dauerausstellung Zeugnisse über Leben und Schaffen des heiligen Chinamissionars gezeigt werden, hat nicht von ungefähr die Form eines Zeltdachs. Architektonisch ist sie den Zelten mongolischer Nomaden nachempfunden, aus dessen Scheitelöffnung die Beschwörungen der Schamanen in den Himmel stiegen, während es hier in Milland einfach ein Zelt Gottes unter den Menschen darstellen soll.
Die Wallfahrtskirche im Gadertaler Weiler Oies ist hingegen ein rechteckiger turmloser Bau mit einem pagodenähnlichen Satteldach, der an der Stelle eines alten Stadels errichtet wurde. Die Räume des Geburtshauses und der prächtige Saal der neuen Wallfahrtskirche –1994 nach einem Entwurf von Oswald Valentini erbaut und zu Pfingsten 1996 von Bischof Wilhelm Egger zusammen mit dem Steyler Pater Superior

Der Weiler Oies besteht aus wenigen der Sonne zugewandten Bauernhöfen, darunter auch dem Geburtshaus des Heiligen.

QUELLENANGABEN

Hollweck Sepp, *Der Chinese aus Tirol*, Athesia, Bozen 2003

Heinrich Barlage geweiht – sind ein Juwel der alpinen Architektur. Die Gebäude fügen sich in einen harmonischen Kontext ein, in dem sich der Unterbau aus Mauerwerk bestens mit dem hölzernen Überbau verbindet und symbolische Elemente der chinesischen Architektur in sich aufnimmt, wie beispielsweise die leicht gebogenen Dachsparren, mit denen an die sanfte Linienführung einer Pagode erinnert werden soll. Empfangen wird der eintretende Gläubige von einem großen gläsernen Fassadenkreuz, durch das das Sonnenlicht eindringt und das das göttliche Licht des Altars nach außen strömen lässt.

Ein landschaftsprägendes Wegkreuz zwischen St. Leonhard und dem Weiler Oies.

Das Innere der Kirche empfängt uns mit seinem Ruhe ausstrahlenden diffusen Licht. Der Altar, der Ambo, das Gestühl und das Weihwasserbecken sind aus schwarzem Stein und silberfarbenem Metall gefertigt. Auf dem Mauerstreifen links vom Chor steht eine Holzstatue der schwangeren Madonna, eine lebensgroße Skulptur des Grödner Künstlers Willy Verginer aus dem Jahr 2002.

Ursprünglich entstand die Verehrung des Heiligen nicht so sehr in den Kreisen seiner eigenen Kongregation, als mehr in seinen heimatlichen Bergen. Eine Verehrung, die vom Faschismus – 1920 wurde Südtirol offiziell durch Italien annektiert –, der die Sprache und Kultur der deutschen Mehrheit und der ladinischen Minderheit unterdrücken wollte, alles andere als gut aufgenommen wurde. In dieser bedrückenden Situation

DER WEG

Ausgangspunkt: St. Leonhard (1365 m)

Wegverlauf: Vom Dorf aus folgen wir dem Besinnungsweg, der zunächst zum Weiler Anvì und danach, nach links abbiegend, leicht bergauf nach Oies führt (1500 m), wobei wir schon von Weitem das charakteristische pagodenartige Dach des Heiligtums erblicken. Zur Rückkehr an den Ausgangspunkt geht es weiter auf dem Weg bergab.

Gehzeit: ca. 40 Minuten für den Hinweg, etwa die gleiche Zeit für den Rückweg

Höhenunterschied: ca. 50 m

Infos: Das Geburtshaus des Heiligen mit Kapelle und Kirche ist täglich von 8 bis 20 Uhr geöffnet (www.freinademetz.it).

fand vor allem die bäuerlich geprägte Gesellschaft dieser Täler, deren tägliches Leben einer aufrichtigen und gradlinigen Religiosität verbunden war, in einer Gestalt wie der von JosefFreinademetz eine erlösende Symbolfigur der eigenen Sprache, Kultur und Lebensart.
Von Anfang an kamen die Gläubigen auch hierher, um dem Heiligen für empfangene Gnaden zu danken. Die vielen hinterlassenen Votivgaben sind ein greifbares Zeugnis für die Bedeutung, die Josef Freinademetz als Fürbitter Gottes beigemessen wird. An den Einträgen in die Wallfahrerbücher kann man nachvollziehen, wie sich der Kult ausbreitete und sich das Heiligtum zu einem immer wichtigeren Bezugspunkt der hiesigen Religiosität entwickelte.
Unter den Wallfahrern sind zwei Pusterer aus Toblach zu erwähnen, die Jahr um Jahr immer wieder und ausschließlich zu Fuß nach Oies kommen, um dem Heiligen für die Gnade der erfolgten wundersamen Genesung von einer als unheilbar geltenden Krankheit zu danken.
Tag für Tag herrscht hier in Oies ein ständiges Kommen und Gehen von Menschen, von denen einige nur die Zeit ihrer Andacht und Gebete hier verbleiben, während andere wiederum im großen Saal verweilen, um sich mit anderen auszutauschen.
Um vier Uhr nachmittags des 23. Februar 2008, am Tag der Hundertjahrfeier seines Todes, füllte sich der Parkplatz vor der Wallfahrtskirche innerhalb kürzester Zeit, und Dutzende von Menschen, ältere wie jüngere, stiegen die Stufen zum Heiligtum hinauf, um zu beten. Inmitten der hier herrschenden touristischen Hochsaison regt eine solche Art der Frömmigkeit zum Nachdenken an und lässt einen an diese Gadertaler denken, die es immer noch verstehen, sich im hektischen Fluss unserer Zeit einen Raum zu schaffen, um zu ihrem Heiligen zu beten und Nahrung für ihre Seele zu finden. Vom Heiligen selbst stammt der Ausspruch: „So wie der Baum die Erde braucht, um Saft und Nahrung zu finden, so braucht die Seele das Gebet." Josef Freinademetz war ein Heiliger, der Unterschiede verstand und sich mit Unterscheidungen leichttat, wie einer seiner letzten Sätze kurz vor seinem Tod bezeugt: „Im Himmel möchte ich nichts anderes sein als ein Chinese!"
Die Ladiner des Fassatals treffen sich jedes Jahr zu ihrer traditionellen Herbstwallfahrt nach Oies, während die Diözese Bozen im Mai eine große Frühjahrswallfahrt dorthin veranstaltet.

Die leichten Bogenlinien des pagodenartigen Daches fügen sich harmonisch in das bestehende Landschaftsbild des Weilers ein, dessen Heiliger anfangs eindeutig mehr von den einheimischen Gläubigen als von den Leuten seiner eigenen Kongregation geschätzt und verehrt wurde.

29. Maria Schnee in Luggau

Wasser, Atem, Besessenheit

Auf der Fahrt durchs Lesachtal bietet sich nach einer scharfen Kurve plötzlich ein Bild, das im ersten Moment an den großen Potalapalast im tibetischen Lhasa erinnert. In Wirklichkeit stehen wir vor dem Marienheiligtum von Luggau, das uns mit seiner mächtigen weißen Fassade entgegenleuchtet, einem Merkmal, das es mit anderen großen vom Servitenorden betreuten Marienheiligtümern gemeinsam hat, so etwa mit Maria Weißenstein und Maria Waldrast in Matrei. Eine Bautypologie, mit der die Hofarchitekten Johann Martin Gump und Agostino Maria Abfalterer gut umzugehen wussten. Das Tal, durch das wir schon einige Kilometer gefahren sind, heißt nicht mehr Gailtal, und wir sind auch nicht mehr in Osttirol. Bis nach Mauthen-Kötschach heißt es nun Lesachtal, und wir befinden uns bereits in Kärnten. Diese nicht wahrnehmbare Grenzüberschreitung ist ohne landschaftliche, architektonische oder siedlungsbauliche Veränderungen erfolgt.
Die der Schmerzensmutter geweihte Wallfahrtskirche Maria Schnee wird anthropologisch den sogenannten „Grenzheiligtümern" zugeordnet, die eine doppelte Funktion zu erfüllen hatten: dem Territorium heiligen Schutz vor äußeren Bedrohungen zu bieten, aber auch Ort der Begegnung und des sozialen Austauschs zwischen zwei benachbarten Volksgemeinschaften zu sein, wie es von den vielen regelmäßig veranstalteten Festen und Messen bezeugt wird, die in der Vergangenheit Anlass zu regen Handelstätigkeiten sowie zum Zustandekommen und zur Pflege vieler zwischenmenschlicher Beziehungen waren. Es gab jedoch noch einen anderen Grund für die Errichtung einer eindrucksvollen Wallfahrtskirche in diesem Gebiet, das einst – zumindest bis in die Zeit um 600 n. Chr. – von slawischen Völkern bewohnt war, und zwar das hartnäckige Fortbestehen lutherischer Minderheiten,

Das Gnadenbildnis ist eine Pietà mit einer von Tränen gezeichneten Muttergottes.

Wer zu Fuß die Wallfahrtskirche besucht, nähert sich ihr über den „Weg zur Mutter".

darunter die bekannte, aber nie ausreichend erforschte Gemeinschaft der *Bona Gente*, die sich wenige Kilometer entfernt in Tuffbad bei St. Lorenzen in Lesachtal, im Herzen der Lienzer Dolomiten, niedergelassen hatte. Außerdem war es, obwohl es in Kärnten lag, für die Tiroler Gläubigen ein wichtiges Ziel, da es genau in einer Linie mit drei anderen wichtigen Wallfahrtsorten liegt: im Westen Hollbruck am Eingang des Gailtals, im Zentrum Maria Luggau und im Osten Dölsach – sozusagen drei Marienheiligtümer in Serie.

Noch heute fragen sich viele Besucher dieser Gegend, warum wohl in diesem kleinen Dorf ein so großes Marienheiligtum errichtet wurde. Dieses kleine Tal war jedoch schon in prähistorischer Zeit bevölkert: Die Bernsteinstraße und später die Salzroute führten hier durch, und es wurde von illyrischen, keltischen und germanischen Völkern durchquert. Viele seiner ursprünglichen Bewohner zogen über den zerklüfteten Grenzkamm der Karnischen Alpen und siedelten im Friaul und in Venetien, gründeten Dörfer, die bis heute deutsche Sprachinseln geblieben sind: Sappada, Forni Avoltri, Sauris und Timau. Und Bewohner dieser oberitalienischen Dörfer wallfahrten dann mehrmals jährlich in die Heimat ihrer Vorväter, zur Madonna von Luggau, dem pulsierenden Herzstück der damaligen Volksgläubigkeit. Für die Gläubigen von Sappada wie auch für die von Cortina d'Ampezzo war Maria Schnee in Luggau eines jener sogenannten „Atem"-Heiligtümer, in das sie lange Zeit ihre tot geborenen und ungetauften Kinder brachten, um für sie die Gnade eines Atemzuges zu erflehen, der für einen kurzen Augenblick ihre Taufe ermöglichte und ihnen dadurch das unsägliche Leid eines ewigen Verbleibs in der Vorhölle ersparte. Eine alte Tiroler Redensart, die früher noch in regem Umlauf war, besagt, dass die Familie eines ungetauft gestorbenen Kindes neun Generationen lang leiden werde.

Die wundersame Erscheinung der Jungfrau Maria vor einer armen jungen Frau im 16. Jahrhundert ist fester Bestandteil des Volksglaubens der Menschen im Lesachtal. Bereits die Kelten, die hier in der Zeit um 500 v. Ch. mit einem Stamm siedelten, der sich *Karn* nannte, was so viel wie Berg oder Gebirge bedeutet, legten den Grundstein für einen Kulturraum, den die Römer später *Carnorum Regio* nannten. Sie waren bekannt und berüchtigt wegen ihres außergewöhnlichen Hanges zur Magie, zum Aberglauben, zu Hexen, Gnomen und Kobolden und zu ungezählten geheimnisumwitterten Ritualen.

Im 16. Jahrhundert gab es hier nicht mehr als sechzehn Wohnbauten, sprich Höfe, deren Bewohner Bauern waren, die Wald-

QUELLENANGABEN

OSM Pötscher Augustin, *Wege zur Mutter. Bilder einer Wallfahrtsgeschichte*, Lienz o. D., Salzburg 1989

arbeit verrichteten und die ausgedehnten Roggenfelder der Herren von Pittersberg bestellten. Auf einem dieser Höfe arbeitete eine sehr fromme junge Frau namens Helene. Es geschah im Jahr 1513, als sie eines Tages, müde von der Arbeit und der Sommerhitze, im kühlenden Schatten eines Baumes einschlief. Und sie begann zu träumen und hatte eine Vision: Hier, genau an dieser Stelle des Ackers, sollte eine Kirche gebaut werden, und sie selbst sollte sich darum kümmern. Zunächst nahm sie die Sache nicht ernst und sagte sich, dass ihr, der bitterarmen Magd, so eine Vision nicht widerfahren könne. Doch der Traum wiederholte sich immer wieder und quälte sie Tag und Nacht. Daraufhin fasste sie einen Entschluss: „Um zu wissen, ob was Wahres dran ist, werde ich auf dem Feld eine Kerze anzünden, die dann drei Tage und drei Nächte lang ununterbrochen brennen soll. Geschieht dies wirklich, muss ich wohl davon ausgehen, dass es tatsächlich ein Ruf aus dem Himmel ist." Und obwohl an diesen Tagen der Wind heftig wehte, blieb die Kerze brennen. Die Ungläubigkeit der Dorfbewohner überwiegte aber, Helene wurde für verrückt gehalten, als Hexe betrachtet und eine Zeit lang sogar ins Gefängnis gesperrt, bis ihre Wärter erkannten, dass sie nicht nur gesund, sondern auch eine hochfromme Gläubige war. Es vergingen noch einige Jahre, bis sie in der Lage war, eine hölzerne Kapelle zu errichten und darin eine von ihr selbst erworbene Pietà auszustellen. Bereits von Anfang an stellte die Statuette ihre Fähigkeit zum Wunderwirken unter Beweis. Ein Zimmermann, der gerade das Dach deckte, erblickte die bunte Figur, nahm sie in die Hand und beschloss, sie mit nach Hause zu nehmen. Kaum hatte er sie unter seinen Arm geklemmt, verlor er völlig den Verstand und fing an zu toben, zu fluchen und irres Zeug zu schreien. Er wurde erst wieder normal und gesund, als er die Madonna wieder auf den Altar zurückstellte. Dies war das erste einer nicht enden wollenden Reihe von Wundern, von denen Hunderte von Votivbildern an den Wänden des

DER WEG

Ausgangspunkt: Maria Luggau (1170 m) ist über die Pustertaler Straße zu erreichen. Nach dem Grenzübertritt bei Winnebach geht es einige Kilometer abwärts bis Tassenbach, wo man nach rechts hinauf ins Gailtal abbiegt und weiter bis ans Ziel fährt. Die Strecke für die nach dem Besuch der Wallfahrtskirche empfohlene Wanderung von Maria Luggau zum Wiesener Tuffbad (1157) ist nur wenige Kilometer lang

Wegverlauf: Wir lassen das Auto auf dem Luggauer Parkplatz stehen und folgen der Wegmarkierung Nr. 215 (auch Nr. 22 und 24) taleinwärts, dem rauschenden Radegunder Bach folgend, bis zum Tuffbad (1262 m). Rückkehr auf demselben Weg.

Gehzeit: ca. 1 Stunde für den Hinweg, dasselbe für den Rückweg

Höhenunterschied: ca. 150 m

Infos: www.maria-luggau.at. Einkehrmöglichkeit bieten während der Sommersaison das Almwellness Hotel und der Gasthof Tuffbad. Zu empfehlen ist auch eine Besichtigung der nahegelegenen Kapelle und besonders ein Spaziergang ins Wildsendertal. In Wiesen, in unmittelbarer Nähe von Luggau, empfiehlt sich ebenso ein Besuch der spätgotischen Filialkirche zur heiligen Radegund, des ältesten Bauwerks des Tales, das am gleichnamigen Bach gleich hinter der Brücke liegt, über die die Hauptstraße verläuft. Die Figur der Heiligen wird mit den Attributen Brot und Buch (als Symbol geistiger Nahrung) dargestellt, die sie auch aus Schutzpatronin des täglichen Brotes ausweisen. Die reich mit Fresken geschmückte Kirche wurde einst vor allem von Pilgern aus Oberkärnten und Osttirol besucht.

Die zahlreichen Votivgaben, die die Wände und Gänge des Marienheiligtums schmücken, veranschaulichen die seit Jahrhunderten andauernde Verehrung der gnadenvollen Madonna von Luggau und erzählen von den Sorgen, Hoffnungen, Wünschen und Träumen ihrer Stifter. Menschen von damals, und doch Menschen wie immer und überall, Menschen, die unsere Nachbarn sein könnten, und deren Sorgen und Freuden oft auch die unseren sind.

Kreuzganges sowie zwei Mirakelbücher zeugen, die 1731 und 1760 ohne Angabe des Verfassers gedruckt wurden.
Aus der Kapelle wurde eine aus Stein gemauerte Kirche: Am 26. August 1536 wurde sie von Daniele de Rubeis, Bischof von Caorle, der Jungfrau vom Schnee geweiht. Das Ereignis ist auf einer der bemalten Tafeln festgehalten, die die Geschichte des Heiligtums wiedergeben. 1593 ließ Graf Johann von Ortenburg, der über Kärnten herrschte, neben der Kirche ein Kloster errichten, das bis 1635 von Franziskanern geführt wurde, bis es auf Betreiben von Claudia de' Medici den Serviten anvertraut wurde.
Zu Maria Schnee nach Luggau wallfahrten nicht nur die Nachkommen der nach Italien ausgewanderten Lesachtaler, um ein paar Tage in ihrer alten Heimat zu verbringen, sondern es waren vor allem Frauen, die von überall herkamen, um die Fruchtbarkeit ihres Schoßes zu erflehen. Sogar aus dem Ampezzaner Gebiet kamen verheiratete, aber auch noch ledige Jungfrauen bis hierher, um sich ihrer zukünftigen Gebärfähigkeit zu versichern. Andere Pilger aus dem Süden kamen auch aus dem Friaul über den alten St.-Agnes-Weg, einem Vorläufer der *Via Norica*, die Gemona und das venezianische Gebiet mit Wien und dem Donauraum verband. Wiederum andere, vor allem Gläubige aus Venetien, überquerten den Plöckenpass (Monte Croce Carnico) und den Findenigtörlpass (passo Lodin), um auf dem gleichen Weg wie die alten Römer nach Aguntum bei Lienz oder über den Gailbergpass ins Drautal, ins Pustertal und schließlich ins Eisacktal und zum Brenner zu gelangen.
Immer noch finden sich ein paar Spuren, die von diesen Pilgern in den Kapellen und Kirchen entlang der genannten Routen hinterlassen wurden und erhalten geblieben sind. Im 17. Jahrhundert wallfahrten die Gläubigen aus Matrei in Osttirol zur Madonna und brachten ihr eine große Kirchenkerze dar. Und bereits im Jahrhundert zuvor waren es die Bewohner aus dem Osttiroler Dorf Strassen, die nach Luggau zogen, um einer nicht näher definierten Ungezieferplage zu entgehen. Das von vielen Pilgern als Opfergabe dargebrachte Brot wurde von den Betreuern der Wallfahrtskirche eingesammelt und an Bedürftige verteilt. Auch sollte die Wallfahrt nach Luggau den Irren und den vom Teufel Besessenen dazu dienen, um sie von ihrer geistigen Umnachtung zu heilen. Und deren schien es einst nicht wenige gegeben zu haben im nahen Gailtal, was wohl auch auf ein jahrhundertelanges, vollkommen abgesondertes Leben vieler dieser Menschen zurückzuführen war. Eine gnadenvolle Heilung oder Linderung ihres Leidens durch die Fürbitte der Luggauer Pietà durften sich auch die Epileptiker erhoffen.
Nach der Besichtigung der Wallfahrtskirche empfiehlt sich ein Besuch des nahe gelegenen Weilers Wiesen in der Gemeinde Sankt Lorenzen im Lesachtal, das nur wenige Kilometer östlich von Maria Luggau liegt. In einer recht pittoresken Örtlichkeit, die man Tuffbad nennt und welche 1262 Meter hoch inmitten der Lienzer Dolomiten liegt, hatten Mönche im 18. Jahrhundert ein erstes Badehaus errichtet. Rund zwei gemütliche Gehstunden sind es vom Luggauer Marienheiligtum bis hierher zu diesem Heilbad, dessen Wasser stets fünf Grad wärmer ist als das aus den anderen Quellen dieser Gegend und das ein ausgewogenes Maß an Kalzium, Magnesium und Sulfaten enthält. Besonders Frauen kamen einst hierher, um es nicht nur zu trinken und sich damit zu waschen, sondern auch um es mit nach Hause zu nehmen, zumal dem Tuffbader Wasser auch wundersame Heilkräfte zugeschrieben wurden.

30. Maria Waldrast in Matrei am Brenner

Wo Stein zu Wasser wird

Die 2717 Meter hohe Serles, der dreistufige „heilige“ Berg des Wipptals, der auch Waldrastspitze genannt und im Volksmund gar als der „Hochaltar von Tirol“ bezeichnet wird, erhebt sich imposant westlich der Wallfahrtskirche Maria Waldrast und zeichnet die Grenze zwischen dem Wipptal und dem Stubaital. Der „König Serles“ scheint von Mutter Natur

Barock gestaltete Kapellen säumen den Weg zur Wallfahrtskirche.

geboren worden zu sein, um die Wallfahrtskirche und die darunterliegenden Dörfer Matrei am Brenner, Mühlbach und Pfons vor den eisigen Westwinden zu schützen.

Zahlreiche Spuren von heidnischen Kultstätten bezeugen, dass hier bereits in der Antike Menschen gelebt haben und Rituale zelebriert wurden, die vor allem mit dem Wasser, dem wichtigsten Element, von dem das irdische Leben unabdinglich abhängt, in Verbindung standen. In Matrei, der ersten von den Römern als *Matreium* gegründeten Straßenstation jenseits des Brennerpasses, wurden zahlreiche Urnengräber freigelegt, die der Höttinger Kultur aus dem beginnenden zweiten Jahrtausend vor Christi Geburt zugerechnet werden. Viele Jahrhunderte später wurde die Matreier Pfarrkirche, deren eigentlicher Grundstein bereits zur Zeit Kaiser Konstantins gelegt worden war, der Himmelfahrt Mariens geweiht, die eng mit den Wasserkulten verbunden war.

Auf dem Weg hinauf zur heutigen Wallfahrtskirche trifft man auf eine 1237 erbaute und 1769 barockisierte Kapelle, die „zum Blutschwitzer“ genannt wird. Sie ist den heiligen Petrus und Paulus geweiht, ist mit mehreren der Heiligen Jungfrau gewidmeten Malereien geschmückt, richtet sich aber nicht

nach Osten zum Aufgang der Sonne hin aus, sondern schaut in die Richtung von Maria Waldrast. Auch wurde sie in der Zeit zwischen 1429 und 1624 den Winter über als Andachtsstätte anstelle der Wallfahrtskirche benutzt, die wegen des vielen Schnees und der Lawinengefahr nicht erreichbar war. Tritt man durch die gediegene Holztür mit eingeschnitzten apotropäischen Schriftzeichen, denkt man unwillkürlich an längst vergangene Zeiten, als die Ordensleute in geordneter Reihenfolge behutsam die Halle betraten, um ihre Chorgesänge der Gottesmutter darzubringen. Wenn man den Weg von Matrei aus hinaufsteigt, wird man ständig vom Fließen des Wassers begleitet. Ein unaufhörliches Gurgeln untermalt den Aufstieg sowohl jener, die von Matrei kommen, als auch derjenigen, die von Mieders oder von der Medrazer Stille aus den Osthang hinaufsteigen. Hier bietet sich auch eine gern begangene Quellenwanderung an, der entlang viele

HINWEISE UND TIPPS

In Matrei empfiehlt sich ein Besuch der malerischen Altstadt der Marktgemeinde sowie der ebenso zentral gelegenen Pfarrkirche Maria Himmelfahrt, die auch als Wallfahrtskirche zu Unserem Herrn im Elend bekannt ist. Die über dem Tabernakel thronende Holzstatue des *Ecce Homo*, des gepeinigten und elendiglich leidenden Heilands, ist vielen Gläubigen auch als der „Matreier Christus“ bekannt. Doch nur wenige kennen die legendäre Geschichte dieser als wundertätig geltenden Statue. Sie soll 1210 vom frommen Ritter Heinrich von Aufenstein aus dem Heiligen Land nach Matrei gebracht worden sein, um in dessen der heiligen Katharina geweihten Privatkapelle auf der heute nicht mehr vorhandenen Burg Navis aufgestellt zu werden. Eine erweiterte Version der Legende weiß hingegen zu berichten, dass er in der Jerusalemer Grabeskirche vor einer Bildsäule des gepeinigten Christus derart aufgewühlt und benommen war, dass er sie kaufen wollte. Da ihm dies verwehrt wurde, ließ er eine exakte Kopie davon anfertigen und nahm sie mit auf die Heimreise, die allerdings nicht ohne schicksalshaften Zwischenfall verlief: Das Schiff, auf das er zugestiegen war, geriet in einen schweren Sturm und drohte an den Klippen zu zerschellen. Beherzt zog Ritter Heinrich von Aufenstein seinen *Ecce Homo* aus dem Gepäck und zeigte ihn in die Runde, indem er ihn auf die stürmischen See, den donnernden Himmel und die zu Tode geängstigten Seeleute richtete. Auf einem Mal wurde alles still und ruhig und das Schiff konnte seine Fahrt gefahrenlos wiederaufnehmen. Von diesem Moment an galt die Statue als wundertätig.

Die Gläubigen, die zu Fuß unterwegs sind, erhöhen ihr Schritttempo, um den Beginn der Sonntagsmesse nicht zu versäumen.

QUELLENANGABEN

OSM Pötscher Augustin M., *Geschichte des Servitenordens*, Salzburg 2001 (in allen Servitenklöstern erhältlich).
Stecher Reinhold, *Wallfahrtsort Maria Waldrast*, Salzburg 2005

Wundersames Wasser. Von Maria Waldrast aus führt ein Quellenweg an Stellen vorbei, an denen das Wasser über alles andere herrscht und man die Spiritualität dieses Elements wahrnimmt, das dem Menschen seine ursprünglichste Lebenskraft verleiht.

DER WEG

Ausgangspunkt: Matrei am Brenner (980 m)

Wegverlauf: Von Matrei aus folgt man dem beschilderten Weg Nr. 102A, der über Mützens zur Wallfahrtskirche (1638 m) führt, zuerst über eine schmale asphaltierte Straße, dann auf dem Weg mit den Kreuzwegstationen bis ans Ziel. Von dort aus führt ein Pfad in etwa zwanzig Minuten zum Waldraster Jöchl, wo die kleine Auffindungskapelle steht.

Gehzeit: ca. 2 Stunden für den Aufstieg, ca. 1 ½ Stunden für den Abstieg

Höhenunterschied: 660 m bis zur Wallfahrtskirche, 720 m bis zur Auffindungskapelle

Variante: Sowohl aus dem Wipptal als auch aus dem benachbarten Stubaital führen zahlreiche Wege zur Wallfahrtskirche, allesamt sehr reizvoll, geschichts- und sagenumwoben und seit jeher von Tausenden von Pilgern begangen. Mithilfe einer Gebietswanderkarte entdecken wir eine Welt voller Wanderrouten, die um Maria Waldrast herum verlaufen. Der Wallfahrtsort ist vom späten Frühjahr bis in den Herbst hinein gegen eine Mautgebühr auch mit dem Auto erreichbar. Dennoch empfehlen wir einen Aufstieg zu Fuß.

Infos: Maria Waldrast ist das ganze Jahr über geöffnet. Angrenzend an die Wallfahrtskirche und das Servitenkloster befindet sich der dazugehörende Gast- und Beherbergungsbetrieb. Neben den zahlreichen Sommer- und Winterwanderwegen erwartet uns hier auch eine der aufregendsten Rodelbahnen der weiteren Umgebung.

Orts- und Flurnamen auf den Quell- und Wasserreichtum dieser Gegend verweisen. Wer an einem Sonntag den Weg zur Wallfahrtskirche hinauf nimmt, der wird schon nach wenigen Schritten den ersten Gläubigen begegnen, die aus demselben Grund diesen Weg beschreiten. Einzelne Männer und Frauen, junge wie alte, Mütter mit Kindern und ganze Familien sind des Weges, einige von ihnen betend, indem sie die Zeit, die sie für den Aufstieg benötigen, in Etappen unterteilen, die sich aus den fünf Rosenkranzgeheimnissen ergeben. Andere Gläubige scheinen verschlossen und in sich selbst vertieft zu sein. Wieder andere verlieren ihren Blick in der unendlichen Schönheit dieser Landschaft, deren Glanzpunkt das von der im Osten aufgehenden Sonne angestrahlte Massiv der Serles bildet, einer ruhig glühenden, reinigenden Flamme gleich, die über die ganze Landschaft herrscht. Doch dann, auf einmal, beschleunigen die Gläubigen ihre Schritte, denn sie alle, die in ihrer Festtagskleidung und in ihrer schmucken heimatlichen Tracht des Weges sind, wollen die Kirche noch unbedingt vor elf Uhr erreichen, die Stunde, in der die Glocken laut und klangvoll zur Messe rufen, deren Anfang man auf keinen Fall versäumen möchte.

Die Serviten sind jener Orden, der sich am meisten um die Mariologie, sprich der Lehre von Maria, und um die Marienverehrung bemüht und verdient gemacht hat. Die von ihnen geführten und betreuten Wallfahrtsorte sind seit jeher Stätten des Studiums zu sämtlichen Themen und Aspekten der Heiligen Jungfrau im Geiste Christi und der Kirche sowie deren Bedeutung für die Kirche und die Gläubigen von heute. Wie schon in der Vergangenheit, unterhalten die Serviten auch heute noch eine starke Beziehung zur sakralen Kunst, indem sie sich zum Teil selbst darin engagieren und mit bedeutsamen, jeweils zeitgenössischen Künstlern zusammenarbeiten. Auch der Kirchengesang wird als vertiefter und geläuterter Ausdruck des Glaubens und der eigenen Gefühlswelt stark gefördert. So sind die Gründung und das Wirken zahlreicher großer und kleiner Kirchenchöre auf den Servitenorden zurückzuführen.

Im Unterschied zu früher sind die Kirchgänge von heute aber vorwiegend eine ausgesprochen individuelle Angelegenheit, während der man sich nur äußerlich begegnet. Das „Grüß Gott“, „Servus“, „Guten Tag“ und vereinzelt auch ein „Buongiorno“, mit denen man sich begegnet, sind allein der Höflichkeit und dem gemeinsamen Weg geschuldet. Man befindet sich eben nicht auf einer gemeinschaftlichen Wallfahrt oder Pilgerreise, sondern hier ist jeder Gläubige bei seiner Begegnung mit Gott eine Art Einzelgänger, ein einzelnes Individuum, das seine ureigenen Probleme und Sorgen hat und diese der Fürbitte einem oder einer persönlich bevorzugten Heiligen – in diesem Fall der Muttergottes – anvertrauen möchte. Und auch diejenigen, die im Auto hier ankommen, um sich mit dem Heilwasser der hier sprudelnden Quelle einzudecken, vollziehen damit eine rein individuelle Handlung, bei der es nicht mehr vorwiegend um einen spirituellen Aspekt geht, sondern vor allem um die Hoffnung auf therapeutische Effizienz des abgefüllten Wassers.
Die Entstehungsgeschichte des Wallfahrtortes Maria Waldrast verliert sich im Dunkel der Vergangenheit, doch es kann angenommen werden, dass die Quelle, die hier nur wenige Schritte vom Eingang entfernt dem Boden entspringt, bereits den vorchristlichen Hirten bekannt war wie auch den Durchziehenden, die über den Pass wollten, um schneller ins Stubaital zu gelangen. Es waren zwei Hirten, die im Jahr 1409 – andere sagen 1392 – auf dem Weg ins Tal waren und plötzlich vor einer Lärche standen, in deren ausgehöhltem Stamm sie eine geschnitzte Madonna erblickten, die dem Jesukind auf ihrem Schoß einen Apfel reicht. Überstürzt eilten sie nach Matrei und berichteten, was sie gesehen hatten. Man stieg nun gemeinsam wieder zum Fundort auf, löste mit einer Axt die Madonnenfigur vom Stammholz – die Statue zeigt heute noch auf ihrem Rücken die Spuren jener Axthiebe – und brachten sie ins Tal, um sie in der Pfarrkirche aufzubewahren.
Ein junger Zimmermann namens Jakob Lusch – andere nennen ihn Christian – hörte eines Nachts eine Stimme, die ihn aufforderte, auf den Berg zu gehen und dort, wo die Madonnenstatue gefunden worden war, eine Kapelle zu errichten. Prompt machte sich der junge Mann auf den Weg, aber da er den genauen Ort nicht kannte, irrte er so lange durch den Wald, bis er erschöpft unter einer Lärche einschlief. Im Traum erschien ihm die Gottesmutter und führte ihn zur gesuchten Stelle. So begann Lusch 1411 mit dem Bau der Kapelle, die erst 1429 dank einer Geldstiftung seitens des Generalvikars der Diözese Brixen fertig gestellt werden konnte. Gleich danach wurde im Rahmen einer feierlichen Prozession das Gnadenbild von den Dorfbewohnern zur hölzernen Kapelle hinaufgetragen. 1465 wurde vom Salzburger Erzbischof feierlich die Kirchweihe vollzogen, vier Jahre später zelebrierte der Bischof von Brixen die Weihe des Hochaltars. Angesichts des stetig zunehmenden Zustroms von Pilgern wurde 1498 ein großes Hospiz gebaut, an dessen Finanzierung sich auch Kaiser Maximilian I. großzügig beteiligte und sich damit selbst zum „immerwährenden Schirmherrn“ des Hospizes ernannte. Das später daraus entstandene Hotel empfängt noch immer ganzjährig Pilger und Besucher des Wallfahrtsortes.
Im Jahr 1621 wurde auf Initiative von Anna Caterina Gonzaga, der Gemahlin des Erzherzogs Ferdinand II. und großen Marienverehrerin, mit dem Bau des Servitenklosters begonnen. Die Barockisierung der Wallfahrtskirche durch den Architekten Paul Jennewein fällt in diese Zeit. Einige Jahre später brachte Erzherzogin Claudia de' Medici, Gemahlin von Erzherzog Leopold V., der Madonna von Waldrast ihr kostbares, ganz aus Silberfäden gewebtes und mit goldenen Blüten und Laubwerk besticktes Hochzeitskleid. Bereits seit seiner Entstehung wurde der Wallfahrtsort von den Serviten betreut, den Dienern Mariens, der 1233 in Florenz unmittelbar nach den großen Bettelorden des heiligen Franziskus und des heiligen Dominikus entstanden war.

Trentino

1. Santa Maria di Pellizzano
Die fliegende Statue

„Mezzalone, die Gegend zwischen den Hängen des Monte Avert und des Nosio und den Wildbächen Barnes und Pescara, wird von den Einheimischen Maslon, von den benachbarten Nonsbergern Meslon genannt und schließt die Dörfer Scanna, Varollo, Livo und Preghena ein", schreibt Don Luigi Conter. Eine ländliche Berggegend, in der einer Legende nach aber auch Wunder geschehen, wie wir es aus den von Quirino Bezzi gesammelten und niedergeschriebenen Berichten kennen. In der mittelalterlichen Kirche von San Martino in Livo/*Lifers*, die bereits lange vor ihrer 1209 erfolgten Weihe errichtet worden war und von einem Wappen mit flammenden Drachen geschützt wird, befand sich einst eine hölzerne Muttergottesfigur mit Kind. Die beiden Gesichter waren geschwärzt vom Rauch der unzähligen Kerzen, die stets zu ihren Füßen brannten. Eines Nachts, während die Engel wie üblich damit beschäftigt waren, die Sterne am Firmament an- und auszuknipsen, flog die kleine Statue über die Dächer der benachbarten Dörfer hinweg und landete vor der Kirchentür in Pellizzano, dem mittelalterlichen Plezàn. Später wurde dieser Eingang der Kirche mit einer von Simone Baschenis mit Fresken ausgeschmückten Vorhalle geschützt. Ab ihrer Landung verwirrt sich dann die Geschichte der fliegenden Statue. Einige glauben, sich daran zu erinnern, dass es die Bewohner von Pellizzano waren, die die Statue nach Livo

Wer zu Fuß den Lauf des Noce entlang pilgert, steht hier vor dem Ziel seiner Wallfahrt.

Das romanische Kirchenportal, links davon die Nische mit der Madonnenfigur.

ANFAHRT

Pellizzano (Pliciàn auf Sulzbergladinisch) ist über Provinzstraßen zu erreichen, sowohl über den Nonsberg mit Abzweigung nach Val di Sole (Sulzberg), als auch von der Val Camonica aus über den Tonalepass.

zurückbrachten, andere wiederum behaupten, das hätten die Gläubigen aus Livo selbst erledigt, da sie befürchteten, dass ihre Madonna sich anderen zuwenden könnte. Tatsächlich aber soll die Statue die Nacht darauf erneut bis zu dem Portal der Kirche von Pellizzano, der ältesten und wichtigsten Kirche der Talschaft zurückgeflogen sein. Damit war das Schicksal der geschnitzten Muttergottes besiegelt: Luigi Contrer berichtet davon, wie die Menschen nach einem Wunder riefen und die „Einwohner von Livo barfuß durchs Hochtal pilgerten, um ihre entflohene Madonna wiederzusehen". Wer weiß, ob die Statue hier stehen blieb, weil sie so sehr verehrt wurde, oder weil dies einst die Stätte eines uralten Sonnenkults war. Vielleicht musste sie auch zurück, um die Hexenmeister in Schach zu halten, die in den *Gaggi Scuri* in der Nähe von Pellizzano hausten und junge Mädchen belästigten, „jene zerstreuten Mägdelein, die sich leicht locken ließen". Hier flogen auch Hexen auf ihrem Weg zum Tonalepass vorbei, wo sie sich mit denen aus der Val Camonica und aus Brescia trafen. Es ist leicht zu verstehen, wie ein derart wundersames Artefakt dazu dienen konnte, die Seelen und Herzen der Sulzberger zu besänftigen, die nicht nur als ebenso schlau wie die Nonsberger galten („*A Nonesi e Solandri libera nos Domine*": Bewahre uns, Allmächtiger, vor Sulz- und Nonsbergern), sondern auch noch als weitaus gefährlicher eingestuft wurden, wie sich Aldo Gorfer erinnert: „*Se l'è nones, dài, se l'è solandro copel*": Ist er Nonsberger, na gut, ist er Sulzberger, erschlag ihn).

Die Kirche von Pellizzano spielt auch in weiteren Legenden eine Rolle. So soll Karl der Große hier sein Lager aufgeschlagen haben, nachdem er in Begleitung von keinem Geringeren als Papst Stephan, sieben Bischöfen und viertausend Bewaffneten den Tonalepass überquert hatte (*pertransivit montem Toni et venit ad unam terram quae vocatur*). Die Reise des Kaisers über die Alpen galt der Bekriegung des arianischen Heidentums, das bei den Langobarden eine vorherrschende Stellung innehatte. Und genau hier siegte er nach einer erbitterten Schlacht im Namen des Glaubens. Als der letzte Heide unter dem fränkischen Schwert gefallen war, pflanzte Karl der Große – einige meinen, es sei Bischof Tripinus gewesen – seinen Stab mit dem wehenden Banner des Kreuzes in die Erde, der daraufhin wie ein Bäumchen zu grünen und zu blühen begann. An diesem Ort wurde die Kirche errichtet, deren Gründung vom Papst mit einer ganzen Reihe von Ablässen bedacht wurde zugunsten all jener, die sich in Zukunft an diesem

QUELLENANGABEN

Mehrere Autoren, *Arte e devozione nelle chiese della val di Sole*, Verlag Publilux, Trient 1983
Bezzi Quirino, *La Val di Sole*, Centro Studi per la Val di Sole, Malè 1975
Bezzi Quirino, *Lungo le rive del Noce*, Trient 1988
Conter don Luigi, *Fatti storici di Livo*, 1913
Gorfer Aldo, *Le valli del Trentino*, Manfrini Editori, Calliano 1983

Mein besonderer Dank gilt Luigi Conter aus Livo für die wertvollen Hinweise.

Die hölzerne Gnadenstatue, rechts im Prozessionsschmuck.

Ort zum Gebet einfinden würden. Dabei füllte der Papst einen seiner Pontifikalhandschuhe mit Sand und legte fest, dass jedes Jahr am hohen Marientag so viele Ablassjahre gewährt werden sollten, wie sich Sandkörner im Handschuh befanden. Die Legende vom Durchmarsch Karls des Großen geht auf die Weiheurkunde von 1474 zurück, in der es heißt, dass die Vorgängerkirche zweifelsfrei auf die Zeit Karls des Großen zurückreicht (*prima ecclesia aedificata fuisse jam tempore Regis Caroli, eius procul dubio aere*). So wurde die Kirche zu einem Pilgerheiligtum, dem einzigen im ganzen Tal, das zumindest bis in die zweite Nachkriegszeit hinein besonders am 8. September von zahlreichen einheimischen wie auch auswärtigen Wallfahrern und Bittgängern aufgesucht wurde.

Der Madonna mit Kind von Pellizzano wurden mehrere Wunder zugeschrieben. Kinder, die ungetauft gestorben sind, wurden zu ihr gebracht, und die Gläubigen wandten sich bei Seuchen und Naturkatastrophen an sie, oder auch nur um Regen zu erbitten. Sie wurde auch „die Madonna der Ertrinkenden" genannt, weil sie immer wieder eingriff, um Wanderer oder Bauersleute, die von den reißenden Fluten der *Nos*, dem Wildbach Noce, mitgerissen wurden, ins Leben zurückzuholen. Unter dem Schutz des Gnadenbildnisses wurden auch mehrere Bruderschaften ins Leben gerufen, namentlich die der *Confraternita dei Battuti* (1571), des *Santissimo Rosario* (1582), der *Beata Vergine* und des *San Giovanni Battista* (1608).

Zur Aufbewahrung der Statue wurde eigens eine Nische an der Südfassade der Kirche geschaffen, die durch ein schmiedeeisernes Gitter von hervorragender Qualität geschützt ist, um das sich eine weitere Legende rankt. Als im Dorf die Rede davon war, dieses Gitter anfertigen zu lassen, boten sich zwei Unbekannte dafür an, schmiedeten es und bauten es noch am selben Tag an der Nische ein. Als der Dorfvorsteher zum Gasthaus ging, um die beiden Handwerker zu bezahlen, waren sie bereits weg und hatten nur ihre beiden Vornamen hinterlassen: Pietro und Paolo. Für die Gläubigen waren sie natürlich niemand anderes als die beiden gleichnamigen Apostel. So erlangte die Kirche immer mehr an Bedeutung und etablierte sich schließlich als religiöses Zentrum des gesamten Tales.

Die heutige Kirche ist das Ergebnis erheblicher Veränderungen an den ursprünglichen Baulichkeiten, die gegen Ende des 15. und während der ersten Hälfte des 16. Jahrhunderts von lombardischen Handwerkern vorgenommen wurden. Sowohl die Außenfassaden wie auch das Innere der Kirche sind reich mit Fresken geschmückt. An der Hauptfassade befand

DER WEG

Ausgangsort: Livo (741 m)

Ziel: Pellizzano (925 m)

Gehzeit: 5 ½ Stunden

Höhenunterschied: ca. 150 m

Tag eins

Von Livo aus, das man vom Autobahnhof in Cles aus mit öffentlichen Verkehrsmitteln erreicht, geht es nach der Besichtigung der mittelalterlichen Kirche San Martino und des nahe gelegenen Palazzo della Rosa – ein kurioses Gebäude, dessen Fensterreihen auf allen vier Stockwerken unterschiedliche Stilrichtungen aufweisen – über die Asphaltstraße in Richtung Cis, vorbei an den Ruinen von Castel Zoccolo (auch Zockel genannt). An den alten Mühlen vorbei gelangt man nach Cis (732 m), wo man vom hoch aufragenden Turm der auf einem Hügel gelegenen Kirche von San Giorgio begrüßt wird. Empfehlenswert ist ein Gang durch den antiken Ortskern mit seiner sehenswerten rustikalen Architektur und den freskogeschmückten Hausfassaden. Von Cis aus folgen wir auf sich abwechselnden Wald- und Feldwegen den Schildern des „Sentiero Jacopeo" bzw. der Markierung mit der gelben Jakobsmuschel bis nach Terzolas. Wir durchqueren dabei den malerischen Ortsteil San Giacomo (das frühere Solasna) mit seiner gleichnamigen gotischen Kirche. Weiter geht es nach Samoclevo und danach nach Terzolas, wo sich ein ummauertes mittelalterliches Gebäude befindet, in dem flüchtigen Menschen Straffreiheit gewährt werden konnte. Weiter geht es entlang der Asphaltstraße in Richtung Malè. In Pondasio steigt man zur steinernen Brücke hinab und schreitet somit über eine alte Römerstraße. Nur ein paar Dutzend Meter entfernt stoßen wir auf die Schmiede Marinelli, eines der wenigen Beispiele für eine noch funktionstüchtige wasserbetriebene Schmiede. Bergaufwärts erreichen wir Malè, biegen dann am Ende der Ortschaft links ab und folgen den Schildern des Radweges nach Dimaro (767 m) entlang dem Bachbett des Noce, der von riesigen Weidenbäumen und dem fröhlichen Gezwitscher von Wasseramseln begleitet wird.

Tag zwei

Von Dimaro aus folgt man dem Radweg bis nach Pellizzano, von dem aus man den Blick auf die Sulzberger Dörfer von der Wasserseite aus genießt.
Für die Rückkehr bietet sich der Linienbus bis zum Zugbahnhof von Malè an, von wo aus man dann Anschluss nach Cles findet (www.ttesercizio.it).

Gehzeit: 2 ½–3 Stunden

Höhenunterschied: 160 m

Infos: APT Val di Sole, Tel. +39 0463 901280, www.valdisole.net, Ufficio Turistico Pellizzano, Tel. +39 0463 751128. Entlang der Strecke gibt es zahlreiche Möglichkeiten zum Essen und Übernachten. Die Route kann auch mit Mountainbikes befahren werden. Das *Museo della Civiltà Solandra* (Sulzberger Volkskundemuseum), zu dem auch die Marinelli-Schmiede und die Ruatti-Mühle von Pracorno im nahen Rabbital gehören, hat seinen Sitz in der Via Trento 1 in Malè, dem Hauptort der Talschaft. Es sammelt und bewahrt verloren gegangene Zeugnisse dessen, was in den vergangenen Jahrhunderten das Leben der kleinen rätoromanischen Talgemeinschaften des Sulzberges, des Peio- und des Rabbitals prägte.
Das Museum ist von Juni bis September und während der Weihnachtszeit täglich außer an Feiertagen von 10 bis 12 Uhr und von 16 bis 19 Uhr geöffnet. Besuche außerhalb dieser Zeiten können vereinbart werden. Der Eintritt ist frei.
Betrieben und verwaltet wird das Museum vom *Centro Studi per la Val di Sole* (www.centrostudiperlavaldisole.it).

sich einst ein großes Fresko, das an die Passüberquerung Karls des Großen erinnerte und heute leider auf ein einziges rotes und ockerfarbenes Fragment reduziert ist.
Doch auch im dreischiffigen Kircheninneren findet sich einiges an kostbaren Kunstwerken, unter denen besonders die zahlreichen Fresken von Giovanni und Battista Baschenis hervorstechen. Besonders sehenswert sind die Kreuzwegbilder aus dem 14. Jahrhundert, dessen Autor uns dank einer Inschrift bekannt ist: *Karl Heinrich Dux Kurloniae pinx et inserit.* Die ersten sechs Stationen zeigen die allmählich zunehmende Verfinsterung des Tages bis hin zur tief finsteren Nacht der sechsten Stunde und dem darauffolgenden Wiederaufflammen des Lichts und damit der neuen Hoffnung, heller Schein möge die Dämmerung verdrängen.
Wir haben den Weg der Pilger von Livo erneut beschritten, einer Wallfahrt, die noch 1837 regelmäßig unternommen wurde, wie wir es von Don Guglielmo Borselli überliefert bekommen, der von 1814 bis 1837 der Pfarre vorstand: „Es ist ein frommer Brauch der Gemeinde von Livo, in Zeiten außergewöhnlicher Trockenheit bis nach Pellizzano zu pilgern." Auch dieser Brauch fiel wie manch andere weiträumige Wallfahrt dem kirchlichen Verbot aus der Mitte des 19. Jahrhunderts zum Opfer.

2. Madonna delle Grazie in Spormaggiore

Die Gambaròla-Prozessionen aus dem Cembratal

Die Kräfte, die ein Madonnenbild ausstrahlt, sind vielfältig. Wo immer es als Gemälde, Fresko oder Skulptur auftauchte, suchte man diese geheiligten Orte auf und bat die Gottesmutter um eine unbeschwerte Entbindung oder um Fruchtbarkeit in der Ehe, aber auch um Heilung von Kindern, insbesondere von jenen, die unter Rachitis oder Epilepsie litten. Auch stand es in der Macht eines Marienbildes, totgeborene Kinder wieder zum Leben zu erwecken, ihnen eine zeitlich begrenzte Wiedergeburt zu ermöglichen, gerade lange genug, um sie taufen zu lassen und ihnen damit den Verbleib in der Vorhölle zu ersparen. Die Taufe wurde als notwendig erachtet, um das Neugeborene in ein menschliches Wesen zu verwandeln, als ein eine Art magisches Übergangsritual, das seitens des Getauften keinerlei Zustimmung oder Verständnisses bedurfte.

Das Gnadenbildnis, wie es im *Atlas Marianus* des Wilhelm Gumppenberg von 1652 erwähnt wird.

In früheren Zeiten war es üblich, dass auch Kleinkinder starben, aber der Tod vor der Taufe verdammte das Kind zum Eingehen in den Limbus, die Vorhölle, einen Grenzbereich am Rande des Jenseits, der von den Gläubigen nie wirklich akzeptiert wurde. Dort musste man zwar nicht die Qualen der zur Hölle verdammten Seelen erleiden (obwohl einige Theologen gegenteiliger Ansicht waren), sondern den Entzug des Anblicks Gottes. Aber traurigerweise – und das gab den Ausschlag für die Tragödie, die die Eltern durchlebten – wurden diese Kinder der Kirchenlehre zufolge am Ende der Zeiten, also nach dem Jüngsten Gericht, in die Hölle geschickt.
Wohl umsonst suchten viele Mütter häufig die Gräber ihrer Kleinen auf, um Tropfen ihrer Milch aufs Grab fallen zu lassen, indem sie ihre Brüste zusammenpressten, als ob das nur scheinbar tote Kind sein Bedürfnis nach mütterlicher Nahrung beibehalten haben könnte. Ein Ritual, das strengstens verboten und später durch Besprengen mit Weihwasser ersetzt wurde. Nach kanonischem Recht durften jedoch die ungetauft Gestorbenen in der Regel nicht kirchlich bestattet werden: „Die Leichname der nicht getauften Kinder […] sollen nicht an einem geweihten Ort, sondern anderswo begraben werden; auch nicht unter der tropfenden Regentraufe, um der irrigen Meinung der Unwissenden entgegenzutreten, das tropfende Wasser würde die Taufe spenden, und auch nicht entlang der äußeren Friedhofsgrenzen, die nach Auffassung der Ungebildeten den ungetauft Verstorbenen zur Hälfte wieder zum Christen machen, während die andere Hälfte dem Heidentum verfallen bleibt. Darum sollten diese Gräber nach Meinung des gemeinen Volkes genau an der Grenze zwischen der geweihten Friedhofserde und dem profanen Ackerboden angelegt werden, wobei vor allem wichtig war, dass der Kopf des Leichnams im geweihten Bereich und die restlichen Körperteile im nicht gesegneten Boden zu liegen kamen" (Synode von Albenga, 1618). Viele von ihnen wurden deshalb wie Tiere auf den Feldern vergraben.

Die ursprüngliche Sankt-Vigilus-Kirche mit dem romanischen Glockenturm und der gotischen Vorhalle, in der sich die Wallfahrer aufhielten.

Angesichts dieser Bestattungsorte befürchtete man außerdem, dass die Geister dieser Kinder weiterhin in der Landschaft umherwanderten, rastlose Seelen, die sich an Wegkreuzungen, in Wäldern und an den Ufern von Teichen und Seen aufhielten. Es hieß, dass die Ungetauften die Wanderer quälten, indem sie sich ihnen als Irrlichter zeigten. Ihre Stimme, die aus kreischendem Stöhnen bestand, wurde mancherorts als die „Musik der Unschuldigen" bezeichnet.

„Heiligtümer des Atemholens", *sanctuaire* à répit, nannte man die Kirchen, in die totgeborene Kinder gebracht wurden. Der erste Fall einer Rückkehr ins Leben in Italien soll sich 1498 in dem kleinen Dorf Carbonin im Cadore ereignet haben, und schon wenige Jahre später verzeichnete man in den Wallfahrtskirchen des Trentino und Südtirols ganze vierundzwanzig Fälle, in denen verstorbene Kinder ins Leben zurückkehrten. Im Trentino gab es gleich mehrere Kirchen, die dafür bekannt waren. Die Gläubigen pilgerten zur Statue des heiligen Antonius von Padua in der Pfarrkirche von Dro oder man wallfahrte zur Madonna von Pellizzano am Sulzberg, zur Kirche von Casez im Nonstal, nach Povo und nach Laste di Cognola auf den Hügeln um Trient, nach Aldein im Südtiroler Unterland, nach Dasindo und nach Santa Croce di Bleggio im Lomaso-Bleggio-Gebiet, nach Cavalese im Fleimstal, nach Albiano im Cembratal, nach Civezzano und nach Carzano in der Valsugana und nach Lavis.

Auch der Madonna delle Grazie von Spormaggiore, einem Dorf an der alten *Via della Traversare* auf halbem Weg zwischen dem Nonsberg und dem Banale-Gebiet in den Judikarien, schien diese Macht gegeben zu sein. Bis in die frühen Jahre des 19. Jahrhunderts wurden die Wege, die zur Kapelle führten, von makabren Pilgergruppen begangen, die ihre verstorbenen Kleinkinder zu der spätmittelalterlichen Holzstatue brachten, die einem Südtiroler Bildhauer aus dem Umkreis von Michael Pacher zugeschrieben und heute in der Kapelle neben der alten Sankt-Vigilius-Kirche aufbewahrt wird. Sie begruben sie auf dem nahegelegenen Friedhof, nachdem die trauernden Angehörigen Betrügern zum Opfer gefallen waren, die sich das Taufrecht anmaßten und sich dabei auf eine alte Bestimmung aus den Synodalstatuten der französischen Diözese Langres beriefen, die 1452 vom Bischof Philippe de Vienne verfasst worden waren und besagen, dass die Taufe toter Kinder zwar ein Missbrauch sei, aber es trotzdem durch ein wahrhaftiges Wunder zu einer kurzzeitigen Wiedergeburt kommen kann. Die Einheimischen waren dagegen nicht besonders erfreut über die ständige Ankunft von Familien mit ihren eingewickelten Kinderleichen. Im Jahr 1616 wehrten sie sich schließlich dagegen, indem sie „ihrem Pfarrer befahlen, darüber zu wachen,

ANFAHRT

Das an den nördlichen Ausläufern des Monte Fausior gelegene Dorf Spormaggiore (565 m) erreicht man über die Brenner-Autobahn A22, Ausfahrt San Michele all'Adige, danach über die Straße ins Nonstal (Val di Non), vorbei an der Rocchetta-Klause, und schließlich über die Abzweigung nach links in Richtung Andalo/Molveno.

QUELLENANGABEN

Mattioli Carcano Fiorella, *Santuari à Répit*, Edizioni Priuli & Verlucca, Turin 2009
Renzetti Emanuela, *La grammatica della Salvezza*, Edizioni Priuli & Verlucca, Turin 2007
Weber Simone, *Le chiese della Val di Non nella storia e nell'arte*, Grafiche Artigianelli, Trient 1938

dass solche Taufen nicht mehr zugelassen werden ohne vorher von kundigen und vereidigten Zeugen den wahren Sachverhalt eines jeden Einzelfalles erfahren zu haben“ (Simone Weber, *Le chiese della Val di Non nella storia e nell'arte*).
Die Angst vor Seuchen lag greifbar in der Luft, der Schrecken einer Ansteckung ließ alle geistigen Bedürfnisse in den Hintergrund treten. 1695 kam es schließlich zu einem Prozess, der mit dem vollständigen Verbot der Taufe durch Laien endete. Dies verhinderte jedoch nicht die Zunahme der Wallfahrten zur hölzernen Madonnenstatue, die bald schon den Beinamen *Spor* oder *Soprana* erhielt und der nicht weniger als fünfundzwanzig Wunder an ebenso vielen toten Kindern zugeschrieben wurden. Laut dem *Atlas Marianus* ereigneten sich diese Wunder in den Jahren 1652, 1653 und 1654. Die zahlreichen Votivgaben in der Kapelle zeugen von der innigen Verehrung dieser Gnadenstatue seitens zahlloser Männern und Frauen, die aus den umliegenden Tälern und auch von weiter herkamen, etwa aus der Val Camonica und dem Veltlin, über den Tonalepass und aus der Gegend von Brescia über Tione und dem Banale, mit Fußmärschen, die sich oft über ganze Wochen hinzogen. Im Jahr 1755 verurteilte und verbot Papst Lambertini das *Répit* genannte Wiederbelebungsritual, doch da Hoffnung nur schwer zu zerstören ist, überlebten diese von nun an als „abartig“ geltende Praktiken hartnäckig – wenn auch in abgeschwächter Form – im noch lange fortbestehenden Glauben an eine Rückkehr ins Leben dank einer übernatürlichen Fürsprache. Äußerst beliebt waren auch die Wallfahrten der Gläubigen aus den Dörfern entlang der beiden Flanken des Cembratals. Sie pilgerten nicht nach Spormaggiore, um toten Kindern neues Leben einzuhauchen, sondern um in Dürrezeiten um Regen zu bitten. Aus den Gemeindebüchern geht hervor, dass im August des Jahres 1801 eine Prozession stattfand, „um den Zorn Gottes zu besänftigen, der uns ständig gegeißelt hat, vor allem mit Trockenheit“, und dass 1802 dreimal in ein und demselben Jahr von Cembra nach Spormaggiore gepilgert wurde, am 9. Juli sowie am 7. und 22. August. Die Einwohner von Spormaggiore nannten sie die „Gambaròla-Prozessionen“ in Anspielung auf die teilweise beinfreie Tracht, in der sich die Cembraner zu diesen Anlässen zu kleiden pflegten und an die sich ein Dorfbewohner wie folgt zu erinnern glaubt: „Sie bestand aus einem steifen halbhohen Zylinderhut, einer Joppe mit halblangen Schößen und zwei großen Zierknöpfen auf dem Rücken, einer kurzen Hose und grobgestrickten langen Strümpfen,

Die an die alte Wallfahrtskirche angebaute neuromanische Pfarrkirche.

alles aus bester hausgesponnener Wolle, sowie einer fuchsin- oder karminroten Seidenbinde.“
Der letzte psalmodierende Bittgang wurde am 7. August 1802 unternommen, als die Gläubigen aus Cembra, Fàver und Lisignago einmal mehr zur Madonna von Spormaggiore zogen, um den ersehnten Regen herbeizubeten, dessen Ausbleiben die Ernte gefährdete. Darauf begann es tatsächlich zu regnen, und zwar dermaßen ausgiebig, dass es der Chronik nach den Gläubigen nicht gelang, trockenen Fußes nach Hause zurückzukehren, derartig wirksam hatte sich ihr Flehen erwiesen.
Die Tradition der Gambaròla-Prozessionen hielt sich dagegen bis zu Beginn des zwanzigsten Jahrhunderts und zählte wegen der Bedeutung, die dem Marienkult beigemessen wurde, zu den vorrangigsten Ereignissen im Jahresablauf, auch wenn sie von der kirchlichen Obrigkeit heftig bekämpft wurde, wie folgender Aufzeichnung vom 6. Juli 1733 zu entnehmen ist:

HINWEISE UND TIPPS

Ich danke dem Historiker Alfonso Lettieri für die Informationen, die er mir über die Prozessionen von Cembra gegeben hat und die Mühe, die er sich gemacht hat, um mir mehrere Schriftzeugnisse zur Geschichte dieser Bittgänge zu besorgen. Alfonso Lettieri lebt selbst in Cembra und erweist sich als hervorragender Führer, um die Symbole, Metaphern, Allegorien und Legenden besser zu verstehen, die auf den Wänden der frühmittelalterlichen Kirche San Pietro verewigt sind.

DER WEG

Ausgangsort: Cembra (666 m)

Ziel: Spormaggiore (565 m).

Es gibt mehrere Linienbusse, die von Trient nach Cembra und von Spormaggiore nach Trient oder nach Mezzolombardo (Bahnhof Trient-Malè) fahren.

Erste Etappe

In Cembra, das mit öffentlichen Verkehrsmitteln zu erreichen ist, sollte man unbedingt die gotische Kirche San Pietro besichtigen, in der sich ein Freskenzyklus zum Leben Christi aus dem 16. Jahrhundert befindet sowie eine eindrucksvolle Darstellung des Jüngsten Gerichts aus dem 18. Jahrhundert des Fleimstaler Malers Valentino Rovisi. Im Bereich des Presbyteriums sind die Überreste einer seltenen *cella memoriae* zu sehen, einer eingemauerten Steinurne, die zur Aufbewahrung der Reliquien von Schutzheiligen diente. Wir folgen der asphaltierten Straße zum Lago Santo bis wir links auf die Wegmarkierung 414 treffen, der wir bis nach Faedo (591 m) folgen. Früher hielten hier die Prozessionen zum Gebet inne, „da die Zeit für die üblichen Ablässe gekommen war, die uns vom hochwürdigen Bistum von Trient für all diejenigen gewährt wurden, die drei Gloria Patri vor den drei heiligen Kruzifixen aufsagen, die auf den Wegen nach San Michele unterhalb von Faedo aufgestellt sind, bitten wir Euch, diese Ablässe zu erneuern" (Archivio Curia Arcivescovile di Trento, Miscellanea 1, Nr. 36, Nr. o.D.). Anschließend geht es über schmalen Straßen zwischen Bauernhöfen und zeitweise der Provinzstraße entlang hinunter nach San Michele all'Adige (228 m). Von San Michele aus, wo sich ein Besuch des weithin bekannten Trentiner Volkskundemuseums lohnt (Museo degli Usi e Costumi delle Genti Trentine – www.museodisanmichele.it), geht es weiter auf dem Bürgersteig über die Etschbrücke und daraufhin auf dem Radweg neben der Straße bis nach Mezzolombardo (227 m).

Gehzeit: ca. 5 Stunden

Höhenunterschied: 350 m bergauf, 780 m bergab

Zweite Etappe

Vom Platz vor der San-Giovanni-Battista-Pfarrkirche in Mezzolombardo aus steigt man zu einem der schönsten Friedhöfe des Trentino auf, dem von San Pietro an der gleichnamigen gotischen Kirche mit seinen mehreren Dutzenden neoklassizistischen und jugendstilartigen Grabskulpturen von mehreren Künstlern aus dem ausgehenden 19. und dem beginnenden 20. Jahrhundert. Nun folgen wir der Wegmarkierung 602B bis nach Fai della Paganella (936 m), von da weg geht's über die asphaltierte Straße bis zum Passo del Santel (1033 m), wo wir rechts den Weg hinunter bis zur Provinzstraße von Andalo-Molveno oder Rocchetta gehen und dieser weiterhin nach unten bis Spormaggiore (565 m) folgen, vorbei an den Ruinen von Castel Belfort und dem Wildpark mit Gehegen. Vom Vorplatz der Wallfahrtskirche aus schweift unser Blick nun über den ganzen Nonsberg, den Gebirgsstock der Maddalene und den langgezogenen Rücken der Mendel-Roen-Mezzocorona-Berge.

Gehzeit: ca. 4 Stunden

Höhenunterschied: 810 m bergauf, 445 m bergab

„Die Gemeinde von Cembra hat heute die beiden Bittgänge *intra annum* beschlossen, den einen nach Segonzano, den anderen nach Spor. Der nach Segonzano ist kurz und unbeschwerlich, doch der nach Spor erscheint mir unverhältnismäßig, denn von Cembra bis dorthin dauert es sieben lange Stunden, und folglich müsste man an einem einzigen Tag eine überhastete Wallfahrt von vierzehn Stunden hinter sich bringen. Bedenkt, hochwürdiger Monsignore, mit welchem Maß an Andacht dies geschehen kann, und auf welche Kosten dies geschieht in Anbetracht der Hitze, der argen Trunkenheit und Unanständigkeiten, zu denen die Vermischung der beiden Geschlechter ermutigt [. . .]."

Heute gibt es nur noch die Prozession am ersten Sonntag im September, zu der sich die Gläubigen von Spormaggiore einfinden, wenn die Gnadenstatue von denjenigen durch die Straßen des Dorfes getragen wird, die im selben Jahr ihr fünfzigstes Lebensjahr erreicht haben – auf dass sich das Leben um viele weitere verlängern möge.

Einige Einheimische erinnern daran, dass man der Madonna auch besonderen Dank für ein Wunder schuldet, das sie einst vollbracht hat, nämlich das Dorf vor einer verheerenden französischen Invasion voll und ganz verschont zu haben. Nachdem Napoleon den Santel-di-Fai-Pass passiert hatte und im Begriff war, in Richtung Castel Belfort und Spormaggiore vorzurücken, gab er plötzlich den Befehl zum Rückzug. Durch ein Wunder der Madonna hatte Napoleon das ganze Nonstal mit Kanonen übersät gesehen oder zu sehen geglaubt, sodass er den Vormarsch für nicht machbar hielt und abbrach.

3. Madonna di Bresimo
Auf dass der Regen falle

Für die Menschen von Talschaften wie der des Nonsberges, die einst ausschließlich von Ackerbau und Viehzucht lebten, war die tägliche Beobachtung des Himmels unumgänglich, um überleben zu können. Stürme, Hagelschlag oder Dürreperioden konnten ganze Familien in den Hunger treiben und damit in die Verschuldung, oder noch schlimmer, zur Auswanderung zwingen. In Zeiten, in denen es noch keine zusätzliche Bewässerung gab, wurde vor allem im Sommer, wenn Wasser für das Gedeihen einer Ernte unentbehrlich war, jede langanhaltende Trockenheit als göttliche Strafe empfunden. Das Auftauchen einer Wolke am Horizont war dann bereits ein Zeichen der Hoffnung. Und talein, talaus wurden Gebete laut, mit denen man sich den gesegneten fruchtbaren und erlösenden Regen herbeisehnte, das rettende Wasser, die Quelle des Lebens. In den Kirchen und Kapellen standen zahlreiche Statuen der Madonna, die als Bindeglied zu Jesus Christus fungierten – viele von ihnen hielten ihn liebevoll in den Armen –, und an die sich die Gläubigen unablässig mit Gebeten, Spenden, Votivgaben und Gesten wandten, die nicht selten an heidnische Rituale erinnern mochten. Ein ähnliches Schicksal ereilte einige Heiligenfiguren, die besser als andere in der Lage schienen, das heilende Nass vom Himmel fallen zu lassen. Jeder Ort hatte seinen Lieblingsheiligen, aber über allen stand immer wieder sie, die Muttergottes, vielleicht auch wegen des Blaus ihres Gewandes und der Farbe des Wassers, in dem sich das Himmelsgewölbe spiegelt, und wegen der Sterne, die sie umgeben und sie auf halbem Weg zwischen Himmel und Erde erscheinen lassen. Die meisten Gebete, Prozessionen und Wallfahrten waren sicherlich an sie gerichtet, und es gab keinen Sankt Johannes von Nepomuk, keinen heiligen Benno von Meißen, keine Sankta Eurosia, keinen heiligen Agricula oder Melanius, keine heilige Kolumba von Sens und keinen heiligen Odo von Cluny, die sich gegen sie durchsetzten, obwohl sie alle in verschiedenen Teilen Europas als Regenbringer galten. Die Monate Juni und Juli des Jahres 1928 waren besonders trocken, und mitten in dieser Dürreperiode baten die Gläubigen aus den Dörfern des Mezzalone-Gebietes (Scanna, Varollo, Livo und Preghena) um die Erlaubnis, eine Wallfahrt zur Kirche Santa Maria in Bresimo abzuhalten, die seit dem Mittelalter als ein Heiligtum galt, in dem „wundersame Dinge geschahen", und die bereits 1324 mit dem hochklingenden Namen *Cappellae Sancta Mariae de Basilica* erwähnt wird. Die Kirche beherbergte eine spätgotische Holzstatue, eine Madonna mit Kind, die nach Angaben von Simone Weber (*Le chiese della Val di Sole nella storia e nell'arte*, S. 173) „im Jahr 1725 mit Kordeln und Bändern, Schnüren und Ketten aus großen Korallen, acht schwarzen Granaten und zwölf goldenen Knöpfen, mit einer weiteren zieratbesetzten Schmuckkette und einem silbernen Ring

Seine erste Erwähnung findet das Kirchlein 1324 in Zusammenhang mit einem Kapellan der *Capellae S. Mariae di Basilica*.

Votivgaben als Zeugnis der hier allgegenwärtig verehrten Madonna mit dem Kind.

ANFAHRT

Die Wallfahrtskirche Madonna di Bresimo (1045 m) erreicht man über die Nonstaler Provinzstraße, die in Mostizzolo abzweigt, das Rumotal hinauf und durch die verschiedenen Fraktionen der Gemeinde Livo führt, bevor wir in Preghena links abbiegen und der Beschilderung nach Val di Bresimo folgen. Das Wallfahrtskirchlein befindet sich in Baselga, dem ersten Ortsteil der Gemeinde.

mit rotem Stein beladen war". Diese Madonna und ihr Kind wurden nicht nur in dieser Gegend des Nonsbergs hoch verehrt, sondern auch von den Deutschnonsbergern aus Proveis und Laurein, die jedes Jahr eine Wallfahrt nach Bresimo unternahmen.

Trotz zahlreicher Umbauarbeiten und mangelnder Pflege und Instandhaltung sind im Inneren der Kirche kostbare Wandmalereien erhalten geblieben.

„In Zeiten des Unheils wurde das Gnadenbildnis mit besonderer Feierlichkeit zur Schau gestellt, ihre Enthüllung wurde von Messglockengeläute begleitet."

Im Einvernehmen mit Pfarrer Don Francesco Pasquazzo entschied nun im Sommer 1927 der Gemeindevorsteher von Livo, dass es „angesichts der nicht enden wollenden Dürre angebracht wäre, öffentliche Gottesdienste abzuhalten, um Regen zu erbitten", und um den Pfarrer von Varollo scharten sich die Gläubigen von San Giacomo, Bozzana, Cis und Preghena, um zu beschließen, „am Donnerstag, den 26. Juli, dem Tag der heiligen Anna, zu einem Bittgang aufzurufen. Um sechs Uhr morgens des besagten Tages setzte sich die Prozession mit der Statue der Schmerzensmadonna aus der Kirche San Martino in Livo in Bewegung [...], unterwegs schlossen sich ihr die Bittgänger von Preghena an, mit Pfarrer Don Gaetano Sandri an der Spitze. An der Brücke bei den Mühlen vereinigte sich dann die Prozession mit der aus Cis, an welcher auch die Gläubigen aus San Giacomo und Bozzana beteiligt waren. Die drei vereinten Prozessionen mit ihren nahezu zweitausend Teilnehmern zogen nun in inniger Andacht in Richtung Bresimo mit der Madonnenstatue, den Fahnen und Bannern der einzelnen Ortschaften, den Gebeten der Gläubigen und unter den Gesängen von Litaneien und Kirchenliedern zu Ehren der Heiligen Jungfrau, die aus den Kehlen mehreren Männer- und Frauenchöre drangen. Man bat um Vergebung für die begangenen Sünden hoffte, dass dies den ersehnten Regen bringen würde". Und weiter erinnert

QUELLENANGABEN

Conter don Luigi, *Fatti storici di Livo*, 1913
Weber Simone, *Le chiese della Val di Sole nella storia e nell'arte*, Grafiche Artigianelli, Trient, 1936.

Die Gnadenstatue der Heiligen Maria mit dem Kind war einst reich geschmückt mit Zierbändern, Ketten und Schnüren, an denen Korallen und schwarze Granate hingen.

sich Don Francesco Pasquazzo, der von 1923 bis 1937 der Pfarre in Livo vorstand, an den „reglosen Himmel des 26. Juli und des darauffolgenden Tages, an denen sich kein Lüftchen rührte und sich nicht das kleinste aller Wölkchen zeigte. Das Vertrauen in die Macht der Fürsprache der himmlischen Mutter blieb dennoch aufrecht, und so bedeckte sich tags darauf der Himmel mit Wolken und es fiel reichlich Regen, den ausgedörrten Äckern und Feldern wurde Erlösung zuteil".
Luigi Conter aus Livo weiß zu berichten, dass sich einige im Dorf auch noch an eine andere schreckliche Dürre im Jahr 1938 erinnern, die auf einen niederschlagslosen Winter folgte. Die Erde war ausgedörrt, brüchig und rissig. Und so gab es auch in diesem Jahr mehrere Prozessionen aus den verschiedenen Dörfern, die jeweils von einer eigenen Muttergottesstatue begleitet wurden und sich schließlich mit der aus Bresimo vereinten. Es war, als würde die vorher auf mehrere Marienstatuen verteilte Macht sich plötzlich verdichten, denn „kaum waren die Prozession vereint, begann es auch schon zu regnen. Es regnete immer heftiger, so sehr, dass jemand nach Livo zurückgehen musste, um Tücher zum Einhüllen der Statuen zu holen. Die Prozession setzte sich bei strömendem Regen bis nach Baselga fort. Dort wurde angesichts des nicht nachlassenden Regens beschlossen, die Statue der Schmerzensmutter vorübergehend in der Kirche von Baselga unterzustellen. Es regnete viele Tage lang, und acht Tage später – es regnete immer noch – wurde die Schmerzensmutter in die Kirche von San Martino zurückgebracht".
Die Wallfahrtskirche, die auf Geheiß der Grafen von Altaguarda wiederaufgebaut wurde – nur einige hundert Meter weiter aufwärts sieht man noch die Überreste deren Burganlage, von der aus die darunter durchziehende *via pagana* bewacht wurde –, zog jahrhundertelang Scharen von Gläubigen an diesen von den Bergen des Ilmenkamms geschützten Ort. Der dreieckförmig aufragende Monte Pin, zu dessen Füßen er liegt, galt bereits den Rätern als heiliger Gipfel. Mehrere archäologische Funde und auch die Volksüberlieferung deuten auf heidnische Kultstätten mit rituellen Feuern- und Blutopfern hin. Von daher wurden die ursprünglichen romanischen Kapellen nicht rein zufällig an solchen Orten errichtet wie beispielsweise bei Isca de la mort, wo der Legende nach blutige Kämpfe zwischen Römern und Rätern ausgetragen wurden. Die Gläubigen, die von Proveis hierher pilgern, kennen einige solche Geschichten. So ist auf dem Weg nach Preghena Vorsicht geboten, denn man durchquert ein von Zwergen bewohntes Gebiet. An den Südhängen des Ilmenkamms, den Maddalene-Bergen, gab es einst zwischen Tregiovo und dem Rabbital mehrere Bergwerkstollen, in deren Zusammenhang von einem Zwerg die Rede ist, der in einer Julinacht auf dem Gipfel des Monte Pin saß und sich die Augen ausweinte. Überallhin ergoss sich sein Tränenschwall, bis die Herrin der Nacht, die Mondkönigin, sich über den Lärm ärgerte und ihn fragte, was es denn zu weinen gebe. Er antwortete, dass er sich nachts auf dem hohen Berg einsam fühle und niemanden habe, mit dem er spielen könne. Deshalb habe er sich darauf beschränkt, Bilder in Baumstämme zu schnitzen, Figuren zu ritzen, die im Spiel des Tageslichts lebendig wurden und ihm Gesellschaft leisteten, aber im Dunkel der Nacht würde dies eben nicht funktionieren. Da machte ihm die Königin der Nacht ein Geschenk: Sie schwoll zu einer großen, glänzenden Kugel an, und leuchtete, als wäre es Tag. Für diese enorme Anstrengung wurde die Mondkönigin nun ihrerseits von den Waldfeen belohnt, die ihr gestatteten, sich einmal in jedem Monat wieder zu einer großen, dicken, runden, hell leuchtenden Kugel aufzublasen, damit sich der Zwerg auch nachts nicht mehr einsam fühlen musste.
Und zu allem Überfluss an Geschöpfen der Dunkelheit gab es auch noch die Hexen, die nachts über die grasbewachsenen Hänge des Ilmenkamms schwirrten, um zusammen mit den Hexen der Val Camonica auf dem Venusberg den Sabbat zu feiern.
Das Ankommen am Ziel einer Wallfahrt bedeutete auch, dass man sich nunmehr an einem geheiligten Ort befand und

DER WEG

Ausgangsort und Ziel: Auf den Spuren der einheimischen Wallfahrer starten wir in Marcena, einem Ortsteil von Rumo, wohin man entweder mit öffentlichen Verkehrsmitteln von Cles aus oder im Auto bis Preghena (820 m) und von dort aus mit dem Linienbus nach Marcena gelangt. Ziel ist Baselga di Bresimo, von wo aus man mit den öffentlichen Verkehrsmitteln nach Cles zurückkehren kann, oder man geht etwa eine halbe Stunde lang über die asphaltierte Straße, die glücklicherweise wenig befahren ist, bis nach Preghena zurück.

Wegverlauf: Von Marcena (959 m) aus geht es nach der Besichtigung der mittelalterlichen Kirche San Paolo mit ihrem romanischen Glockenturm sowie der Fresken an der Casa Wegher – auf ihnen erkennen wir den heiligen Jakobus von Compostela in Begleitung des heiligen Georg, der die Prinzessin vom Drachen befreit, den heiligen Bernhard, Maria mit dem Kind und den heiligen Vigilius – weiter in Richtung Preghena. Nachdem wir die Brücke über den Lavazè überquert haben, beginnt unser Weg gleich rechts davon (Holzschild „Cammino Jacopeo d'Anaunia" bzw. die gelbe Jakobsmuschel). Auf dem Maso Stanchina (1055 m) angekommen, geht es steil hinauf zum *malgone* (1091 m) und von dort an links über die Forststraße weiter nach Preghena (807 m), wo sich ein Besuch der Kirche Sant'Antonio aus dem 16. Jahrhundert empfiehlt, die aber leider den größten Teil des Tages über geschlossen ist. Sobald wir auf die asphaltierte Straße nach Val di Bresimo stoßen, folgen wir dieser bis zu einer scharfen Kurve mit Parkplatz und Beschilderungen, wo wir nun den Weg einschlagen, der uns bis vor das Wallfahrtskirchlein führt. Für den Rückweg benutzen wir die öffentlichen Verkehrsmittel oder gehen zu Fuß bis nach Preghena zum abgestellten Auto zurück.

Gehzeit: rund 3 Stunden von Marcena bis Baselga di Bresimo

Höhenunterschied: 150 m

Infos: In Marcena gibt es mehrere Einkehrmöglichkeiten, darunter den in einem alten Ansitz untergebrachten Gasthof *Al Cavallino Bianco* (www.cavallinobiancorumo.it) sowie das Hotel Margherita (www.hotelmargheritarumo.it).
Die Abgeschiedenheit des oberen Rumo-Tales hat das architektonische Erbe in die Gegenwart gerettet, dessen Ursprünge auf die spätrömische Zeit zurückgehen, in der die Siedlung *Rumum* hieß (lateinisch für Heuschober bzw. Haufengehöft). Noch heute bezeichnen die Nonsberger die Bewohner dieses Tales als „die von Rum" und diese fühlen sich auch nicht dem Nonsberg zugehörig. Auffallend sind die starken deutschen Spracheinflüsse, die von den *canopi* ausgingen, den Bergwerksknappen aus dem benachbarten Südtiroler Ulten- und Martelltal.

somit in Sicherheit vor den zahllosen unguten Geistern, an einem Ort, der schon vor langer Zeit dazu berufen wurde, Gefahren und Versuchungen von Seele und Körper fernzuhalten. Die vielen Votivgaben sowie die zahlreichen auch künstlerisch wertvollen Votivbilder, welche den wiederholten Diebstahlversuchen standgehalten haben, geben Zeugnis von einem Ort, der als Katalysator von Ereignissen wirkte, und zwar nicht nur am 15. August, am ersten Sonntag im Februar oder an den anderen gebotenen kirchlichen Feiertagen.

Zurzeit ist die kleine Wallfahrtskirche leider geschlossen. Es bleibt zu hoffen, dass sie wieder geöffnet wird, auch wenn ein Eintrittsgeld dafür erhoben würde, oder wie es in vielen Kirchen in den Bergen Südtirols bereits gehandhabt wird, der Schlüssel im nächstgelegenen Bauernhof aufbewahrt wird und die fällige kleine Spende für die Besichtigung der Kirche eine moralische Verpflichtung darstellt. Es darf einfach nicht sein, dass solch ein architektonisches, bildhauerisches und malerisches Kleinod der Öffentlichkeit versagt bleibt. Allein die Besichtigung der Fresken von Malern der deutschen Schule, die Albrecht Dürers *Kleinen Passion* entlehnt sind und diese Wände schmücken, sind einen Ausflug hierher wert.

4. Sankt Romedius

Der Heilige mit dem Bären

Am 15. Jänner, wenn der Schnee die Erde in eine weiße Decke hüllt und der Herr der Tiere, der Bär, in einer Erd- oder Felshöhle seinen Winterschlaf hält, wird der heilige Romedius, lateinisch *Remedius* oder *Remegius*, gefeiert. Dieser Tag sowie auch andere, die in die Winterschlafzeit der Bären fallen – also von November bis Februar –, wurden von der Kirche als die Festtage all jener Heiligen bestimmt, die einen Bären gezähmt oder besänftigt hatten oder ihm auf Gedeih und Verderb in irgendeiner besonderen Weise verbunden waren. Eine bewegte Geschichte mit solch einem Bär hatte auch Romedius, der 330 n. Chr. in einer wohlhabenden frühchristlichen Familie geboren wurde und dessen Vater eine römische Militärstation in Thaur vor den Toren des heutigen Innsbruck am Fuße des Haller Salzbergs befehligte. Weitere Heilige, die eine besondere Beziehung zu diesem noblen Wildtier hatten, waren Remaclus (3. September), Magnus (6. September), Korbinian (8. September), Euphemia (16. September), Lambert (17. September), Florentius (22. September), Thekla (23. September), Ursicin von Disentis (2. Oktober), Gislenus (9. Oktober), Gallus (16. Oktober), Ursula (21. Oktober), Martin (11. November), Columban (23. November), Eligius (1. Dezember), Kolumba (31. Dezember), Vincentianus (2. Jänner), Valerius (29. Jänner),

Einsam, wild, archaisch – seit Jahrhunderten die Welt der Einsiedler.

Ursus di Aosta (1. Februar), Blasius (3. Februar), Aventinus (4. Februar), Amandus und Vedastus (6. Februar), Valencius (14. Februar) u.a.m. Dieser christliche Namenskalender steht meist in Zusammenhang mit Heiligenlegenden, in denen hervorgehoben wird, dass die Kinder Gottes stärker sind als wilde Tiere, und zeugt vom Kampf der Kirche gegen das Überleben all jener heidnischen Rituale und Kulthandlungen, die Jahrtausende hindurch den Bären als Mittelpunkt hatten.
Romedius machte Karriere in der römischen Verwaltung, wurde reich und begnügte sich mit der Aussicht auf ein abgesichertes Leben im Rahmen seiner beruflichen Tätigkeiten. Doch eines Tages wehte über die waldigen Hänge der Nordtiroler Berge der Wind des Christentums, der von den missionarischen Taten zu erzählen wusste, die vom Trienter Bischof, dem heiligen Vigilius, und seiner legendären Mutter, der heiligen Massenzia, in den Tälern des Trentino vollbracht wurden.

ANFAHRT

Kurz nachdem wir in Dermulo an der Nonsberger Straße abgebogen sind und die im Tal linksseitig gelegene Ortschaft Sanzeno erreicht haben, biegen wir am dortigen Dorfplatz rechts ab und fahren weiter bis zu dem großen Parkplatz, von wo aus den Sommer über ein Shuttlebus zum Wallfahrtsort verkehrt.

Es wurde von zerstörten Götzenbildern erzählt, von der Christianisierung alter rätischer und römischer Kultstätten, von Wundern und Mysterien. Der junge Romedius war Feuer und Flamme. Er gab alles auf, Wohlstand, Sicherheit und Beziehungen, verzichtete auf die Einnahmen aus dem Salzhandel – sein Vater war ein Vorläufer der mächtigen Salzherren des Mittelalters –, er verließ sein Elternhaus, an dessen Stelle später eine prächtige Burganlage entstehen sollte, und zog fort aus der

Sankt Romedius, ein Ort der Geschichte und der Legenden inmitten einer grenzwertigen Welt, in der zeitliches Geschehen, Ereignisse, Handlungen und Missetaten ineinander verschmelzen und zu Zeugnissen des menschlichen Sakralen werden.

DER WEG

Ausgangsort und Ziel: Sanzeno (641 m)
Vom Dorfplatz in Sanzeno aus folgt man der Provinzstraße in Richtung Cavareno für etwa hundert Meter, bis auf der rechten Seite in der Nähe des Rätischen Museums ein Wegweiser die Richtung zur Einsiedelei anzeigt. Der Aufstieg ist durchaus beeindruckend, luftig, teilweise in den Felsen gehauen und überschneidet sich mit einem alten Bewässerungswaal. Am Ende des Waals führt der Weg dann hinauf bis auf den Gipfel des Wallfahrtsortes (732 m).
Der Rückweg bis zum Ausgangspunkt erfolgt über die Asphaltstraße, die in den Sommermonaten für den Verkehr gesperrt ist.

Gehzeit: insgesamt ca. 3 Stunden

Höhenunterschied: ca. 100 m

Infos: Sankt Romedius ist das ganze Jahr über geöffnet: vom 1. Oktober bis 1. April von 9 bis 17 Uhr, vom 2. April bis 30. September von 9 bis 19 Uhr. Tel. Einsiedelei +39 0463 536198, Azienda per il Turismo Val di Non, Tel. +39 0463 830133.
Die heiligen Messen in der Wallfahrtskirche finden montags bis freitags um 16 Uhr und an Sonn- und Feiertagen um 9 und 11 Uhr statt.

heimatlichen Siedlung, in der viele Jahre danach eine dem heiligen Vigil geweihte Kirche errichtet wurde, die noch heute besichtigt werden kann. Er wurde zum Pilger und wanderte auf den Pfaden des Glaubens und der Geschichte, bis er in Trient ankam, um Vigilius kennenzulernen. In der Zwischenzeit hatte er erfahren, dass drei kappadokische Missionare, Sisinius, Martyrius und Alexander, in Sanzeno den Märtyrertod erlitten hatten, nachdem sie die traditionelle Entsühnungsprozession des heidnischen Ambarvalia-Festes gestört hatten. Der Ort, an dem sich Romedius schließlich niederließ, wurde vom Schicksal der Geschichte bestimmt. Er wollte Einsiedler werden und fand die geeignete Stelle dafür in einer feuchten und verlassenen Schlucht nur wenige Kilometer von Sanzeno entfernt. Auf einem schmalen steilen Felsgrat errichtete er auf den Überresten einer alten rätischen Festung eine Einsiedelei, die in ganz Europa bekannt werden sollte. Dort lebte er zurückgezogen im Gebet, allein mit seinem einzigen Freund, dem legendären Bären, und dem Rauschen des Wildbaches, der sein Meditieren poetisch begleitete und später auch

Das *Sancta Sanctorum,* das pulsierende Herz der Pilgerstatt: der Reliquienschrein.

seinen Namen erhielt. Mit seiner Niederlassung an diesem abgelegenen, unwegsamen, der wilden Natur überlassenen Ort vereinte Romedius, noch weit vor dem Wirken von Feldherren und Volkshelden, das Land der Berge nördlich und südlich des schicksalsschweren Brennerpasses und nahm damit geistig die meinhardinische Gründung der Grafschaft Tirol um Jahrhunderte vorweg.

Als er eines Tages nach Trient zu einem Besuch seines Bischofs Vigilius aufbrechen wollte, bat er seinen Schüler David, sein Pferd zu satteln. David kam unverrichteter Dinge zurück und erzählte entsetzt, dass ein Bär gerade dabei sei, das Pferd in Stücke zu reißen. Romedius ließ sich nicht beirren, zügelte den plötzlich zahm gewordenen Bär und ritt auf seinem Rücken bis nach Trient. Unterwegs kam er an Très vorbei, einer ehemaligen römischen Siedlung, wo er seine Spuren auf einem heute noch *Sas de San Romedi* genannten Findling hinterließ. Einige Einkerbungen im Stein werden von der Legende als Finger- und Fußabdrücke des Heiligen gedeutet, der sich hier ausgeruht haben soll.

Von Trient zurück in die Zelle seiner vom Nebel verhüllten Einsiedelei, verbrachte er viele weitere Jahre im einsamen Gebet, bevor eines Morgens – es war der 15. Jänner eines nicht näher bekannten Jahres (400 oder 405 n. Chr.?) – plötzlich eine Glocke der Bischofskirche von Trient zu läuten begann, Viglius weckte und ihm verkündete, dass Romedius, der Eremit und teure Freund, seine Seele in die Hände des Schöpfers zurückgelegt hatte.

Das Leben des Romedius, das zwischen Realität und Legende schwankt, stellt eine große Bereicherung für den Nonsberg dar, von wo aus der Romediuskult in ganz Tirol und darüber hinaus verbreitet wurde. Ein schönes Bild in der Katharinenkapelle des Kreuzgangs im Dominikanerkloster in Bozen soll einer Hypothese zufolge, zu deren Verfechtern auch die Kunsthistorikerin Silvia Spada Pintarelli zählt, in Wirklichkeit den heiligen Romedius darstellen und nicht den heiligen Jakobus, wie von Kunstgeschichtlern allgemein angenommen, zumal die roten Korallen in seiner Hand ikonografisch nicht zu den üblichen Attributen des heiligen Jakobus passen. Das Fresko gehört zur ersten Verbreitungsphase der an Giotto angelehnten Malerei im Bozner Raum und kann auf 1335–1340 datiert werden. Es bietet dem Betrachter eine Möglichkeit, sich das Antlitz des heiligen Romedius vorzustellen, selbst wenn es sich dabei um eine idealisierte und den zeitgenössischen Äußerlichkeiten entsprechende Darstellung handelt.

In einer Dezembernacht gegen Ende des Jahres weist ein langes Band von Fackeln den Weg von den beiden Coredoseen nach Sankt Romedius.

Die ursprüngliche Zelle des Eremiten befindet sich auf der Spitze des Felsens. In den nachfolgenden Jahrhunderten entstanden Kapellen, Himmelsspiralen, Krypten und Kirchen – allein davon gibt es fünf – in einer Abfolge von verschiedenen Stilrichtungen und Andachtsverhältnissen zwischen Mensch und Gott, die der fromme Einsiedler zu vermitteln versteht. Unzählige Votivtafeln begleiten den Aufstieg über 131 Stufen bis an die Stelle, an der Romedius seinen Kopf auf den Stein legte, der ihm als Schlaflager diente. Unter den zahllosen Gemälden und Skulpturen, die das Lob dem Schöpfer, dem Heiland, der Jungfrau Maria, dem Wirken der Heiligen und dem gesamten christlichen Pantheon verkünden, findet sich eine Besonderheit, die diesen Ort für die Kunstgeschichte des Trentino so wichtig macht. Es ist die *Porta di Aricarda*, ein steinernes Portal, das in die San-Nicolò-Kapelle führt, die vorletzte im Verlauf des Aufstiegs. Dieses Portal, das ursprünglich wohl aus einer vorbestehenden Kultstätte aus derselben Gegend stammt und möglicherweise in einem Zusammenhang steht mit der benachbarten Basilika von Sanzeno und den Gräbern der Nonsberger Märtyrer Sisinius, Martyrius und Alexander, symbolisiert nicht nur den Augenblick des Eintretens in den ältesten Teil der Einsiedelei, der einst die Schwelle zwischen der profanen und der sakralen Welt darstellte, sondern zeigt sich auch als ein stilistisches Erbe der Langobarden mit eindeutig byzantinischen Einflüssen. Ende des 11. Jahrhunderts

Der Aufstieg wird begleitet von den Kapellen, den Votivtafeln und den Kreuzwegfiguren.

Der luftige Weg über einem Bewässerungskanal führt uns vom Rätischen Museum bis nach Sankt Romedius.

angefertigt und der Nonne Aricarda gewidmet (*Aricarda-Munica-Fecit-Laborare-Istam-Portam-Maister-Octo. Tome/M*, wie auf dem obersten linken Stein zu lesen ist), ist es reich verziert mit gemeißelten Sonnenrädern, Spiralen, Rosetten und christologischen Symbolen und zeigt uns auf seiner linken Seite – zum Teil verdeckt von einer kleinen Säule – ein rares Beispiel einer byzantinischen Weihnachtskrippe. Darauf entspricht Maria noch dem antiken Schema der Phädra, einer Figur der griechischen Mythologie, Tochter des Minos und der Pasiphae, die erst im späten 14. Jahrhundert durch den Typus der das Kind anbetenden Muttergottes nach der Vision der heiligen Brigitta (1370) ersetzt wurde.

QUELLENANGABEN

Degasperi Fiorenzo, *San Romedio. Una via sacra attraverso il Tirolo storico*, Edizioni Curcu & Genovese, Trient 2015

Passamani Bruno, *La scultura romanica del Trentino*, Casa Editrice G.B. Monauni, Trient 1963

Die Nonsberger pilgern zweimal im Jahr zur Einsiedelei, am 15. Jänner und am 15. August. Letztere Wallfahrt geht auf ein Gelübde aus dem Jahr 1632 zurück, das während der verheerenden Pestjahre zwischen 1630 und 1636 öffentlich abgelegt wurde. Wir werden hier den Rückweg der Nonsberger Wallfahrer bis zur Kirche nach Sanzeno beschreiten, ein kleines Wegestück gemessen an den Entfernungen, die von den Gläubigen von überall her zurückgelegt wurden, allein oder als Gruppe, als Bekenntnis ihres Glaubens, um ein Gelübde zu erfüllen und eine Votivgabe darzubringen oder auch bloß mit einem Bußstein beladen, um vierzig Tage weniger lang die Qualen des Fegfeuers ertragen zu müssen. Vom Pustertal bis ins Belluneser Gebiet, von den Gläubigen aus der Gegend um Vicenza bis zu den Zimmerntalern, von den Südtiroler und den Trentiner Schützen, die an Andreas Hofers Todestag sich hier versammeln, bis hin zu den Pilgern aus Bedollo, die einst im Schneesturm auf dem Fennerjoch ums Leben kamen, für all diese Menschen war und ist Sankt Romedius ein Fixstern in der alpenländischen Heiligenverehrung.

5. Madonna del Lares in Bolbeno
Das Heiligtum der Hirten

Als Hirten mit ihren Herden in Richtung der Hochweiden des Pian de Scale wanderten, erblickten sie plötzlich vor ihnen, an einem Lärchenstamm hängend, ein wunderschönes Bildnis der Rosenkranzmadonna. Ihre Ungläubigkeit hatte etwas Archaisches an sich, genauso wie ihr überstürzter Lauf hinunter ins Tal, um dem Pfarrer von Bolbeno, einer uralten Siedlung römischen Ursprungs, Bericht zu erstatten, dessen darauffolgender Aufstieg zu den Almböden in Begleitung einer sich spontan zusammengefundenen Schar von Gläubigen und das Ablegen des Bildes auf einem nahegelegenen Hügel, auf dem er später eine Kapelle errichten wollte. Doch noch in derselben Nacht verschwand das Bild, um an derselben Stelle wieder zu erscheinen, an der es gefunden worden war. „Die Botschaft der Gottesmutter ist nun klar", erklärte der Pfarrer und ließ zwischen den Lärchen eine Kapelle bauen, die später zu einer kleinen Kirche wurde. Diese Geschichte hat etwas bereits Dagewesenes an sich, etwas, das auch an vielen anderen Stellen geschehen sein soll. Und das nicht erst seit dem Konzil von Trient, wie die Aufzeichnungen zeigen. Der Ursprung der an Bäumen hängenden Bilder ist im keltischen Tempel unter freiem Himmel, dem Wald, zu finden: Eines ihrer archaischen Rituale bestand darin, Stoffstreifen an den Ästen eines Baumes aufzuhängen. Von daher kommt auch unser Weihnachtsbaum. Bereits in der Antike war es Brauch, Altäre oder auch besonders verehrte Gottheitsstatuen (*Xoanon*) mit Zweigen zu umwickeln, wie es sowohl von Keramikfunden wie auch von literarischen Erwähnungen bezeugt wird – besonders im Zusammenhang mit Dionysos. Es handelt sich also um einen Kult indoeuropäischen Ursprungs, der sich mit den Kelten ausbreitete, als diese sich in den Jahrhunderten unmittelbar vor Christi Geburt in unseren Tälern niederließen. Wie Lucanus in seinen *Pharsalia* zu berichten weiß, wurden von den Boudicca-Aufständigen die Köpfe ihrer menschlichen Blutopfer an den Bäumen aufgehängt, aber auch Abbildungen von Gottheiten, die an bestimmten Tagen des Jahres durch das Entzünden von Feuern geehrt wurden. Und Titus Livius erinnert sich, dass er noch zu seiner Zeit derartige Siegestrophäen an den Bäumen um den Juno-Tempel herumhängen sah.

Vom Kirchlein aus gelangt man in kurzer Zeit zum Aussichtspunkt des Doss Tompliz.

Die Kapelle mit drei Figurennischen kurz vor der Wallfahrtskirche.

Auf die keltischen Opfergaben folgten Maria- und Heiligenbilder, die an den Bäumen festgemacht wurden. Und damit entstanden auch schon die Legenden von Madonnen, die auf wundersame Weise zwischen den Ästen hervorschauten oder aus der Erde unter bestimmten Bäumen ausgegraben wurden. Die Bilder wurden dann ins Dorf gebracht und verschwanden spurlos, nur um am nächsten Tag unter oder auf dem Baum

Bolbenum hieß die ursprüngliche Siedlung aus der römischen Kaiserzeit und lag direkt an einer Römerstraße.

wiederaufzutauchen. Zahlreiche Kapellen, Kruzifixe, Bildstöcke und Bergkirchlein fanden in diesem Hin- und Herwandern von Heiligenbildern den Mythos ihres Entstehens an einsam gelegenen Orten. Die von Lärchen umgebene kleine Kirche, die wir heute sehen – ihr Name Madonna del Lares leitet sich von den im Trentiner Dialekt *lares* (ital. *larici*) genannten Lärchen ab –, wurde 1850 in neoklassizistischem Stil an der Stelle einer kleineren Kapelle aus dem Jahr 1770 errichtet. Von dem Tag an, an dem das Gnadenbild gefunden wurde, begannen Prozessionen und Wallfahrten sich abzuwechseln, die nicht nur aus Bolbeno herauf, sondern auch aus der weiteren Umgebung kamen. Das ursprüngliche auf Leinwand gemalte Gemälde wurde 1971 zusammen mit mehreren Votivtafeln gestohlen und im Jahr darauf durch eine Kopie ersetzt, die aus der Hand von Marisa Rutter, einer Nonne der Comboni-Schwestern von Verona, stammt und am 3. Oktober 1972 bei ihrer Rückkehr in die Wallfahrtskirche von etwa tausend Gläubigen aus ganz Judikarien begleitet wurde. Die Verehrung des Bildes ist nicht weniger geworden, auch weil die Madonna del Lares am 30. April 1995 von Papst Johannes Paul II. in seinem Regina-Coeli-Gebet zusammen mit den Wallfahrtsmadonnen von Bosentino, Cavalese, Campiglio, Montagnaga, Arco, Folgaria sowie Segonzano erwähnt wurde.

Gefeiert wird in der Rosenkranzkapelle am 15. und 16. August, an Maria Himmelfahrt und am Tag des heiligen Rochus, jenem Heiligen, der während der Pest von 1630 und der Choleraepidemie von 1855 besonders inbrünstig angerufen wurde und vor dem die Einwohner von Bolbeno ein Gelübde abgelegt hatten, wodurch am 16. August stets eine zusätzliche Prozession stattfindet.

Im Mai fanden die traditionellen Wallfahrten statt, zuerst die von Bondo aus, bei der die Gläubigen einem großen Holzkruzifix folgten, später auch die aus Breguzzo mit all seinen Schulkindern und Einwohnern und voraus dem Pfarrer, der den Rosenkranz vorbetete.

Kein Zufall scheint es zu sein, dass in der Nähe des Kirchleins – wie wohl bei den meisten marianischen Wallfahrtsorten – eine Wasserquelle sprudelt, die den Durst der Wallfahrer nach dem erfolgten Aufstieg löscht. Für die Einheimischen ist es *l'acqua della Madonna,* das Muttergotteswasser, das heute noch so mancher Gläubige, vor allem Frauen, mit Händen schöpft und sich damit die Augen wäscht. Wenn nicht als wundertätig, so gilt dieses Quellwasser auf jeden Fall als vorbeugend, weshalb es viele Wallfahrer auch als gesundheitsförderndes Andenken mit nach Hause nehmen.

DER WEG

Ausgangsort und Ziel: Bolbeno (585 Meter)

Wegverlauf: Vom Dorf aus folgen wir den Schildern zum Wallfahrtskirche, zunächst auf einer asphaltierten Straße, danach über einen Wanderweg. Dasselbe gilt auch für die Rückkehr.

Gehzeit: 50 Minuten für den Aufstieg, 40 Minuten für den Abstieg

Höhenunterschied: etwas mehr als 200 m

Infos: Das Wallfahrtskirchlein ist geschlossen. Über Besichtigungsmöglichkeiten informieren Sie sich am besten beim örtlichen Tourismusverein *Consorzio Pro Loco Giudicarie Centrali* in Tione, Tel. +39 0465 324140, www.visit-giudicarie.it. Die Route kann auch mit dem Mountainbike befahren werden.

ANFAHRT

Die Wallfahrtskirche (788 m) ist mit dem Auto in wenigen Minuten von Bolbeno aus zu erreichen. Nach Bolbeno gelangt man, indem man entlang der in Richtung Trient gefahrenen Provinzstraße wenige Kilometer vor Tione eine beschilderte Abzweigung nimmt.

6. Santa Croce del Bleggio
Das Kreuz der 145 Gnaden

Schon beim Eintreten in die prächtige, altehrwürdige Erzpriesterkirche der heiligen Dionysius, Rusticus und Eleuterius in Santa Croce del Bleggio – ab 1153 erwähnt, aber angesichts langobardischer Spuren wohl sehr viel älter –, staunt man über die Fülle an Marmorstatuen, salomonischen Säulen, barocken Altarbildern und Renaissanceportalen. Noch mehr ins Staunen gerät man, sobald man rechts vom Hauptaltar die Heiligkreuzkapelle betritt und vor dem monumentalen vergoldeten Schnitzaltar steht, der 1652 vom Pfarrer Don Nicolò Brunelli aus Rango geweiht wurde und in acht geschnitzte Tafeln unterteilt ist, die der Leidensgeschichte Christi gewidmet sind, wobei die zentral angeordnete Pietà im Stil des Michelangelo von Putten und Heiligenfiguren bewacht wird. Maria ist weinend dargestellt, auf ihren Knien der leblose Leib ihres Sohnes, der sich mit drei Fingern seiner linken Hand zum Glauben an den dreieinigen Gott bekennt. In der Mitte dieser Schatzkammer der Barockkunst zeichnet sich das armselig anmutende, schmucklose Holzkreuz aus Lärchenholz ab, dem wahre Wunder, apotropäische Kräfte, die Vermittlung von Fürbitten und die Rolle einer Verbindung zwischen Himmel und Erde zugeschrieben werden. Das bezeugen auch die insgesamt 120 Votivbilder, die rechts und links des Altars vom Eingreifen des Göttlichen in das tägliche Leben berichten. Ein imposantes schmiedeeisernes Barockgitter schließt die Kapelle ab, das in der Vergangenheit nur bei außergewöhnlichen Notlagen geöffnet wurde, um das Kreuz zurück auf den Berg bis zur *Guarda* zu bringen, einer

Die monumentale Freitreppe und das mächtige Kreuz zeugen von der sakralen Ehrwürdigkeit des Ortes.

Am Ort der Auffindung des Heiligen Kreuzes treffen viele Wege aufeinander.

Die uralte Landpfarre von Bleggio thront über der Landschaft der Äußeren Judikarien.

ANFAHRT

Die Wallfahrtskirche Santa Croce del Bleggio (628 m) erreicht man über die Provinzstraße Trient-Madonna di Campiglio, wobei man in Ponte Arche abzweigt und die Straße zum Duronpass einschlägt. Oder man fährt von Riva del Garda aus über den Ballinopass und von Tione über den Duronpass nach Saone.

Lichtung an den östlichen Hängen des Monte di San Martino oder Monte Bracco. An der höchsten Stelle dieser Lichtung stand einst eine langobardische Kapelle, die von einem Hirten aus zwei Lärchenstämmen errichtet worden war und zu einem beliebten Treffpunkt für Hirten und Holzfäller wurde, die dort ein paar Gebete sprachen. Mit der Zeit hieß es dann, die Berührung des Kreuzes bringe göttliche Gnaden. Die Nachricht verbreitete sich in ganz Bleggio und Lomaso, dann auch darüber hinaus, sodass bald schon ganze Scharen von Gläubigen zur Kapelle hinauf wanderten. Sie taten dies vor allem an den Sonntagen und versäumten dadurch die heiligen Messen, die in den verschiedenen Kirchen des Tales abgehalten wurden. Vielleicht beschlossen die Pfarrer deswegen, das Kreuz zu verlegen und so zu verhindern, dass die Menschen ihrer angestammten Dorfkirche abhanden kamen. Also wurde „am 11. Mai des Jahres 1624 das lärcherne Kreuz am Monte Bracco oberhalb von Tignarone abgebaut und feierlich in die Pfarrkirche von Bleggio gebracht, um dort öffentlich verehrt zu werden ob der geschehenen Wunder, in einer eigens dafür errichteten Kapelle, deren Bau 1640 fertiggestellt wurde", wie dies aus einer Urkunde hervorgeht, die im Pfarrarchiv von Stenico aufbewahrt wird.

Bis 1905 nannte sich der Ortsteil Santa Croce noch Spiazzo.

Auf dem Berg markiert der Zaun jene Stelle, an der das wundertätige Kreuz gefunden wurde.

Heute noch säumen uralte Grenzsteine aus Granit die Wege um Bleggio.

Der Legende nach ist das Kreuz anfangs mehrmals in die Berge zurückgeflüchtet, bevor es dann schließlich mit seinem neuen Standort einverstanden war. So wirkte es auch im Tal weiterhin Wunder. „Pietro Ravizza aus Massimeno di Rendena, seit anderthalb Monaten erblindet, erhielt sofort nach Ablegung des Gelübdes sein Augenlicht zurück, und Madama Helena, sein Weib, gesundete von ihrem tödlichen Gebrechen, so geschehen am 14. Juli 1624."

Das wichtigste Ereignis ist jedoch die wiederholte Rückkehr des Kreuzes auf seinen ursprünglichen Berg. Mehrmals wurde es wieder dorthin gebracht und auf dem Granitfindling aufgestellt, um Regen zu erbitten. Der Spruch *Cruce lata, pluvia data* (Kreuz gebracht, Regen erhalten) erinnert heute noch daran. Den Urkunden im Archiv von Stenico zufolge gab es im 18. Jahrhundert eine ganze Reihe solcher Prozessionen, während Don Pellegrino Merli von denen im 19. Jahrhundert Folgendes zu berichten weiß: „Das Heilige Kreuz wurde bei jeder Heimsuchung auf den San-Martino-Berg hinaufgetragen, und es wurde immer Gnade gewährt, sodass es die uneingeschränkte Verehrung der Menschen aus ganz Judikarien genoss." Auf die Gläubigen, die zur Heiligkreuzkirche pilgerten, warteten neben der Betrachtung des wundertätigen Kreuzes die Ablässe, „die von der Heiligen Apostolischen Pönitentiarie mit Reskript vom 6. Juli 1925 Nr. 2170 den Verehrern des Heiligen Kreuzes gewährt wurde: „I. Vollkommener Ablass an folgenden Festtagen: a) der Auffindung des Heiligen Kreuzes am 3. Mai, b) der Erhöhung des Heiligen Kreuzes am 14. September für diejenigen, die nach Beichte und Kommunion gemäß den päpstlichen Vorgaben gebetet haben; II. Ablass von 7 Jahren und 7 Vierzigtageablässe für diejenigen, die diese Kapelle an einem Freitag besuchen; III. Ablass von 300 Tagen für diejenigen, die sie an anderen Tagen besuchen."

An der Wallfahrt im Jahr 2000 nahmen fast dreitausend Gläubige teil. Die ersten, die Santa Croce erreichten, waren die Einwohner von Saona (500 m), dem Dorf jenseits des Duronpasses (985 m), wenige Kilometer von Tione entfernt. Sie kamen alle zu Fuß um halb sechs Uhr früh an, sangen Loblieder und sprachen Morgengebete. Seit dem 11. Mai 1624 wurde das Kreuz zweiunddreißigmal an den Fundort zurückgebracht

Die Fassade des Widums der Landpfarre mit den Überresten antiker Fresken.

QUELLENANGABEN

Caldera M. Livio, *La pieve del Bleggio nella storia e nell'arte,* Edizione Arca, Trient 1989

Das Innere der Wallfahrtskirche mit ihren zahllosen Votivbildern.

DER WEG

Ausgangsort und Ziel: Santa Croce del Bleggio (628 m)

Wegverlauf: Von der Wallfahrtskirche aus geht man zum Rathaus, wo nahe der Abzweigung nach Larido der Weg nach Bivedo (779 m) beginnt und man daraufhin dem Wegweiser 465 nach San Martino steil nach oben folgt, vorbei an den archaischen Randsteinen, die den Weg säumen und ein kostbares Zeugnis von Bleggios uralter Geschichte ablegen, sowie an jahrhundertealten Nussbäumen, deren Früchte weithin bekannt und geschätzt sind. So erreichen wir die ebene Guarda-Lichtung (975 m) mit der nicht überdachten Kapelle und dem Stein, auf dem das Kreuz ursprünglich stand. Die Rückkehr ins Tal erfolgt entweder über denselben Weg oder entlang der Markierung 465B, auf die man nach einem kurzen ebenen Wegstück stößt. Von hier aus geht es steil nach unten, vorbei an den Ortschaften Vergonzo und Duvredo sowie dem nahen Castel Restor.

Gehzeit: ca. 2 Stunden für den Aufstieg, 1 ½ Stunden für den Abstieg (beide Varianten)

Höhenunterschied: ca. 350 m

Info: Vor Ort gibt es keine Einkehrmöglichkeit, dafür aber im nahen Dorf Cavrasto oder in der rund zehn Kilometer darunterliegenden Ortschaft Ponte Arche-Comano Terme.

und siebzehn Jahre nach der letzten dieser Prozessionen noch ein zusätzliches Mal, als das Jahr 1983 zum Heiligen Jahr der Erlösung ausgerufen wurde. Die Wallfahrt begann traditionsgemäß um sechs Uhr morgens. Das Kreuz wurde vom Altar abgenommen und formte die Spitze der Prozession, die sich dann über Straßen und Wege bis hinauf zur Lichtung am Sas de Santa Cros schlängelte, einer herrlichen Aussichtsterrasse über Bleggio und Lomaso. Als erste sind es die Geistlichen, die das große Kreuz vom Altar zum Kirchhof tragen, dann sind sechs Gläubige aus Saone an der Reihe, denen das jahrhundertealte Recht zusteht, das Kreuz rund hundert Meter weit zu tragen, bevor es wieder von anderen Abordnungen übernommen wird. Mit ständig wechselnden Trägern zieht die Prozession weiter nach Bivedo, wo sich ihr, gesäumt von uralten im Boden eingelassenen und gottlob erhalten gebliebenen Granitsteinen, die Gläubigen aus den oberen Ortsteilen von Bleggio anschließen. In Cengledèl weicht der Asphalt dem Feldweg und es ertönt das Gotteslob „Sei uns gegrüßt, du heiliges Kreuz“. Kurz nach neun Uhr ist die Lichtung *Guarda* erreicht, das Kreuz wird nun in der heutigen, aus Granit gemauerten Freilichtkapelle aufgestellt und von den Wallfahrern umringt, die an der Messe teilnehmen. Zur Mittagszeit wird das Kreuz wieder abgelegt und kehrt ins Tal zurück, in den Altarraum der Heiligkreuzkapelle, wo es, wer weiß für wie lange, wieder bleiben wird.

HINWEISE UND TIPPS

Der Tourismusverein APT Tereme di Comano (Tel. +39 0465 702626) gibt Auskunft zur Besichtigung der Krypta – auch Johanniskirche genannt –, neben der Kirche von Brentonico und dem Trienter Dom der einzig erhalten gebliebene romanische sakrale Innenraum des Trentino, auf dessen romanischen Fresken karolingische Engelsfiguren nach byzantinischem Muster dargestellt sind, aber auch langobardische Mauerornamente in Form von Mäandern, Radkreuzen, gewundenen Knoten und salomonischem Zopfwerk, wie es auch im mächtigen romanischen Glockenturm noch vorhanden ist.

7. Madonna di Caravaggio in Deggia

Um die Cholera zu bannen

An den Hängen des wilden Monte Gazza, zwischen dem Seental (Valle dei Laghi) und dem Brentastock, gibt es noch ein paar verlassene, kaum besuchte Orte, die vom Lauf der Zeit und den Menschen vergessen wurden. So die Dörfchen Margone und Ranzo an der Ostseite des Tales sowie Deggia und Moline auf der Westseite. Letztere zählten gegen Ende des letzten Jahrhunderts 109 Einwohner und 33 Häuser. „Hier steigt kein Rauch mehr aus den Kaminen", beschreibt Alberto Folgheraiter die heutige Lage.
Uralte Pfade verbanden einst diese Orte zwischen Felsabhängen und steilen Wäldern, in denen Schafe weideten und vor allem Ziegen, zumal es – so erzählt man sich – bis vor dem Zweiten Weltkrieg hier noch bedeutend mehr Ziegen gab als Menschen.
Don Lorenzo Felicetti, der aus Predazzo stammte, aber als Kurat in den Pfarreien von Vigo und Darè tätig war, erkundete 1890 diese Wege auf den Spuren der legendären Wanderung des heiligen Vigilius, der sich von Trient aus auf den Weg gemacht hatte, um das Rendenatal zu christianisieren und dort – bei Mortaso – den Märtyrertod zu erleiden. Don Lorenzo erzählt davon, wie er auf dem Weg zwischen Deggia und Ranzo auf mehrere Kreuze stieß, „die als Andenken an tödlich verunglückte Menschen am Wegesrand aufgestellt waren und davon zeugten, wie gefährlich insbesondere im Winter das Beschreiten dieser Wege war. Wer an Limarò vorbeizieht, erblickt inmitten der felsigen Hänge der gegenüberliegenden Talseite jenseits des Sarca-Baches einen in Richtung Ranzo verlaufenden Pfad, die *via San Villi*, von der es heißt, sie sei einst auch von Fuhrwerken befahren worden, was heute nicht mehr möglich wäre". Andererseits müsse man den Weg auf jeden Fall zu Fuß abschreiten, denn heilig ist der Pfad, den ein Gott selbst oder ein Heiliger gegangen ist. Zum Ende seiner Wanderung schreibt er: „Ich kehrte um und bekreuzigte mich ausgiebig. Ich war gekommen, hatte gesehen und machte mich nun wieder davon! (Venni, vidi, fuggi!)" Wohl auch deswegen, weil diese Wege mit so manchen makabren Legenden

Von Ranzo aus führt uns ein luftiger Weg über die Schlucht von Limarò bis hin zur idyllisch gelegenen Wallfahrtskirche.

HINWEISE UND TIPPS

Während man in San Lorenzo in Banale auf ein öffentliches Verkehrsmittel wartet, kann man das Kirchlein Sant'Antonio Abate und die Kirche San Rocco mit den Fresken der Künstlerfamilie Baschenis besichtigen, wahre Juwelen der mittelalterlichen Malerei im Trentino.

ANFAHRT

Die Wallfahrtskirche von Deggia (619 m) erreicht man von der Provinzstraße Trient-Riva del Garda aus, indem man in Le Sarche rechts abbiegt und der Beschilderung nach Tione/Comano Terme/Madonna di Campiglio folgt. Nahe der berüchtigten Brücke *Ponte dei Servi* biegen wir erneut rechts ab in Richtung San Lorenzo in Banale/Molveno. In unmittelbarer Nähe der Ortsmitte von San Lorenzo befindet sich auf der rechten Seite eine ausgeschilderte Abzweigung nach Deggia/Santuario. Das gleiche Ziel erreicht man auch von San Michele all'Adige aus, indem man in Richtung Nonsberg fährt und unmittelbar nach der Rocchetta-Klause links nach Molveno abbiegt, dort am See entlangfährt und in der Ortschaft Nembia der links abbiegenden kleinen Straße folgt.

behaftet sind, wie jener, derzufolge einige kreisförmige Steinplatten, auf die man auf dem Burghügel des Castel Mani kurz vor San Lorenzo in Banale trifft, als Lagerstätte für die Leichen der hier enthaupteten Missetäter dienten. Und im Bondaital sollen die *Aguane* ihr Unwesen getrieben haben, ursprünglich wunderschöne blonde Jungfrauen, die allen jungen Männern der Umgebung den Kopf verdrehten, mit der Zeit aber zu gefürchteten Hexen wurden, denen man besser aus dem Weg ging. Wer weiß, wie viele Wanderer und Pilger ihnen schon begegnet sind. Möglicherweise fiel der Tag, an dem sie sich endgültig in Hexen verwandelten, mit der Durchreise

des heiligen Vigilius zusammen, der in Begleitung seiner legendären Mutter, der heiligen Massenzia, unterwegs war, um die Menschen zum Christentum zu bekehren. Das Konzil von Trient verbannte dann all diese fantastischen Wesen in die Höhlen, Schluchten und Felsklüfte der Gegend.
Nur wenn man zu Fuß unterwegs ist, nimmt man am Ortseingang von Ranzo die kleine Sankt-Vigilius-Kirche wahr, deren frühmittelalterlicher Ursprung trotz der im Laufe der Jahrhunderte erfolgten Umbauten und Renovierungen noch immer gut zu erkennen ist. So etwa an der quadratischen Halle und der nach Osten ausgerichteten Apsis mit der zuhöchst ungewöhnlichen, an der Außenseite neben dem Westeingang angebauten Kanzel, die sich der Legende nach genau an der Stelle befindet, an der der heilige Vigil unter freiem Himmel das Wort Gottes predigte.
Heute, viele Jahrhunderte später, folgt der Weg immer noch seinem ursprünglichen unwegsamen und beschwerlichen, aber landschaftlich äußerst reizvollen Verlauf über die beeindruckend tiefe Limarò-Schlucht.
Obwohl die Gegend fast unzugänglich war, erreichte die Cholera, die *dama nera*, auch diese abgelegenen Orte und brachte Tod und Verzweiflung. Sie suchte die Gegend in regelmäßigen Abständen heim, mit Ausnahme des Jahres 1855, in dem die Seuche andernorts wütete und der Tod an die Türen von Hunderten von Häusern in anderen Tälern des Trentino

Die Wallfahrtskirche liegt am Sankt-Vigilius-Weg, der Trient mit dem Rendenatal und dem Campiglio-Gebiet verbindet und den Spuren des Heiligen während seiner Missionierung von Teilen des Trentino folgt.

klopfte. Allein im nahe gelegenen Stenico starben 133 der insgesamt 399 Einwohner. Die Dörfer des Banale-Gebietes blieben indes verschont, und zwar – so versichern die Gläubigen dieser Ortschaften – dank des Versprechens an die Madonna des Caravaggio, eine ihr geweihte Kapelle zu bauen und das ganze Jahr über wiederholt Prozessionen und Wallfahrten zu unternehmen. In Wahrheit waren die Gebete zunächst wohl mehr an die Adresse des viel irdischeren, hochverehrten und allseits beliebten Sankt Rochus gerichtet, bemerkt Panizza in seinem Werk *Il Santuario della B.V. Maria di Caravaggio a Deggia*: „Die Einwohner von Deggia, die die Geißel überlebt hatten, legten das Gelübde ab, einen Bildstock zu Ehren des heiligen Rochus zu errichten, eben jenes heiligen Nothelfers, der für Seuchen zuständig war und dem schon das Dorf Pergnano einige Jahrhunderte zuvor seine Ortskirche geweiht hatte. Es bleibt ungeklärt, ob der Bildstock tatsächlich gebaut oder das Vorhaben sofort schon in ein anspruchsvolleres umgewandelt wurde, das den Bau jener Kapelle vorsah, die 1862 errichtet und der Heiligen Jungfrau von Caravaggio geweiht wurde. Es heißt, dass der Kurat Don Giuseppe Colli, der später in Riva als Erzpriester starb, den Gläubigen vorschlug, anstelle des heiligen Rochus die Muttergottes höchstpersönlich anzurufen." Bis heute veranstaltet das Dekanat von Banale die seit 1990 wieder aufgenommene Wallfahrt, bei der zahlreiche Gläubige immer noch den Weg über die historische *via San Villi* nehmen.

Wie dem auch sei, das Versprechen wurde gehalten, die Kapelle gebaut und am 6. September 1862 von Don Carlo Collini, dem Pfarrer aus dem benachbarten Tavodo, feierlich eingeweiht. Dies geschah allerdings ohne Erlaubnis der kirchlichen Obrigkeit, was zu einer gewissen Kontroverse mit dem Diözesanbischof führte, der die bereits übergroße Anzahl an Kapellen ringsum beanstandete, die von den Einheimischen aufgesucht wurden anstatt an den heiligen Messen in den Kirchen teilzunehmen. Warum sollten sie auch meilenweit zu einer Kirche hin- und zurückwandern müssen, wenn ihnen praktisch vor der eigenen Haustüre Gleiches angeboten wurde? Offensichtlich ging es auch um die dadurch verlorengegangenen Almosen in den kirchlichen Opferstöcken. Mit Verspätung wurde die bischöfliche Erlaubnis dann doch noch erteilt, allerdings mit der Auflage, die Gläubigen selbst, die die

QUELLENANGABEN

Felicetti don Lorenzo, *Le Giudicarie raccontano*, Edizioni Rendena, Tione 2002
Folgheraiter Alberto, *I villaggi dai camini spenti*, Curcu & Genovese, Trient 2012 Panizza Bruno, *Il Santuario della B.V. Maria di Caravaggio a Deggia,* San Lorenzo in Banale 1994

DER WEG

Ausgangspunkt und Ziel: Ausgangspunkt der Wanderung ist Sarche beim bekannten Schloss Castel Toblino (250 m), wohin man von öffentlichen Verkehrsmitteln gebracht wird (zahlreiche Fahrten gehen von Trient aus in Richtung Madonna di Campiglio oder Riva del Garda), Ziel San Lorenzo in Banale (758 m), von wo aus man wiederum mit öffentlichen Verkehrsmitteln nach Trient zurückgelangt.

Wegverlauf: Gegenüber dem Castel Toblino beginnt der mit 613 markierte Wanderweg, dem man bis nach Deggia folgt. Durch das wilde und geologisch interessante Busatal geht es hinauf nach Ranzo (743 m), wo man unbedingt der Kirche San Nicolò einen Besuch abstatten sollte. Weiter geht es auf der alten Römerstraße entlang dem *Sentiero di San Vili* bis zur kleinen Kirche von San Vigilio. Der Weg wird nun zum Pfad, der den Berg oberhalb der Limarò-Schlucht überwindet (Vorsicht, Schrittfestigkeit ist angesagt) und schließlich Deggia (619 m) erreicht. Von hier aus geht's weiter über die asphaltierte Straße (Markierung 300) bis nach San Lorenzo di Banale.

Gehzeit: insgesamt ca. 4 Stunden

Höhenunterschied: ca. 600 m

Infos: Einkehrmöglichkeiten in Castel Toblino und Ranzo. In San Lorenzo in Banale, bekannt als Ferienort und Tor zu den Brenta-Dolomiten, gibt es zahlreiche Hotels und Gaststätten.

Kapelle erbaut haben, müssten sie auch instandhalten, ohne die Kirchengemeinde damit zu belasten. Darüber hinaus wurde kundgetan, dass „der Ordinarius entgegen seinem Gutdünken verpflichtet ist, euch zu gestatten, die oben genannte Kapelle zu Ehren Unserer Lieben Frau von Caravaggio zu weihen und einzusegnen, und dass sowohl am Tag der Weihung selbst als auch jährlich am Festtag Unserer Lieben Frau von Caravaggio dort eine Messe – aber mehr nicht – gefeiert werden darf".

Im 19. und frühen 20. Jahrhundert wurde die Kapelle dann nicht mehr nur von den Gläubigen der umliegenden Dörfer gepflegt und instandgehalten, sondern vor allem durch die Spenden der zahlreichen Auswanderer nach Amerika. So steuerte beispielsweise Sperandio Margonari aus Prusa ganze 200 Gulden dazu bei.

Da die Verehrung des Gnadenbildes stetig zunahm, wurde beschlossen, das Bauwerk zu vergrößern. Auf Initiative des rührigen Pfarrers von San Lorenzo, Don Antonio Prudel, wurde am 10. Juni 1894 der Grundstein für die heutige Kirche gelegt, die knapp zwei Jahre später, am 26. Mai 1896, eingeweiht wurde. Seitdem versammeln sich die Gläubigen am 26. Mai und am 8. September, dem Fest Maria Geburt, zu den beiden Messen, die hier alljährlich gelesen werden, wobei ihr Blick sicherlich auch zur Decke hinauf schweift, die von Marco Bertoldi mit Szenen aus den freudenreichen Geheimnissen ausgemalt wurde. Seit einigen Jahren zieht es wieder vermehrt Wallfahrer aus den umliegenden Dekanaten an diesen kleinen abgelegenen Ort, der am 5. Mai 1985 sogar zum Schauplatz eines Friedenmarsches wurde.

Leider ist im Laufe der Jahre einiges an Votivbildern und Gedenktafeln gestohlen worden, die von den vielen Wallfahrern aus allen Dörfern der Äußeren Judikarien als Zeugnisse ihres Glaubens, ihrer Dankbarkeit und Hoffnung hier zurückgelassen wurden. Der letzte Einbruch, bei dem auch Holzmobiliar aus der Sakristei verschwand, geht auf das Jahr 1994 zurück. Seit diesem Tag, sagt Pater Bruno Panizza, bleiben die Türen immer offen, auch nachts, was wohl nicht nur bei Wallfahrtskirchen äußerst selten der Fall sein dürfte. „Wenn sie stehlen wollen, dann sollen sie's tun, aber übriggeblieben ist ja bloß der Beichtstuhl."

8. Madonna del fico

Die Gnadenstatue vom Hospiz in Madonna di Campiglio

Mag sein, dass die kostbare und weitum verehrte Holzstatue der Muttergottes mit dem Kind, besser bekannt als die *Madonna del fico* (des Feigenbaums), die laut dem Kunsthistoriker Nicolò Rasmo wohl der zweiten Hälfte des 14. Jahrhunderts zuzuordnen ist, einst auf einer achteckigen Granitsäule stand und täglich den Blicken der Gläubigen ausgesetzt war. Oktagonal wird die Säule wohl gewesen sein, um den „achten" Tag zu würdigen, den Tag des Herrn, den *dies dominica*, die Auferstehung Christi, den Aufbruch auf dem Weg ins Himmelreich. Und aus Granit mochte sie gemacht sein, weil daraus der Fels der Berge besteht, von denen das einstige Hospiz des kleinen Klosters umgeben war, einer Oase des Friedens zwischen den rauen, unwegsamen Tälern, die an dem nach Karl dem Großen benannten *Passo di Carlo*

Ungeachtet der wiederholten Umbauten wird die Kirche mit angebautem Hospiz bereits im Jahre 1188 erwähnt. Im Inneren fällt die Grabplatte von Franz Joseph Österreicher ins Auge, einem angeblichen Sohn des Habsburger Kaisers.

ANFAHRT

Madonna di Campiglio (1522 m) kann entweder über das Rendenatal oder den Sulzberg (Val di Sole) erreicht werden, wobei man in Dimaro die Abzweigung zum Passo Carlo Magno nimmt. Die Kirche steht hoch oben am nördlichen Rand des Dorfes.

Magno aufeinander treffen: das Rendenatal und mit ihm ganz Judikarien und das Einzugsgebiet des Sarca, der Sulzberg (Val di Sole) mit dem Tonalepass, die Val Camonica im Westen, das Ultental im Norden, der Nonsberg im Osten sowie das Einzugsgebiet des Noce.

Die Säule ging verloren, als die Kirche nach Jahren der Vernachlässigung und des Verfalls vollständig wiederaufgebaut und am 16. Dezember 1994 erneut eingeweiht wurde. Die Statue der Madonna des Feigenbaums ist seither nur noch dreimal im Jahr zu sehen: am Neujahrstag, am 15. August, dem Patronatsfest an Maria Himmelfahrt, sowie am zweiten Sonntag im Oktober, wenn die Wallfahrer aus Rendena, Pinzolo und Carisolo und mit ihnen auch wir zu ihr hinaufsteigen, um Gnaden zu erbitten oder um sich an ein vergessenes Gelübde zu erinnern Diese Gläubigen sind die letzten, die den Glauben in diesem Akt der Verehrung einer Madonna lebendig halten, die mit einer Feige in der Hand – während das Kind eine Walnuss hält (*pan e nuss magnar dei spus*, Brot und Nuss, des Brautpaars Hochgenuss) – an die Zeiten erinnert, in denen im Winter nur Feigen und Walnüsse aufbewahrt wurden. Einst stiegen auch die Bewohner des Sulzbergs, vor allem die aus Commezzadura, das steile Meledriotal hinauf, um am großen Fest der Heiligen Jungfrau teilzunehmen. Dies geschah bis 1783, dem Jahr, in dem die Kurie die Wallfahrt unter dem Vorwand der großen Entfernung kurzerhand verbot, obwohl dafür inklusive Rückmarsch nur ein einzelner Tag beansprucht wurde. In Wirklichkeit wollte man einer „schlecht geregelten Frömmigkeit" und der Promiskuität der Geschlechter einen Riegel vorschieben – solche Anlässe boten nicht nur die Gelegenheit zum gegenseitigen Kennenlernen, sondern auch zu amourösen Ergüssen weit weg von den wachsamen Augen der Älteren – sowie den Händeln und Raufereien vorbeugen, die zu den Auswirkungen der zu den Festtagsbräuchen gehörenden Trinkgelage zählten. Sehr viel länger und beschwerlicher unterwegs waren da wohl die Wallfahrer aus Tuenno, die den steilen Aufstieg über das Toveltal, die Malga Flavona, Le Crosette und den Grostèpass (2442 m) auf sich nahmen. Wie Alberto Folgheraiter in seinem Buch *I Sentieri dell'Infinito* (Die Wege des Unendlichen) berichtet, hatten sich 1901 zwei Frauen aus Tuenno auf diesem Weg verirrt und wurden ein paar Tage später tot aufgefunden.

1994 kam es durch die Jägerschaft von Spormaggiore zur Wiederbelebung eines verlorengegangenen Brauchs, der auch in den Annalen des Pfarrarchivs Erwähnung findet. Man wollte dem Geist vergangener Zeiten wieder gerecht werden, als die Gläubigen von Sporeggio ihre Heuernte unterbrachen und am Himmelfahrtstag das Sporeggiotal hinaufstiegen, um über die Malga Spora (1852 m) zu Füßen des Crosara del Fibion, des Crozzon di Spora und der Cima dei Lasteri auf den Gaiardapass (2242 m) zu gelangen. Von dort aus ging es, vorbei am hoch aufragenden Turrion Basso, auf den noch höher gelegenen Grostèpass und schließlich hinunter bis zur Hospizkirche, dem Ziel der Wallfahrt. Befassen wir uns mit der Symbolik des Feigenbaums, so erkennen wir in ihm – im Bund mit dem Olivenbaum und dem Weinstock – ein Symbol des Überflusses. Die Gläubigen wussten sicher nicht, dass die Feige auch ein Symbol für religiöses Wissen darstellt: In Ägypten spielte sie eine initiatorische Rolle, und für die Eremiten war sie eine begehrte Speise. Und wohl genauso wenig wussten die Wallfahrer, dass ein verdorrter Feigenbaum das Negative versinnbildlicht, zum schlechten Baum wird, der keine Früchte mehr hervorbringt und in der christlichen Symbolik für die Synagoge steht, in der der Messias des Neuen Bundes nicht erkannt wird. Auch stand er für schismatische Spaltungen innerhalb der Kirche, deren Zweige durch die Häresie austrocknen und verderben. Dennoch ist und bleibt es ein geheiligter Baum, dessen Früchte einst das Überleben garantierten und vielleicht gerade deshalb in vielen Religionen die Unsterblichkeit versinnbildlichen. Überdies soll nicht vergessen werden, dass der Feigenbaum der Lieblingsbaum des Buddha war, der

QUELLENANGABEN

Cristel Cornelio, *Campiglio attraverso i secoli*, Grafiche Artigianelli, Trient 1974

Folgheraiter Alberto, *I Sentieri dell'Infinito*, Curcu & Genovese, Trient 1999

Mariani Michel'Angelo, *Trento con sacro concilio et altri notabili*, Augsburg 1673

Zum Altar siehe *Imago Lignea*, mehrere Autoren, Editrice Temi, Trient 1989.

Die ersten Krokusse schmücken die Wiesen als Vorboten des Frühlings. Es herrscht absolute Stille. Die Pilger kommen gefahren, nur die aus dem Rendenatal kommen so wie ihre Vorfahren immer noch zu Fuß bis hier herauf.

oft in dessen Schatten sitzend seine Schüler lehrte. Früher brachten die Gläubigen oft ein paar Feigen mit sich, um sie der verehrten Statue zu Füßen zu legen, als eine Opfergabe, die aufgrund ihrer unzähligen Samenkörner mit der Fruchtbarkeit in Verbindung gebracht wurde.

In der Vergangenheit gab es aber nicht nur diese Statue, die von den Gläubigen verehrt wurde. Vor dem Umbau der Kirche gab es da noch eine Säule, die als wundertätig galt. In seiner Schrift *Trento con sacro concilio et altri notabili* erwähnt Michel'Angelo Mariani „in der Mitte des Ortes ein Kloster mit einer Kirche namens *La Madonna dell'Hospitale di Campei*, die nicht sehr groß, aber ehrwürdig ist und von sechs grauen Steinsäulen gestützt wird. Tritt man ein, ist es die zweite Säule links, durch deren Wunderkraft sich die Kirche wie von alleine um sie herum aufgebaut haben soll. Daher auch die kleine goldene Tafel mit der Inschrift *columna miracolose erecta*. Auch wurde mir berichtet, dass aus dieser Säule, die von den Gläubigen geküsst wird, zu gewissen Zeiten auch Schweiß ausbricht". Damit nicht genug, denn da ist auch noch die geschnitzte thronende Madonna mit dem Kind – mit einem Apfel in der Hand, um beim Thema der Gaumenfreuden zu bleiben –, die Teil des Flügelaltars aus der Sterzinger Werkstatt des Bildhauers Hans Multscher aus Reichenhofen ist und um 1468 herum vom Prior des Hospizes unter beratender Aufsicht des Fürstbischofs Johannes von Hinderbach in Auftrag gegeben wurde. Leider wurde sie 1973 gestohlen und ist seither durch eine Kopie ersetzt. Von ihren Verehrern wurde sie *Madonna delle Grazie* genannt, die Gnadenmutter, als Zeugnis dafür, wie sehr der Glaube sich an Ikonen bindet, denen die Macht einer himmlischen Fürsprache zugesprochen wird. Selbst das romanische Kruzifix, das noch heute rechts vom Presbyterium unter dem gotischen Bogen zu sehen ist, war einst Gegenstand glühender christologischer Verehrung. Allein dieses eine Kunstwerk ist eine Reise wert, um dessen flüchtige Formgestaltung zu bewundern, an der sich die ersten zaghaften Anzeichen einer materialisierten Figürlichkeit in dem langen Schlitz des rechten, geschlossenen und geschwollenen Auges ausdrücken, während der Rest des

Erst seit Kurzem nennt sich der Ort Madonna di Campiglio, früher hieß man ihn Santa Maria del Campiglio.

Körpers von einer immensen Ruhe und Gelassenheit erfüllt wirkt, die über alles Reale erhaben sind. Drei Tondi umgeben das Kreuz mit den Symbolen der drei Evangelisten Matthäus, Johannes und Lukas, während das des heiligen Markus verloren gegangen ist. Der Legende nach brachte die Geistlichkeit, die Karl den Großen auf seiner Durchreise begleitete, das Kreuz mit sich und stifteten es dem Hospiz zum Gedenken an den Besuch des Frankenkaisers. Urkunden attestieren die Existenz des Hospizes mit dem kleinen Kloster allerdings erst ab dem Ende des 12. Jahrhunderts, als ein Raimondo hier ein erstes Gebäude errichtete, wie aus einem Brief Konrads II. von Beseno hervorgeht: „Für das Heil seiner Seele, die Unterstützung der Armen und den Schutz der Pilger und Reisenden". Die Wallfahrt der *rendeneri* umfasst alle Gläubigen des Rendenatals teileinwärts ab Vigo und wird jedes Jahr abwechselnd von einer der Pfarrgemeinden veranstaltet, die dabei tatkräftig von Don Paolo Ferrari, dem Dekan dieser Pfarreien, unterstützt werden. Jedes Jahr wird der Priester ausgewählt, der die Messe zelebriert, sowie der Chor, der die Marienlieder anstimmt. Dazu wird ein Holzkreuz vorbereitet, um es dann mit Blumen zu schmücken, die sich am Wegrand finden und gepflückt werden. In Sant'Antonio di Mavignola, vor den herrlichen Bascheris-Fresken, wird eine Pause einleget, bevor man über das Dorf Fogaiard mit seinen silbern schimmernden Buchen in das landschaftlich anmutige Brentatal gelangt. Kurz davor, mitten auf einer Wiese, fällt unser Blick auf einen großen Stein, den *maroch dell'Ora*, von dem man sich erzählt, dass darauf zu bestimmten Anlässen eine alte Frau mit einer Decke voller Gold sitzt und diejenigen, die sich ihr vom uralten Wegverlauf her nähern, dazu auffordert, das Gold zu berühren: *„toca, toca che te ghe n'avarè"* (fass an, fass an, du bekommst was ab davon). Kaum geschieht dies aber, lässt ein plötzlicher Windstoß alles wie vom Erdboden verschwinden. Seit jeher sind Heiliges und Profanes unsere treuen Weggefährten.

DER WEG

Ausgangsort und Ziel: Pinzolo (780 m), das mit öffentlichen Verkehrsmitteln erreicht werden kann (mehrere tägliche Verbindungen ab Trient und für die, die nicht auf demselben Weg zurück möchten, auch ab Madonna di Campiglio).

Wegverlauf: Von der dem heiligen Laurentius geweihten Pfarrkirche von Pinzolo aus dem 15. Jahrhundert gehen wir die Straße entlang vorbei an der Sankt-Vigilius-Kirche, biegen kurz vor der Sarca-Brücke rechterhand in die asphaltierte Straße ein und folgen ihr (sie ist als kleines Teilstück mit *San Vili* ausgeschildert, dem Vigilius-Weg, der von weither durch das Tal führt) bis nach Ponte Canale (845 m), wo sie in einen Feldweg übergeht – man beachte die uralten Wehrsteine am Wegesrand –, dem wir, vorbei an den alten Gehöften von Sant'Antonio di Mavignola mit herrlichem Aussicht auf die steile Westflanke der Brentagruppe, bis ans Ziel folgen (1522 m). Die Rückkehr erfolgt auf demselben Weg oder mit öffentlichen Verkehrsmitteln.

Gehzeit: 4 ½ Stunden für den Aufstieg, etwas weniger für den Abstieg, insgesamt also an die 8 Stunden

Höhenunterschied: 750 m

Infos: Das Heiligtum ist den ganzen Tag über geöffnet. Sowohl in Sant'Antonio di Mavignola als auch in Madonna di Campiglio gibt es zahlreiche Einkehrmöglichkeiten.

9. Die Wallfahrtskirche der Madonna delle Grazie in Arco

Der Atem der Hexen

Die franziskanische Wallfahrtskirche der Madonna delle Grazie in Varignano, einem Ortsteil von Arco, zieht Gläubige und Pilger von nah und fern zu der aus dem 15. Jahrhundert stammenden gnadenvollen Holzstatue der Muttergottes mit dem Kind an, die auf dem von den Brüdern Benedetti aus Castione nach einem Entwurf des Jesuiten Andrea Pozzo geschnitzten Hochaltar thront. Heute empfängt sie uns in einem 1868 eingeweihten neoklassizistischen Bauwerk, das wie viele andere in der Region eher unscheinbar wirkt und den Vorgängerbau ersetzt, der auf einem Grundstück des Grafen von Arco 1478 erbaut und schließlich 1856 wegen der ständigen Überschwemmungen durch die Fluten des nahe gelegenen Bordellino-Baches abgerissen wurde. Und doch war es der Ort, an dem, wie früher üblich, alle wichtigen Ereignisse in der Geschichte des unteren Sarcatals stattgefunden haben, von der 1481 im Refektorium besiegelten Beilegung des Grenzstreits zwischen den Gemeinden Riva und Pranzo-Tenno sowie den judikarischen Gemeinden, bis hin zu dem nur wenige Jahre später im selben Raum stattgefundenen Treffen zwischen Gesandten des österreichischen Kaisers Maximilian I., König Ludwigs XII. von Frankreich und der Republik Venedig, das mit einem Waffenstillstand endete. Dies alles war sicherlich auch auf das diplomatische Geschick der unermüdlich wirkenden Franziskanerpatres zurückzuführen, wobei auch das Mitwirken der Madonna mit dem Kind mit ihrem warmherzigen Blick eine nicht unwesentliche Rolle gespielt haben mag. Das Gnadenbildnis, das schon vor dem Bau der Kirche und des Klosters existierte, erfreute sich bei den Einheimischen größter Beliebtheit, obwohl es keine bestätigten Berichte

Die neoklassizistische Fassade der neuen, 1868 eingeweihten Wallfahrtskirche.

Die wundertätige Madonna delle Grazie von Arco steht allen Bewohnern des unteren Sarcatals bei, wie auch allen anderen Gläubigen, die sich ihr anvertrauen.

ANFAHRT

Die Wallfahrtskirche Madonna delle Grazie (101 m) im Ortsteil Varignano der Gemeinde von Arco ist mit dem Auto leicht zu erreichen, wenn man von der Provinzstraße Trento-Vezzano-Riva del Garda nach dem Ortsausgang von Arco rechts in die Via Santa Caterina abbiegt.

Auch heute noch knien Gläubige vor der gnadenspendenden Marienstatue.

über mögliche Wundertaten gab. Wie Nicolò Rasmo hervorhebt, handelt es sich zweifellos um ein wertvolles Werk, das er als „das älteste Exemplar innerhalb der Madonnenfiguren veronesischen Ursprungs, die über das südliche Trentino verstreut sind" betrachtet. Selbst beim Ausbruch des Ersten Weltkriegs ließ sie diejenigen aus dem Sarcatal nicht in Stich, die zur Flucht nach Österreich gezwungen waren. Denn die Gnadenstatue war nach Hall in Tirol gebracht worden, wo sie Massen von Gläubigen anzog. Nach Kriegsende kehrte sie auf ihren Hochaltar in Arco zurück, wo sie wie eh und je von den Bewohnern des nahe gelegenen Dorfes Cologna-Gavazzoder anlässlich deren jährlicher Wallfahrt gegen Ende Mai aufgesucht wird, um ein Gelübde aus weiter Vergangenheit zu erneuern, das wahrscheinlich mit einer der vielen Pest- und Choleraseuchen in Zusammenhang steht, die unsere Region heimgesucht haben. Die Bewohner von Arco und Riva dagegen sind nur noch vereinzelt hier zu sehen. Kürzlich jedoch brach eine Gruppe von Gläubigen von dem kleinen Dorf Dasindo in der Gegend von Lomaso auf und durchquerte zu Fuß das malerische Lomasonatal, um sich hier auf dem Kirchhof zu versammeln. Es war an einem Sonntag, dem 12. Oktober 2008, als sich mehr als 120 Gläubige mit dem Segen des Pfarrers und in Begleitung von Bruder Ivan und vier weiteren Ordensleuten auf den Weg machten, um all jene alten Beziehungen und Verbindungswege zwischen den beiden Wallfahrtsorten Arco und Dasindo wieder aufleben zu lassen, die trotz der geringen Entfernung voneinander – nur der Bergrücken des Monte Brento trennt sie – verlorengegangen waren.

Man könnte sich fragen, wozu man stundenlang wandern sollte, wenn es genau hier in Dasindo selbst ein wichtiges Marienheiligtum gibt, das von den Judikariern und insbesondere von den Gläubigen aus der Lomaso-Gegend sehr geschätzt wird. Die Wundertätigkeit dieser bereits am 3. April 1251 urkundlich erwähnten, in einer Nische untergebrachten Madonna mit Kind bezog sich auf einen ganz bestimmten Bereich, und zwar auf den der Wiederbelebung ungetauft verstorbener Neugeborener. Dasindo war eines der sogenannten *sanctuaire* à répit, „Heiligtümer des Atemholens", in denen der Ritus der Rückkehr ins Leben bzw. des „zweifachen Todes" zelebriert wurde. Wie alle Wallfahrtsorte dieser Art war auch dieser von fantasievollen Legenden umwoben und von abergläubischen Praktiken geprägt, wie es von Urkunden aus dem Dekanatsarchivs von Lomaso (AD *registro dei Morti*) bezeugt wird. Besonders bemerkenswert erscheint dabei die Legende von der *pra dei muci* (Wiese mit Heuhaufen): Mitte August weigerte sich ein Bauer ins Tal hinunter zu steigen, um Maria Himmelfahrt zu feiern, und blieb auf seinem Hof, um Heu zu machen. Die Angst vor einem plötzlichen Regenschauer, der das kostbare Heu verrotten lassen würde, hatte ihn auf seinen Bergwiesen gehalten, ohne dabei mit einer göttlichen Strafe zu rechnen. Am Morgen darauf waren die Heuhaufen in jene kleinen Erdhügel verwandelt, die heute noch auf der Anhöhe des Monte Casale bei Vendesi nahe Granzoline zu sehen sind. Könnte wohl eine solche mit viel Mühe, Schweiß und Zeit-

QUELLENANGABEN

Bacchi Andrea, Blatt Nr. 14, in *Imago Lignea*, Hrsg. E. Castelnuovo, Trento 1999

Rasmo Nicolò, *La Madonna delle Grazie, Provincia Tridentina dei Frati Minori*, Trient 1964

Wiesen und Felder haben dem profanen Asphalt Platz gemacht. Von außen betrachtet erscheint die Architektur der Wallfahrtskirche eher unnahbar kühl und nüchtern. Der Bildhauer Antonio Canova ist ja auch der Meinung, die neoklassizistische Ästhetik unterliege einer gewissen Toten- und Bestattungskultur.

aufwand durchgeführte Wallfahrt zu einem anderen, auswärtigen Heiligtum eine Art Wiedergutmachung für all die Gotteslästerung und all das Verbotene und Exzesshafte bewirken, das sich hier in Dasindo über Jahrhunderte hinweg abgespielt hatte? Wer weiß es schon, wie viele tote Kinder in ausdauernden Fußmärschen hierhergebracht und der Statue zu Füßen gelegt wurden, in der Hoffnung auf einen Atemhauch, einen Wimpernschlag, ein leichtes Erröten der Wangen, nur um die Taufe vollziehen zu können und dem Kind ein entseeltes Dasein in der Vorhölle zu ersparen.

Oder diente diese Wallfahrt von einem Heiligtum zu einem anderen etwa nur dazu, archaische Ängste so weit wie möglich von sich fernzuhalten? Bricht man in Dasindo auf und begibt sich ins Lomasonatal, trifft man nahe der Brücke über den Dal genannten Bach eine waldige Anhöhe, an deren Fuß sich einige tiefe Löcher im Boden auftun, die heute noch viele Neugierige anziehen, da selbst im Hochsommer eine derart kühle Luft aus ihnen strömt, dass man glauben könnte, es wären die Pforten zu einer schattenhaften geheimnisumwitterten Unterwelt.

Dieser Ort wird noch heute *el fià de le strie* genannt, der Atem der Hexen, und es heißt, dass auf dem Hügel, dem *dos de le strie*, in gewissen Nächten Sabbate abgehalten wurden, die Hexen und Hexer aus der weiten Umgebung anlockten.

Wehe dem, der in solchen Nächten die Häuser von Dasindo oder des nahe gelegenen Dorfes Favrio verließ. Allein die schauderhaften Klänge, die von dorther drangen, reichten aus, um das Blut in den Adern gefrieren zu lassen und selbst die waghalsigsten Neugierigen fernzuhalten. Reste eines Volksglaubens, der hier auf den Spuren uralter vorchristlicher Religionen bis zum Anbruch der Neuzeit überlebt hat.

Außerdem war das gesamte Gebiet, von den heilenden Wassern der Sibylle in Comano Terme bis zu den gebirgigen Ausläufern über dem Ballinopass auf der einen und dem Tenno-See auf der anderen Seite, schon immer von Köhlern, Hirten, Jägern, Einsiedlern und Reisenden bevölkert. Viele Wege kreuzten sich an Pässen und Jöchern und verbanden Lomaso und Bleggio mit dem unteren Sarcatal und den Wasserwegen über den Gardasee, die es zu überwachen galt. So auch von der rätischen Festung aus, auf die man entlang des Weges

DER WEG

Ausgangspunkt und Ziel: Ausgangspunkt ist Dasindo (502 m), heute Teil der Gemeinde Comano Terme, das mit öffentlichen Verkehrsmitteln von Trient aus zu erreichen ist. Ziel ist die Wallfahrtskirche Madonna delle Grazie in Arcos Ortsteil Varignano (Haltestelle der öffentlichen Verkehrsmittel sowohl nach Trient als auch nach Riva del Garda).

Wegverlauf: Vom Dorf Dasindo aus geht es nach der Besichtigung der mittelalterlichen Wallfahrtskirche zu Maria Himmelfahrt mit ihren kostbaren Fresken des Baschenis über eine ebene Asphaltstraße ins Lomasonatal, vorbei am *Dos de le Strie* sowie an einem ausgedehnten Biotop und weiter zur Malga Lomasona (536 m). Hier beginnt der Weg Nr. 410 – zuerst entlang einer Forststraße, dann auf einem Pfad und wiederum auf einer schmalen Straße – der auf den Calino-Sattel (964 m) und anschließend zur Calino-San-Pietro-Hütte (974 m) führt (3 ½ Stunde). Von hier aus geht's dann über den mit SF beschilderten Weg hinunter zur Wallfahrtskirche. Es ist dies ein Teilstück des Frassati-Weges, der von hier bis nach Sankt Romedius am Nonsberg führt. Die Strecke verläuft durch eine eindrucksvolle Naturlandschaft mit submediterranem Klima, das sich vor allem den Winter hindurch angenehm auswirkt, und zieht an den mittelalterlichen Siedlungen Canale di Tenno und Calvola vorbei mit ihren vielen kleinen Kirchen und Kapellen, die es alle würdig sind, besichtigt zu werden.

Gehzeit: Offiziell 6 Stunden (nach Angabe Cai-Sat), bei etwas weniger strammer Gangart schafft man es in 6 ½–7 Stunden. Durch eine Übernachtung auf der San-Pietro-Schutzhütte kann man die Tour auch auf zwei Tage verteilen und in aller Ruhe die auf dem Weg liegenden Kirchen und Dörfer besichtigen.

Höhenunterschied: ca. 500 m bergauf, 873 m bergab

Infos: Das Schutzhütte San Pietro, auch Monte Calino genannt, wird vom Cai-Sat betrieben und ist vom 20. Juni bis 20. September geöffnet. In der Regel ist sie jedoch aufgrund ihrer geringen Höhenlage auch an Samstagen und Sonntagen außerhalb der genannte Zeit geöffnet. Nähere Informationen am besten vor der Abreise direkt beim Hüttenwirt einholen (Tel. +39 0464 500647). Neben der Hütte steht ein altes Einsiedlerkirchlein. Die Wallfahrtskirche Madonna delle Grazie ist dagegen täglich von 8 bis 19 Uhr geöffnet. Das Patronatsfest wird am 8. September begangen, aber auch am 15. August strömen sehr viele Gläubige hier zusammen (Auskunft Tel. +39 0464 519800).

zum San-Giovanni-Pass oberhalb der erwähnten Hexenlöcher trifft. All dieses Kommen und Gehen wechselte sich ab mit den wilden Jagden sagenhafter Unholde, die nachts in diesen Wäldern wüteten und bis in die einsamen Dörfer vordrangen, dem leiernden Wehklagen von Geisterprozessionen, den Hexen und den Ganes. Zur Beschwichtigung all dieser uralten Angstvorstellungen wurde kürzlich ein Kreuzweg auf dem Dos de le Strie angelegt, der spiralförmig zum Doss Pidòs hinaufführt, wo bereits 1646 ein Kreuz errichtet worden war. Schon an jenem längst vergangenen Tag, an dem der letzte Hammerschlag auf die Nägel traf, die die beiden Balken des Kreuzes zusammenhielten, verstummten die Hexen und die Bewohner von Dasindo konnten wieder in Ruhe ihrer Arbeit nachgehen.

Diese Wege von neuem zu beschreiten heißt nicht nur, sich den Rucksack umzubinden, sondern mit ihm auch all diese Geschichten, die anderenfalls in Vergessenheit geraten, weggefegt werden vom Wind, der durch Lomasona weht, dem sechs Kilometer langen Gletschertal, das reich an Höhlen, Erosionsspalten, Moränen, Geröllhalden und sogar an noch unverändert gebliebenen kleinen Torfmooren ist. Einmal in Arco angekommen, sollte man in der Wallfahrtskirche Madonna delle Grazie unbedingt den Raum rechts vom Kirchenschiff besuchen, in dem ein Teil der zahllosen Votivbilder zu sehen ist, die vom Glauben an das Seelenheil zeugen, vom sehnlichstes Hoffen, das durch die Jahrhunderte hindurch das menschliche Dasein an einen seidenen Faden zwischen Leben und Tod in Schwebe gehalten hat.

Votivgaben sind gewissermaßen bildhafte Aushandlungen, mit denen auf einen Tausch eingegangen wird: *do ut des*, ich gebe, damit du gibst.

10. Madonna del Carmine alle Laste
Das marianische Heiligtum von Trient

Auf den Ausläufern des Monte Calisio, der im Mittelalter wegen seiner zahlreichen Silberminen *Mons Argentarium* hieß und einen herrlichen Ausblick auf die Stadt Trient bietet, steht heute „eine halbe Meile bergauf aus der Stadt heraus in Richtung Osten" die Wallfahrtskirche, deren ursprüngliche Gründung auf den 3. Juli 1615 zurückreicht, als Weihbischof Belli eine hölzerne Kapelle weihte. Von dem Tag an herrschte an diesem Ort ein reges Kommen und Gehen von Gläubigen, deren Verehrung einem wundertätigen Madonnenbild aus der Hand eines unbekannten Meisters galt, das jedoch wegen seiner charakteristischen, an Tiepolo erinnernden Hellblautöne der venezianischen Schule des 16. Jahrhunderts zugeschrieben werden kann. Sie kamen nicht nur aus der Stadt, sondern immer zahlreicher auch aus dem weiteren Umland. Ein Wunder folgte dem anderen, und Mitte des 17. Jahrhunderts wurden in *alle Laste* – so nennt sich die Örtlichkeit – bereits 309 Wunder verzeichnet: Taube konnten wieder hören, Besessene wurden geheilt, schwierige Entbindungen kamen nach einem innigen Gebet zur Madonna zu einem glücklichen Ende, Aussätzigen gelang es, der „schwarzen Dame" zu entkommen, Pestbeulen verschwanden, eine kinderlose Frau bekam auf ein Gelübde hin einen prächtigen Sohn, und ein Mädchen, das in der Etsch zu ertrinken drohte, wurde dank der Fürsprache der Muttergottes aus den tückischen schlammigen Gewässern gerettet. Dieser Ansturm führte dazu, dass die alte hölzerne Kapelle zu eng wurde, um diese Scharen an Wallfahrern aufzunehmen, und so beschloss man, sie durch eine richtige große Kirche aus Stein und Marmor zu ersetzen. Das lag nicht nur an den vielen einzelnen Wundertaten, die

Das Innere schmückt ein barocker Freskenzyklus mit bemerkenswerten perspektivischen Ansichten.

Die von Comaskern – langobardischen Bauhandwerkern aus der Region von Como – erbaute Wallfahrtskirche vor dem Karmelitenkloster.

ANFAHRT

Die Wallfahrtskirche der Madonna alle Laste erreicht man mit dem Auto von San Donà aus über eine schmale, unangenehm zu fahrende Straße, aber auch bequem mit den öffentlichen Verkehrsmitteln: vom Bahnhof aus mit dem Linienbus Nr. 9 bis zur Haltestelle San Vito.

von der Madonna in zunehmender Hast und Eile vollbracht wurden – man soll sie schwitzen und weinen gesehen haben –, sondern auch an den vermehrten großen Wallfahrtsprozessionen zur Abwehr von Dürreperioden, vor denen sich die Bauern mehr fürchteten also vor dem Teufel. Viele von ihnen kamen aus den Dörfern des Cembratals. So auch die Bauern aus Pieve di Giovo, die im Sommer 1651, wie Alberto Folgheraiter aus alten Texten zu zitieren weiß: „Um Regen zu erflehen, legten sie sieben Meilen von der Madonna delle Laste entfernt das Gelübde ab, zu den beiden Madonnen von Civezzano und Laste zu wallfahren, und erfüllten es, indem sie im Bittgang und mit Kirchenfahnen bewehrt zur Jungfrau von Laste pilgerten, ihr Lobgesänge und Litaneien darbrachten, woraufhin sie erhört wurden wie schon im Jahr zuvor, als sie sich bei gleicher Gelegenheit und in ähnlicher Not wegen des ausbleibenden Regens in der Kirche aufgehalten hatten [...], und auch diesmal unter den Regen kamen. So geschehen am 16. August des obgenannten Jahres."

Ebenfalls 1651, am 14. August, kamen zwölf Jungfrauen aus dem Gebiet von Meano, das „im Monat August unter großer Dürre litt". Sie kamen barfuß, um Regen zu erflehen, und wie in den Kirchenbüchern vermerkt wurde, „erhielten sie ihn auf die Fürsprache der Jungfrau hin". Buße und Sühne: Sie hatten einen entfernten Ort gewählt, der mit viel Mühsal und unter zusätzlichen Schmerzen erreicht werden sollte. Angesichts dieses Erfolges schickten die Einwohner von Meano zehn Jahre später in ähnlicher Notlage weitere fünf Jungfrauen auf die Wallfahrt, doch kaum waren sie des Weges, begann es auch schon derartig zu schütten, dass sie ihr frommes Vorhaben bis auf weiteres vertagen mussten. Auch die Bewohner von Piné kamen nach Laste (1649), als die Gottesmutter noch nicht in ihrer eigenen Umgebung erschienen war. Sie hatten versprochen, am Mittwoch nach Ostern zum Heiligtum von Laste zu pilgern, weil es „an Viehfutter mangelte und die Herden unter hoher Sterblichkeit litten". Als Geschenk an die Madonna brachten sie eine Fackel mit. Die aus Grumes dagegen „erschienen am 16. August des Abends in stattlicher Prozession und begrüßten die Jungfrau mit Litaneien. Am nächsten Morgen sangen sie dann zur Messe ihres Gelübdes, dankten der Jungfrau tränenreich für die erteilten Gnaden und kehrten danach andächtig in ihr Dorf zurück". Vielleicht war es wegen dieses unaufhörlichen Treibens – an jeder Wallfahrt hatte mindestens

Das wundertätige Gnadenbild, das zusammen mit einem Stück Mauer von vierzig Männern aus Cognola hierhergebracht wurde.

QUELLENANGABEN

Folgheraiter Alberto, *I sentieri dell'infinito*, Curcu & Genovese, Trient 1999.
Giuseppe Pozzobon, *Il Santuario della Madonna delle Laste*, herausgegeben von den Karmelitenpatres des Klosters, Trient 1991 (mit einigen fehlerhaften Angaben zu Daten und Innenausstattung).

Begleitet von Putti, Engeln, Wolken und einer gekonnt gemalten Scheinarchitektur steigen wir in das Empyreum auf.

Der prunkvolle, 1657 von Mattia Carneri geschaffene Hauptaltar.

ein Gläubiger pro Haushalt teilzunehmen –, wegen der Mädchen und Jungfrauen, die auswärts unterwegs waren, wahrscheinlich auch wegen der Freiheiten, die sich manch einer nahm, was zu Liebschaften führte, aber auch zu viel Streit, Raufereien und sogar Todesfällen, die bei solchen Anlässen stattfanden, sodass 1776 der gerade ins Amt gekommene Bischof Peter Michael Vigil kurzum alle Prozessionen verbot, die über die Grenzen der eigenen Pfarrei hinausgingen. Dies bedeutet nicht, dass einzelne Pilger nicht mehr zu dieser auf Platten aus hiesigem Ammonitico-Rosso-Gestein errichteten Wallfahrtskirche pilgern konnten, sondern dass die Kirchentüren nicht mehr für jene lärmende Menge geöffnet wurden, die vor der Gottesmutter kniend ihre Gesänge, Gebete und Litaneien im Chor vortrug. „Dem Gnadenbild" – so ein Karmelitermönch aus der zweiten Hälfte des 17. Jahrhunderts, zu dessen Orden das Heiligtum auch heute noch gehört – „wurde von den Juden Misshandlung zuteil und ins Gesicht geschlagen, ebenso wie ihrem geliebten Sohn, von diesem schändlichen Schurken, aber zuvor schon scheint mit einem Dolch auf ihn eingestochen worden zu sein, wie aus den Spuren hervorgeht, die geblieben und noch immer deutlich zu sehen sind": das schleichende und verschlungene Erbe des Antisemitismus aus der Zeit von Simon von Trient. Bei der 1923 vorgenommenen Restaurierung des Gemäldes wurden unter den wiederholten Retuschierungen tatsächlich Spuren einer solchen Gewalteinwirkung gefunden, ihr Verursacher bleibt dagegen im Nebel der Vergangenheit verhüllt und unerkannt.

Im 19. Jahrhundert kam es schließlich zu einer Neubestimmung des Ortes: Es waren nicht mehr Scharen von Wallfahrern, die hier aufgenommen wurde, sondern ausgesetzte

HINWEISE UND TIPPS

Die Straße, an der wir entlangwandern, entspricht dem Verlauf eines uralten Verbindungsweges zwischen der Stadt und den Dörfern San Donà, Cognola und Villamontagna und somit zwischen dem Civezzanese-Gebiet und der Valsugana. Der Cervara-Weg, auch Saluga-Weg genannt, wird seit 1959 von vierzehn Kreuzwegstationen gesäumt.

Hinter der Wallfahrtskirche befindet sich auch heute der Klostergarten, deren Rosmarinhecken einst genauso bekannt und geschätzt waren wie der von den Klosterbrüdern gebrannte Melissengeist. Mit der Säkularisierung des Klosters versiegte auch diese Tradition.

Kinder, die in armseligen Körben an der Kirchentür abgestellt wurden. 8435 Säuglinge wurden in diesen Mauern aufgenommen, lebten und starben hier verborgen vor der Welt, wie auch viele ihrer Mütter, die hier ihre „Frucht der Sünde" auf die Welt brachten. Dies geschah, wie Alberto Folgheraiter schreibt, „zwischen 1833 und 1870, nachdem das Karmeliterkloster mit seiner Wallfahrtskirche in eine Sozialeinrichtung umgewandelt worden war, die in dreierlei Hinsicht tätig war: Geburtsstation, Aufnahme von Findelkinder und Ammenschule". So war es 1828 von der Wiener Staatskanzlei angeordnet worden. In den Jahren zwischen 1833 und 1956 wurden 3.010 der hier geborenen Kinder bei Familien in armen und rückständigen Tälern wie dem Cembratal und der Gegend um Piné in Pflege und Erziehung gegeben. Die Zieheltern erhielten dafür zwei bis vier Gulden pro Monat für Kinder bis zu sechs Jahren, danach noch anderthalb Gulden monatlich, bis das Kind zehn Jahre alt war.

DER WEG

Ausgangspunkt und Ziel: Dom von Trient (194 m)

Wegverlauf: Vom Domplatz aus gehen wir in Richtung der Piazza Pasi und biegen dann in die Via Oss Mazzurana ein, vorbei an alten Renaissancegebäuden bis an die Kreuzung, an der wir rechts in die Piazza Cesare Battisti einbiegen, passieren den östlichen Laubengang, gehen an der gotischen Kirche San Pietro im deutschen Viertel vorbei und gelangen so in die Via Livio Marchetti, der wir bis zur Torre Aquila, die zur Burganlage des Castello del Buonconsiglio gehört und wegen ihres Saales mit dem spätgotischen Freskenzyklus zu den zwölf Monaten berühmt ist. Nach dem Überqueren der Straße beginnen wir mit dem Aufstieg entlang den rot-weißen Wegweisern, die uns bis an unser Ziel auf 312 m Höhe führen. Die Rückkehr erfolgt auf demselben Weg.

Gehzeit: 1 Stunde für den Aufstieg, etwas weniger für den Abstieg

Höhenunterschied: 120 m

Infos: Öffnungszeiten der Wallfahrtskirche: 7–12 und 15–19 Uhr, Tel. +39 0461 981405, www.laste.carmeloveneto.it
Das Patronatsfest der Madonna alle Laste wird am letzten Sonntag im Mai gefeiert, die Madonna del Carmine am 16. Juli. Teresa von Avila, Gründerin der Unbeschuhten Karmelitinnen und Kirchenlehrerin, wird am 15. Oktober gefeiert und der heilige Johannes vom Kreuz, erster Karmelit und ebenso Kirchenlehrer, am 14. Dezember. Außer dem Kloster befindet sich in der Nähe ein katholisches Gästehaus mit etwa hundert Betten.

Unter den vielen Wegen, die zur Wallfahrtskirche führen – sie wurde 1647 im barocken Stil umgebaut, wahrscheinlich nach einem Entwurf des Karmeliten Jacopo Antonio Pozzo, dem Bruder des bekannteren Architekten Andrea Pozzo –, haben wir unter Umgehung des chaotischen Straßenverkehrs, der auch diesen Hügel beherrscht, den bestmöglichen gewählt. Ausgangspunkt ist dabei die romanische Statue der *Madonna degli Annegati* (Madonna der Ertrunkenen), die von den Gläubigen gegen die Gefahr eines plötzlich eintretenden Todes angerufen wird und heute im San-Giuliano-Querschiff des Trienter Doms steht. Von hier aus gehen wir dann durch das historische Trient bis hinauf auf die Anhöhe, auf der uns die Madonna alle Laste erwartet.

11. Madonna di Loreto a Grotta in Villazzano

Das heilende Wasser

Graf Johann Paul Ciurletti, Weihbischof von Salzburg und Trienter Chorherr, der wegen seiner ausgiebigen Wohltätigkeit *padre dei poveri* (Vater der Armen) genannt wurde, soll eines Tages – wir schreiben das Jahr 1623 – durch diese Gegend gekommen sein. Es heißt, er sei auf einer Pilgerreise nach Rom gewesen und habe in seinem Trienter Ansitz in Belfonte wegen einer plötzlichen schweren Erkrankung einen Zwischenhalt einlegen müssen. Villa Belfonte war in den Kreisen der Trentiner Aristokraten bekannt und beliebt wegen der herrlichen Aussicht auf die ganze Stadt und die umliegende Berglandschaft. Giovanni Maria Del Monte, päpstlicher Legat auf dem Konzil von Trient und späterer Papst Julius III., hielt fest, er habe „im Herzen des Sommers auf dem Hügel in der Nähe einer sehr klaren Quelle verweilt, die später dann im Auftrag von Kardinal Cristoforo Madruzzo in Marmor gefasst und *fonte Giulia* genannt wurde".

Das frisch aus dem Boden einer nahe gelegenen Grotte sprudelnde Quellwasser – diese Gegend am Fuße des Monte Marzola ist reich an Quellen, die heute noch das Aquädukt von Trient speisen – sollte bald schon auch dem Grafen zugute kommen. Als er von Fieber geschüttelt bereits auf dem Sterbebett lag, brachte man ihm von dem Wasser, um die Hitze zu lindern. Schon nach wenigen Schlucken ging es ihm besser, und am nächsten Morgen war er wie durch ein Wunder wieder vollkommen gesund.

Der Graf vergaß diese Quelle der Vorsehung nicht, sondern ließ 1623 an der Stelle, an der bis dahin eine kleine schmuck-

Wer zu Fuß über den alten Gehweg hier ankommt, wird von der barocken Fassade mit dem Familienwappen der Bischöfe Ciurletti in Empfang genommen.

Einfach, spontan und treuherzig wie der Volksglaube sind auch die Votivbilder.

ANFAHRT

Die Wallfahrtskirche der Madonna di Loreto in Villazzano (433 m) erreicht man im Auto von Trient aus in Richtung Lavarone, wobei man am Kreisverkehr links nach Villazzano abbiegt und über den Dorfplatz hinaus bis zu *La Grotta* fährt. Oder man nimmt den Linienbus Nr. 6, der vor dem Bahnhof von Trient abfährt.

Die Himmelfahrt und Krönung der Gottesmutter aus der Hand eines unbekannten Malers. Girlanden aus je fünfzehn Rosen in verschiedenen Farbtönen (Weiß, Rot, Rosa und Gold) verweisen als marianische Symbole auf die fünfzehn Geheimnisse des Rosenkranzes.

lose Kapelle aus dem 13. Jahrhundert stand, eine Barockkirche bauen und widmete sie der Schwarzen Madonna von Loreto, woran eine Inschrift über dem Eingangsportal erinnert: *Illustris et Reverendis D.D. Ioannes Paulus Ciurletti Episcopus Bybliensis Suffragan Salisburgens et Canonicus Tridenti Hvius Ecclesiae Fundator S.S. P.P. Anno Domini MDCXXIII.* Ein Nachkomme des auf wundersame Weise geheilten Johann Paul Ciurletti, der ebenso als Salzburger Weihbischof amtierende Anton Felix Ciurletti, ließ die Kirche 1746 erneuern: *Illustris et Reverendis D.D. Antonius Felix Ciurletti Episcopus Tevensis Visitator Generalis Director Consistorii Suffragan Salisburgens Ac Consiliarius Intimus Actuali Hvius Eclesiae Insignis Benefactor Qua Restuarta Fuit Anno MDMCCXLVI.* Beide Bauherren änderten nicht die Ausrichtung des Sakralbaus, sodass Eingang und Kirchhof weiterhin nach Westen ausgerichtet sind – mit wunderschöner Aussicht auf die umgebene Landschaft – und die Apsis dem Osten zugewandt ist, der Wiege von Sonne und Hoffnung. Auch was das Innere anbelangt, wurden die Originalmaße des Heiligen Hauses in Loreto von 9,5 x 4 Metern beibehalten. Über dem barocken Altar, vor einem sonne-, mond- und sternebesetzten Himmel aus blauem Tuch, empfängt uns das Abbild der Gnadenstatue der Madonna von Loreto mit dem Kind im Arm, beide in lange weiße Mäntel gehüllt. Der Jesusknabe hielt früher einmal eine von einem Kreuz gekrönte Himmelskugel in der Hand, die Versinnbildlichung des Universums, über das die Dreifaltigkeit ihre göttliche Macht ausübt. Leider wurde dieser Globus 1968 in der Nacht zwischen Ostersonntag und Ostermontag gestohlen. Zwei kleine Engel halten den weißen Vorhang zur Altarnische offen und geben den Blick auf das Gnadenbildnis frei.

QUELLENANGABEN

Gorfer Giuseppe, *San Bartolomeo-Bindesi, passeggiata n. 10*, Edizioni Arca, Trento o.D.
Limonta Guido, *Vita di Maria nelle tele del Santuario della Grotta di Villazzano*, Vita Trentina Editrice, Trient 2010

Anlässlich von Maria Geburt wurde hier am 8. September 1672 zum ersten Mal ein großes Fest veranstaltet, zu dem mehr als fünfhundert Gläubige aus der Stadt und den umliegenden Tälern herbeiströmten. Von diesem Tag an wurde das Marienfest jedes Jahr wiederholt. Ein besonderes Ereignis war das erste dieser Feste nach Ende des Ersten Weltkrieges, da es dazu genutzt wurde, viele Auswanderer zurückzuholen, die mittlerweile ihr Glück in Übersee gesucht und damit das Dorf Villazzano nahezu entvölkert hatten.

Das Fest zieht auch heute noch viele Menschen an, wenn auch nicht wegen seines größtenteils in Vergessenheit geratenen religiösen Aspekts – des wundertätigen Wassers –, sondern wohl eher der attraktiven sportlichen und gastronomischen Rahmenveranstaltungen wegen. Vielleicht liegt darin auch eine verblasste Erinnerung daran, wie Menschen früher an den angeblich wundertätigen Quellen tanzten, um deren übernatürliche Kräfte zu ehren. Früher wurden Quellen sogar reich geschmückt, und am Morgen des ersten Tages im Jahr, des Augenblicks neu beginnenden Lebens, schöpften manche Gläubige das allererste Wasser des Jahres aus der Quelle und bezeichneten es als *fiore* (Blume) oder *crema* (Sahne). Auch war es nicht ungewöhnlich, dass Bauern aus der Umgebung kamen, um Wasser zu holen, mit denen sie die Kühe tränkten und ihr Milch- und Käsereigeschirr reinigten.

Ungeachtet der erfolgten Umbauten finden sich im Inneren der Kirche eine Reihe kleiner Meisterwerke, angefangen von den neun Gemälden, die der Muttergottes gewidmet sind. Sieben davon wurden im dritten Jahrzehnt des 17. Jahrhunderts von Bischof Johann Paul Ciurletti persönlich bei Giovanni Battista Rovedata in Auftrag gegeben, eines zeigt Marias Vermählung und wurde von Francesco Salvatore Fontebasso gemalt, und ein weiteres ist dem *dormitio virgines,* dem Tod der Jungfrau geweiht und stammt aus der Hand eines unbekannten Künstlers aus der ersten Hälfte des 18. Jahrhunderts. In der Sakristei werden zahlreiche Votivbilder aufbewahrt, die den Glauben an die Muttergottes von Loreto bezeugen und

DER WEG

Ausgangspunkt und Ziel: Trient (220 m), Parkplatz in der Via Gocciadoro nahe dem Krankenhaus.

Wegverlauf: Vom Parkplatz aus überquert man die Überführung der Valsuganabahn und geht dann die Via Chini entlang, über den Salè-Bach hinweg, bis man am Ende der Straße in einer scharfen Kurve links auf den Wegweiser nach *San Bartolomeo-Villazzano-Bindesi* trifft, dem wir über wenig begangene Wege bis an unser Ziel folgen (433 m). Die Rückkehr erfolgt über denselben Weg oder aber mit dem Linienbus.

Variante: Von der Wallfahrtskirche aus folgt man der Cai-Sat-Markierung Nr. 412, zuerst über eine asphaltierte Straße, dann entlang einem Schotterweg, vorbei an einem historischen Klettergarten, um nach einer Stunde die Pino-Prati-Schtzhütte von Bindesi zu erreichen (670 m, ganzjährig geöffnet), von der aus man eine herrliche Aussicht auf die Brenta-Dolomiten, den Bergrücken der Maddalene und die Stivo-Bondone-Gruppe genießt.

Gehzeit: 2 Stunden aufwärts, etwas weniger abwärts, ohne die Variante miteinzuberechnen

Höhenunterschied: etwas mehr als 200 m bis zur Wallfahrtskirche

Wie auf einer Bühne halten zwei Putti den jungfräulich weißen Vorhang auf, und dahinter steht die schwarze Madonna, farbliches Sinnbild des Keimens und der Fruchtbarkeit.

Christus Infantus, das Jesukind in einer Darstellungsform, die den Frauenklöstern entstammt, in welchen besonders während der Barockzeit kunsthandwerklich Hervorragendes geschaffen wurde.

ihre Macht, durch die Jahrhunderte hindurch immer wieder Wunder zu vollbringen. Wenn die Sonne in das Kirchenschiff scheint, spiegelt sich ein außergewöhnlicher Glanz am Gewölbehimmel, und an goldenen Sternen vorbei schweift unser Blick ins Unendliche.

Am 17. Februar 1786 bat Bartolomeo, Kirchenrektor der Diözese Trient, den Papst um einen vollkommenen Ablass für die sieben Feste der Muttergottes: „Zu Füßen eurer Heiligkeit

Im Tympanon das Familienwappen der Bischöfe Ciurletti, der beiden Stifter der Wallfahrtskirche.

bitte ich demütigst um Erteilung des vollkommenen Ablasses, die auch der Fürsprache für die im Fegfeuer Büßenden gelten und allen Gläubigen beiderlei Geschlechts zugute kommen, die gebeichtet und kommuniziert haben und jedes Jahr von den ersten Vespern bis zum Sonnenuntergang an den sieben Hauptfesten der Heiligen Jungfrau Maria die genannte Kirche besuchen, nämlich zur Unbefleckten Empfängnis, zu Maria Geburt, Unserer Lieben Frau in Jerusalem, Maria Verkündigung, Maria Heimsuchung, Maria Lichtmess, Maria Himmelfahrt wie auch am Sonntag nach Maria Geburt, an dem die Kirchenweihe gefeiert wird. Zu jedem der anderen im Römischen Brevier verzeichneten Feste wird ein Ablass von sieben Jahren erbeten und die gleiche Anzahl von Vierzigtageablässen, geltend auch für die Seelen der gläubig Verstorbenen, zugunsten eines jeden, der ein reuiges Herz hat und regelmäßig dieselbe Kirche von der ersten Vesper bis zum Sonnenuntergang an jedem dieser Festtage besucht".

Die erwähnten Marienfeste werden der Reihe nach am 8. Dezember, 8. September, 21. November, 25. März, 31. Mai, 2. Februar und 15. August begangen.

Die meisten Madonnen, deren Legende mit Wasserquellen und Grotten in Zusammenhang stehen, sind jenseits der rein religiösen Marienverehrung vor allem wegen ihrer wundersamen hellseherischen un dreligiösen Kräfte so beliebt. Und das seit Jahrhunderten, vielleicht sogar Jahrtausenden, mit sich ständig überschneidenden Göttern und Heiligen, trotz des strikten Verbots des Konzils von Arles aus dem Jahr 442 n. Chr., das die Anbetung von Steinen ebenso wie die von Bäumen und Quellen verdammte. Heute sind die sakralen Waschungen und das Trinken von heilsamem Quellwasser in Vergessenheit geraten, und niemand wird jemals wieder die Statue der schwarzen Madonna von Loreto – der Farbe wegen ein Symbol der Fruchtbarkeit, eine dem Urchaos entsprungene Quelle der Keimung, wie sie bereits von der schwarzen Göttin Isis verkörpert wurde – mit dem biblischen Satz in Verbindung bringen: „Ströme lebendigen Wassers werden aus ihrem Leib fließen".

12. Madonna dell'Aiuto in Segonzano
Mit den Gläubigen von Bedollo und Brusago

In einem Brief aus dem Jahr 1774 bestätigt Vigilio Villotti, der Gemeinschaftsverwalter von Segonzano, dass die Kirche mitten im Wald „von zahlreichen Gläubigen besucht wird, nicht nur von denen, die hier im Ort leben, sondern auch von vielen Auswärtigen, denen dies hochheilige Bild schon so manche wundersame Gnade gewährt hat".
Am meisten zugeneigt waren diesem historischen Mariahilf-Gnadenbild von *Sancta Maria in silvis*, wie die Kirche einst genannt wurde, wohl die Gläubigen von Bedollo und Brusago aus der Gegend um Piné, die – so beschreibt es 1774 der damalige Pfarrer Don Giorgio Pomarolli – „hierher pilgern, um das schöne, wirklich wunderschöne Bildnis, das eines jeden seine ergebenste Zuneigung auf sich zieht, hoch zu verehren". Die Beweggründe für diese über Jahrhunderte gepflegte Bevorzugung seitens der Bewohner des Piné-Gebiets sind im Laufe der Zeit verloren gegangen. Sicherlich nicht verloren gegangen ist dagegen das große Bedürfnis nach Hoffnung und Trost, das in dieser jährlich abgehaltenen, heute noch lebendigen Wallfahrt zum Ausdruck kommt.

Ein kurzes Innehalten des Laufs der Zeit, bestückt mit vielen kleinen Zeichen der Verehrung.

Im Schatten einer jahrhundertealten Linde steht die Mariahilf geweihte Wallfahrtskirche Madonna dell'Aiuto in Segonzano.

Am Fronleichnamsfest sind es die Gläubigen aus Segonzano selbst, die zu ihrem Mariahilfheiligtum wallfahren, am ersten Sonntag im September, dem Patrozinium der Kirche, sind es dagegen die Menschen aus dem ganzen Cembratal einschließlich der Gegend von Piné, die hierher pilgern: Sie kommen aus Gresta und Valcava, aus Cembra, Faver und Valda, aus Grumes und Grauno, indem sie über den Corvaia-Weg bis zur Cantilaga-Brücke und danach an Teaio vorbei bis nach Venticcia ziehen, um sich dort mit den aus Lona und Sevignano kommenden Gläubigen zu vereinen.
Für die Bewohner von Bedollo und Brusago, den beiden Dörfern der Hochebene, die von allen hier am „deutschesten" geblieben sind – ab der Talenge bei der Ortschaft Centrale ist immer noch die unterschiedliche Art der Bodenbearbeitung

und des Hausbaus deutlich erkennbar –, ist es dagegen der erste Tag des Marienmonats Mai, an dem sie sich auf den Weg machen, um dem Gnadenbild zu huldigen.
An diesem Tag stehen die Gläubigen von Bedollo – es sind Nachfahren von Landrodern, die einst aus der Kastelruther Gegend hierher gezogen kamen – bereits in aller Herrgottsfrühe auf, lange bevor über den Gipfeln des Monte Croce die Sonne aufgeht, und halten vor Aufbruch zur Wallfahrt noch eine Einkehr in der mittelalterlichen Sankt-Oswald-Kirche, deren Patron einst der von den deutschstämmigen Landrodern und Bergknappen am meisten verehrte Heilige war. Die auf einer einsamen, terrassenförmig angelegten Anhöhe über dem Tal gelegene Kirche stammt aus dem 13. Jahrhundert und birgt in ihrem Inneren einige wertvolle Malereien. Auch heute noch ist die Statue der Madonna mit dem Kind reich geschmückt, nicht mit Gold und Silber, sondern mit dem, was die Natur zu bieten hat, dem wahren Reichtum des einfachen Menschen: Blumen, Blätter, geflochtene Zweige und ein paar der wenigen Früchte, die der Boden hier hergibt. Die ersten Gebete sind an die Madonna gerichtet, dann wandert der Blick zu den Mariensymbolen auf den Wänden und auf den Kirchenbannern, bevor sich die Prozession in Richtung Brusago in Bewegung setzt. Ein Vorwärtsschreiten, das gleichzeitig auch eine Rückkehr in eine zeitlose Vergangenheit ist. Es heißt, das Dorf Brusago (*Brüsack*) sei von den Bewohnern von Bedollo (*Bedull*) erbaut worden, nachdem sie den Wald mit Feuer

Das Gnadenbild Mariahilf in jener marianischen Darstellungstradition, die der Sanftheit des Blickes wegen auch mit dem Attribut der Zärtlichkeit beschrieben wird.

Der Weg von Valcava nach Segonzano folgt dem Verlauf der uralten Verbindungsstraße durch das Cembratal, die einst vom Talboden entlang der Etsch bis ins Fleimstal führte.

QUELLENANGABEN

Antonelli Elio, *Segonzano und Sevignano*, Editrice Saturnia, Trient 1982

O.V. *Il Santuario della Madonna dell'Aiuto*, Nuova Poligrafica Milanese, Mailand 2008

Don Pierino Dellantonio, *Il Santuario della Madonna dell'Aiuto di Segonzano*, Trient 2005

Folgheraiter Alberto, *I Custodi del Silenzio. La storia degli eremiti del Trentino,* Edizioni Curcu & Genovese, Trient 2003

DER WEG

Ausgangsort und Ziel: Ortschaft Centrale (1060 m). Die Strecke kann auch mit dem Mountainbike zurückgelegt werden, wobei beachtet werden soll, dass einige Abschnitte wegen der hohen Feuchtigkeit schwierig zu befahren und rutschig sind.

Wegverlauf: Von Centrale aus (mehrere Parkplätze, leicht mit öffentlichen Verkehrsmitteln zu erreichen) steigen wir in einer Viertelstunde hinauf zur überaus sehenswerten Kirche Sant'Osvaldo in Bedollo (1165 m), ein idyllisch gelegener Ort, der an Südtiroler Bergdörfer erinnert. Von der Kirche aus geht es auf der asphaltierten Straße bergab, bis wir am *Capitel del Checon* nach links auf den Radweg abbiegen, hinunter bis zum Buse-See und wiederum bergaufwärts bis nach Brusago (1104 m) gehen. Vorbei an der neuen Kirche der Madonna del Buonconsiglio folgen wir den Hinweisschildern nach Valcava, kommen an einem hölzernen Wegkreuz von 1840 vorbei und erreichen über den Weiler Caloneghi das schön gelegene Dorf Valcava (937 m). Nun biegen wir links ab und folgen der Beschilderung *Madonna dell'Aiuto* über einen steilen Weg durch dichten Wald. Dieser Weg folgt dem alten Saumpfad, der einst das gesamte Cembratal in Ost-West-Richtung von Cavalese bis Lavis durchquerte und an dem die heute vertrocknete *Sorgente del Mercante* (Quelle des Händlers) an die vielen einst durchziehenden Kaufleute erinnert. Der Weg geht sodann in eine Forststraße über, die bis zur Wallfahrtskirche führt (877 m). Für die Rückkehr an den Ausgangspunkt benutzen wir dagegen die asphaltierte Straße, die vom Kreuzweg begleitet bis hinunter zum Sportplatz führt, wo wir uns weiterhin links halten und an den baulich sehenswerten Weilern Casal und Sabion vorbeikommen. Bei letztgenanntem treffen wir auf den Wegweiser E5, den europäischen Wanderweg Nr. 5, dem wir bis an den Ausgangspunkt in Centrale folgen. Der Weg verläuft entlang einer schmalen Asphaltstraße, die durch den Weiler Luch führt, der einst am Rande eines heiligen Hains, eines *lucus* angesiedelt war. Auch kommen wir an mehreren Bildstöcken vorbei, die an die Choleraepidemien erinnern, von denen das Tal immer wieder heimgesucht wurde. Der Weg führt hoch über den Erdpyramiden vorbei, bietet herrliche Ausblicke und endet in Quaras, wohl einem der malerischsten Dörfchen des Trentino. Ein paar wenige ineinander verschachtelte Häuser aus Stein und Holz, die von mehreren hölzernen Kruzifixen beschützt werden, ein vergessener Ort inmitten der Wälder, der ein anschauliches Bild davon liefert, wie es früher in den meisten kleinen Ortschaften des Trentino ausgesehen haben mag. Von hier bis an den Ausgangspunkt zurück führt der Weg noch an einigen alten, heute aufgelassenen landwirtschaftlichen Geländeterrassen vorbei.

Gehzeit: 5–6 Stunden, je nachdem, wieviel Zeit wir mit der Besichtigung der Kirchen verbringen, an denen unser Weg vorbeiführt

Höhenunterschied: ca. 400 m

Infos: APT Tel. +39 0461 557028, www.visitpinecembra.it. Öffnungszeiten der Wallfahrtskirche: vom 1. Mai bis 15. September täglich von 8.30 bis 18 Uhr. Das Patronatsfest fällt auf den ersten Sonntag im September. Pfarramt Segonzano, Tel. +39 0461 686115. Zur rechten Seite der Kirche befindet sich ein Hospiz, das von anfangs Mai bis zum ersten Sonntag im September geöffnet ist, außerhalb dieser Zeit auch an allen Samstagen und Feiertagen. Ein beheizter Raum mit Getränke- und Imbissautomat steht dagegen durchgehend zur Verfügung.

gerodet hatten. Aus diesem *'l camp brusà*, den verbrannten Feldern, wurde dann *brusak* und schließlich Brusago. Von hier aus ziehen alle gemeinsam um sechs Uhr morgens weiter, um gegen halb neun Uhr am Ziel zu sein und der Messe beizuwohnen, die vom Pfarrer aus Brusago zelebriert wird. Einige tragen das Kreuz, andere beten den Rosenkranz und wiederum andere stimmen Litaneien an, die alle dem Gnadenbild der Jungfrau gelten, das der Legende nach von einem Hirtenjungen im Wald gefunden, mit einem Rahmen versehen und an einen Baum gehängt worden war, bevor es der Pfarrer in die Kirche verfrachtete, aus der es aber noch in der gleichen Nacht verschwand. Die Dorfbewohner machten sich auf die Suche und fanden es im Wald an seiner ursprünglichen Fundstelle wieder. Dies wurde als ein Zeichen der Muttergottes

Bildstöcke und Wegkreuze prägen auch heute noch unsere Landschaftsbilder.

gedeutet, weshalb an dieser Stelle ein Bildstock errichtet wurde. So geht aus einer Aufzeichnung aus dem Jahr 1774 hervor, dass „etwa eine Dreiviertelstunde entfernt von der Kirche der Heiligen Dreifaltigkeit in Segonzano sich am Rande des auf den hiesigen Berg führenden Weges ein vergitterter Mariahilf-Bildstock befindet, der von namentlich ungenannten hochwohlgeborenen Herrschaften aus dem erlauchten Adelshaus derer von Prato bereits vor langer Zeit errichtet worden sein muss, worüber jedoch keinerlei Stiftungsurkunde vorhanden ist". Das Gnadenbild in der 1682 darüber gebauten Wallfahrtskirche – die vielen zwischenzeitlichen baulichen Veränderungen haben sie sicherlich nicht schöner, sonder kahler und unansehnlicher gemacht – ist in Wirklichkeit eine Kopie des berühmten Mariahilf-Gemäldes von Lukas Cranach dem Älteren aus dem Jahr 1518. Es war der aus Segonzano gebürtige Ferdinando Francesco a Prato, Chorherr im Dom zu Passau, einem beliebten Ziel von Pilgern aus ganz Bayern, Österreich und Böhmen, die 1634 vor der Pest und 1683 vor dem Einfall der Türken dorthin geflüchtet waren, der eine Kopie dieses Meisterwerkes von einem lokalen Künstler anfertigen ließ und sie in sein heimatliches Dorf Segonzano brachte, dem antiken römischen *fundus Secondianus*, wo sie in einer eigens dafür im Wald errichteten Kapelle aufbewahrt wurde. Der Ort, an dem sie erbaut wurde, war bereits weitum bekannt, und zwar aus Legenden, in denen es um verborgene Schätze und goldene Kegelspiele, um Zusammenkünfte von Hexen und Dämonen sowie um die am nahen *Doss Venticcia* in Erdpyramiden verwandelte Riesen geht.

Jahrhunderte lang wurde der Wallfahrtsort von Einsiedlern umsorgt und bewacht, die sich in einer Klause in unmittelbarer Nähe der Kirche abwechselten. Mit einer Inschrift an der Südfassade der Kirche bedankt sich die Pfarrgemeinschaft von Segonzano für den liebevoll erbrachten Wachdienst namentlich bei den letzten sieben hier eingesiedelten Eremiten:

1858 Nardin Cristano
1884–1908 Mattevi Vigilio
1908–1933 Fortarel Giovanni
1933–1938 Benedetti Antonio
1939–1959 Andreatta Antonio
1960–1971 Vicenzi Lorenzo
AMDGEM 2.9.1973

ANFAHRT

Die Wallfahrtskirche Madonna dell'Aiuto erreicht man mit dem Auto, indem man das Cembratal bis kurz nach der Ortschaft Scancio di Segonzano durchfährt, wo man rechterhand die mit *Santuario* beschilderte Abzweigung nimmt und über eine auch für Busse geeignete und mit den Kreuzwegstationen gesäumte Asphaltstraße ans Ziel gelangt.

13. Madonna Addolorata in Cavalese
Das Herzstück des Fleimstals

Im 16. Jahrhundert beschloss die Pfarrgemeinde von Cavalese, eine neue Rosenkranzkapelle zu errichten. Der vorige Bau, der zum Anwesen der Familie Bertelli gehörte, wurde abgerissen, und die sakrale Innenausstattung, darunter eine Statue der Schmerzensmutter im gotischen Stil nach deutschem Muster, sollte verbrannt werden, da nur eine Einäscherung einen eventuellen künftigen Missbrauch solcher geweihten Gegenstände unmöglich machte. Doch da diese Pietà aus einer Mischung aus Gips und Alabaster bestand und nicht brennen wollte, vergrub man sie in der geweihten Erde des Ortsfriedhofs.

Im Jahr 1645 fand der Mesner beim Ausheben einiger Gruben die alte Statue wieder und brachte sie in die neue Kapelle zurück. Kaum befand sie sich wieder an ihrer ursprünglichen Stelle – auch dieser Kapellenbau sollte 1829 durch einen Neubau im römischen Stil des Pantheons ersetzt werden –, begann sie auch schon, Gläubige aus nah und fern in ihren Bann zu ziehen. Der zeitgenössische Historiker Michel'Angelo Mariani berichtet dazu, dass sich „neben der Pfarrkirche ein kleines, sehr altes Kirchlein befindet, worin die Messe gelesen und eine Skulptur der wundertätigen Jungfrau Maria verehrt wird. Und im Inneren des Geländes dieser einsam und erhaben gelegenen Landpfarre öffnet sich ein geräumiger Platz als Vorhof der sakralen Gebäude".

Neben der Wallfahrtskirche die Gebäude der uralten Landpfarre.

Der Bau erinnert an einen griechischen Tempel mit rechteckigem Grundriss, vier ionischen Säulen und einem ausgeschmückten Tympanon.

Einigen Urkunden nach zu urteilen, nimmt die massive Verehrung der Gnadenstatue um das Jahr 1673 herum ihren Anfang also nicht einmal dreißig Jahre nach ihrer Wiederentdeckung. Es kommt zu unzähligen Prozessionen und Wallfahrten, sei es zu den Marienfesten als auch zum Einlösen von gemeinschaftlichen und persönlichen Gelübden. Der Glaube hat dieses wie auch andere Täler der Region immer schon stark geprägt, stellte eine Art Rettungsanker dar, wie es 1533 selbst im

Der *Banco de la Resòn* geht auf das 16. Jahrhundert zurück und war die Versammlungsstätte der *Magnifica Comunità di Fiemme*, der Fleimser Talgemeinde, die hier jedes Jahr am 15. August zusammentrat.

Quadernollo öffentlich bekundet wird, wenn von feierlichster Andacht und Frömmigkeit die Rede ist, mit denen die Fleimstaler seit langem schon ihre Feste begehen. Beim *Quadernollo* handelt es sich ist um die erste italienische Übersetzung der im Gebiet der *Magnifica Comunità di Fiemme* geltenden Gesetzessammlung des Notars Giovanni (Zuan) Rotello.
Eine der vielen denkwürdigen Prozessionen war die vom 2. Juli 1782, mit der die Schmerzensmutter angerufen wurde, um vor dem Zorn des Generals Vendôme und seiner französischen Truppen verschont zu bleiben. Was auch tatsächlich geschah. Die *Mater Dolorosa* wurde auch aus der Kapelle herausgeholt, als es darum ging, eine von Dürre bedrohte Ernte zu retten. Simone Weber berichtet, dass im Jahr 1722 „am 7. Juli das ehrwürdige Simulakrum der schmerzensreichen Mutter in einem Bittgang zur Kirche des Franziskanerklosters getragen wurde, um Regen zu erflehen". Diese Prozession wurde immer dann wiederholt, wenn kein Wasser vom Himmel fallen wollte: 1832, 1839, 1849, 1861 und 1881. Diese Formen der Verehrung, die mit Marias Fürsprache für den ersehnten Regen in Zusammenhang standen, erfreuten sich großer Beliebtheit. Dazu pilgerte man nicht nur aus dem ganzen Fleimstal hierher, sondern auch aus Neumarkt, Montan und Branzoll, aus dem Cembratal und dem nahen Fassatal. An der Prozession am 2. August 1881 nahmen etwa zweitausend Gläubige teil, eine Menschenmenge, die den Dekan dazu zwang, die Messe unter freiem Himmel abzuhalten, damit alle zuhören und ihr gemeinsames Anliegen der Madonna vortragen konnten. Sowohl 1836 als auch während der zweiten Choleraepidemie, die das Tal 1855 heimsuchte, kamen die Menschen scharenweise hierher, um davor

QUELLENANGABEN

Demattio Luigi, *Notizie storiche intorno al santuario di Maria V. Addolorata di Fiemme in Cavalese*, Edizioni Scotoni & Vitti, Trient 1887.
Mariani Michel'Angelo, *Trento con il sacro Concilio et altre notabili*, Augsburg 1673
Weber Simone, *I vescovi Suffraganei della Chiesa di Trento*, Trient o.D.

HINWEISE UND TIPPS

Auf alle Fälle besichtigungswürdig sind der *Palazzo della Magnifica Comunità di Fiemme* (www.palazzomagnifica.eu), das historische Gedächtnis des Fleimstals, sowie die nahe gelegene Ausstellung für zeitgenössische Kunst im altehrwürdigen *Palazzo Rizzoli* (www.artecavalese.it).

verschont zu bleiben. Im ersteren der beiden Fälle wurden die Gebete der Gläubigen auch tatsächlich erhört, denn laut Luigi Demattios Aufzeichnungen „wurde die Geißel abgewendet und im Fleimstal kein einziger Fall von Cholera gemeldet". Im Juni 1944 versprachen die Gläubigen der Talgemeinschaft feierlich, alle fünf Jahre am dritten Sonntag im September eine Gedenkmesse abzuhalten, wenn sie von den Schrecken des Krieges verschont blieben. Selbst heute noch werden gemeinschaftliche Gelübde abgelegt, so wie zuletzt im Jahre 1996, als sich die Talgemeinde Fleims der hochverehrten Schmerzensmutter anvertraute: „An der Schwelle zum dritten Jahrtausend erneuert hiermit die *Magnifica Comunità di Fiemme* zusammen mit den umliegenden Gemeinden ihre tiefe Verbundenheit mit der heiligen jungfräulichen schmerzensreichen Muttergottes." Das vom Bruno Sommaria, dem Vorsteher der Talgemeinde unterzeichnete Gelöbnis kündigt auch die Einrichtung eines gemeinsamen Fonds für die Restaurierung der Wallfahrtskirche an.

Ein großer Teil der hier aufbewahrten Votivbilder bezieht sich aber auf persönliche Anliegen und erinnert mehrfach an die zahllosen verheerenden Überschwemmungen, von denen das Fleimstal immer wieder heimgesucht wurde.

DER WEG

Ausgangspunkt und Ziel: Castello di Fiemme (965 m)

Wegverlauf: Nach dem Besuch der Kirche San Giorgio geht es auf der *Via Dolomiti* weiter, vorbei an der prähistorischen Siedlung Doss Zelor – in dieser Gegend finden sich auch bemerkenswerte römische Siedlungsspuren – sowie an der weitum bekannten Kapelle der *Marmolaia,* einer uralten Kultstätte und während der Gewitter beliebter Unterstand für die auf den umliegenden Feldern arbeitenden Bauern. Wir gehen auf der Via Marmaiola weiter und biegen dann rechts in die Via Brunetta, die Via Avisio und die Via Pasquali ein, womit wir uns bereits im Zentrum von Cavalese (979 m) befinden. Nun geht's weiter über den Viale Celeste Mendini und anschließend die Via della Pieve, die uns bis ans Ziel bringt. Unser Rückweg folgt demselben Wegverlauf.

Gehzeit: insgesamt ca. 2 Stunden

Höhenunterschied: keiner

Der ikonografische Typus des „Vesperbildes" entsteht im deutschen Sprachraum des 14. Jahrhunderts und entspricht inhaltlich der *Pietà,* der schmerzensreichen Muttergottes mit dem Leichnam Jesu auf dem Schoß.

Die harmonischen Perspektiven im Inneren der Wallfahrtskirche streben direkt auf ihr Herzstück zu, die *Madonna Addolorata.*

14. Die Wallfahrtskirchen von Sorte und Peniola
Zwei Ziele der Gläubigen aus Moena

Außer zur Wallfahrtskirche *Sent'Uljana* auf dem Ciaslir in Vigo di Fassa, die der heiligen Juliana geweiht ist, pilgerten die einst zum Fürstbistum Brixen gehörenden ladinischen Talbewohner gern auch zur Madonna delle Nevi in Gries bei Canazei sowie zu jener von Barbide, einem Ortsteil von Soraga. Hielten sie es für angebracht, überquerten sie aber auch schon mal die südliche Grenze zum Bistum Trient, um zwei kleine Wallfahrtskirchen zu besuchen, die sich oberhalb von Moena auf den Ausläufern des Latemar befinden und sich großer Beliebtheit erfreuten, von der heute noch die zahlreich vorhandenen Votivtafeln zeugen. Es sind die Kirchlein San Giuseppe in Sorte und San Giovanni in Peniola (auch Penia genannt, ursprünglich von *pu nia,* nichts mehr).

Umgeben vom Schweigen der Wälder steht am uralten Weg, der von Predazzo zum Karerpass führte, das auf einem Felsen gebaute Wallfahrtskirchlein von Peniola.

Die kleine Wallfahrtskirche von Sorte mit ihrem weithin sichtbaren Zwiebelturm.

Sie waren am Rande des alten Weges zwischen Moena und den südlich davon gelegenen Ortschaften Forno und Medil errichtet worden, der vor allem genutzt wurde, um die gefährliche Talsohle zu umgehen, in der es immer wieder zu verheerenden Ausbrüchen des Wildbachs Avisio kam.
Das dem heiligen Josef geweihte Kirchlein in Sorte wurde bereits 1645 infolge eines Gelübdes errichtet, aber erst am 9. Oktober 1703 durch den Trienter Fürstbischof Johann Michael von Spaur geweiht. Einer Legende nach soll hier im 17. Jahrhundert ein nobler Herr gelebt haben, der seine beiden Söhne mit ausgedehnten Wiesen und Wäldern beerbte, wobei der eine Sohn den fruchtbaren, mit Wasser gesegneten Teil zugesprochen bekam, während dem anderen das restliche karge und vertrocknete Land blieb. Damit unzufrieden, forderte er seinen bevorzugt behandelten Bruder zu einem Duell mit der Auflage, dass der Sieger alles bekommen und der Besiegte alles verlieren würde. Das gesamte Erbe wurde damit „affidata alla sorte", also dem Schicksal anvertraut, und so erhielt

ANFAHRT

Die beiden Wallfahrtskirchen von Sorte und Peniola sind mit dem Auto von Moena aus über eine schmale Straße zu erreichen, die links vom Hauptplatz abzweigt. Von Sorte bis Peniola ist die Straße nicht asphaltiert, weswegen sich dringend ein Spaziergang anbietet.

der bis dahin San Joseph genannte Ort seinen neuen Namen Sorte bzw. Sort. Das Duell wurde ausgetragen, doch einem der beiden Brüder blieb die Kugel im Lauf stecken, woraufhin die Pistole in seiner Hand explodierte. Damit retteten aber beide ihr Leben, was zur Versöhnung und dem gemeinsamen Entschluss führte, zum Andenken des Ereignisses eine Kapelle zu errichten, deren formschöner Zwiebelturm schon bald bis hinunter ins Tal strahlte. Der Bau weckte aber auch den

Der prächtige vergoldete Holzaltar zeugt vom außergewöhnlichen Geschick früherer Kunsthandwerker, die ihr Können mit dem Glauben in Einklang zu bringen wussten.

Immer noch existiert das geborstene Schießeisen aus der Legende um die Stiftung des Kirchleins.

Neid und die Ängste der beiden Pfarrer in Moena, die den Kirchen San Vigilio und San Volfango vorstanden und dieses neue Gotteshaus in unmittelbarer Nähe der ihren nicht guthießen. „Sie befürchteten, die Gläubigen würden nun dorthin wandern und mit ihnen auch ihre Gaben für den Opferstock", bemerkt Alberto Chiocchetti, der derzeitige Kirchenwächter, der sich bereit erklärt hatte, uns die Geschichte der Kirche und ihrer Schätze zu erzählen. So soll das hier aufbewahrte, als wundertätig gepriesene Gnadenbild der Schmerzensmutter einst im Sumpf einer nahe im Talboden gelegenen Moorwiese namens Palua gefunden bzw. an die Oberfläche geschwemmt worden sein, um dann den Weg hierher zu finden. Seitdem genügte es, bei aufziehenden Unwettern und bei drohendem Hagelschlag, die Glocken des Kirchleins zu läuten, um die herannahenden Gefahren zu bannen. Für die

QUELLENANGABEN

Brovadan Daniela, *La chiesa di San Volfango a Moena*, Edizioni Stella, Grop Ladin da Moena, Istituto Cultural Ladin, Rovereto 2002

Degasperi Fiorenzo, *Pellegrinaggi e Santuari dei ladini e delle genti mòchene e cimbre*, Edizioni Curcu & Genovese, Trient 2008

De Rossi Hugo, *Fiabe e leggende della Valle di Fassa*, Edizioni Istitut Culturale Ladino, Vigo di Fassa 1984

Trapp Eugen, *Testimonianze di storia e arte nelle valli ladine*, Istitut Ladin Micura de Rù, 2006

Wolff Karl Felix, *Rododenàri bianchi delle Dolomiti*, Cappelli Editore, Bologna 1989.

dennoch von Unwettern verursachten Schäden wurden dagegen die Hexen verantwortlich gemacht, allen voran jene, die am Vajolonpass im Herzen des Rosengartens ihr Unwesen trieben und einst, von einem Fluch beseelt und einer schwefeligen Rauchwolke getragen, die blühenden Rosenhage am Fuß der Vajolettürme in die heute von bizarren Felsformationen geprägte Hochgebirgslandschaft verwandelt haben. Um herauszufinden, ob es sich bei einem Hagelsturm um ein natürliches Wetterphänomen oder um das Werk von Hexen handelt, genügte es – so Hugo de Rossi in seinem Buch über die Märchen und Legenden des Fassatals – „eine Handvoll gefrorener Getreidekörner zu nehmen, zu warten bis sie aufgetaut waren und dann festzustellen, ob sich darin menschliche Haare finden ließen, denn wenn ja, war es ein Werk der Hexen, die den Hagel verursacht hatten. Deshalb sollten seinerzeit vor allem Frauen und Kinder auch darauf achten, die im Kamm hängengebliebenen Haare nicht achtlos wegzuwerfen, sondern stets zu verbrennen."

DER WEG

Ausgangspunkt und Ziel: Moena (1184 m), Parkplatz an der Pfarrkirche San Vigilio

Wegverlauf: Vom Parkplatz bei der Pfarrkirche San Vigilio führt auf der linken Seite eine schmale, für Kraftfahrzeuge gesperrte Straße bergauf bis zur Wallfahrtskirche von Sorte (1225 m), von wo aus es nach links der Markierung Nr. 521 folgend auf einem Feldweg weiter bis zur Kirche von Peniola (1470 m) und der gleichnamigen Alm mit Einkehrmöglichkeit geht. Der Rückkehr erfolgt über denselben Wegverlauf.

Variante: Von der Almhütte in Peniola steigt man über den mit 521A markierten Fußweg in Richtung Talboden ab, bis man auf eine Forststraße stößt, an der man nach links einbiegt, ihr bis an den Ausgangspunkt folgt und dabei den Talboden meidet.

Gehzeit: 2 Stunden für den Aufstieg, etwas weniger für den Abstieg; inklusive der Variante benötigt man insgesamt etwa 4 Stunden

Höhenunterschied: ca. 300 m

Infos: Tourismusverein Moena, Tel. +39 0462 609770
Malga Peniola, Tel. +39 0462 573501, www.malgapeniola.it. Eine halbe Stunde Fußweg von Sorte entfernt, entlang der alten Straße zum Karerpass, aber außerhalb unseres Wegverlaufes, liegt die gastronomisch renommierte Malga Panna, Tel. +39 0462 573489, www.malgapanna.it.

Ecce Homo – seht, da ist der Mensch – sind die Worte, mit denen Pontius Pilatus den gefolterten Jesus dem Volk vorstellt.

Viele der in der Kirche aufbewahrten Votivbilder vermitteln einen aufschlussreichen Einblick in die Frömmigkeit der ladinischen Talbewohner, ebenso wie die zahlreichen Inschriften auf den Holzflächen hinter dem Altar und das Freskentondo mit der Darstellung des heiligen Josef und der nur noch zum Teil leserlichen Inschrift: *Maria (...) Amore fece P(er) Sua Devocion*. Sehenswert ist auch das von Giovanni Felicetti gemalte Altarbild, das den Tod des heiligen Josef thematisiert. Der Überlieferung nach tragen die fünf kleinen Engel die Gesichter der fünf Kinder, die während jener Zeit im Hause Firmian, der Adelsfamilie aus Mezzocorona, verstorben waren. San Giuseppe in Sorte war auch Ziel von Bittgängen, die von Moena ausgingen und an der von Valentino Rovisi ausgemalten Kapelle der vier Evangelisten vorbeikamen bevor sie zur 1225 Meter hoch gelegenen Kirche aufstiegen
Die Wallfahrtskirche San Giovanni di Peniola oder Penia (1468 m) dagegen wurde an einem idyllischen, auch heute noch recht abgelegenen Ort errichtet, und zwar auf einer von hohen Nadelbäumen umgebenen Lichtung auf halber

Das Wallfahrtskirchlein von Peniola, ein kleines Juwel inmitten der grünen Landschaft zu Füßen des Latemar.

Höhe zwischen dem Talboden und den Hängen am Fuße des Latemars. Gebaut wurde sie 1732 von der heute noch auf den umliegenden Höfen sesshaften Familie Donei. Auch der sehenswerte gezimmerte Stall neben dem Kirchlein stammt aus jener Zeit. Geweiht ist die Kirche dem heiligen Johannes von Nepomuk, dem Brückenheiligen, Schutzpatron der Ertrinkenden und Beschützer vor Überschwemmungen. Ihre Stiftung geht auf ein Gelübde der Familie Donei zurück, deren Hof von den Verwüstungen einer Überschwemmung verschont blieb. Durch gewaltige Unwetter immer mehr angeschwollen, waren die drei Wildbäche, die von den Anhöhen des La Sela, Sa Coi und Monte Ciamp am Ostrand des Latemars ins Tal fließen, mit einer derartigen Wucht ausgebrochen, dass ganze Wiesen und Felder mitgerissen und unter Schutt und Geröll begraben wurden. Unter den im Inneren der Kirche aufbewahrten Werken des Künstlers Don Martino Gabrielli bestechen besonders die kleine Holzstatue auf dem Altar sowie die gemalte Darstellung auf dem Antependium des vom böhmischen König Wenzel zu Tode verurteilten heiligen Johannes Nepomuk. Besonders erwähnenswert unter den Votivgaben sind ein *ringraziamento* aus dem anfänglichen 17. Jahrhundert und ein Votivbild in Zusammenhang mit einer Feuersbrunst aus dem Jahr 1801. Besonderer Beliebtheit erfreute sich die auf Leinwand gemalte Darstellung des heiligen Josef, des Schutzpatrons der Sterbenden.

Dem Wallfahrer, der hier einkehrte oder es auch heute noch tut, wird „in dieser Kirche nach jedem Beten von fünf Paternoster und Avemaria zu Ehren der heiligen Wunden unseres Herrn Jesus Christus ein für Lebende und Tote geltender Ablass von vierzig Tagen gewährt".

Die Gläubigen von Moena pilgern auch heute noch an jedem 16. Mai in einer zweistündigen Prozession hierher, um dem heiligen Johannes von Nepomuk ans Herz zu legen, den Wildbach Avisio vor erneuten Ausbrüchen abzuhalten, zumal er in den vergangenen Jahrhunderten schon genug Schaden an Mensch, Tier und Flur angerichtet hat. Von nicht geringer Bedeutung war auch der Standort der beiden Wallfahrtskirchen, die zusammen mit jener von Barbide im nahe gelegenen Sorana ein Verteidigungsbollwerk des Glaubens nach Westen hin bildeten, der Himmelsrichtung des Sonnenuntergangs, aus der symbolisch das Böse kommt. Dieses Vorurteil gegenüber dem Westen ist ein uraltes Erbe, denn schon im alten Ägypten wurde das Land, in dem die Sonne unterging, mit der Unterwelt assoziiert und unter den Schutz der Baumgöttin Amounet gestellt, deren Aufgabe es war, die Toten aufzunehmen und sie zu nähren. Hier hingegen kamen aus dem Westen alle Reisenden und Wanderer, aber eben auch feindliche Heere und räuberische Horden, die über den Karerpass hier einfielen. Die Wälder rund um den Latemar werden seit jeher von lichtscheuen Zwergen bewohnt, die viele Jahrhunderte lang neben den Knappen in unzähligen Gruben und Schächten nach Erz schürften. Da heute aber niemand mehr an diese Wesen glaubt, haben sie sich in tiefe Schluchten zurückgezogen, sind aber keineswegs verschwunden. Der Südtiroler Volkskundler Karl Felix Wolff verweist darauf, dass „in früher Vergangenheit in den ausgedehnten Wäldern rund um den Karersee Wilde hausten, die in Familienverbänden von sechs bis zehn Personen ein armseliges Leben fristeten". Alles rätselhafte, unberechenbare Erscheinungen, die unter Kontrolle und auf Distanz gehalten werden mussten. Die unzähligen Wegkreuze, Bildstöcke, Kapellen sowie kleinen Berg- und Wallfahrtskirchen waren allgegenwärtige Zeichen des Heiligen, denen durchaus auch apotropäische Fähigkeiten zugeschrieben wurden.

15. Die Wallfahrtskirche Sent'Uljana

Zur Abwehr des Teufels und der bösen Geister

Wahrscheinlich geht die erste Erbauung dieser Kirche auf die Langobarden zurück. Der Ort war nicht nur wegen der zahlreichen Legenden, die heute noch an ihm haften, bestens dazu geeignet, sondern auch wegen des hier reichlich vorhandenen Wassers aus den beiden Bächen *Ruf de Pàntil* und *Ruf de Lésia* (auch bekannt als *Ruf dale Archie*), zwischen denen sich dieser uralte, *Caslir* oder auch *Ciaslir* genannte Siedlungsplatz ausbreitet. Dazu kam noch eine in der Nähe sprudelnde Quelle, die einst wegen ihrer angeblichen Heilkräfte äußerst beliebt war, wovon heute noch die neben ihr errichtete Sankt-Mauritius-Kapelle zeugt.
Die heilige Juliana soll ursprünglich aus dem Piemont hierhergekommen sein, aus dem unheilvollen Westen also, verschmolz aber bald schon mit der Gestalt ihrer anatolischen

Ein idyllischer Spaziergang führt uns auf die Anhöhe, von der aus die Wallfahrtskirche Santa Giuliana das darunterliegende Tal und den herrlichen Ausblick auf die Fassaner Dolomiten beherrscht.

Szenen aus dem Freskenzyklus zur Heiligengeschichte der Kirchenpatronin an der linken Kirchenwand.

Namensschwester, der heiligen Juliana von Nikodemien, Gattin des Eleusius von Bithynien, und wurde schließlich auch mit deren Attributen bedacht.
Der Glaube beschreitet oft seltsame Wege: Er zieht stromaufwärts, statt sich treiben zu lassen, und er vermischt oft auch den Westen des Todes mit dem Osten des Lebens. Die heilige Juliana, die erfolglos versuchte, ihren Mann zu bekehren, und daraufhin einen schrecklichen Märtyrertod erlitt, überschneidet sich mit einer weiteren mythischen Heiligenfigur aus Ivrea, die den Salassern sehr ans Herz gewachsen war, einem Bergvolk aus dem westlichen Oberitalien, dem damaligen Gallien diesseits der Alpen zwischen den Flüssen Po und Dora Baltea, das mit den keltischen Ceutronen jenseits des Kleinen St. Bernhard sowie den Veragren auf der anderen Seite des Großen St. Bernhard im Austausch standen. Die hier verehrte Heilige, die aus einer keltischen Lebensgöttin hervorgeht, wurde mit dem aufkommenden Christentum im Rahmen von historisch nicht sehr präzisen Raum-Zeit-Koordinaten in die Rolle einer überaus mutigen und gottesfürchtigen Frau gezwängt, die Märtyrer beerdigt und hingebungsvoll künftige Priester aufzieht. In der *Passio* der Turiner Märtyrer Avventore, Solutore und Ottavio wird Juliana als fromme christliche Matrone aus Ivrea beschrieben, die den Leichnam des am Ufer der Dora Riparia gemarterten Solutore entdeckt und nach Turin bringt, um ihn neben seinen beiden bereits gemarterten und getöteten Leidensgefährten zu bestatten. Die Gedenkstätte, die sie am Grab der drei Märtyrer errichten lässt, wird später auch ihr eigenes Grab. Augenscheinlich an der Geschichte von Juliana ist natürlich, dass die beschriebenen Ereignisse Teil eines immer wiederkehrenden hagiografischen Topos sind: Eine tapfere Frau, die aus ihren eigenen Kräften für ein ehrenvolles Begräbnis derer sorgt, die ihren christlichen Glauben mit dem qualvollen Märtyrertod bezeugt haben. Die Wallfahrtskirche, die wir heute sehen, wurde im Laufe der Zeit mehrmals umgebaut, bevor sie ihr heutiges Aussehen in spätgotischem Stil erhielt und deren neuer Chor, Hochaltar und beide Seitenaltäre am 23. Juli 1452 vom Brixner Kardinal Nikolaus von Kues feierlich eingeweiht wurden. Seitdem kamen und kommen immer noch scharenweise Gläubige hierher. Kaum ist man über die Kirchenschwelle nach innen getreten, richtet sich der Blick des Besuchers auf die fünf Fresken an den beiden Seitenwänden des Kirchenschiffes, die Ereignisse aus dem Leben der heiligen Juliana nacherzählen und im Gegensatz zu den meisten Gemälde- und Glasfensterzyklen nicht von unten nach oben gelesen werden, sondern vielmehr von oben nach unten, wie dies auch in der benachbarten Sankt-Johannes-Kirche der Fall ist. Die Holzstatue der Heiligen mit einem Buch in der Hand und dem gefesselten Teufel ist fast ein Jahrhundert nach den Fresken entstanden. An der Chordecke schweben inmitten eines schillernden leuchtend roten Meeres musizierende Engel, Propheten, lateinische Kirchenväter, die Könige David und

Bei einem Spaziergang durch Vigo di Fassa entdeckt man an den alten Häusern immer wieder prachtvolle, dem Volksglauben verbundene Fassadenmalereien.

QUELLENANGABEN

Felicetti Lorenzo, *Centoventi leggende del Trentino*, Edizioni Artigianelli, Trient 1934
Ghetta Frumenzio, *La chiesa di Santa Giuliana a Vigo di Fassa*, Pluristamp-Istitut Cultural Ladin, Bozen 1994

Salomon sowie die Attribute der Evangelisten. Zwischen all diesen Figuren hebt sich genau in der Mitte der Szenerie der goldene Umhang der Dreifaltigkeit hervor, der mit dem Gold der sie umrahmenden *Mandorla* verschmilzt. Drei Gesichter in einem, drei Nasen, drei Münder, vier Augen. Das Antlitz in der Mitte mit dem langen weißen Bart, ist das von Gottvater, zu seiner Linken das des Heiligen Geistes und zu seiner Rechten das von Jesus, hier mit rötlichem Haar und Bart. Es handelt sich um ein umstrittenes Werk, das wiederholt verurteilt wurde, aber in der Volkstradition der religiösen Ikonographie unbeschadet weiterlebt.

Das Läuten der großen Glocke, die 1591 in Vigo di Fassa gegossen wurde, war der Abwehr von Unwettern vorbehalten. Über ihren 1,25 Meter weiten Umfang lesen wir den eingravierten Spruch: *A FVLGVRE ET TEMPESTATE LIBERA NOS DOMINE – SANCTA JVLIANA ORA PRO NOBIS – LVDOVICO SIMONATO DA TRENTO – FECIT 1591*. Unter dieser Aufschrift befindet sich ein Flachrelief, das uns die Taufe Jesu schildert – wobei wir wieder beim allgegenwärtigen Wasser, Johannes dem Täufer und der Metamorphose von Geist und Körper angelangt sind. Die stattliche Wetterglocke erklang immer dann, wenn sich derart bedrohliche Wolken zusammenzogen, die eine existentielle Gefahr für das ganze Tal darstellten. Gleichzeitig sollte das Sturmläuten auch die mittlerweile in Hexen verwandelten Bergfeen verscheuchen, die hier durch die Nächte schwirrten, um sich auf dem *Pian del Bal*, ihrem Tanzboden hoch über dem Trevisanatal, aber auch im Schlerngebiet oder in der Umgebung von Puflatsch zum Hexensabbat zu treffen.

Auch Eremiten kamen hierher und fanden hier Gewissheit im Glauben an das Göttliche. Die erste Einsiedelei wurde 1662 von einem gewissen Mattio Massar aus Vigo zwischen Felsgestein am Waldesrand errichtet. Von ihm weiß Pater Frumenzio Ghetta zu berichten, er sei als Sohn des Fassaner Gerichtskanzlers Giovanni Battista Massar ein kultivierter Eremit gewesen, der jedoch bald schon die Einsiedelei verließ, um als Kaplan in der Pfarre von Fassa tätig zu sein, später dann auch als Pfarrer vom Bulla, wo er in der Pfarrkirche San Leonardo bis zu seinem Tod predigte und Messen hielt, aber auch seinem Mitbruder Don Domenico Pederiva aus Sogara nach Notwendigkeit zur Hand ging. Viele weitere Einsiedler folgten, bis die Klause im 17. Jahrhundert aufgelassen wurde. Der Wallfahrtsort war bei den Fassanern so sehr bekannt und beliebt, dass bereits 1288 eine in Salzburg ausgestellte Urkunde bezeugt, dass auch hier Ablässe gewährt werden konnten, so wie es bereits in der weiter talwärts liegenden Kirche gehandhabt wurde. Im Jahr 1462 revanchierten sich die Gläubigen, indem sie einen Kaplan beriefen, der hier fortan täglich eine der heiligen Juliana gewidmete Messe zelebrierte, die von den Gläubigern selbst bezahlt wurde. Mit der wachsenden Anzahl der Gläubigen kamen auch die vielen Votivgaben, die heute noch die Kirchenwände zieren und von einer unverfälschten Volksfrömmigkeit zeugen, die sich in den Bräuchen und Ereignissen ausdrücken, die dieses Tal beseelen. Unter den vielen Votivinschriften sticht besonders die eines gewissen *Loixio Cigolla* hervor, mit der er in Fassaner Mundart akribisch über einen am 27. August 1855 durch Blitzschlag in seinem Haus ausgelösten Großbrand berichtet, bei dem aber wie durch ein wahres Wunder trotz der Anwesenheit aller Familienmitglieder niemandem ein Haar gekrümmt wurde. Besonders inbrünstig

DER WEG

Ausgangspunkt und Ziel: Vigo di Fassa (1382 m)

Wegverlauf: Vom Ortszentrum aus folgen wir der *Strada de Piz* bergauf und dann der *Strada de Sent Üliana*. Für den Rückweg gehen wir wieder bergab, bis wir auf die *Strada de Pontrac* stoßen, der wir nach links bis zum Ausgangspunkt folgen.

Gehzeit: 20 Minuten bergauf, 20 Minuten bergab

Höhenunterschied: 155 m

Infos: Zu den Öffnungszeiten der Kirche wenden Sie sich bitte an den APT Tourismusverein Val di Fassa, Tel. +39 0462 609500.

Ein Ort, an dem sich zahlreiche Legenden verdichten, die dem Herzen und der Fantasie des gläubigen Volkes entsprungen sind.

wurde die Kirchenpatronin von den Talbewohnern angerufen, um vor den verheerenden Überschwemmungen des Alvisios und der anderen reißenden Wildbäche verschont zu bleiben. Die Gläubigen, die zum Gebet hierher pilgerten, kannten sehr wohl die folgende Gründungslegende dieses Ortes: Zwei Ochsen, denen noch kein Joch angelegt war, kamen eines Tages hier des Weges, als man gerade dabei war, die Kirche zu errichten. Mit ihrer Hilfe wurden daraufhin ganze 30 Fuhren Sand aus dem nahen Gebirgsbach *Ruf de la Lježia* herbeigekarrt. Auch Leute aus dem benachbarten Eggental, aus Tiers und Welschnofen halfen beim Kirchenbau tatkräftig mit. Selbst die Gläubigen aus Neumarkt trugen der Legende nach zur Errichtung der Wallfahrtskirche bei. Bis in das beginnende 20. Jahrhundert hinein pilgerten die Welschnofner hierher, höchstwahrscheinlich immer auf denselben Wegen, die wohl schon von Fassaner Hirten benutzt wurden, als diese mit ihren Herden über die Höhenwege des Tales zu den Weidegründen des Etschtals im Gebiet von Bozen wanderten. Und sie alle hielten das Andenken an die Auseinandersetzung zwischen der Heiligen und dem Satan wach. Dass Juliana sich dazu entschlossen hatte, in diesem Tal zu leben, stieß beim Teufel auf wenig Zustimmung, da niemand mehr in die Hölle kam. Also lauerte er den Gläubigen beim Verlassen der Kirche unweit davon auf, um sie mit Schmeicheleien in Versuchung zu führen, doch alles war vergeblich, zu sehr hatten sich die Gläubigen bereits von den alten heidnischen Traditionen abgewandt und ihre ganze Aufmerksamkeit der neuen Heiligen und den zahlreichen anderen Heldenfiguren des christlichen Pantheons zugewandt. Daraufhin wurde der Teufel derart wütend, dass er in seinem verzweifelten Zorn auf den Rosengarten flüchtete und knapp unterhalb des Rotwandgipfels (*cima Vael*) eine Felswand durchbrach. Die entstandene Bresche ist heute noch gut sichtbar und wird von allen *Buš de Sent'Uljana* oder *Crep de Sant'Uliana* genannt, also das Loch bzw. die Felsspalte der heiligen Juliana. Der zwischen der heiligen Juliana und dem Teufel ausgetragene Konflikt begründet auch die traditionelle Darstellung der Heiligen neben dem in Ketten gelegten Satan. An jedem 16. Februar nach dem römischen Kalender pilgerten die Fassaner zur Wallfahrtskirche, und dasselbe wiederholte sich am 3. Juni nach dem alten Kalender von Aquileia, wobei diesmal Maiglöckchensträußchen mitgebracht wurden, die in Moena auch *fiori de Santa Uliana* genannt werden. Am 16. Februar, dem Festtag der Kirchenpatronin, ging die Zeit der Wintergesänge zu Ende, die unter anderem in der Nachweihnachtszeit stets die Dreikönigwallfahrt untermalten.

Die zur Kirche hinaufpilgernden Gläubigen hielten bei der kleinen Kapelle an, die 1927 bei Don Lorenzo Felicetti wie folgt erwähnt wird: „Die Kapelle Santa Giuliana ist mit drei Fresken des Künstlers Rovisi di Moena geschmückt und liegt nur wenige Schritte von der Wallfahrtskirche entfernt." Sie wurde 1519 erbaut und war Maria Gnaden, den heiligen Cosmas und Damian – beides heilige Krieger byzantinischen Ursprungs, die eng mit Heilkunst und Heilwassern verbunden sind – sowie dem heiligen Rochus geweiht, der hier als Beschützer vor der Pest verehrt wurde. Das waren die goldenen Zeiten der Wallfahrtskirche zur Sent'Uljana. Die letzte große Gemeindewallfahrt fand am 8. September 1945 statt. An diesem Tag pilgerten alle Gläubigen des Tales – man spricht von fast zweitausend Menschen – mit vielen wehenden Fahnen und dem Fassaner Dekan, Don Fortunato Rossi, mit dem Kreuz voraus zu diesem geheiligten Ort, um dafür zu danken, dass das Tal von den Gräueltaten der sich zurückziehenden Nazi-Soldaten verschont geblieben war, anders als im benachbarten Fleimstal, wo die Dörfer Stramentizzo, Molina und Ziano Schauplatz von Razzien, Folterungen und Erschießungen waren.

Es wurde hochheilig versprochen, die Wallfahrt zu wiederholen, doch das geschah nicht. Pater Frumenzio Ghetta beteuert es: „Nein, sie kehrten nicht zurück, weder nach zehn Jahren, noch nach fünfundzwanzig und auch nicht nach vierzig Jahren. [...] Niemand konnte ahnen, dass auf dieses große Glaubensbekenntnis so viel lange, dunkle, traurige und schmerzhafte Jahre der Verlassenheit, des Verfalls und der Plünderung folgen sollten." Nahezu bis zum heutigen Tag. Denn erst in allerletzter Zeit machen sich wieder zaghafte Anzeichen einer Wiederbelebung des Wallfahrtsortes bemerkbar.

16. Madonna di Piné in Montagnaga

Das Heiligtum der Trentiner

Die der Caravaggio-Madonna geweihte Wallfahrtskirche in Montagnaga auf der Hochfläche von Pinè wird von den Einheimischen überwiegend *La comparsa di Montagnaga* genannt, also die Erschienene, womit Bezug genommen wird auf die wundersamen Erlebnisse der Domenica Targa, einer unverheiratet gebliebenen Jungfer, die ihr Leben den Kindern ihrer Geschwister gewidmet hatte. Am 26. Mai 1730 war ihr zum fünften Mal die Muttergottes erschienen, während sie „unter einem herrlichen Lichtstrahl in die Kirche eintrat". Wer heute nach Montagnaga di Piné kommt, um die Wallfahrtskirche zu besuchen, trifft auf einen großen Baukomplex, der so gar nicht in die Umgebung zu passen scheint. Dabei handelt es sich um einen Kirchenbau aus dem Jahr 1880, dem der Trentiner Architekt Luigi Liberi „diese frischen, ländlichen, vielleicht etwas groben und rauen, so dennoch in ihrer bescheidenen Strenge so sympathischen Umrisse verliehen hat", wie Giuseppe Gerola 1927 den Bau beschreibt. Die Tatsache, dass die wiederholten internen Nachforschungen der dafür zuständigen römischen Ritenkongregation nie zu einer Bestätigung der Echtheit dieser Marienerscheinungen geführt haben – weshalb Alberto Folgheraiter auch ein Kapitel seines Werkes *I Sentieri dell'Infinito* der „Madonna ohne Erscheinungen" gewidmet hat –, konnte die Gläubigen in keinster Weise davon abhalten, diesen Ort seit der Zeit jener angeblichen Visionen aufzusuchen und zu verehren. Die *Comparsa* ist so zu einem physischen Ort geworden, zu einer Art Park, der immer schon Anhänger angezogen hat, vielleicht sogar noch bevor Domenica Targa dreimal die Muttergottes in der nahe gelegenen Kirche Sant'Anna und weitere zweimal in deren Umkreis erschienen war. Neben der Grabstätte der angeblichen Visionärin – der Franziskanermönch Giangrisostomo Tovazzi nannte sie im ausgehenden 18. Jahrhundert „die Erzählerin einer *historiola*", eines „Geschichtleins" also – beherbergt der sakrale Bau auch eine reichhaltige Sammlung an Votivtafeln, die bis auf 1730 zurückreichen und mehrfach deutsche Inschriften aufweisen.

Der Ort, an dem die Muttergottes dem Mädchen erschien.

In der Sankt-Anna-Kirche werden zahlreiche Votivbilder aufbewahrt.

Untergebracht sind all diese Gedenkbilder in dem berüchtigtem Raum, in dem einst die Besessenen eingesperrt wurden, um exorziert zu werden.
Im Becken dieser *Comparsa* nahe dem Erlöserdenkmal soll der Legende nach die erste Marienerscheinung stattgefunden haben, und zwar in unmittelbarer Nähe einer Frischwasserquelle und eines riesigen Gletschersteines mit einer ganzen Reihe prähistorischer Schalenabdrücke, die alleine schon den Zauber und die Ausstrahlung des Ortes begründen und besagen, dass hier bereits viel früher Rituale unter freiem Himmel abgehalten wurden, deren Bedeutung genauso wenig überliefert ist wie die Namen der Gottheiten, denen die Gebete unserer Vorfahren galten. Als die Madonna 1729 der frommen Domenica Targa zum ersten Mal auf dieser Lichtung erschien, wurden die Vertiefungen auf dem Findling von den Einheimischen sofort als Fußspuren der Heiligen Jungfrau gedeutet. Bis in die 1960er Jahre pilgerten viele Gläubige aus Leifers im Sommer vor der Ernte hierher, verweilten ein paar Tage in Montagnaga und kehrten dann wieder zurück. Vor allem waren es Frauen mitsamt ihren Töchtern und Enkelinnen, denen die Marienverehrung ein Herzensanliegen war. Sie umwickelten den Goldschmuck der ganzen Familie mit einem Taschentuch und rieben dann das an einem langen Stock befestigte Bündel an der Statue der Madonna, die in der Lichtung aufgestellt war. Damit sollte symbolisch auch der von Generation zu Generation sorgsam verwahrte Familienbesitz dem Schutz der Heiligen Jungfrau anvertraut werden. Noch gut an dieses Ritual erinnern konnte sich die vor ein paar Jahren verstorbene Angelina Linardi, deren Eltern aus Fornace stammten und die in Leifers eine bekannte Persönlichkeit war. Alle Gläubigen pflegten auch das Ritual, die heilige Treppe im Inneren der angrenzenden Erlöserkirche auf den Knien zu bewältigen. Es handelt sich dabei um eine naturgetreue Nach-

Die Heilige Treppe in der Erlöserkirche von Montagnaga.

bildung der Heiligen Treppe der Lateranbasilika in Rom, deren achtundzwanzig Stufen in ihrem Inneren mit heiliger Erde aus verschiedenen biblischen Orten Palästinas aufgefüllt sind. Die Treppe wird heilig genannt, weil sie den Weg nachzeichnet, den Jesus ging, als er die Stufen hinaufstieg, um sich den römischen Machthabern in Jerusalem zu stellen, und sie wird seit jeher von betenden Gläubigen auf den Knien erklommen, um Sünden zu sühnen oder Gnaden zu erbitten.

Bevor man auf die unterste Stufe tritt, kommt man an zwei Marmorgruppen vorbei, die links den *Ecce Homo* und rechts den Judaskuss darstellen. Die Treppe entlang begleiten uns dagegen von Sigismondo Nardi gemalte Szenen vom Leidensweg Christi, an deren Ende wir dann vor der hölzernen Kreuzigungsgruppe mit der Schmerzensmutter und dem heiligen Johannes stehen, einem Werk des Grödner Bildhauers Ferdinand Stuflesser nach dem Vorbild einer erheblich älteren Kreuzigungsgruppe, die im Dom von Trient aufbewahrt wird. Die Verehrung an diesem Wallfahrtsort bezieht sich sowohl auf das der Caravaggio-Madonna nachempfundene Gnadenbild als auch – seit einem späteren Zeitpunkt – auf die Lichtung *La Comparsa*, dem Ort der ersten Erscheinung. Besonders häufig und intensiv wurde hier die Jungfrau um Heilung von Besessenen angefleht, wie es ja auch von vielen Votivtafeln bezeugt wird, die Maria um ihre göttliche

Hunderte und Aberhunderte von Votivtafeln, materialisierter Ausdruck einer psychischen Bindung an wundersam erlebte Ereignisse.

ANFAHRT

Wir verlassen die Straße durch die Valsugana in Pergine Nord, nehmen die Via Dante und biegen im ersten Kreisverkehr bei der zweiten Ausfahrt ab, erreichen dann einen zweiten Kreisverkehr, von wo aus wir der Beschilderung nach Montagnaga bis ans Ziel folgen.

Fürsprache zur Beseitigung des „dunklen Übels“ durch Exorzismen bitten. Nicht weniger als vier mit Öl gemalte Tafeln mit der Aufschrift *esorcismo* datieren auf die Jahre 1730 und 1731. Das Ritual dieser Exorzismen fand in der Sankt-Anna-Kirche statt. Auch der Schutz des Viehs vor Ansteckungsgefahr und Krankheiten fiel in die Zuständigkeit der Madonna von Montagnaga. Als Zeugnis der tiefen Gläubigkeit eines Pilgerpaares aus dem Fersental sei ein Votivbild aus dem Jahre 1731 erwähnt, eine Danksagung, die oben rechts eine ausgiebige Inschrift aus gotischen Buchstaben im Fersentaler Dialektdeutsch trägt, mit der sich die beiden Stifter der Votivtafel bei der Heiligen Jungfrau dafür bedanken, die Frau von ihrer dämonischer Besessenheit befreit zu haben, wobei ihr die Gnade in den frühen Nachmittagsstunden zuteil wurde, also genau zu der Zeit, in der Giovanna Varoli im entfernten Caravaggio ihre Marienerscheinung erlebte.
Nicht vergessen werden sollten auch die Klagen des Priesters Bertoldi (ACAT, Curazie 90 I E 1872–74), mit denen er einen ganz anderen Aspekt dieser Wallfahrten beleuchtet: „Bei der Prozession nach Montagnaga tut man so, als würde man die Winde, die Stürme und die Wildbäche in Ketten legen, aber wo bleibt die Andacht? Zuallererst wollen sie sich mit dem Glockengeläute aller Kirchen der großen Pfarre von Piné selber feiern lassen, und wehe dem Mesner, der seine Pflicht nicht pünktlich erfüllt, so wie man es ihm aufgetragen hatte. Ein Verfluchter sei er dann, dem in aller Öffentlichkeit ein *fiol d'una* […] an den Kopf geworfen wird“, das wohl schlimmste aller persönlich beleidigenden Schimpfwörter (Sohn einer...).

DER WEG

Ausgangspunkt und Ziel: Montagnaga (882 m)

Wegverlauf: Vom Dorf aus folgt man der Via Targa und erreicht das Erlöserdenkmal und *La Comparsa,* den Ort, an dem Domenica Targa ihre erste Marienerscheinung erlebte. Weiter geht es bis zum *Belvedere Alto* (980 m) mit Panoramablick über Civezzano und dem Canzolino-See. Die Rückkehr erfolgt über denselben Weg.

Gehzeit: insgesamt ca. 2 Stunden

Höhenunterschied: ca. 100 m

Info: Der Wallfahrtsort ist täglich von 8 bis 12 und von 14 bis 18 Uhr geöffnet, www.santuariodipine.it.
Besichtigungswürdig ist das ehemalige Albergo Alla Corona am Platz vor der Wallfahrtskirche. Es war einer der ersten Hotelbetriebe im Trentino, wurde 1883 von der Familie Tommasini gegründet und war bis 2002 aktiv. Sehenswert sind die erhalten gebliebene Einrichtung und Ausstattungsgegenstände aus über einem Jahrhundert Hotelgeschichte. Für Besichtigungen zuständig ist die Biblioteca Comunale di Baselga di Piné, Tel. +39 0461 557951, pine@biblio.infotn.it. Im Dorf gibt es verschiedene Einkehrmöglichkeiten.

QUELLENANGABEN

Bernardi Gabrieli, *Il Santuario della Madonna di Piné*, Edizioni Santuario, 2000
Gerola Giuseppe, *Il Santuario della Madonna di Piné,* in Studi Trentini di Scienze Storiche, Trient 1927

17. Die Madonna von Feles

Madonnenhand in Fels gemeißelt

Das Heilige und das Profane teilen sich den bewaldeten Hang, der den Bergstock Mazola vom Caldonazzo-See trennt. Rechts des Baches *Rifalo* oder *Rifèl* erhebt sich der mächtige düstere Wohnturm des Castello di Vigolo Vattaro. Links dagegen öffnet sich eine Lichtung, die seit Jahrhunderten von den Hirten aus Bosentino und Migazzone als Herbstweide für ihre Schafe genutzt wurde und mit der hier errichteten Wallfahrtskirche der Madonna von Feles das Herzstück der Marienverehrung der Gläubigen der Vigolana-Hochebene darstellt. Der Name *Feles* geht auf *felce* zurück, dem italienischen Wort für Farn, das hier in Hülle und Fülle wächst. Sowohl das Schloss als auch die Wallfahrtskirche liegen am Verlauf einer ursprünglichen Wegtrasse, die bereits in prähistorischer Zeit benutzt worden war. Wie Josef Anton Falger bereits 1846 in *Der Pilger durch Tirol, oder, geschichtliche und topographische Beschreibung der Wallfahrtsorte und Gnadenbilder in Tirol und Vorarlberg* bemerkt, handle es sich bei diesem Kirchlein nicht um ein Heiligtum im eigentlichen Sinn des Wortes, sondern vielmehr um einen Ort der Verehrung, an dem Maria seit zweihundert Jahren ihren Verehrern große Gunst erweise. In dem heutigen, 1737 errichteten Sakralbau wurde während gründlicher Umbauten und Restaurierungsarbeiten an den Vorgängerkapellen – der älteste Holzbau reichte ins Frühmittelalter zurück – eine Mauernische freigelegt, deren Inneres mit einem Fresko aus der Mitte des 15. Jahrhunderts geschmückt war, sicherlich dem Werk eines umherziehenden Wandermalers mit eindeutig venezianischem Einfluss. In großer Schlichtheit zeigt das Bildnis die Muttergottes mit rechts dem Kind und einem Blumenkranz in der Hand, einem beliebten Attribut als Symbol des Lebens und des ewigen Kreislaufs der Natur, die so fruchtbar wie möglich sein sollte, nachdem ihr die Menschen vollkommen ausgesetzt und anvertraut sind. Lange zuvor schon waren viele Gläubiger zu diesem Ort gepilgert, als anlässlich einer Prozession im Jahr 1622 von der Pfarrgemeinde Bosentino offiziell beschlossen wurde, dass jedermann an allen Samstagen beim ersten Schlag der Vesperglocke die Arbeit ruhen lasse, widrigenfalls er zwölf *Soldi* Buße zugunsten der Wallfahrtskirche zu entrichten habe. Das zu Beginn der Vesper von allen zu betende Ave Maria sei dem Andenken an die wundersame Erscheinung von 1620 gewidmet. Dieser Brauch, der an eine Marienerscheinung gebunden war, die der zwölfjährige taubstumme Hirtenbub Janesel erlebt haben soll, blieb dann auch tatsächlich bis ans Ende des 19. Jahrhunderts aufrecht. Das Vorhandensein von Wasser – außer dem Wildbach *Rifél* findet sich hier auch eine Quelle, die den mittlerweile errichteten Brunnen speist – hatte diesen Ort schon in der Antike zu einem beliebten Weide- und Kultplatz gemacht, an dem das Vieh getränkt und einer Göttin oder Nymphe für die von der Quelle gespendete Kraft gedankt werden konnte. Der Hirtenbub Janesel war wie jeden Tag mit seinen Schafen und Ziegen zur Waldlichtung hinaufgezogen. Nachdem er an

Der Wegverlauf hierher folgt der alten Römerstraße, die von den am See gelegenen Orten Caldonazzo und Calceranica über die Burg Castel Vigolo nach Trient führte.

ANFAHRT

Bosentino (688 m), dessen Name sich vom lateinischen *buxus* (Strauch) ableitet, liegt am östlichen Rand der Vigolana-Hochebene und ist von Trient aus über die Provinzstraße, die zum Caldonazzo-See führt, oder aus der oberen Valsugana über die Straße zu erreichen, die in Calceranica al Lago beginnt.

der Quelle getrunken hatte, erschien ihm plötzlich im Dickicht der Farne die Heilige Jungfrau, die mit der Hand auf einen ebenso farnumwachsenen Kastanienbaum zeigte und den Bub anwies, den Leuten im Dorf ans Herz zu legen, an dieser Stelle eine Kapelle zu bauen, in der ihr Bildnis verehrt werden sollte. Und während sie so zu ihm sprach, verewigte sich die Form ihrer Hand auf dem großen Stein, an dessen Seite sie stand. Und der taubstumme Junge selbst begann von diesem Moment an wieder zu sprechen.
Die Leute, denen der kleine Janesel seine Geschichte erzählt hatte, glaubten ihm zwar, doch warteten sie das Ende der Pest von 1632/33 ab – die hatte in den Nachbardörfern viele Opfer gefordert, Bosentino und Migazzone dagegen verschont –, bevor sie eine kleine steinerne Kirche anstelle der Holzkapelle errichteten, die zuvor auf Geheiß des benachbarten Kastellans gebaut worden war, der als Lehnsmann der Fürstbischöfe von Trient die Burg bewohnte. Kaum stand das neue Wallfahrtskirchlein, begannen auch schon Scharen von Gläubigen aus der ganzen Umgebung herbeizuströmen. Sie kamen aus Caldonazzo, Calceranica und San Cristoforo, einige von ihnen sogar aus dem benachbarten Tirol, nachdem sie bereits der Madonna von Montagnaga in Piné einen Besuch abgestattet hatten oder sich gerade auf dem Weg zu ihr befanden. Auch am 13. Juni 1657 stiegen sie aus der ganzen oberen Valsugana hier herauf, nachdem es viele Wochen lang nicht mehr geregnet hatte. Und 1836 pilgerten sie alle erneut wieder hierher, als aufgrund der dramatischen Choleraepidemie die früher gepflegte Tradition der gemeinsamen Wallfahrt der Gläubigen aus Bosentino und Migazzone an jeden Samstagabend zwischen Ostern und Allerheiligen wieder aufgenommen wurde. Durch Höhen und Tiefen hindurch konnten sich diese Prozessionen und Wallfahrten ein paar Jahrhunderte lang halten, zum Teil sogar mit erstaunlichen Teilnehmerzahlen. Der letzte wundersame Vorfall soll sich 1813 ereignet haben: Ein Junge namens Giovanni Tamanini aus Vigolo Vattaro hatte auf seinen Krücken mühsam das Wallfahrtskirchlein erreicht, um daraufhin ohne Krücken durch das damals noch unwegsame Gelände wieder ins Tal zu stürmen. Es heißt, er habe aus der heilbringenden Quelle getrunken.
Im Jahr 1984 wurde die kleine Kirche unter Aufsicht von Don Mario Bonora restauriert und den 1933 von Duilio Corompai geschaffenen Fresken mit Szenen aus dem Leben der Jungfrau neuer Glanz verliehen.
Noch heute pilgern die Gläubigen aus den beiden anliegenden Ortschaften am ersten Samstag im Mai sowie am Nachmittag des letzten Sonntags im Mai zu diesem Ort der Stille und Einkehr, und die Gläubigen von Vigolo Vattaro tun es ihnen gleich im Monat September, am Vorabend von Maria Geburt, dem Patronatsfest, und folgen dabei den Fußstapfen des jungen Janesel, der diesen Ort angeblich viertausendmal aufgesucht hat.

DER WEG

Ausgangspunkt und Ziel: Bosentino, Parkplatz bei der Kirche San Giuseppe.

Wegverlauf: Im oberen Teil des Dorfes beginnt eine kleine, leicht ansteigende Straße mit Hinweis auf die Wallfahrtskirche (*Santuario Mariano*). Von der Wallfahrtskirche aus (758 m) geht es dann weiter über den Bach *Rèfer* hinweg und am Castello di Vigolo vorbei (privat, im Sommer zu Veranstaltungen und Ausstellungen geöffnet) bis nach Vigolo Vattaro (725 m). An der ersten Weggabelung biegen wir links ab und gehen auf der alten, heute asphaltierten, aber wenig befahrenen Römerstraße zum Ausgangspunkt zurück, vorbei an einer Kapelle aus dem 19. Jahrhundert, um die sich zahlreiche Legenden über göttliche Wunder und Sühnetaten ranken.

Gehzeit: insgesamt 2 Stunden

Höhenunterschied: 100 m

Infos: Die Wallfahrtskirche ist von Mai bis September geöffnet. Die genauen Öffnungszeiten erfährt man im Pfarramt Bosentino, Tel. +39 0461 848140.
In Vigolo Vattaro empfiehlt sich ein Besuch der kleinen Sankt-Rochus-Kirche aus karolingischer Zeit, die auch als *all'Ospitale* (Spitalkirche) bekannt ist und in der einst Obdachlose und Pestopfer versorgt wurden. Weitere Infos erhalten sie vom Pfarramt in Vigolo Vattaro, Tel. +39 0461 848817.

QUELLENANGABEN

Bassi Corrado, *Sguardo al passato. Vattaro, Vigolo und Bosentino nel corso dei secoli*, Edizioni 31, Vattaro 2008
Degasperi Fiorenzo, *Il culto delle acque. Sorgenti, laghi e fiumi trentini e del nord-est*, Edizioni Curcu & Genovese, Trient 2005
Falger Josef Anton, *Der Pilger durch Tirol, oder, geschichtliche und topographische Beschreibung der Wallfahrtsorte und Gnadenbilder in Tirol und Vorarlberg*, Pfaundler, Innsbruck 1846

18. Santa Maria in Brancafora

Gemeinsam mit den zimbrischen Wallfahrern

Als die Gläubigen von Luserna/*Lusern* nach Brancafora pilgerten, einem Ortsteil von Pedemonte in Val d'Astico bestehend aus einer Handvoll Häuser, die noch aus dem Mittelalter stammen, und dort, direkt unterhalb ihres eigenen Dorfes, die Wallfahrtskirche Santa Maria betraten, fanden sie sich vor dem Triumphbogen wieder, auf dem die Inschrift zu lesen war: *Magnificate Dominum in hoc Templo B.V. Mariæ Assumptæ dicato.* Damit hatten sie den heiligsten Ort ihrer heimatlichen religiösen Welt erreicht. Die helle hohe Fassade des Gebäudes lehnt sich stilmäßig – wie bei vielen anderen im 19. Jahrhundert in der Alpenregion errichteten Kirchen – an den Neoklassizismus an, der nicht immer mit dem Ort und der Umgebung harmoniert. Der eindeutig auf seinen Tiroler Ursprung verweisende barocke Zwiebelturm wurde erst 1740 auf Veranlassung des Kaplans Cristiano Rossato anstelle des vorherigen, wahrscheinlich romanischen Turms errichtet und zeigte nun den Wallfahrern schon aus weiter Ferne ihr angestrebtes Ziel, während es in Zeiten der Herbstnebel und Schneestürme seine Glocken waren, die den herannahenden Pilgern den Weg wiesen. Ursprünglich stand hier ein Hospiz mit einer kleinen Marienkirche, ein Ort, der ohne weitere Angaben oder Beschreibungen als *Santa Maria di Brancafora* bezeichnet wurde, und das bis ans Ende des 18. Jahrhunderts. Viele Gläubige wurden von der Verehrung der Heiligen Jungfrau, aber auch von der Fülle an Reliquien angezogen, die sich im Laufe der Jahrhunderte an diesem abgelegenen Ort

Die Kirche von Brancafora war einst der gemeinsame Bezugspunkt aller über die Höhen und Weiten des Talkessels am Ende des Val d'Astico verstreuten Höfe.

Der behauene Stein, der die Sankt-Rochus-Kapelle in Lusern nach oben hin abschließt.

ANFAHRT

Brancafora (522 m) erreicht man von Lavarone aus über die Provinzstraße der Val d'Astico.

angesammelt hatten. Ein Visitationsprotokoll aus dem Jahre 1676 berichtet über das Vorhandensein von Reliquien der heiligen Fortunato, Bono, Vitale, Adiuto und Amanzio, die über dem Altar in Reliquienbehältern aufbewahrt wurden. Später wird auch die Präsenz eines Fragmentes des Heiligen Kreuzes bezeugt. Einst stiegen die Pilger auf ihrem Weg nach Rom vom Hospiz oberhalb von Lavarone/*Lafraun* bis hierhin ab und legten eine Rast ein. Bis zum Ende des 16. Jahrhunderts nahm das Hospiz auch gläubige Luserner auf, die hierherkamen, um zu heiraten, sich taufen zu lassen, ihre Toten zu begraben oder einfach nur um Andacht zu halten oder Zuflucht vor einem Unwetter zu suchen.

Das Gnadenbildnis in der Wallfahrtskirche zur Heiligen Maria.

Bis auf das 14. Jahrhundert zurück reichen die Zeugnisse von Pilgerbesuchen aus der Gegend um Vicenza und dem Trentino.

Vorwiegend aber kamen die zimbrischen Luserner aus folgenden zwei Gründen hierher: Zum einen unterstanden alle verstreut gelegenen Gehöfte und Häuser von Lusern der Pfarre Brancafora, wie dies auch urkundlich bestätigt wird: „*Das gesamte Gebiet, das sich von Covalo di Rio Malo in gerader Linie nach Osten bis zum Tal des Rio Torto, zum Monte Rovere, zu deren beider Grenzsteinen und bis zum Tal des Tora erstreckt, war Brancafora zuerkannt, nachdem dies so von der Gräfin Speronella, der Ehefrau des Ezzelino, verfügt worden war.*" Zum anderen war es die Verehrung der wundertätigen Madonnenstatue, die den Lusernern ein wichtiges Anliegen war.
Das enge Verhältnis zwischen dem Wallfahrtsort und den Gläubigen aus anderen Trentiner Pfarrgemeinden zeigt sich am Beispiel von Caldonazzo. Neben der engen Beziehung, die zwischen der Familie Trapp aus Caldonazzo und dem Bistum Padua bestand, war die Verehrung der Madonna von Brancafora seitens der Gläubigen dieser Gemeinde immer schon sehr tief und innig, wie deren zahlreiche Wallfahrten dorthin hinreichend belegen. Dabei folgten sie dem uralten Weg, den Michel'Angelo Mariani im Jahr 1673 wie folgt beschreibt: „Von Levico aus verläuft die Strecke bis an den nahe gelegenen Caldonazzo-See, der zur Gerichtsbarkeit der

Mehrere Statuen der Muttergottes mit dem Kind zeugen von der innigen Verehrung, die hier der Heiligen Jungfrau zuteilwird.

Freiherren Trapp gehört, die das ganze Gebiet auch jenseits der Ortschaft mit seiner Kirche und dem ehrwürdigen Ansitz vom Trienter Bischof zum Lehen haben. Die Ebene wie auch die Hanglagen bestehen aus fruchtbarem Land und eignen sich bestens für die Jagd, einschließlich der Höhen um Lavarone, über die man in Richtung Vicenza nach Italien gelangt und zur Kirche von Brancafora findet, die von einem später zum Papst gewählten Bischof geweiht wurde und daher mit geistlichen Privilegien und der Anerkennung von Ablässen ausgestattet ist. Zuständig für die Kirche ist der Bischof von Padua, dessen Diözese sich bis jenseits von Pedemonte und San Marco erstreckt." In letzter Zeit erlebt man ein Wiederaufblühen dieser traditionsreichen Wallfahrt von Caldonazzo nach Brancafora.

Neben der institutionellen Bindung an Lusern war es vor allem die innig empfundene Marienverehrung, die hier die Gläubigen zur wundertätigen Statue der Heiligen Jungfrau hinzog. Bischof Marco Corner erinnert sich 1633 an seinen Besuch in der Kirche und an deren „Hochaltar mit Überbau, auf dem eine Statue der Heiligen Jungfrau stand, die damals von den Gläubigen der umliegenden Dörfer sehr verehrt wurde. Die Statue war von Engeln umgeben, die eine Krone auf ihr Haupt setzten. Um den Altar herum hingen zahllose Votivtafeln und viele Kerzen waren angezündet".

Der aus dem zimbrischen Rotzo stammende Historiker Dal Pozzo erwähnt bereits im 18. Jahrhundert, dass „diese Kirche seit langer Zeit schon das Vorrecht genießt, Riten zu pflegen, die denen eines Heiligtums ebenbürtig sind, und zu dem die

Heute herrscht vorwiegend Stille im geräumigen neoklassizistischen Kirchenschiff, die hohe Zeit der Wallfahrten ist längst vorbei.

QUELLENANGABEN

Dal Pozzo Agostino, *Memorie istoriche dei Sette Comuni vicentini*, Comune di Rotzo 1980

Degasperi Fiorenzo, *Santuari e pellegrinaggi dei ladini e delle genti mòchene e cimbre*, Edizioni Curcu & Genovese, Trient 2008

Mariani Michel'Angelo, *Trento con il sacro Concilio et altre notabili*, Augsburg 1673

Gläubigen an den wichtigsten Marienfeiertagen in Scharen strömen. So ist es seit jeher Brauch, von den umliegenden Dörfern Rotzo, Roana, Pediscala, San Pietro, Forni, Tonezza, Folgaria und Lavarone aus in Wallfahrtsprozessionen hierher zu pilgern, und jede dieser Gruppen brachte drei- bis vierpfündige, zum Teil sogar sechspfündige Altarkerzen und Fackeln mit". Die Mönche, die sich hier sowohl um das Wohl der Menschen im Hospiz als auch um das der Wallfahrer kümmerten, trugen das ihre dazu bei, diesen Brauch zu festigen und aufrecht zu erhalten.
Später wurde die ursprüngliche Statue durch eine Madonna vom Berg Karmel ersetzt, die von der bis Ende des 17. Jahrhunderts in der hiesigen Pfarre ansässigen Karmeliten-Bruderschaft gestiftet wurde. Im Laufe der Zeit wurde auch diese Madonnenstatue durch ein Altarbild ersetzt, das von fünfzehn holzgeschnitzten Reliefkassetten mit der Darstellung der Rosenkranzgeheimnisse umrandet war und wundersame Kräfte zu besitzen schien, die sehr wichtig waren für die Bergbewohner der ganzen Gegend und ihr tägliches Leben, das sich einst stets an der Schwelle von Notlagen, Bedrängnis und dem Zwang zum Auswandern abspielte. Besonders häufig unter den vielfältigen Anliegen, die der Heiligen Jungfrau vorgetragen wurden, erscheint das Bitten um Regen in Zeiten der Dürre, einer immer wiederkehrenden Geißel dieser Gebiete. Neben den vielen Dürreperioden waren es auch Pest und Cholera, von denen das Land heimgesucht wurde und die auch unter den Lusernen viele Menschenleben forderten, wodurch es für jedermann zur Pflicht wurde, die Muttergottes und den heiligen Rochus aufzusuchen und um deren Schutz und Fürsprache zu bitten. 1855 erkrankten von den damals 600 Einwohnern von Lusern 61 an Cholera, von denen 41 geheilt wurden und 20 starben. Im Schnitt betrug die Krankheitsdauer sechzig Stunden, die zwanzig Opfer starben innerhalb eines Zeitraums von zwei Monaten. Das Jahr 1816 wurde dagegen als *l'an de la fam,* das Jahr des Hungers in Erinnerung behalten. Diesmal waren es ein Übermaß an Regenfällen und anhaltender Frost, die zur Zerstörung der Ernten führte. „Die Menschen mahlten sogar nackte Maisspindeln zu Mehl, und sobald es in den ersten Monaten des Jahres 1817 zu tauen begann, sah man geschwächte und abgemagerte Männer und Frauen auf Wiesen und Feldern graben und nach essbaren Wurzeln suchen. Jedes Kraut und alles Pflanzliche landete im Kochtopf. Die Zahl der Todesopfer war hoch, viele von ihnen wurden leblos mit den Fingern zwischen den Zähnen gefunden." Um gegen den Hunger, den Regen, den Frost, die Dürre, die Pest und die Cholera anzukämpfen, taten die Gläubigen nicht viel mehr, als hinunter und hinauf zu pilgern und dabei die Rettung zu erflehen oder zumindest den nächsten Tag zu überstehen.

DER WEG

Ausgangspunkt und Ziel: Lusern (1333 m)

Wegverlauf: Ganz in der Nähe der Sankt-Rochus-Kapelle in Lusern beginnt der von Cai-Sat mit Nr. 601 markierte Weg steil hinab bis nach Brancafora (522 m), vorbei an den Örtlichkeiten *Lasta della Morte* und *Sasso della Croce* (wo einst *Frau Klafter* oder *Frau Perchtega* ihr Unwesen trieb und in der darunterliegenden Höhle von Rosoio entführte Kinder gefangen hielt) sowie dem Ortsteil Longhi, an dem man rechts abbiegt und alsbald die Wallfahrtskirche erreicht. Der letzte Anstieg wird von einigen Bildstöcken gesäumt und führt an einem kleinen Wasserfall über tiefer moosbewachsener Schlucht und einem türkisfarbenen Weiher vorbei, der von allen *El Gorgo del Santo* (der Wasserstrudel des Heiligen) genannt wird. Die Rückkehr erfolgt auf demselben Weg.

Gehzeit: ca. 2 Stunden für den Abstieg, ca. 3 Stunden für den Aufstieg

Höhenunterschied: ca. 860 m (der Hinweg führt bergab, der Rückweg bergauf)

19. San Silvestro am Totoga
Für Sonne, Hirse und Viehfutter

Als das Christentum in den Alpen Einzug hielt, suchten sich die Bewohner der Dörfer des Primierotals – Imèr, Mezzano, Pieve, Transacqua, Tonadico, Siror und San Martino – vier Örtlichkeiten aus, um das Tal zu verteidigen, das Böse und jedes Unglück abzuwehren und die segnende Hand Gottes über die Gläubigen, das Land und die Tiere zu erflehen. Wahrscheinlich nahmen sie dabei mit vorbestehenden uralten Kultstätten vorlieb und errichteten darauf christliche Kapellen, von denen einige später zu Kirchen ausgebaut wurden: San Silvestro sul Totoga, San Giovanni al Monte, San Vittore (und Corona) in Tonadico und Santa Romina in Mezzano auf den Anhöhen der westlichen Talseite zwischen den Gipfeln des Redasega und des Bedole. Verbindet man diese vier Kapellen, die am Rande des jeweiligen Ortes an erhöhter Stelle stehen, wohl um dem Himmel etwas näher zu sein, durch zwei imaginäre Linien, so ergibt sich ein Kreuz, das von den Gläubigen des Tales *crosera* genannt wird und seit jeher ein Objekt der Verehrung ist. Später wurden zum besseren Schutz des Tales weitere Bildstöcke und Kapellen gebaut, die vor allem der Madonna gewidmet waren und noch näher an den Dörfern lagen. So entstand ein erweiterter idealisierter Befestigungsgürtel zur Abwehr gegen das überall drohende Übel und die gefürchteten nächtlichen Überfälle der wild jagenden Hexen, ein Hirngespinst der aus dem kalten Norden zugewanderten Knappen. Verbindet man auch diese Sakralbauten untereinander mit zwei gedachten Linien, ergibt sich wiederum ein Kreuz, das nicht nur das Symbol schlechthin alles biblisch Wesentlichen darstellt, sondern auch die Macht hat, Satan und seine Schlangenbrut zu bändigen und zu zermalmen.
Im südlichen Arm dieses Schutzkreuzes steht hoch über dem Schener-Stausee das Sankt-Sylvester-Kirchlein. Jahrhundertelang spielte dieser Ort auch eine Rolle als Wächter der darunterliegenden Straße, über die man das Gebiet von Feltre und das venetische Tiefland erreichte.
Aus der ursprünglich kleinen Kapelle, die aus der Zeit des frühesten Christentums stammte, entstand später ein prächtiges romanisches Kirchlein, von dem heute nur noch die Apsis erhalten geblieben ist, während das Kirchenschiff im Laufe des 15. Jahrhunderts von sogenannten Comasken, wandernden Bauleuten aus der Lombardei, rundum erneuert wurde. Sie ist dem heiligen Sylvester geweiht, einem im frühen Christentum sehr beliebten und hochverehrten Heiligen, und das nicht nur, weil er als letzter Heilige im Jahresablauf gefeiert wird. Früher kannte man auch hier noch die uralte Legende, die sich um die Figur dieses Heiligen rankt: 330 n. Chr. kam es zu einem erbitterten Kampf zwischen dem Heiligen und einem blutrünstigen Drachen, der von Vestalinnen gefüttert wurde. Um das Ungeheuer herauszufordern, musste Sylvester die 365 Stufen zu dessen Höhle im Erdinnern hinuntersteigen, genauso viele Stufen, wie es Tage im Jahr gibt. Gewiss, eine metaphorische Legende, in der der Drache die bösen Mächte, vor allem den Teufel selbst verkörpert, doch im Zeitalter der Evangelisierung stand der Drache stellvertretend für die heidnische Götzenverehrung: Der Kampf gegen den Drachen, der mit dem Sieg des heiligen Sylvester endete, steht daher für die erfolgreiche

Die kleine Wallfahrtskirche entstand an einer uralten, wahrscheinlich heidnischen oder römischen Kultstätte.

ANFAHRT

Die Ortschaft Imèr kann man von Feltre aus über das Schenér-Tal oder über den Passo Rolle hinunter ins Gebiet von Primiero erreichen.

Kaum kommt man aus dem letzten Tunnel des wilden Schenértals, wird man vom geradezu magischen Anblick des kleinen weißen Kirchleins gefesselt.

Evangelisierung, den Sieg Christi über die heidnischen Götter. Seit jeher ist das Sankt-Sylvester-Kirchlein das Ziel zahlreicher Wallfahrten aus allen Ortschaften der Umgebung einschließlich des angrenzenden Vanoitals. Von all diesen Dörfern aus wurden feierliche Prozessionen nach San Silvestro abgehalten, von denen sich nicht wenige mitten in der Nacht in Bewegung setzten. Der Gesang der Litaneien durchbrach die Stille der Nacht, markierte den Wegverlauf und begleitete die Pilger bis in die frühen Morgenstunden. Dann war die Kirche endlich erreicht, man war dem Himmel näher und feierte die Gemeinschaftsmesse. Zumindest der letzte Teil des Weges, der durch das Val de Làc, hatte durchaus bußfertige Züge, denn die Strecke war steil und anstrengend und im Winter stark vereist und lawinengefährdet. Bis ins 19. Jahrhundert hinein war die Kirche von San Silvestro das Ziel von mindestens sechs Sommerprozessionen, die stets samstags nach Abschluss der Arbeitswoche stattfanden. Seit etwa 1550 wurden die Gläubigen hier von einem Einsiedler empfangen, der in der angrenzenden Kapelle lebte, die sich heute noch neben dem Eingang befindet. In letzter Zeit findet nur noch die Wallfahrtsprozession am 1. Mai ihren alljährlichen Weg nach San Silvestro, während einige wenige traditionsbewusste Gläubige sich auch mitten im Winter immer noch bis hier herauf mühen, um am 31. Dezember den Kirchenpatron zu feiern.

Die Kirche war „aus dem Gelübde und der Verehrung unserer Vorfahren heraus“ errichtet worden, zunächst von den Gläubigen aus Canale San Bovo, später dann auch unter Mitwirkung der Bewohner von Primiero, wie wir aus Urkunden des Diözesanarchives erfahren: „Gebaut wurde die Kirche von den Gemeinden Primiero und Canale zur Anrufung dieses großen Heiligen, weil in diesen beiden Tälern zu jener Zeit die Hirse nicht reifen wollte, aber seit dem Bau der Kirche und dem Beginn der Verehrung dieses heiligen Papstes in beiden Tälern sowohl die Hirse als auch die restlichen *frugi* (Futtergetreide und Hülsenfrüchte) stets zur Vollkommenheit gediehen, während in den Jahren, in denen die Hirse an diesen Orten nicht ihre vollkommene Reife erlangte, sie auch in allen anderen bestbebauten Äckern der Diözese nicht richtig reifen wollte.“

Insbesondere – und hier zeigen sich wieder deutlich Überschneidungen mit uralten heidnischen Kulten – pilgerten die Bauern im Sommer zum Sankt-Sylvester-Kirchlein hinauf, um den Heiligen um möglichst viel Sonnenschein zu bitten, der für eine gute Heuernte und die Reifung der Feldfrüchte notwendig war, in einem Landstrich, in dem nicht selten die Winternebel von sommerlichem Dauerregen abgelöst wurden.

DER WEG

Ausgangspunkt und Ziel: Imèr (670 m)

Wegverlauf: Von Imèr aus geht es auf einer nicht markierten, aber leicht erkennbaren kleinen Straße (via Guselini) in Richtung der Ortschaft Masi, von wo aus der der Weg Nr. 346 zur Wallfahrtskirche (1048 m) hinaufführt. Für den Rückweg geht man in Richtung Passo della Gobbera weiter, biegt dann rechts ab und folgt etwa einen Kilometer weit der Provinzstraße, die nach Imèr führt. Dann biegt man links auf den Weg Nr. 357 ab, der auch als *Via Nova* bekannt ist, ein alter Karrenweg, der seit der Antike den Gobberapass mit Pieve di Primiero verbindet, dem geistigen und politischen Mittelpunkt des ganzen Gebietes zu Zeiten des blühenden Bergbaus. In Coladina nimmt man den Weg Nr. 378 und erreicht auf dem gepflasterten Weg den Ausgangspunkt (die Straße führt weiter nach Fiera di Primiero, das man in weiteren anderthalb Stunden erreicht, in diesem Falle vorzugsweise mit öffentlichen Verkehrsmitteln).

Gehzeit: 3 ½–4 Stunden

Höhenunterschied: ca. 450 m

Infos: Die Kirche ist mit Ausnahme der offiziellen Feiertage geschlossen. Die Öffnungszeiten erfahren Sie beim Tourismusverein APT San Martino di Castrozza, Filiale Fiera di Primiero, Tel. +39 0439 62407, www.sanmartino.com. Verschiedene Einkehrmöglichkeiten gibt es in Imèr, am Passo della Gobbera im gleichnamigen Restaurant-Pizzeria, Tel. +39 0439 719762.

QUELLENANGABEN

Verschiedene Autoren, *Primiero. Storia e attualità*, Treviso 1984

20. Madonna del Monte in Rovereto

Nach dem Willen des Volkes

Geht man in Rovereto die alte Straße entlang, die von San Tommaso zur Pfarrkirche San Floriano im Stadtteil Lizzana führt, kommt man an der *Piazzetta di Sant'Osvaldo* vorbei, an deren Brunnen man auch heute noch seinen Durst löschen kann. Auf halber Strecke dieses Weges stand einst, dicht am Waldesrand, eine kleine Kapelle, deren erste urkundliche Erwähnung auf den 21. Jänner 1485 zurückgeht, und an der die Vorbeiziehenden seit jeher zu einer kurzen Andacht innehielten. Im Laufe der Zeit, vor allem aber durch den Bau der neuen Straße entlang der Talsohle und an Lizzanella vorbei, geriet die Kapelle in Vergessenheit und niemand unternahm etwas, als sie zu verfallen begann. Nur Fra Pietro, ein in der Nähe als Einsiedler lebender Dominikanermönch, kümmerte sich, so gut er konnte, um die Erhaltung der maroden Andachtsstätte.

Hier scheint die Zeit stehen geblieben zu sein.

Die bunt gestaltete Barock-Rokoko-Fassade.

Vittorio Zampiccoli weiß wiederum zu berichten, dass geraume Zeit später – man schrieb das Jahr 1602 – ein gewisser Andrea Rossi aus Rovereto, ein frommer Geist, der arg mit seinen Füßen zu leiden hatte, die alte Straße entlangkam und die Kapelle entdeckte, die „so sehr heruntergekommen war, dass man sie hinter dem rundherum wild wuchernden Dornengebüsch kaum erkennen konnte". Er kniete vor dem mittlerweile völlig abgeblätterten Abbild der Madonna nieder und versprach, die Kapelle von Grund auf instandsetzen und erneuern zu lassen, sollte er von seiner Krankheit genesen. Und es geschah tatsächlich. Kaum hatte er sein Gebet zu Ende gesprochen, verschwanden alle Schmerzen aus seinen geplagten Füßen. Er begab sich in die Stadt und beauftragte einen Maler namens Giovanni, den alle nur Giona nannten, mit der Restaurierung des Madonnenbildes. Und obwohl der Künstler unter einer Nervenkrankheit an den Händen litt, die es ihm wegen des Zitterns seiner Finger erschwerte, den Pinsel ruhig zu führen, nahm er die Arbeit dankend an, umso mehr als auch er auf eine wundersame Heilung hoffte. Als er zum ersten Mal den Pinsel an das verblasste Bild heranführte, kam er gar nicht erst dazu, die Farbe aufzutragen, da er „plötzlich

ANFAHRT

Der Wallfahrtsort (256 m) ist leicht mit dem Linienbus Nr. 7 oder auch mit dem eigenen Auto zu erreichen, indem man der Beschilderung zuerst in Richtung *Ospedale,* dann in Richtung *Ossario di Castel Dante* folgt.

eine ganz außergewöhnliche Kraft in seinen Händen zu spüren begann, die ihm wieder ein Arbeiten in großer Leichtigkeit, mit viel Geschicklichkeit und ohne jeglichen Schmerz ermöglichte, so als wäre er nie krank gewesen".

Die Nachricht über die beiden so kurz aufeinandergefolgten Wunder an der alten Kapelle verbreitete sich wie ein Lauffeuer, und die Gläubigen begannen aus den umliegenden Vorstadtvierteln von San Tommaso und Santa Maria, aber auch aus den Ortschaften jenseits des Leno herbeizuströmen, manche allein, andere wiederum in Familiengruppen oder gar in Prozessionen. Unter diesen vielen Gläubigen befand sich auch die viele Jahre vorher erblindete Adelsfrau Dominica Millana. „Mit Hilfe ihrer Dienerschaft begab sie sich auf die erwähnte Anhöhe, auf der die Kapelle steht, und warf sich mit so tiefer und inniger Frömmigkeit vor dem wundertätigen Bildnis der Heiligen Jungfrau Maria nieder, dass augenblicklich das Licht in ihre Augen zurückkehrte und sie wieder vollständig sehen konnte."

Drei Wunder in kürzester Zeit: Das konnte selbst die kirchliche Obrigkeit nicht ignorieren. Vor derlei vollendete Tatsachen gestellt, blieb Silvio a Prato, dem damaligen Generalvikar des Kardinals Lodovico Madruzzo, nichts anderes übrig, als den Pfarrer von San Floriano in Lizzana, Don Alessio Tomasini, zum

Die Kapelle neben der Kirche mit dem Leib Christi und zahlreichen Votivtafeln.

beauftragten Pfleger und Bewahrer des „verehrungswürdigen Bildnisses" zu ernennen.

Die Instandsetzung der Muttergotteskapelle wurde zu Ende geführt und die Überprüfung der wundersamen Ereignisse begann. Es sollte nicht lange dauern, bis der darauffolgende Trienter Fürstbischof, Kardinal Carlo Gaudenzio Madruzzo, angesichts der offensichtlichen Glaubwürdigkeit der überprüften Berichte zu den Vorfällen zur Schlussfolgerung kam, die Madonna del Monte von Rovereto offiziell zu einem Marienheiligtum zu erklären, das sich von da an bestens in das bereits dichte Netz der über das ganze fürstbischöfliche Territorium verstreuten Marienwallfahrtsorte einfügte und der innigen Verehrung der Gottesmutter neue Impulse verlieh.

Um die besonders an Sonn- und Feiertagen ständig wachsende Anzahl an Wallfahrern aufnehmen zu können, wurde 1607 dank einer Initiative der Pfarrgemeinde von Lizzana ein größerer Gebäudekomplex um die Kapelle herum errichtet. Es wurde auch der Bau eines Klosters in Erwägung gezogen, um die zahlreichen in der Umgebung lebenden Einsiedler bei der Instandhaltung und Pflege der Kirche, dem Zelebrieren

QUELLENANGABEN

Folgheraiter Alberto, *I Custodi del Silenzio. La storia degli eremiti del Trentino,* Edizioni Curcu & Genovese, Trient 2003

Rossaro Antonio, *Cenni storici del santuario della Madonna del Monte di Rovereto,* Missioni Consolata, Turin 1938

Die Zitate im Text stammen aus Zampiccoli Vittorio, *Storia del santuario mariano detto La Madonna del Monte in Rovereto,* Tipografia Libanti, Verona 1848

Unbeachtet der Beschädigungen aus zwei Weltkriegen bewahrt die kleine Wallfahrtskirche immer noch ihren ursprünglichen Charakter der stillen inneren Einkehr und Zurückgezogenheit, den ihr die betreuenden Einsiedler bis ins Jahr 1787 verliehen hatten.

der Messen und der Betreuung der Pilger zu unterstützen. Doch dagegen sträubten sich mit aller Kraft die beiden bereits in Rovereto tätigen Karmeliten- und Kapuzinerkongregationen, denn sie befürchteten, die Anwesenheit zahlreicher zusätzlicher Bettler könnte die Stadtbewohner verärgern. Nach einem jahrelangen Streit zwischen den Franziskanern und den beiden Klostergemeinschaften von Rovereto verpflichtete sich die Pfarrgemeinde von Lizzana endlich dazu, „im Notfall und bei Ausbleiben von Almosen zwölf Franziskanerbrüdern den Lebensunterhalt zu sichern", wohl auch angesichts des Umstandes, dass die zunehmende Verehrung der Madonna del Monte eine wahre Flut an Nachlässen, finanziellen Zuschüssen und Spenden aus dem ganzen Vallagarina-Gebiet mit sich brachte. Doch es half alles nichts: 1611 erließ Pietro Belli, Generalvikar der Diözese Trient, ein schriftliches Verbot für den Orden der Reformierten, das angestrebte Kloster zu bauen. Nicht einmal ein neuerlicher gewaltiger Anstieg der Pilgerzahlen infolge der Pestepidemie, die zwei Jahre lang (1630-31) die Siedlungen des Tales heimsuchte, konnte die Kirchenoberen umstimmen. Dennoch kam es aber zur Grundsteinlegung für eine würdevolle Kirche, die schließlich am 8. Mai 1636 von Fürstbischof Carlo Emanuele Madruzzo eingeweiht wurde, der als Mitgift einige Reliquien des heiligen Romedio, der heiligen Martina und anderer Heiliger mitbrachte und sie in den Altarstein einbaute. Die Gläubigen von Lizzana konnten dem Fürstbischof zumindest das Versprechen abringen, in der Nähe eine kleine Einsiedelei zu errichten, was auch tatsächlich geschah. Im Jahr 1640 übernahmen zwei Eremiten die Betreuung der Wallfahrtskirche und wohnten fortan in der kleinen, eigens für sie errichteten Mönchsklause. Viele solcher Einsiedler wechselten sich daraufhin ab, bis 1787 die letzten an die Reihe kamen. Es waren Gaspare und Francesco Chiusole, die die Schließung der Wallfahrtskirche miterlebten, ein Schicksal, das auch viele andere solcher Orte im österreichisch-ungarischen Kaiser- und Königreich ereilte, nachdem Joseph II. beschlossen hatte, dass Einsiedeleien, Kapellen, Klöster, Wallfahrtsstätten u.a.m. aufgehoben, veräußert und deren Eigentum eingezogen werden sollten. In diesem Fall ging der Besitz an die Gemeinde Rovereto über und wurde schließlich für 850 Gulden von einem gewissen Valentino Gasperini aus Villa Lagarina ersteigert, der schon bald damit begann, den in der Kirche verbauten Marmor zu verkaufen – Altar um Altar. Doch als der Hochalter mit dem Gnadenbild an der Reihe war, kam es zu einem regelrechten Volksaufstand: „In der Nacht vor dem letzten Februartag des Jahres 1790 versammelte sich eine ganze Schar kräftiger Bürger aus der

DER WEG

Ausgangspunkt/Ziel: Rathaus von Rovereto (209 m)

Wegverlauf: Vom Rathaus aus gehen wir in Richtung des Zugangs zum Vallarsatal, danach folgen wir der rot-weißen Wegmarkierung *Ossario Castel Dante – Strada degli Artiglieri – Caverna Damiano Chiesa*, überqueren die Forbato-Brücke über dem Rio Leno und durchqueren entlang der Via Santa Maria das gesamte Stadtviertel San Tommaso. Danach biegen wir links ab, immer den Schildern folgend – Vorsicht: Ein Stück weit gehen wir über die nur wenig befahrene Provinzstraße von Vallarsa –, um dann rechts abzubiegen und in Begleitung der Kreuzwegstationen die Wallfahrtskirche zu erreichen. Für den Rückweg gehen wir nur wenige Meter an der Wallfahrtskirche vorbei und biegen dann rechts in eine asphaltierte Straße ein, die uns zum Corso Verona führt, auf dem wir rechterhand an den Ausgangspunkt zurückgelangen.

Gehzeit: 1 ½–2 Stunden für die gesamte Tour

Höhenunterschied: rund 50 m

Infos: Die Wallfahrtskirche ist jeden Tag geöffnet. Die Messe wird samstags und am Voraband von Feiertagen um 19.30 Uhr sowie sonntags und an Feiertagen um 9 und 15 Uhr gelesen. www.parrocchie.it/Rovereto/lizannella

An der Stelle, an der zu Beginn des 17. Jahrhunderts die Wallfahrtskirche Madonna del Monte errichtet wurde, stand vordem eine kleine Kapelle, deren Stiftungsurkunde am 21. Jänner 1485 vom Notar Domenico Porta beglaubigt wurde und nach dem Rufnamen ihrer Stifterin Mara Venturini als das *capitello della Fusara* bekannt war.

Stadt und dem Umland, die das Kirchentor gewaltsam aufbrachen, Feuer rund um die Kirche herum entzündeten und den Altar der Heiligen Jungfrau mit brennenden Kerzen überhäuften. Die so erleuchtete Kirche setzte ganze Menschenmassen in Bewegung, währenddessen die in Alarmschaft getretenen Hüter der öffentlichen Ordnung es wohlweislich vorzogen, stillzuhalten und den Bezirkshauptmann Giuseppe Trentinaglia über die Lage zu informieren. Dieser mobilisierte umgehend eine stattliche Anzahl bewaffneter Soldaten, an deren Spitze er auf die Kirche zuritt, bevor er von einem entgegenkommenden Priester, dem umsichtigen Don Cristiano Dalbosco, angehalten und derart überzeugend beraten wurde, dass er auf der Stelle kehrtmachte und die Soldaten nach Hause schickte."

Diese Episode veranlasste einige hochrangige Geschäftsleute und Gönner aus Rovereto zum wohltätigen Eingreifen. Und so kam es, dass der Spinnereibesitzer Tacchi zusammen mit den wohlhabenden Kaufleuten Hortis und Penner die Kirche mit all ihrem Drum und Dran zurückkaufte, „um sie aus dem Griff profaner Hände zu befreien und sie wieder der Frömmigkeit der Gläubigen anzuvertrauen".

Schließlich ging der Besitz allein auf Giovanni Battista Tacchi über, der ihn wiederum der Bürgerschaft überantwortete, die ihn bis 1925 pflegte und verwaltete. Seit jenem Jahr ist es die Ordensgemeinschaft der Consolata-Missionare, die bis an den heutigen Tag den Wallfahrtsort mit großer Sorgfalt und Hingabe betreut. Die Nachkommen der Kaufleutefamilie Tacchi ließen dagegen im Andenken an ihren wohltätigen Vorfahren das imposante nebenstehende Mausoleum errichten.

Die Wallfahrtskirche ist tagsüber durchgehend geöffnet und bietet dem Gläubigen die für die innere Einkehr so wichtige Ruhe und Stille. Außerdem genießt man von hier aus einen herrlichen Blick auf die Stadt, auf die Berge des Stivo und Bondone sowie auf weite Teile des Vallagarinatals.

An drei besonderen Tagen füllt sich die Kirche bis auf den letzten Platz: am Tag der Verkündigung, dem Kirchweihfest des Wallfahrtsortes, das am Weißen Sonntag gefeiert wird, desweiteren am Tag der Maria Consolata, der Trösterin der Betrübten und Schutzpatronin der Ordensgemeinschaft, der am 19. Juni oder am darauffolgenden Sonntag begangen wird, und schließlich am 15. August, dem Himmelfahrtstag, an dem die Kirchenpatronin gefeiert wird.

21. San Valentino in Ala

Gegen Fallsucht, Schlaganfall und vielerlei andere Übel

Zum großen Fest des heiligen Valentin im Jahr 1845, das dem zweihundertsten Jahrestag der Überführung der Reliquie ebenso gewidmet war wie der Danksagung der Überlebenden aus der schrecklichen Choleraepidemie, die im Juli 1836 im Talboden gewütet hatte, strömten die Gläubigen aus der ganzen umliegenden Gegend massenhaft zu dieser Wallfahrtkirche, die über dem Etschtal thront. „Es spielten drei Musikkapellen aus Mori, Sacco und Rovereto, und Antonio Saiani, der Wirt der Locanda al Cervo am Marktplatz von Ala, der hier oben an der Wallfahrtskirche schon alles vorbereitet

Das barocke Äußere der Wallfahrtskirche geht auf deren Erweiterungsumbau von 1763 zurück.

hatte, begann damit, die knurrenden Mägen der eintreffenden Wallfahrer zu besänftigen", erinnert sich Giovanni Battista de Pizzini in seinen *Memorie*. Und wir werden nun den Spuren dieser Pilger folgen, einer bunt zusammengewürfelten Schar von kirchlichen und weltlichen Würdenträgern, Gläubigen aus dem einfachen Volk, Köchen und Musikanten, die zum Teil sogar aus Rovereto stammten und über die alte Römerstraße gepilgert waren, die bereits Antonio Quetta, der Rechtsberater und Vertraute des Kardinals Bernhard von Cles, am 28. August des Jahres 1514 beschritten hatte und in Serravalle eine Rast einlegte, um den vorzüglichen dort gekelterten Wein zu kosten und schätzen zu lernen. Die flusserprobten Musikanten aus Sacco kamen dagegen auf einem Floß, das an der Etschlände von Pilcante anlegte, während die beiden Hilfsköche, die zur Verstärkung der Wallfahrtsküche herbeigerufen worden waren, den ganzen langen Weg von Rovereto bis hinauf auf die große Wiesenfläche über der Val del Diavolo, dem Teufelstal, zu Fuß laufen mussten.

An jenem Tag des Jahres 1845 sah man in der Talebene unzählige Kirchenfahnen im Wind wehen, die sich als Begleiter langer Prozessionen von überall her in Richtung der Sankt-

Valentin-Kirche bewegten. „Eine nahezu magische Wirkung ging von diesen langgezogenen bunten Bändern, von den wehenden Fahnen und den ungezählten Menschen aus, die alle in blaue Uniformen gekleidet zu sein schienen (weil diese Farbe in der Festtagstracht der Bauersleute vorherrschte), aber auch von den farblich abwechslungsreich gekleideten Frauen, der von Andacht geprägten Stimmung, der Chorgesänge und der gespielten Blasmusik", schreibt Giovanni Battista de Pizzini weiter.
Alle strömten herbei, um einen Heiligen zu ehren, der den Bergbewohnern überaus teuer war. Einst waren die Pilger

Seit dem 13. Jahrhundert empfängt die Sankt-Valentin-Kirche ihre Pilger.

QUELLENANGABEN

Bargellini Piero, *Mille Santi del giorno*, Vallecchi Editore, Florenz 1977
De Pizzini Giovanni Battista, *Memorie*, Venezia MDXLV, aufbewahrt in der Bibliothek von Ala
Delpero Luigi, *Santuario di San Valentino*, Erzpriesterliche Pfarrei von Ala. o.D.

sogar aus Verona gekommen, aus den vier Vikariaten von Ala, Avio, Mori und Brentonico, auch aus dem Vallarsatal, aus Arco und aus Riva del Garda. Dies geschah, als die Kirche am 11. April 1329 vom montenegrinischen Weihbischof Johannes von Budua im Auftrag des Trienter Fürstbischofs Heinrich III. von Metz eingeweiht und mit Reliquien nicht nur des heiligen Valentin ausgestattet wurde, sondern auch mit irdischen Überresten von Johannes dem Täufer sowie der heiligen

Die vielen Votivbilder zeugen von der innigen Verehrung des Heiligen seitens der Gläubigen des Städtchens Ala.

Die Wallfahrtskirche thront auf einem Hügel über dem Etschtal.

Primus, Felicissimus, Barbara, Felix, Nikolaus und sogar des heiligen Zeno, des Schutzpatrons des Bistums Verona, dessen Fest auf den 12. April fällt und zu den Tagen zählt, an denen in der Sankt-Valentin-Kirche Ablässe gewährt werden. Auch ging die Rede, dass auf dem Altar der Wallfahrtskirche früher einmal sogar ein kleines Fragment des Schleiers der Heiligen Jungfrau Maria aufbewahrt worden sei.

Seit ein paar Jahrzehnten sind es nur noch die Gläubigen der Pfarrgemeinde von Ala, die sich hier am ersten Montag im Mai zum Votivfest ihrer Stadt einfinden und am ersten Sonntag im September eine Wallfahrtsprozession abhalten, während die vordem lange gepflegte Mittwochsandacht vor dem Himmelfahrtstag bereits in Vergessenheit geraten ist. Nur noch sporadisch landen heutzutage Pilger auf diesem erhabenen Adlerhorst, um eine Votivgabe zu hinterlegen, eine Gnade zu erflehen oder einfach nur, um uralte Andachtswege nachzuerleben.

Obwohl er nicht zu den berühmten vierzehn Nothelfern gehört – einem Kult, der von kühleren deutschen Ländern aus nach Tirol kam –, die vom gläubigen Volk in allen besonderen Notlagen, vor allem aber zur Heilung bestimmter Krankheiten angerufen wurden, war die Verehrung des heiligen Valentin von Rätien, des in Mais im heutigen Meran um 475

ANFAHRT

Die Wallfahrtskirche San Valentino erreichen wir über eine schmale asphaltierte Straße, die in der Nähe von Ala in der Ortschaft Marani von der Provinzstraße abzweigt.

gestorbenen Passauer Bischofs, in der Trentiner Bevölkerung äußerst stark verbreitet. Der hier am 14. Februar gefeierte Kirchenpatron wurde vor allem in dringenden Fällen angerufen, wenn es darum ging, die „Geschöpfe zu retten, die von Fallsucht, Schlaganfall, starkem Fieber oder auch anderen schweren Erkrankungen geplagt waren", so Piero Bargellini, „aber auch, um das Leiden kranker Tiere zu lindern, besonders wenn es sich um Rinder handelt". Außerdem wurde der Heilige gegen Dürren, Überschwemmungen, Seuchen und alle ansteckenden Krankheiten angerufen. Der genaue Zeitpunkt des Entstehens dieses Wallfahrtsortes hat sich im Nebel der Zeit verloren. Sicher ist, dass im frühen Mittelalter ein kleines Gebäude am Rande des alten Weges stand, der vom Etschtal her über das Vallarsatal und schließlich über den kühn angelegten Buolepass in Richtung des Gebietes von Vincenza führte. Einst lebten hier Einsiedler, deren Kirche wiederholt zerstört und immer wieder umgebaut wurde. Der heutige barocke Baukomplex stammt aus der zweiten Hälfte des 18. Jahrhunderts, während die im Ersten Weltkrieg erlittenen Schäden im Laufe erneuter Umbauarbeiten in den 1920er Jahren behoben wurden. Die Glocken dienten dem täglich dreimaligen Angelusläuten und vor allem der Anrufung des Heiligen und der Bitte um dessen Fürsprache, wenn es darum ging, das Land vor Unwettern und Hagelschlag zu bewahren. Die beiden Altäre in den seitlichen Kirchenschiffen waren einst dem heiligen Blasius und dem heiligen Vigilius geweiht, heute sind die Jungfrau Maria und die heilige Agatha an deren Stelle getreten. Eine gut bestückte Sammlung von Votivtafeln zeugt heute noch vom allgegenwärtigen Glauben und der Frömmigkeit des einstigen einfachen Volkes.

Im Februar 2021 trat der Trienter Erzbischof Lauro Tisi nach der Messe mit den Valentin-Reliquien ins Freie und segnete vom Kirchhof aus das gesamte Etschtal.

DER WEG

Ausgangspunkt und Ziel: Ausgangspunkt ist Sacco (174 m), ein Vorort von Rovereto, ehemaliger Flusshafen der Etschflößer, mit mehreren Parkplätzen auf der Piazza Filzi und bei der ehemaligen Tabak-Manufaktur, Ziel ist das Städtchen Ala (211 m).

Wegverlauf: Von der Piazza Filzi in Sacco folgen wir dem Radweg in Richtung Süden, wobei man darauf achten sollte, nicht von pedalierenden Rasern überrollt zu werden, die sich in ihrer gestylten Sportwäsche für Weltmeister halten und weder einen Blick an der vorbeiziehenden Landschaft verschwenden, noch den Gesang der Wasservögel oder die feuchten Gerüche der Erde und des Flusses wahrnehmen. In der Nähe von Serravalle queren wir die Bahnlinie durch eine kleine Unterführung, gehen etwa zwanzig Meter weiter und steigen dann nahe einem Lebensmittelgeschäft linkerhand zur Pfarrkirche hinauf, die den heiligen Fabian und Sebastian geweiht ist. Hier beginnt die kleine asphaltierte, doch kaum befahrene Straße, die sich in leichtem Auf und Ab über die gesamte Länge des Monte-Zugna-Talhanges am Rande üppig gedeihender Weinberge hinzieht (*Sentiero della Memoria,* Gedächtnisweg). Wir kommen an alten Ortschaften vorbei (Corbei, Mori, Sgardaiolo), überqueren ein ausgetrocknetes Bachbett und folgen nun einer kleinen geschotterten Forststraße, die uns bis zur Wallfahrtskirche bringt (332 m).
Über den Kreuzweg zu Füßen der Wallfahrtskirche gelangen wir wieder schnell ins Tal, wobei wir in der Nähe des Spielplatzes nach links abbiegen und der Straße bis nach Ala folgen, vorbei an schönen Steinbrunnen und mit Fresken ausgemalten Bildstöcken. Für die Rückkehr stehen sowohl Linienbusse als auch Züge zur Verfügung.

Gehzeit: 5–5 ½ Stunden

Höhenunterschied: ca. 200 m

Infos: Entlang der Strecke gibt es mehrere Einkehrmöglichkeiten, in Ala auch Hotels und B & B.

22. Madonna de La Salette in Trambileno

Von der kargen französischen Hochalm ins abgelegene Brandtal

Oberhalb des französischen Dorfes La Salette-Fallavaux ist das Gelände der auf 1800 Metern gelegenen Hochebene des Mont Planeù karg und wild. Alles was sie bietet, ist mageres Weideland für Ziegen, Schafe und Rinder. Eine der Rinderherden, die hier seit jeher grasten, wurde von zwei jungen Hirten betreut, dem elfjährigen Maximin Giraud und der fünfzehnjährigen Mélanie Calvat. Man schrieb das Jahr 1846 (zwölf Jahre vor den Marienerscheinungen von Lourdes), und es war am 19. September – nur wenige Tage vor dem Ende der Sommerweide – als den beiden beim Weiler Ravin de la Sezia eine schöne Frauengestalt erschien, die in ein wunderbares Licht gehüllt auf einem Felsen saß und mit dem Kopf in die Hände gestützt bitterlich weinte. Die Erscheinung gab ihnen folgende Botschaft mit auf den Weg: Sagt den Menschen, sie mögen sich mit Jesus versöhnen, damit sein Opfertod am Kreuz nicht umsonst war. Die beiden Kinder rannten ins Dorf und erzählten alles ihren Herrschaften, Baptiste Pra und Pierre Selme, die dem Pfarrer Louis Perrin Bericht erstatteten, welcher wiederum den Bischof von Grenoble über den Vorfall informierte. Noch bevor die Ermittlungen zur Überprüfung der Echtheit der Marienerscheinung eingeleitet wurden, kam es am 24. November zu einer spontanen Wallfahrt zum Gipfel des Berges, die von den beiden jungen Kuhhirten angeführt wurde. Und am 31. Mai des darauffolgenden Jahres wurde im Rahmen einer weiteren Wallfahrt ein Holzkreuz aufgestellt, das von nicht weniger als fünftausend Gläubigen bis auf den Gipfel hinaufbegleitet wurde. In der Zwischenzeit hatten bereits die wundersamen Heilungen begonnen. Am 19. September 1847, dem ersten Jahrestag der Erscheinung, erklommen um die fünfzigtausend Gläubige den Weg zum Gipfel. Von diesem Tag an wurden die Pilger nicht mehr gezählt. All dies war in Frankreich geschehen, in der Region Rhône-Alpes, im Departement Isère.

Hier dagegen befinden wir uns im „wilden" Vallarsa, auch Brandtal genannt, und zwar in Trambileno, einer Gemeinde, die aus zahlreichen Weilern besteht, die im Mittelalter von deutschen Bauern und Landwirten angelegt und bewirtschaftet wurden: Clochi, Giazèra, Boccaldo, Marsilli (Porte), Dosso, Masi, Moscheri, Lesi, Pozza, Pozzacchio, Spino, Vanza,

Unterhalb der Kirche die Grotte, die uns an den französischen Originalschauplatz der Marienerscheinung erinnert.

Nach einem kurzen Anstieg stehen wir vor der Wallfahrtskirche.

ANFAHRT

Den Ortsteil Lesi (oder Lessi) in Trambileno, in dem sich die Wallfahrtskirche auf einem bewaldeten Hügel erhebt, erreichen wir von Rovereto aus, indem wir der Provinzstraße sechs Kilometer lang in Richtung Vallarsa und Vicenza folgen. Unmittelbar nach dem Ortsteil San Colombano verlassen wir die Hauptstraße nach Pian delle Fugazze und biegen links in die Straße ein, die zur Wallfahrtskirche führt.

Die Kreuzwegstationen rund um die Kirche.

Vignali, Toldo, Rochi, Cà Franca, Cà Bianca, San Nicolò und San Colombano. Trambileno bedeutet soviel wie „zwischen den beiden Leno-Bächen", also zwischen dem Leno von Terragnolo und dem Leno von Vallarsa (das Wort Leno ist zimbrischen Ursprungs und steht für Lehm).
Es ist ein Gebiet, in dem legendäre Drachen hausten, wilde Treibjagden stattfanden, blutrünstige Höllenhunde dem furchterregenden Beatrik zu Diensten waren, ein Land der Goldminen, die von Dämonen in Ziegengestalt bewacht werden, ein Tal, in dem der schreckliche *Savanèl* und der *Om selvadegh*, der Wilde Mann, ihr Unwesen trieben. Kurzum ein Landstrich, in dem die zimbrische Vorstellungswelt ihre Wurzeln geschlagen und sich ausgebreitet hat und sich dabei stark mit den im Etschtal und in Venetien vorherrschenden Mythen vermischte. Aber noch nie zuvor war es zu einer „himmlischen" Erscheinung inmitten dieser Weiler und vereinsamten Gehöfte gekommen, deren oft schwindelerregende Lage an den steil abfallenden Berghängen uns heute noch beim Hinunterschauen den Atem raubt. Und doch wurde hier, auf der Anhöhe eines bewaldeten Felsens am Eingang zum Vallarsatal, am 24. April 1856 der Grundstein zu einer Wallfahrtskirche gelegt, die Unserer Lieben Frau von La Salette geweiht ist. Einige Monate später, am 19. September, war es dann soweit, und die offizielle Kirchweihe konnte in Anwesenheit von rund sechstausend Gläubigen aus nah und fern feierlich zelebriert werden.

Die Notwendigkeit der Errichtung einer Wallfahrtskirche hatte sich aus den stetig wiederkehrenden Choleraepidemien ergeben, von denen zahlreiche Dörfer des Trentino immer wieder entvölkert wurden, auch solche, die wie Trambileno und seine weit verstreuten Weiler an verlassenen und höchst unwegsamen Orten lagen und einem ganz anderen Zeit- und Raumgefüge verbunden waren als die nur wenige Kilometer entfernte Stadt Rovereto.
Das 19. Jahrhundert ist geprägt von dieser unbarmherzigen „schwarzen Dame" mit ihrer weit ausholenden Sense, es ist das Jahrhundert der napoleonischen Kriege und der von den Soldaten eingeschleppten Krankheiten. Gleichzeitig ist es aber auch, zusammen mit dem vorangegangenen 18. Jahrhundert,

QUELLENANGABEN

Bruseghini Mariano, *L'eremo di San Colombano*, Edizioni Longo, Rovereto 1987
Prosser Italo, *Il Santuario della Madonna de La Salette a Trambileno*, Edizioni Stella, Rovereto 2006
Illustrierte Informationsbroschüre *I tesori di Trambileno*, herausgegeben vom Fremdenverkehrsamt Trentino

Die Fresken im Inneren der Kirche stammen von Renzo Barozzi und entstanden anlässlich der Hundertjahrfeier der Kirchweihe.

HINWEISE UND TIPPS

Unbedingt zu empfehlen ist ein Abstecher zur Einsiedelei des heiligen Kolumban, die eindrucksvoll auf einer überhängenden Felswand 120 Meter über dem Wildbach Leno di Vallarsa liegt und über 102 in den Fels gehauene Stufen in einer Viertelstunde zu erreichen ist. Einer in Fels gemeißelten Inschrift nach soll die Einsiedelei seit dem Jahr 753 genutzt worden sein. Einer geläufigen Legende zufolge soll der irische Wandermissionar Kolumban von Luxeuil hier vorbeigekommen sein und einen Drachen getötet haben, der für den Tod getaufter Kinder im reißenden Wasser des darunter fließenden Wildbachs verantwortlich war. Wahrscheinlich wurde der Ort von den Mönchen des Klosters San Colombano des Priorats von Bardolino genutzt, vielleicht sogar von den Mönchen aus Bobbio bei Piacenza, die rigoros die Regel befolgten, die Fastenzeit als Eremiten zu verbringen. Der Bau einer ersten kleinen Kirche unter dem natürlichen Felsdach geht wohl auf das Ende des 10. Jahrhunderts zurück.
Informationen und Anmeldung für Besuche (möglich dank der Vereinigung *Amici di San Colombano*): Tel. –39 0464 424615-433051. Öffnungszeiten: von April bis September an Feiertagen von 14 bis 18 Uhr; am 24. Dezember von 20 bis 24 Uhr mit heiliger Messe um 20 Uhr; am zweiten Sonntag nach Ostern und am Festtag des heiligen Kolumban von 9 bis 12 Uhr mit heiliger Messe um 10 Uhr.

die Zeit der Wiederentdeckung der Heiligen Schrift und der Rückkehr zu einer rigoroseren, auf den Lehren der Kirchenväter basierenden Tradition. Die „heiligen" Orte, an denen die Eucharistie, das Wort und das Brot, Symbol und grundlegender Ritus des katholischen Glaubens, gefeiert wird, werden in den Mittelpunkt der Volksreligiosität gestellt. Es handelt sich nicht mehr nur um eine bloße Verehrung der Hostie, die vor den Augen der versammelten Gläubigen emporgehoben wird, sondern vielmehr um einen vollständig bekennenden Glaubensakt, der Zuhören, innere Einkehr und Andacht erfordert und die gesamte Gemeinschaft einbezieht. Dabei wirkt die Wallfahrtskirche viel eher als Katalysator für die Gemeinschaft der Gläubigen als etwa die talwärts gelegene Pfarrkirche San Mauro e Santo Stefano, die im 15. Jahrhundert ihre erste Erwähnung findet und in der zweiten Hälfte des 18. Jahrhunderts barockisiert wurde.
Es war ein Adliger aus Rovereto, der eine ursprünglich am Ort der heutigen Wallfahrtskirche stehende Kapelle errichten

DER WEG

Ausgangspunkt und Ziel: Parkplatz San Colombano (271 m)

Wegverlauf: Von der Provinzstraße aus führt die Beschilderung über die Brücke des Leno-Baches, danach biegt man rechts ab, um dem Lauf des in eine tiefe Schlucht stürzenden Baches noch oben zu folgen. Die schmale Asphaltstraße wird zum Glück nur selten von Autofahrern benutzt, es sei denn in den Sommermonaten, wenn sie zusammen mit einem Heer von jungen Mopedfahrern an den einladenden Ufern des Leno baden und die Sonne genießen. An einer Kreuzung biegen wir rechts ab und lassen die Schilder nach San Nicolò und Fontanelle hinter uns (zwei kleine, heute noch bewohnte Einsiedeleien im Terragnolotal), um bald danach eine Brücke zu erreichen. Auf der großen Wiese vor uns erhebt sich die weiß strahlende barocke Kirche Sant'Antonio Abate (Antonius der Große), Beschützer der Haustiere. In der Nähe der Kirche befinden sich auch die Überreste einer uralten Schmiede. Weiter geht es bis zu dem kleinen Ort Cà Bianca, wo man links in eine Forststraße einbiegt und danach einem schönen Waldweg folgt, der von einer langen Steinmauer gesäumt wird und herrliche Ausblicke auf das Terragnolo- und das Vallarsatal freigibt. Wieder auf der Asphaltstraße angelangt, biegen wir nun links ab, um nach zehn Minuten vor unserem Ziel zu stehen (620 m). Rückkehr auf demselben Weg.

Rückkehrvariante: Abstieg zum Weiler Moscheri und danach auf der asphaltierten Straße – deren Kehren wir abkürzend schneiden – bis an den Ausgangspunkt zurück

Gehzeit: 2 ½ Stunden bequem für den Aufstieg, dasselbe für den Abstieg; für die Abstiegsvariante zusätzliche 30 Minuten

Höhenunterschied: ca. 360 m

Infos: Die Wallfahrtskirche ist vom 1. Mai bis 30. September jeden Sonntag von 15 bis 18 Uhr geöffnet, www.lasalette-trambileno.it. Obmann des Vereins *Santuario La Salette* Tel. +39 348 7776653, oder Pfarrhaus San Mauro (Trambileno) Tel. +39 0464 868000. In Moscheri befindet sich das Bistrot de La Salette, wo ich dank der Freundlichkeit des Wirtes und seiner Gäste eine Zeit lang mit der Welt in Einklang verbringen konnte.

ließ, und zwar als Belohnung des Pfarrers von Trambileno, der seinen während einer Choleraepidemie aus der Stadt hierher geflohenen Sohn aufgenommen hatte. Daraus entstand auf der Kuppe des Hügels, der sich über den Weilern Moscheri, Lesi und Clocchi erhebt, die heutige Marienwallfahrtskirche, deren Unterbau von drei Arkaden geprägt wird, unter denen einige Skulpturengruppen Episoden aus dem Leben der Heiligen Jungfrau wiedergeben. Kranzförmig angelegte Kreuzwegstationen umrunden die Kirche, die 1863 erweitert wurde und seither auf dem Triumphbogen folgende Inschrift bewahrt: „Dank den Gläubigen von La Salette, die diese Kirche in den Jahren 1856 bis 1863 erbauten und erweiterten." 1956 kamen die Fresken des Malers Renzo Barozzi hinzu, die die Momente der Marienerscheinung darstellen.

Inmitten stiller Kiefernwäldern thront die Wallfahrtskirche über Trambileno, einer uralten zimbrischen Siedlung zwischen den beiden Lenobächen des Terragnolo- und des Vallarsatals.

Die Wahl Unserer Lieben Frau von La Salette als Wallfahrtspatronin geht auf einheimische Auswanderer zurück, die sich im französischen Isère-Tal niedergelassen hatten und den dortigen Marienkult mit in ihr Heimattal brachten. Da diese Marienverehrung auch manchen Menschen von heute noch am Herzen liegt, wurde 1985 ein Arbeitskreis gegründet, der eine erneute Restaurierung der Kirche in die Wege leitete, die zwingend notwendig war, obwohl das Gebäude die nur wenige Kilometer entfernt wütenden Kampfhandlungen des Ersten Weltkrieges unversehrt überstanden hatte. Heute, nach Abschluss dieser Renovierungsarbeiten, erstrahlt die Kirche in ihrem neuen gelben Glanz wie das Gold der im Osten aufgehende Sonne über den Höfen von Moscheri und zieht wieder zahllose Gläubige und Wallfahrer in ihren Bann.
Italienweit gibt es derzeit rund sechzig sakrale Stätten – darunter Kirchen, Pfarren und Kapellen –, die der Muttergottes von La Salette geweiht sind.

23. Heiligtum der Madonna della Neve

Von Schützen, Hexen und einer Heiligen Jungfrau mit Messer

Wie auf einem Schildpanzer haben sich auf dem Bergstock des Monte Baldo die Pfade und Wege eingeprägt, die im Laufe der Jahrtausende von mesolithischen Jägern und Sammlern, von Pilgern, Schmugglern, Wanderhändlern und Soldaten benutzt wurden. Der *Baldus*, wie er im Mittelalter genannt wurde, ist ein magisches Stück Erde: Vom Frühling bis zum Herbst lässt die Temperaturschwankung zwischen seinem Gelände und dem Gardasee Nebel entstehen, die zu Fata Morganas führen, zu plötzlich erscheinenden und rasch wieder verschwindenden Luftspiegelungen. Doch auch unzählige Kämpfe haben hier oben stattgefunden. Dabei ging es um die Verteidigung der Grenzen üppiger Hochweiden, um die Verfolgung von Schmugglerbanden, aber auch um kriegerische Auseinandersetzungen wie etwa eine jener Schlachten, die sich über mehrere Jahre hinweg in vielen Teilen des Trentino und Südtirols wiederholten, sobald die Armee Napoleons und die Tiroler Schützen aufeinandertrafen. Dies geschah auch am 27. Juni 1796, dort wo zum Cerbiolo-Pass hin der Wald in Wiesen übergeht, wo die Wege in das Novezzatal hinunterführen und der Nebel schnell aufsteigt, um kurz erscheinen zu lassen, was nicht ist. Sogar das Wasser scheint hier oben nichts Gutes zu verheißen, wie auch der Name der Alm, die *Malga Acque Nere (Schwarzwasserhütte)* andeutet. An jenem heißen Junitag gelang es einer Schützenkompanie wie durch ein Wunder, den Ansturm der napoleonischen Truppen zu überleben. Manch einer wollte dies auf die gute Ausbildung und Vorbereitung der Schützen zurückführen, während die Schützen selbst hingegen ihre Rettung dem Eingreifen der in einem nahe gelegenen Wallfahrtskirchlein verehrten Maria Schnee zuschrieben. Die zur Gemeinde Avio und deren ursprünglichen vier Ortsteilen Vigo, Piazza, Stropea und Ceré gehörende Einsiedelei wird bereits im 17. Jahrhundert unter dem Namen *Maria ad Nives*, Unsere Liebe Frau vom Schnee, erwähnt. 1797, ein Jahr nach dem kriegerischen Ereignis, ließen die Schützen zur Erinnerung eine Votivtafel malen, mit deren Inschrift sie ihrer inbrünstigen Anrufung der seligen Jungfrau und

Der uralte Saumpfad, der sich vom Talboden zum Monte Baldo emporwindet.

Nach einem langen und mühsamen Aufstieg von Avio herauf trennen uns nur noch wenige Stufen von der Wallfahrtskirche Maria Schnee.

ANFAHRT

Die kleine Wallfahrtskirche Madonna della Neve (1081 m) erreicht man mit dem Auto, indem man von Avio (131 m) aus das Tal der *Valle dei Molini* hinauffährt oder von Brentonico aus nach San Valentino und nach der Malga Cola (1287 m) links in eine kleine Straße einbiegt.

Entlang der alten Wege trifft man immer wieder auf kleine sakrale Orte und Hinweise auf legendäre Gestalten.

Gottesmutter Maria gedenken, als sie sich am 27. Juni 1796 in besonderer Lebensgefahr befanden und wie durch ein Wunder gerettet wurden und nun, im Jahre 1797, in ewiger Dankbarkeit und Erinnerung daran dieses Votivbild in der Kapelle auf dem Monte Baldo hinterließen.

Vor einigen Jahren entdeckte die Schützenkompanie Rovereto bei einem Ausflug ins Ahrntal ein Gemälde im Inneren einer Kirche, auf dem das Maria-Schnee-Kirchlein des Monte Baldo dargestellt ist und von der erwähnten Votivinschrift begleitet wird. Man ließ eine Kopie anfertigen und hängte sie an die Nordwand der Wallfahrtskirche, die bis dahin lediglich vom Altarbild der Muttergottes mit Kind und einem Heiligen zu ihrer Linken geschmückt war. Heute noch wird hier eine Messe zelebriert, bei der die Schützen aufmarschieren, die sich einmal im Jahr auf dem *Pian delle Ceneri* zusammenfinden, um die Erinnerung an das damalige Geschehen wachzuhalten.

Seit Jahrhunderten pilgern die Einwohner von Avio, auf dessen Gemeindegebiet sich die Kirche befindet, zum Gebet hier herauf, und am 5. August, dem Festtag der Jungfrau vom Schnee, kommen noch Hunderte von Gläubigen aus der ganzen Umgebung hinzu, vor allem aus den Dörfern um Verona: Caprino, Spiazzi, Ferrara di Monte Baldo und Belluno Veronese. Dabei mag wohl in Vergessenheit geraten sein, dass ein paar Jahrhunderte vorher, am 5. August 1780, die jährliche Wallfahrtsprozession zwar „mit großem Eifer und andachtsvoll begann, mittendrin aber zunehmend an Würde verlor und am Ende nur noch in Unflätigkeiten ausartete, weshalb sie auch verboten wurde", wie in Francesco Perotti Benos Aufzeichnungen *Memorie storiche del Vicariato di Avio 1780* nachzulesen ist. Andrerseits kann es sich wohl nur um eine Madonna handeln, die über diesen Teil des Monte Baldo wacht, wo das Wasser tosend ins Tal stürzt und den spektakulären Preafessa-Wasserfall bildet, in dessen tiefer Schlucht vor undenklicher Zeit eine Wassernymphe gewohnt haben soll, wohl eine jener Pegäen

QUELLENANGABEN

Libera Giovanni, *Leggende di Ala*, Centro Studi e Ricerche di Verona, o. D.

Perotti Beno Francesco, *Madonna delle Nevi del Monte Baldo*, Avio 1935

oder Krenäen aus der Antike – hier nennt man sie die *Gane* –, deren Aufgabe es von jeher war, mithilfe des Wassers über die Fruchtbarkeit der Erde zu wachen, was auch den Müllern

Hier herauf pilgern vor allem Gläubige aus Avio, Rovereto und Ferrara Monte Baldo.

DER WEG

Ausgangspunkt und Ziel: In Avio die Kirche Pieve Vecchia, die der Unbefleckten Empfängnis geweiht ist (164 m), oder, wenn man die Täler Valle Aviana oder Valle dei Molini hinauffährt (Wegweiser nach Altopiano del Baldo), der Parkplatz an der Brücke über den Aviana-Bach (307 m).

Wegverlauf: Von der Pfarrkirche aus geht man eine lange Strecke auf der asphaltierten Straße durch die Ortschaft Molini bergauf, bis man auf der linken Seite nahe einer alten, umgestalteten Kalkbrennerei auf den Weg Nr. 652 stößt, der als schöner Saumpfad durch das düstere, von überhängenden Felswänden begleitete schluchtartige Tal führt. In der Ortschaft Preafessa – wo der von Gerardo Sega angelegte Weg abzweigt – empfehlen wir einen Besuch des in fünf Minuten zu erreichenden gleichnamigen Wasserfalls. Dann kommen wir an den Hexenstein, dem *Sass de la Vecia* und der messerbewehrten *Madonna del Cortel* vorbei, bevor wir die weite Wald- und Wiesensenke erreichen, von der aus es nach rechts zur Wallfahrtskirche weitergeht. Von der Wallfahrtskirche kehrt man kurz auf die asphaltierte Straße zurück, die uns zu den beiden etwa eine Viertelstunde entfernt gelegenen Schutzhütten/Gasthäusern Monte Baldo (1122 m) und Albergo Alpino führt. Für die Rückkehr nehmen wir denselben Wegverlauf. Ein eisernes Marterkreuz erinnert daran, dass hier am 18. August 1936 Arturo Brentegani im Alter von nur 13 Jahren ertrunken ist.

Gehzeit: Von der Kirche Pieve Vecchia in Avio (164 m) aus dauert der Aufstieg drei Stunden, vom Parkplatz im oberen Valle dei Molini aus zwei Stunden und zehn Minuten. Für den Rückweg benötigt man zwei Stunden und fünfzehn Minuten oder anderthalb Stunden bis zur Brücke.

Höhenunterschied: 960 m ab der Pfarrkirche, 815 Meter ab der Brücke über den Aviana-Bach

Infos: Schutzhütte Monte Baldo (www.rifugiomontebaldo.it) mit 20 Betten, Berggasthaus Albergo Alpino (www.albergoalpino.it) mit 25 Betten

und Schmieden im darunter liegenden Tal der Mühlen (*Valle dei Molini*) mehr als nur zugute kam. Als dann die Missionare kamen, musste die Nymphe im verborgensten Teil des Tales Zuflucht suchen, geriet mitsamt ihrer einst so wichtigen Rolle in Vergessenheit und wurde nur noch als Erinnerung an eine *Vecia* in Gestalt einer alten Hexe wahrgenommen, der man alle Übel der Zeit und der Menschheit anlasten konnte. So

wie die Bauern, die zur Heuernte auf den Berg kamen, die gemeinsam mit den Sennern und Hirten die frommen Mönche von Cesiol darum baten, die Gegend von all dem Unheil zu befreien, das von der zur Hexe mutierten Nymphe verursacht wurde. Die Mönche versuchten es wiederholte Male, doch die *Vecia* wurde immer wütender, erschwerte und verwehrte die Zugänge und brannte schließlich Wiesen und Wälder nieder, in denen unzählige Tiere kläglich verendeten. Daraufhin entschloss sich der Guardian des Klosters die Schlucht zu überqueren und sich der Unholdin zu stellen. Als sie plötzlich vor ihm stand, hob er das Kruzifix und ging unbeirrt auf sie zu, während sie kreischend und fluchend zurückzuweichen begann und dabei mit den Augen Feuerfunken versprühte, bis der Mönch mit seinem Stab den Felsen berührte, von dem ein riesiger Brocken auf sie herunterfiel und unter sich begrub. Dieser Felsbrocken steht heute noch inmitten des Saumpfades, der zur Wallfahrtskirche führt. Er wird *Sass de la Vecia* genannt, der Hexenstein, und manch einer, der daran vorbeikommt, bedenkt ihn mit einem scheuen Kuss, weil die Legende eine abergläubische Spur der Angst hinterlassen hat und ein jeder sich vor möglichem Unglück schützen möchte. Doch die *Vecia* hat ihre Boshaftigkeit immer noch nicht ganz verloren. Eine ihrer Missetaten ist auch heute noch wirksam und richtet erheblichen Schaden an: Teile des Weges erweisen sich immer noch als gefährlich glitschig. Die Legende der *Vecia* wurde von Giovanni Libera aufgeschrieben, der die Geschichte wiederum von einem Hirten erzählt bekam.

Aber die Seltsamkeiten dieses Teils des Monte Baldo sind noch nicht zu Ende erzählt. Wenn wir den Saumpfad weiter hinaufsteigen und zu dessen oberen Teil gelangen, der von den Einheimischen *Foss* genannt wird, sehen wir auf der linken Seite eine in den Fels geritzte Darstellung der Madonna mit dem Kind, die in ihrer rechten Hand weder die übliche Weltkugel noch einen Apfel, einen Goldfink oder eine Birne hält, sondern vielmehr ein großes, scharfes Messer. Es bleibt offen, ob sie sich damit gegen die alte Hexe verteidigen soll oder verhindern will, dass eine neue Nymphe auftaucht, obwohl das Wasser mittlerweile kanalisiert wurde und sie somit keine Lebensaufgabe mehr zu erfüllen hätte. Diese mit einfachen und spontanen Kerbstrichen gestaltete Figur trägt den Spitznamen Madonna *del cortel* (Jungfrau mit dem Messer), ist heute mit einer Holztafel ausgeschildert und gehört zweifelsfrei zu den Überraschungen dieses Wallfahrtweges.

In Stein gehauene Zeichen und Inschriften, Hexensteine und gar des Teufels Fußstapfen: Jeder Pfad im Gebirge lebt von seinen eigenen Legenden.

24. Madonna di Montecastello in Tignale

Ein marianisches Heiligtum zwischen Trient und Brescia

Wenn am Gardasee der Frühling beginnt und die Zikaden wieder zirpen und die Erde diesen besonderen, typisch mediterranen Geruch von Steineichen, Olivenbäumen und Oleandern annimmt, der uns plötzlich das Gefühl geben, auf irgendeiner griechischen Insel zu sein, dann ist es an der Zeit, zu einem ganz besonderen Ort aufzubrechen: dem Marienheiligtum von Montecastello in Tignale. Zu dem Ort, an dem sich früher die viel umkämpfte Festung Montecastello befand, die Graf Mainhard II. von Tirol im Auftrag des Trienter Fürtsbischofs erfolglos einzunehmen versuchte. Es wird sogar vermutet, die Wallfahrtskirche könnte eine Neugründung seitens der siegreichen Brescianer sein, die damals der Republik Venedig unterstanden und die Gardaseegemeinden Tignale, Tremosine und Limone von den Trentino-Tirolern erfolgreich zurückerobert hatten. Sicher ist, dass der Wallfahrtsort, obwohl politisch zur Serenissima gehörend, bis 1785 eng an die Diözese Trient gebunden war. So beschreibt der Trienter bischöfliche Koadjutor Leopold Ernst Firmian in seiner *Relatio ad limina* von 1754 das Geschehen am Wallfahrtsort als *„omnia irregulariter haberi"*, da der dortige Klerus „ohne jede Disziplin" lebe.

War der Hafen von Tremosine für die tridentinische Obrigkeit vor allem wegen der Zölle und der militärischen Kontrolle über den See so wichtig – zu jener Zeit gab es hier für den Transport von Waren und Reisenden keine Straßen, sondern nur Wasserwege –, so verehrten dagegen die Fischer und Seeleute von

Vom Gipfel des Kalksteinfelsens aus genießt man atemberaubende Ausblicke über den Gardasee.

ANFAHRT

Von Riva del Garda kommend erreicht man die Wallfahrtskirche von Montecastello (779 m) in Tignale über eine Abzweigung nach rechts von der *Gardesana occidentale* (der westlichen Uferstraße) zwischen den Ortschaften Campione und Gargnano, oder über eine längere, aber reizvolle Strecke von Limone aus auf zum Teil sehr schmaler Straße, die durch die Ortsteile von Tremosine führt.

Von den Einwohnern von Tignale wurde die von ihnen verehrte Muttergottes auch *la Madonna delle Stelle*, die Sternenjungfrau genannt.

Riva del Garda und Torbole das Gnadenbild der gekrönten Madonna aus dem 14. Jahrhundert, das in der später der Maria Aufnahme geweihten Wallfahrtskirche von Montecastello aufbewahrt wurde. Zusammen mit der Muttergottes wurde hier auch der heilige Andreas verehrt, der von den Gläubigen, die an den Ufern des Sees lebten und arbeiteten, als Beschützer der Fischer und Fischhändler angesehen wurde.
Der Wallfahrtsort wurde zuerst mit dem Boot und dann zu Fuß über die Hänge des Monte Rocchetta und des Monte Castello erreicht. Die Wallfahrer, die an Maria Himmelfahrt Mitte August dort ankamen, wurden von den Familien des Dorfes bewirtet, wobei beim gemeinsamen Mittagsmahl die Tradition aufkam, der Madonna zu Ehren eine gebratene Ente, *l'anara della Sunta*, aufzutischen. Für die Bewohner der Gegend war der 15. August auch ein Lostag im Hinblick auf die Ernte: *a la Madòna l'acqua la l'*è ancora bona, was soviel heißt wie „Regnet es an Himmelfahrt, ist das Wasser noch von Nutzen". An diesen Augusttagen fand bis Mitte der 1930er Jahre auf dem großen Platz vor der Kirche ein Jahrmarkt statt, der

Die romanisch-gotische Unterkirche ist mit Fresken aus dem späten 15. Jahrhundert ausgeschmückt.

Menschen von überall her anlockte, aus dem Trentino, aus der Lombardei und aus Venetien.
Wie alle Wallfahrtsorte, die etwas auf sich halten, hat auch dieser seinen Ursprung in einer Mischung zwischen Legende, Überlieferung und Geschichte. Sicherlich war hier zu Beginn des 19. Jahrhunderts ein Gotteshaus entstanden, von dem jedoch keine dokumentarischen Spuren erhalten geblieben sind. Möglich, dass eine sogenannte Hierophanie mit im Spiel war, das Eingreifen des Göttlichen, eine Manifestation des Heiligen im Reich des Profanen, zum Beispiel beim Sieg zugunsten einer kämpfenden Partei, wie dies auch anderswo im Gebiet um Brescia der Fall gewesen zu sein schien. Zunächst war also von einem „himmlischen Phänomen" die Rede, und erst später fand das sich in der Kirche befindende Madonnenfresko Erwähnung, eine Darstellung der Jungfrau Maria, die noch berühmt werden sollte, zumal sie für jede Art von Fürbitten und Wunder zuständig zu sein schien. Das wundertätige Fresko aus dem 14. Jahrhundert wurde in der Folgezeit von mehreren Gebäuden umgeben, die alle die vom Gnadenbildnis ausgehende Kraft auf wundersame Weise in sich aufnahmen, wie dies auch bei anderen Wallfahrtsorten der Fall war, so etwa bei der Madonna delle Laste in Trient, der

QUELLENANGABEN

Mariani Enrico, *Un santuario del Garda fra Trento e Brescia*, Editrice Vannini-Parrocchia Santa Maria Assunta, Tignale, Brescia 2004
Mazza Attilio, *Santi e tradizioni del Garda*, Edizioni Ateneo di Salò, Salò 2004
Povolo Claudio, *Zanzanù. Il bandito del lago (1576-1617)*, Edizioni il Comune di Tignale, 2011

Madonna delle Grazie in Arco sowie in Sabbio Chiese jenseits der Grenze zu Brescia. Es handelt sich um eine Typologie, die dem Vorbild des östlichen Jerusalems folgt, bei dem die wunderwirkenden Bildnisse oder Andachtsstätten in darüber und rundherum errichtete Gebäude integriert wurden.
Der Wallfahrtsort wurde eine längere Zeit hinweg von Diakonen und Priestern betreut, die sich, womöglich auch aufgrund ihrer Abgeschiedenheit, verwerflich verhielten und deshalb abgesetzt wurden. Zu diesen gehört der Erzpriester Giovanni da Fermo, der 1437 als *exosus et scandolosus* beschrieben wird. Der Höhepunkt wird aber ab dem Jahr 1572 erreicht, wie Olzano, Vikar von Tignale, bei seinem Besuch im Jahr 1580 bezeugt. Acht Jahre lang – so beschwert er sich – hätten hier „Eindringlinge" von Priestern gewaltet, deren Leben, gelinde gesagt, skandalös war (*sacerdote satis scandalosi*) und sich verstörend auf den Glauben der Bevölkerung ausgewirkt hatte.
Es kam sogar zu heftigen Auseinandersetzungen zwischen der Kirche der Serenissima und der von Trient, bei denen es um die offensichtlich reichen Ländereien ging, die der Wallfahrtsort als Mitgift einbrachte. Im Jahr 1474 hatte der Trienter Fürstbischof

Johannes von Hinderbach das Interdikt über Riva verhängt, weil die venezianischen Behörden Venturino da Crema als leitenden Diakon des Wallfahrtsortes unterstützten. Die Antwort lautete, dass man den *ve- scovo in spiritualibus* also den tridentinischen Fürstbischof zwar respektiere, aber auch den Anordnungen der venezianischen Obrigkeit gehorchen müsse.
Als wäre es der weltlichen und geistlichen Auseinandersetzungen nicht genug, lief die Wandmalerei mit dem Gnadenbildnis der Heiligen Jungfrau auch noch Gefahr, nicht etwa vom Zahn der Zeit, sondern durch Menschenhand immer wieder zerstört zu werden. Der Überlieferung nach wurden mehrere Versuche unternommen, das Fresko aufzufrischen, aber zum Glück waren alle Mühen umsonst, denn die *„colores non potuerunt imprimi"*, die Farben wurden nicht aufgenommen, wodurch glücklicherweise alles so belassen wurde wie es war. In Wirklichkeit gab es eine Veränderung: Das Bildnis von Gottvater wurde durch das von Jesus ersetzt, wie auf mehreren Votivtafeln aus der Zei um 1617 zu erkennen ist.
Trotz all dieser Einmischungen und Streitigkeiten sowie des betrüblichen Fehlverhaltens einiger Klerikalen, wurde die Madonna von Montecastello ab Mitte des 15. Jahrhunderts ein beliebtes Ziel von Wallfahrten und Bittgängen, insbesondere am 8. September zu Maria Geburt, dem Fest der *Sanctae Mariae de Moncastello*, der Kirchenpatronin. An diesem Tag fand auch eine Art Jahrmarkt statt, der viele Menschen aus der Umgebung anlockte. Neben den Nachbarn aus Tremosine, Muslone, Gargnano und Limone kamen auch zahlreiche Leute aus weit entlegenen Ortschaften rund um den Gardasee, und allesamt verweilten sie hier zwei Tage lang, wie aus den Anwesenheitslisten hervorgeht. Am Abend vor dem großen Festtag nahmen die anwesenden Beichtväter – im Schnitt waren es vier Priester – den Gläubigen die Beichte ab, allen anderen voran den Frauen, was bei manchen ziemlichen Unmut hervorrief. Bauern und Viehhirten strömten hingegen

herbei, um *pro pluvia* zu beten, also um Regen während der Dürreperioden zu erflehen.
Im Hintergrund der kleinen unteren Kirche sind mehrere Fresken aus dem 15. Jahrhundert zu sehen, die der Dreifaltigkeit, der Verkündigung, der heiligen Katharina von Alexandria, den heiligen Zeno (oder Erculianus) und Vigilius, der Madonna mit dem Kind und dem heiligen Sebastian gewidmet sind. Da Erculianus der Schutzpatron von Brescia war und Vigilius der von Trient, scheint es, als wollten die beiden sich hier unter dem Dach dieses grenznahen Wallfahrtsortes zusammenfinden, quasi nach dem Motto, dass man zu zweit wohl immer besser fahre.

DER WEG

Ausgangspunkt und Ziel: Campione del Garda (70 m)

Wegverlauf: Nach der Besichtigung der kleinen Ortschaft, die sich an überhängende Felsen schmiegt und einst von den Familien bewohnt wurde, die vor allem in den großen Spinnereien arbeiteten, deren Hallen sich das Land zwischen Berg und Wasser streitig machten, machen wir uns am südlichen Ende des Hauptplatzes auf den Weg, zunächst der Markierung 267 folgend. Nachdem man einen Bach überquert hat, steigt man die malerische Schlucht hinauf, folgt dem Lauf des Campione-Baches und passiert einen Tunnel. An einer Weggabelung verlassen wir die Markierung 267 und damit die Richtung nach Pregasio und steigen nun zügig auf dem Weg Nr. 266 weiter nach oben, halten uns immer links und erreichen schließlich den Gipfel des Monte Castello (779 m) mit seinem atemberaubenden Blick über den See und die Berge des Monte Baldo. Von hier aus steigen wir nun zur darunterliegenden Wallfahrtskirche ab (691 m). Für den Rückweg steigt man ein kurzes Stück des Kreuzweges nach unten und biegt dann rechts nach nach Campogrande (Wegweiser nach Campione), wo man wieder auf den Aufstiegsweg trifft.

Gehzeit: 2 ½ Stunden für den Aufstieg, 1 ½ Stunden für den Abstieg

Höhenunterschied: 620 m

Infos: In den Monaten von April bis Oktober gibt es in Campione mehrere Einkehrmöglichkeiten. Neben der Wallfahrtskirche finden wir ein Café, während wir zweihundert Meter weiter auf der Straße, die nach Gargnano führt, das Dorf Gàrdola (langobardisches für Festung) erreichen und dort ein Restaurant, ein Café und eine frühmittelalterliche St.-Petrus-Kirche vorfinden, die heute als Museum dient.

Die wenigen verbliebenen Votivbilder – nur 58 sind von den im Jahre 1902 gezählten 149 Tafeln erhalten geblieben – wurden in einem eigenen Raum untergebracht, während die unzähligen von Pilgern an den Kirchenwänden angebrachten Zeichnungen und Inschriften, Initialen, Sprüche und Jahreszahlen bereits im 17. Jahrhundert übermalt worden waren. Unter den erhalten gebliebenen Votivtafeln besonders hervorzuheben ist eine aus dem Jahre 1711, die als Dank für das Ende einer verheerenden Rinderpest gestiftet wurde. Erwähnenswert ist auch, dass in dieser Kirche wohl eines der größten Votivbilder des gesamten Alpenraums aufbewahrt wird. Es handelt sich um ein Gemälde von Giovanni Andrea Bertanza aus dem Jahr 1617, das die Hinrichtung des Banditen Zuan Zanone thematisiert. Der für seine Gewalttaten berüchtigte Straßenräuber *Zanzanù* ist eine Gestalt, die auf Legenden und volkstümliche Überlieferungen zurückgeht und die Figur eines geächteten Verbrechers verkörpert, der einst trotz aller massiven Gegenmaßnahen seitens der venezianischen Staatsgewalt von der ärmeren Bevölkerung der Städte und Dörfer des oberen Gardasees mit Respekt und Bewunderung angesehen und noch vor seinem Tod zum Mythos wurde. Betritt man das Kirchenschiff auf der rechten Seite, sieht man das Gemälde hoch oben an der Wand hängen. Abgesehen von den vielen Wallfahrtsprozessionen und Bittgängen war das Marienheiligtum von Montecastello auch wegen seiner großzügigen Wohltätigkeit weitum bekannt und beliebt. Den Ärmsten wurde oft mit zwei bis drei venezianischen Lira-Münzen ausgeholfen, was allemal ausreichte, um den Hunger ein paar Monate lang zu stillen. Zu den Bedürftigen, die hier Hilfe fanden, gehörten auch konvertierte Calvinisten und Juden, die zum „wahren Glauben“ zurückgefunden hatten.
Was die Bittgänge betrifft, die an den verschiedenen Ortschaften stattfanden und auch grenzüberschreitend waren, so wurde allen Männern, auch den aus fremden Gebieten, befohlen, alle drei dafür vorgesehenen Tage daran teilzunehmen, drei Tage, an denen keinerlei andere Arbeit verrichtet werden durfte, wollte man nicht in die Fänge der Justiz zu geraten. Gleichzeitig erließ der Gemeinderat strenge Maßnahmen, um sicherzustellen, dass die Prozessionen ohne Unruhen abliefen. Und doch kam es jedes Mal zu Schlägereien, Männer und Frauen trafen sich, und das nicht immer auf anständige Art und Weise, die Leute betranken sich und vieles andere mehr, was schließlich dazu führte, dass 1886 diese Art von Feierlichkeiten verboten wurden.

25. Madonna della Corona in Spiazzi

Der Wallfahrtsort der Menschen des Monte Baldo

Jahrhunderte lang folgten die Gläubigen der Trentiner Dörfer des Monte Baldo, besonders die von Brentonico, Cazzano, Prada und San Giacomo, einem *itinerarium mentis et corporis*, einem Weg für den Geist und den Körper, um vorbei an Corna Piana und Bocca di Navena in jenes Gebiet zu gelangen, das bereits seit langem als ein *rariorum plantarum hortus* bekannt war, als ein Garten der seltenen Pflanzen, wie ihn 1745 der berühmte französische Botaniker Jean-François Séguier nannte. Ein höchst fruchtbares Stück Erde, das bereits im 16. Jahrhundert für seine Blumenvielfalt – und damit auch für die Qualität seines Heus – bekannt war, und für das der Cremoneser Arzt Giovanni Battista Olivo 1584 den lapidaren Ausdruck prägte: *Hortus Italiae*, der Garten Italiens. Und nun folgten die Wallfahrer den Pfaden des Monte Baldo, die bereits vor ihnen unzählige *Herbolai* ausgetreten hatten, die hier stets auf der Suche nach raren Kräutern, Wurzeln, Blüten, Blättern und Früchten waren, deren Extrakte die einzigen Arzneimittel darstellten, die der damaligen Medizin zur Verfügung standen.

Die Wallfahrt fand am Ende des Sommers statt, wenn das Heu eingebracht war und das Vieh von den Almweiden ins Tal zurückkehrte. Bedenkt man, dass im Jahr 1850 sage und

Wie unter den überhängenden Felswänden des Etschtals eingebettet wirkt der in ganz Europa bekannte Wallfahrtsort zur Madonna della Corona.

ANFAHRT

Die Wallfahrtskirche Madonna della Corona (774 m) erreicht man mit dem Auto von Brentonico aus, indem man der General-Graziani-Straße folgt, die über die gesamte Hochebene bis nach Spiazzi führt. Von hier aus dauert der Abstieg zur Kirche etwa zwanzig Minuten. Als Alternative gibt es vom Dorf aus einen Shuttlebus. Kommt man dagegen über die Brennerautobahn, nimmt man die Ausfahrt Affi, fährt in Richtung Caprino und folgt von dort aus der Beschilderung nach Spiazzi.

Ein langer Tunnel führt durch das Berginnere zum Wallfahrtsort, an dem man wie neugeboren ankommt.

schreibe 5270 Rinder auf der Trentiner Seite des Baldo weideten, darunter 120 Stiere, und daneben auch noch 8640 Schafe, 2089 Ziegen und 1136 Schweine gehalten wurden, so liegt auf der Hand, dass die Verehrung eines besonderen Heiligen erforderlich war – in diesem Fall traf es die Madonna della Corona –, um sich für eine reiche Heuernte und das Ausbleiben einer Dürre oder verheerender Unwetter entsprechend bedanken zu können. Dankbarkeit war immer dann angesagt, wenn das vergangene Jahr nicht zu den *an de la fam*, den Jahren des Hungers, gezählt werden musste, wie es beispielsweise 1816 eines gewesen war. Oder man bedankte sich für einen nicht stattgefundenen Wolkenbruch, der zweifelsohne großes Unheil angerichtet hätte wie etwa jener, der am Abend des 21. Aprils 1846 nur wenige Minuten lang orkanartige über die blühende Landschaft von Corné und die benachbarten Dörfer hinwegfegte und ein Bild der Verwüstung hinterließ.

All dies veranlasste die Gläubigen aus der Gegend um Brentonico dazu, zur Madonna della Corona zu pilgern und

Die sanft abfallenden Almweiden des Monte Baldo.

Ein ausgesetzter Weg führt uns zurück ins Tal.

DER WEG

Ausgangspunkt und Ziel: Start in Brentonico (698 m) und Ankunft in Brentino (137 m) im Etschtal

Wegverlauf:
Etappe eins:
Nach Besichtigung der Kirche zu Sankt Peter und Paul in Brentonico und der romanischen Sankt-Johannes-Krypta in ihrer im Trentino äußerst selten anzutreffenden Erscheinungsform, beginnen wir unseren Dreitagesausflug, indem wir Richtung Festa losmarschieren, bei der kleinen Sankt-Valtentin-Kapelle nach links auf den Forstweg abbiegen und diesem bis zu den Trinkwasser-Staubecken folgen. Hier geht's wieder nach links bis zur Malga Martigola (1156 m, www.agriturmortigola.it), bei der wir nach rechts abbiegen und nach kurzer Zeit San Giacomo (1194 m) erreichen, wo sich ein Blick auf die Sankt-Jakob-Kapelle lohnt (1570 erstmals erwähnt, aber erheblich älter), an der einst ganz sicher auch die durchziehenden Pilger auf dem Weg nach Santiago de Compostela eine Andacht einlegten. Weiter geht es etwa hundert Meter lang auf der Asphaltstraße in Richtung San Valentino. An der ersten Kehre beginnt rechts der Weg Nr. 622, dem wir bis zur Bocca del Creer (1617 m) und der nahen Graziani-Hütte (1620 m) folgen. Hier empfehlen wir zu übernachten. (In einer weiteren Stunde erreicht man die Schutzhütte Rifugio Altissimo Damiano Chiesa, 2060 m, mit überwältigendem Ausblick auf die Trentiner Bergwelt).

Gehzeit: ca. 4 ½ Stunden

Höhenunterschied: 1022 m

Etappe zwei:
Wir starten von der Graziani-Hütte aus, überqueren die Straße und nehmen den Weg Nr. 653, der uns zur Bocca di Navene (1425 m) führt, wo wir eine Rast einlegen, danach zur Malga Tolghe absteigen und auf dem anderen Hang fünfzig Minuten lang wieder noch oben steigen. Geht man über die asphaltierte Straße, dauert es dagegen eine halbe Stunde. Entlang der Asphaltstraße geht es nun weiter bis zur Malga Prà Alpesina (1462 m), einer Raststätte, deren Spezialität die Büffel-Mozzarella ist. Wir steigen hinunter zur Malga Dossioli (1437 m), wo der auch als *Giro delle Malghe* (Almenrundweg) bekannte Weg Nr. 80 beginnt. In einem ständigen Auf und Ab geht es über die Malga Artilone (1438 m), die Malga Artiloncino (1437 m) und die Malga Acque Nere (1328 m), wo man bei Caval di Novezza auf die asphaltierte Straße stößt (Vorsicht, auf der venetischen Seite ist der Weg nicht besonders gut markiert). In wenigen Minuten erreichen wir die Schutzhütte von Navezza (1390 m) und gleich darauf die von Cedron (1305 m).

Gehzeit: 3 ½–4 Stunden

Höhenunterschied: 250 m bergauf und bergab

Etappe drei:
Weiter geht es auf der asphaltierten Straße, der so genannten *antica Cavalàra*, an Sangolo vorbei bis nach Spiazzi. Dieser letzte Abschnitt wird von mehreren kleinen Ortschaften mit der für den Monte Baldo typischen Steinarchitektur und den archaischen klingenden Ortsnamen wie Felesar, Campedello, Croce, Castelletti, Preele und Pravazzar gesäumt. In Spiazzi (862 m) angekommen, beginnt in der Nähe des Albergo Corona rechterhand der Weg zur Wallfahrtskirche. Nach deren Besichtigung geht es durch das steile Tal der Val d'Orsa hinunter nach Brentino (137 m), wobei man einem uralten Saumpfad folgt und auf halber Strecke auf einen großen Felsbrocken trifft, der seit jeher von den Einheimischen *Polsaora* genannt wird: ein Ort zum Anhalten, zum Innehalten, zum Ausruhen. Dieser Abstieg, der heute als *Sentiero della Speranza, als* Weg der Hoffnung bezeichnet wird und einen herrlichen Ausblick auf die gegenüberliegenden Lessiner Berge und das Etschtal bietet, ist gleichzeitig auch der Kreuzweg zur Wallfahrtskirche.

Gehzeit: ca. 4 Stunden

Höhenunterschied: 725 m bergab

Infos: Die Homepage des Wallfahrtortes mit allen Angaben zu Messen, Besichtigungen und vielen anderen Hinweisen finden Sie unter www.madonnadellacorona.it, Tel. +39 045 722014.
Die Schutzhütte Rifugio Graziani ist ganzjährig geöffnet, www.albergorifugio-graziani.it. In San Giacomo gibt es mehrere Gasthöfe und Einkehrmöglichkeiten. Die Malga Prà Alpesina ist eine Raststätte und verkauft Milchprodukte, Tel. +39 0464 395864. Die Malga Dossioli ist jetzt ein Restaurant, das von Juni bis September täglich, im Winter jedoch nur samstags und sonntags geöffnet ist, Tel. +39 393 2429299. Rifugio Novezza, www.novezza.it; Rifugio Cedron, www.albergorifugiocedron.it.

dabei eine von Kapellen, Bildstöcken und Wegkreuzen geprägte Landschaft zu durchqueren, die von einer starken sakralen Beziehung zwischen dem Menschen – sei es als Individuum wie auch als Gemeinschaft – und dem Göttlichen zeugten. Es war jedoch auch ein Gebiet, dessen Hintergrund von starken magischen Werten geprägt war, die sich aus der Beschaffenheit der Umgebung und der Neigung der dort lebenden Menschen zum Wundersamen ergab: Eine Landschaft der Legenden, Sagen und Fabeln, die den Aberglauben nährten und den Hang, das Wesen der Natur, der Steine, der Pflanzen und der Tiere auf wundersame Weise zu interpretieren und mit den Einflüssen der Gestirne, dem Verlauf der Jahreszeiten, den geschichtlichen Ereignissen und der ewigen Angst vor dem Tod und dem Jenseits zu vermischen und in Einklang zu bringen.

QUELLENANGABEN

Verschiedene Autoren, *Il Santuario nella letteratura e L'arte nel Santuario*, aus den Studienunterlagen zu den 2009 und 2010 abgehaltenen Madonna-della-Corona-Tagungen.

Pozza Giovanni, *Il Santuario nella letteratura e L'arte nel Santuario*, aus den Studienunterlagen zu der 2011 in Verona stattgefundenen Madonna-della-Corona-Tagung.

Segala Franco, *Mater Dolorosa. Le tavolette ex voto, secoli XVI–XX*, Edizioni Santuario Madonna della Corona, Spiazzi-Verona, 1995.

„Das waren noch Zeiten", schwärmt Annamaria Giacomelli, die Mesnerin der Pfarre St. Peter und Paul in Brentonico. „Man pilgerte die Straße entlang, die von General Graziani gebaut worden war. Aber damals gab es noch keine Autos. Man pilgerte bis nach San Giacomo und Bocca di Navene hinauf und schlief dann in den alten Gabäuden am Wallfahrtsort. Die Jungen waren bereits am Vorabend aufgebrochen, um ihren Spaß zu haben. Dabei schnitten sie die vielen Kehren des Graziani-Weges, indem sie bei San Valentino bis nach Prà della Stua hinunter abstiegen und dann wieder hinauf nach Prà Alpesina wanderten. Sie schliefen in den Almhütten, an denen sie gerade vorbeikamen."

Diese Wallfahrten wurden somit auch zu einer Art jugendlichem Initiationsritus: Jahr für Jahr schlossen sich die jüngeren Jugendlichen den Älteren an, lernten den Weg und die Geschichten darum herum kennen, machten viele neue Bekanntschaften und knüpften Beziehungen. Und all dies grenzüberschreitend, zumal die Wallfahrt zur Madonna della Corona bis zum Ende des Ersten Weltkriegs eine Reise ins Ausland war: Der Wallfahrtsort gehörte zu Italien, während die Trentiner Pilger Untertanen des österreichisch-ungarischen Kaiserreichs waren. Aber die Grenze war nie ein Problem, denn der Baldo war in vielerlei Hinsicht ein ungeteiltes Territorium, so zusammengehörig, wie es auch die darauf lebenden Menschen waren, einschließlich der vielen Schmuggler. Solche grenznahen Wallfahrtskirchen hatten vielfach eine doppelte Funktion, idem sie das Territorium vor Bedrohungen von außen schützten, aber auch als Treffpunkt zwischen über die Grenze hin benachbarten Gemeinschaften dienten, wie die regelmäßig stattfindenden Feste bezeugen, bei denen zum Teil auch Jahrmärkte abgehalten wurden und es zu Begegnungen zwischen ledigen Männern und Frauen kam, die nicht selten in einer Ehe mündeten.

Heute gibt es kaum noch jemanden, der die gesamte Wallfahrt vom Trentino aus zu Fuß unternimmt, der Brauch des wandernden Pilgerns ist verlorengegangen. Einige Jahre lang ging man als Zeichen der Buße allenfalls noch die Heilige Treppe kniend nach oben. Aber dennoch gibt es eine Art Wiederbelebung dieser Wallfahrt, wenn auch im Auto oder Reisebus. Maßgeblich war es der Seniorenverein von Brentonico, der damit begann, sie wieder anzubieten, und zwar je nach Kalenderjahr am Samstag oder Sonntag, den 30. Juni.

HINWEISE UND TIPPS

Natürlich kann die Tour auch in nur zwei Tagen gemeistert werden, doch ist es gerade die Gemächlichkeit, die uns immer wieder Neues entdecken lässt, hier vor allem im Reich der Pflanzen und der unberührten Naturlandschaft. Auf jeden Fall empfehlenswert ist die Verfügbarkeit von zwei Autos, das eine in Brentino, das andere in Brentonico, um problemlos wieder an den Ausgangspunkt zurückzugelangen. Der nächste Bahnhof ist rund eine Gehstunde von Brentino entfernt, während der einzige Linienbus von hier aus nur in Richtung Verona fährt.

Und das Gefühl dürfte immer noch das gleiche sein wie vor Jahrhunderten, wenn man, in Spiazzi angekommen, die lange Treppe hinuntersteigt, um zur Kirche mit dem weitum verehrten Gnadenbild zu gelangen, einem wahrhaftigen Adlerhorst. „Ein heiliges Bildnis, verehrt nicht nur von den Gläubigen aus der Gegend, sondern auch von Pilgern aus der Ferne, vor dem man sich vor allem am 15. August und am 8. September zahlreich versammelt", beschreibt der Botaniker Giovanni Pozza im Jahr 1580 die Gnadenstatue der gekrönten Jungfrau. Und man entdeckt, dass es bei der Krone hier nicht nur um das Attribut auf dem Haupt der Muttergottes geht, sondern ebenso um das Felsband, das hier und auch anderswo den Fuß des Monte Baldo säumt und von den Einheimischen seit jeher als *Corona* bezeichnet wird.
Der genaue Zeitpunkt der Gründung dieses Wallfahrtortes verliert sich in Geschichten und Legenden. Gesichert gilt, dass der Ort bereits in prähistorischer Zeit als religiöse Kultstätte diente. Im 11. Jahrhundert entstand daraus eine Einsiedelei von Mönchen aus dem San-Zeno-Kloster von Verona, die hier eine der Jungfrau Maria geweihte Kapelle errichteten, *Santa Maria in monte Bloto*, die 1437 von den Malteserrittern übernommen wurde. Die Kirche in ihrer heutigen Form stammt aus dem Jahr 1625. Die verehrte Marienstatue entstand dagegen im Jahr 1432 und soll 1522 auf wundersame Weise aus Rhodos hierher gekommen sein, als die Türken die Insel eroberten. Auch heute gibt es noch vereinzelt Pilger, die zu Fuß aus dem Veneto und der Lombardei kommen, einige sollen sogar aus Deutschland immer noch den Weg hierher finden. Die reichbestückte Sammlung an Votivtafeln legt ein beredtes Zeugnis von der Frömmigkeit all dieser Pilger ab.

WEITERE
WALLFAHRTSORTE
IN TRENTINO-SÜDTIROL

Orte der Stille

Im Rückblick auf die Jahrhunderte um das Jahr Tausend herum, die von Seuchen, Hungersnöten und Glaubenskriegen geprägt waren, erinnert uns der Burgunder Mönch Rodulfus Glaber daran, dass sich über Europa ein schützender Mantel von Kirchen ausgebreitet hatte. Auch das Land Tirol ist von dieser Besessenheit, Kirchen zu bauen, nicht verschont geblieben. Obwohl die geografische Beschaffenheit des Landes von einer Vielzahl nahezu unzugänglicher Täler gekennzeichnet ist, haben Kirche und Gläubige es geschafft, eine schier unüberschaubare Zahl an solchen geheiligten Kapellen und kleinen Bergkirchen über das ganze Land zu verteilen. Vor allem seit dem Konzil von Trient (1545–1563), das sich gegen die lutherische Doktrin wandte, die den Wert der sakralen Kunst infrage stellte, kam es in den katholischen Gebieten zu einer Vermehrung der Bilder, die an das erinnern, was Papst Gregor der Große Jahrhunderte zuvor über die Bedeutung und Legitimität der religiösen Malerei gesagt hatte: Sie sei die Bibel der Armen und der Analphabeten.

Die Kunst wird allgemein als eines der wirksamsten Propagandamittel anerkannt, und so begannen sich selbst in den abgelegensten Kirchen und Kapellen, in denen gnadenbringende Heilige verehrt wurden, die Votivgaben zu häufen: Zeichen des Dankes in Form von gemalten Bildern, von hölzernen Nachbildungen von Körperteilen und von silbernen oder auch nur kupfernen kleinen Herzen, die mitunter sogar von den Fingern einer Madonnenstatue baumeln. Sie zeugen von den Bedürfnissen und Ängsten der Menschen, aber auch von ihrer Freude über eine erfolgte Heilung, über überwundene Sorgen oder eine glückliche Heimkehr. Hier nachfolgend werden einige dieser „heiligen Orte" beschrieben, kleine Inseln des Glaubens und der Verehrung, Orte, an denen der Übergang zwischen Erde und Himmel und umgekehrt stattgefunden hat – im Sinne einer Jakobsleiter, über die die Heiligen und die Gottesmutter herabgestiegen sind, um Leiden zu lindern und die Gläubigen zu beschützen.

Diese Orte erfreuen sich auch heute noch großer Beliebtheit, und dies nicht nur unter den Gläubigen, denn nicht selten sind diese kleinen Heiligtümer sowohl von Einheimischen als auch von Touristen vielbesuchte Ausflugsziele, die den Menschen Kunst, Geschichte und Religion näherbringen. Im Alttiroler Gebiet gibt es Hunderte von solchen Gnadenorten, eine wahrhaftig sakrale Geografie bestehend aus vielen kleinen Gotteshäusern, die meist in der Nähe von einsamen Weilern, von schwer zugänglichen Bergbauernhöfen oder von abgelegenen kleinen Gebirgsdörfern errichtet wurden, dort, wo man dem Himmel eh schon ein Stück näher ist als anderswo.

Hier nachfolgend beschreibe ich jene dieser meist ländlichen Andachtsorte, denen ich auf meinen Ausflügen begegnet bin. Die getroffene Auswahl ist deshalb natürlich sehr subjektiv, und mir ist durchaus bewusst, dass es noch viele andere solcher beachtenswerter Orte gibt, die in diesem Buch leider keinen Platz mehr finden, aber trotzdem bedeutsam für die Geschichte der Heiligenverehrung sind.

Trient

Die Heiligkreuzkapelle in der Kathedrale

Im Jahr 1767 unternahmen die Gläubigen von Moena eine gemeinsame Wallfahrt nach Trient, um ein Gelübde zu erfüllen, das sie während eines Streits abgelegt hatten, den die *Magnifica Comunità* der Fleimstaler Gemeinde zum wiederholten Mal zur Verteidigung ihrer verbrieften Rechte gegen den Trienter Fürstbischof Cristoforo Sizzo de Noris geführt hatte. Ein Streit, der sich ein paar Jahre später mit dem Fürstbischof Peter Michael Vigil von Thun und Hohenstein wiederholen sollte. Den Chroniken zufolge bestand die Prozession anfangs bereits aus etwa hundert Personen, zu denen sich aber immer mehr gesellten, als die Wallfahrt auf ihrem Weg nach Trient durch die einzelnen Dörfer des Fleimstals zog. Ihr Ziel war die Kapelle mit dem Heiligen Kreuz im Dom von Trient, in der später der Fürstbischof Francesco Alberti Poja seine letzte Ruhe finden sollte. Der Pilgerzug muss ziemlich beeindruckend gewesen sein, da alle Teilnehmer zum Zeichen des Protestes und den Ärger über die ihrer Talschaft entzogenen Rechte in Schwarz gekleidet waren. Auch alle Dorf- und Kirchenfahnen des Fleimstals wurden mit Trauerflor in dieser düsteren Prozession mitgetragen, die drei Tage für den Hinweg und ebenso viele für die Rückkehr in Anspruch nahm.
Von dem in der Domkapelle aufbewahrten spätgotischen Kruzifix – ein Werk des Nürnberger Holzbildhauers Sixtus Frei, der 1511 in Trient lebte – wurde allgemein vermutet, dass es thaumaturgische Kräfte besitzt, also heilen kann. Es zog Gläubige aus allen umliegenden Täler an und wurde bald schon zu einer zwangsläufigen Zwischenstation auf dem Pilgerweg nach Rom und dem Weg zurück in die heimatlichen Täler. Als wundertätig galt es seit dem 4. Dezember des Jahres 1563, also von dem Tag an, an dem die langwierig und mühsam ausgearbeiteten Beschlüsse des Trienter Konzils abgesegnet und öffentlich gemacht wurden. Die Legende weiß zu berichten, dass Christus an jenem Tag in der Kathedrale von Trient mit seinem Haupt zustimmend nickte, und dies vor den darin versammelten zweihundertsiebzehn Prälaten, sechs Kardinälen, drei Patriarchen, fünfundzwanzig Erzbischöfen, hundertneunundsechzig Bischöfen, sieben Äbten und sieben Ordensgenerälen.

Cembratal

Die Kapelle von San Rocco in Valda

Allein im Cembratal gibt es sechs Kirchen und Kapellen, die dem heiligen Rochus geweiht sind. Von den zahlreichen Seuchen der Vergangenheit ist hier die Cholera von 1855 besonders stark in Erinnerung geblieben. Einmal von Trient aus in das Tal eingedrungen, brachte sie Tod und Zerstörung. Es heißt, es sei ein Händler oder ein Tagelöhner gewesen, der diese Geißel Gottes mit ins Tal gebracht hatte, von der die Bevölkerung in kürzester Zeit halbiert wurde und die alle Ortschaften des Tales betraf, bis auf eine: Valda, das uralte, höchstwahrscheinlich deutschstämmige Dorf am rechten Ufer des Avisio. Im Jahr 1855 legten die Dorfbewohner das Gelübde ab, dass wenn alles vorbei sei, sie eine Kapelle zu Ehren des heiligen Rochus errichten würden. Drei Jahre später erfüllten sie ihr Versprechen und errichteten am alten Weg, der übers Potzmauerjoch (*passo Posmar*) hinunter nach Buchholz bei Salurn führt, eine kleine Kapelle, die aber erst Jahre später, am 16. August 1879, mit einer feierlichen Prozession der Gläubigen aus Valda, Faver und Grumes geweiht wurde. Die Gebetsandacht zur Kirchweihe wurde von einem lautstarken festtäglichen Böllerschießen untermalt, das von der männlichen Dorfjugend unter dem Gipfelkreuz des darüber liegenden *Cros de la Croseta* veranstalte wurde.
Die weißgetünchte Kapelle steht für das Schlichte und Wesentliche: ein kleiner Kirchenraum mit einem nach Osten ausgerichteten Altar und einem dem heiligen Rochus gewidmeten Altarbild sowie

einem Gemälde mit dem heiligen Antonius, das mit *F.G. Elveccer* signiert ist. Außen über der Lünette befindet sich die Inschrift *Voto colera 1855*. Das jährlich wiederkehrende Kirchweihfest am 16. August wurde stets mit einer Wallfahrt eröffnet, zu der selbst weithin Ausgewanderte in ihr Dorf zurückkehrten, um sie auf keinen Fall zu versäumen.

Fassatal

Die Kirche der Madonna della Neve von Gries in Canazei

Am 11. Juli 1787 hob Kaiser Joseph II. im Rahmen seiner Bemühungen, die Macht der katholischen Kirche zu schmälern, die Wallfahrtskirche Maria Weißenstein auf, die den Ladinern allgemein, aber ganz besonders den Gläubigen des Fassatals so sehr am Herzen lag.
Daraufhin wandten sich die Fassataler wieder einer ihrer eigenen altehrwürdigen Wallfahrtsstätten im oberen Teil des Tales zu, und zwar jener der *Madonna della Neve* in Gries bei Canazei. Seit 1570, als die Kirche neu gebaut, möglicherweise aber auch nur umgebaut und erweitert wurde, wird Maria Schnee von den Bewohnern des damals eigenständigen Dörfchens Gries als ihre Schutzpatronin verehrt.
Die Verehrung, die insbesondere von der Bergbevölkerung der Muttergottes des Schnees entgegengebracht wird, hatte sich im Alpenraum in der zweiten Hälfte des 16. Jahrhunderts und besonders während des 17. Jahrhunderts stark verbreitet. Der römischen Legende vom Schneefall im August wurde hier die lokale Legende von der *Madona de la Neif* gegenübergestellt, eine sittenstrenge Geschichte, die vom Entstehen des Gletschers auf der Marmolata, der Königin der Dolomiten, und von der Nichteinhaltung eines gebotenen Feiertages handelt. Am Festtag des 5. August war jedermann dazu verpflichtet, die Arbeit ruhen zu lassen, seien es die Hirten auf den Hochweiden, die Bauern auf ihren Äckern und Feldern, die Handwerker beim Anfertigen ihrer Erzeugnisse oder die Holzfäller bei ihrer Waldarbeit. Eine Unterbrechung des irdischen Handelns und Wirkens zugunsten eines zeitweiligen sakralen Innehaltens, das der Gemeinschaft auch die Gelegenheit eines erweiterten Zusammenkommens und der Anbahnung neuer Beziehungen bot, die nicht selten in der Gründung neuer Familien endeten. Auch ermöglichte es vielen, die außerhalb des Dorfes lebten und arbeiteten, wieder eine Zeitlang mit ihren engsten Angehörigen zu verbringen.

Eine Bäuerin, die von den anderen Dorfbewohnern als habgierig angesehen wurde und deren Gesichtszüge womöglich recht kantig waren und sich den damaligen Vorstellungen einer Hexe oder Zauberin näherten, hatte dagegen beschlossen, auf ihrer Bergwiese zu bleiben, um die begonnene Heumahd zu Ende zu führen und einzubringen. Sie tat es aus Angst vor dem drohenden Regen, der das frische Heu nicht trocknen, sondern verschimmeln lassen hätte. Und während sie mähte und rechte, leierte sie immer wieder den Beschwörungsspruch herunter, der ihr dazu eingefallen war:

Madona da la nèif de ka Madona da la nèif dé la
L'è bòn Ké gé mi fén l'è ta' tobià ,E i étreŝ amò tè prà
E k'ì vàĝe dùĉ a sé fèr ònjer!

Was auf Fassaner Ladinisch so viel heißt wie „Madonna vom Schnee, wie immer auch, bin froh, mein Heu trocken im Stadel zu haben, derweil es bei den anderen noch auf der Wiese liegt. Sollen sie doch zur Hölle fahren!"

In der darauffolgenden Nacht begann sich ein Gletscher über die Marmolata auszubreiten, ganz gewiss nach göttlicher Anordnung. Es fiel so viel Schnee, dass er sich meternoch verdichtete und zu Eis wurde. Und der Gletscher wurde groß und größer, bis er bald schon Hof und Stadel der Bäuerin verschluckte und sie nicht nur um ihr Heu brachte, sondern auch um ihr Leben, wonach sie zu einer Eissäule erstarrte.
Dem neuen liturgischen Kalender nach ist das Gedenken an die Jungfrau als Schneekönigin zwar nicht geboten, doch die Gläubigen von Gries und ganz Canazei, aber auch von Campitello und Alba feiern jedes Jahr am 5. August bzw. am ersten Sonntag im August mit einer prächtigen Prozession, die mit ihren wehenden Kirchenfahnen und Bannern an der kleinen Wallfahrtskirche in Gries endet.
Im Inneren der Kirche befindet sich die verehrte Madonnenstatue, die zwar nicht das ursprüngliche Original darstellt, aber dennoch

stets als wundertätig angesehen wurde. Erwähnenswert unter den Votivbildern ist eines aus dem Jahr 1766, auf dem neben den im Fegfeuer schmachtenden Seelen zwei Gläubige, ein Mann und eine Frau, in der für diese Zeit typischen Kleidung abgebildet sind und mit gefalteten Händen einem Marienbildnis mit Jesukind huldigen, das über ihnen thront. Die Inschrift *Pregate Maria per le anime* fordert zu Mariengebeten für die armen Seelen auf.

Hochebene von Lavarone

Die Kirche der Madonna delle Grazie in Folgaria

Ein gewisser Pietro da Folgaria erzählte auf dem Sterbebett – er starb am 27. April 1634, nachdem er zweiundfünfzig Jahre als Mönch im Kloster von Treviso des Ordens der Eremiten des heiligen Hieronymus verbracht hatte–, dass er eine Vision der Madonna gehabt habe, die ihn anwies, in seinen Heimatort Folgaria zurückzukehren und dort eine Kapelle zu errichten. Schon Jahre zuvor hatten die Gläubigen aus Folgaria beschlossen, eine solche Kapelle zu bauen, um der Muttergottes für die überstandene Pest des Jahres 1575 zu danken. Aber erst jetzt, nach dem Tod des Eremitenmönchs, wurde das Vorhaben umgesetzt. Doch schon zu Beginn der Bauarbeiten kam ein Mithelfer mit seiner Hand unter einen herabfallenden Mauerstein und wurde arg verletzt. Seltsamerweise verspürte er keinerlei Schmerz, und tags darauf war von der Verletzung keine Spur mehr zu sehen. Die gleiche wundersame Heilung ereignete sich bei einem Kind, das von einer Viper gebissen wurde. „Während das kleine Bein bedrohlich anschwoll, wurde das Kind der Heiligen Jungfrau Maria anempfohlen und dadurch vom Tode verschont", bezeugt der Notar Carlo Scherperger den glücklich verlaufenen Vorfall. Die Kapelle wurde mit Unterstützung der *Magnifica Comunità* von Folgaria mehrere Male umgebaut und erweitert. Früher pilgerten auch Menschen aus Nosellari und Carbonare hierher, um ein weiteres Gelübde aus der Pestzeit zu erfüllen. Ende des 19. Jahrhunderts kamen jedes Jahr an die dreihunderttausend hierher zur Kirche der Gnadenmutter in Folgaria, die 1955 von Papst Pius XII. zur „Schutzpatronin der Skifahrer Italiens" ernannt wurde.
Die Wallfahrtskirche (1281 m) steht in der Nähe der Ortschaft Costa rechts an der Straße, die von Folgaria nach Carbonare führt.

Hochebene von Lavarone

Die Kirche San Floriano in Lavarone

Die Erinnerungen an die früheren Wallfahrten hierher sind fast vollständig verloren gegangen. Einige betagte Bewohner der zimbrischen Gemeinde wollen sich noch vage daran erinnern, doch nicht selten überschneiden und verwischen sich in ihrem Andenken Zeit und Ort und sogar die Namen der Heiligen.
Für diejenigen, die nicht zum weit entfernten Heiligtum der Madonna von Piné oder nach Santa Maria di Brancafora pilgern konnten – beispielsweise die Gläubigen aus Lusern – war die Wallfahrtskirche in Lavarone eine leicht erreichbare Alternative, zumal die Strecke an einem einzigen Tag leicht zu bewältigen war. Dabei kamen die Wallfahrer am Hospiz von Monterovere vorbei, von wo aus sie über den Pfad, der über die Siedlungen Bertoldi und Gionghi führt, nach Lavarone Chiesa gelangten (1172 m), wo die St.-Florian-Kirche auf sie wartete. Manchmal erschienen auch scharenweise Gläubige aus Folgaria, die bis 1715 in regelmäßigen Bittgängen hierher kamen, um den heiligen Florian um seine schützende Hand über ihre Häuser zu bitten.
Erbaut wurde die Kirche 1276 neben einem bereits bestehenden Hospiz, das in späteren Urkunden als Spital von Lavarone aufscheint. 1278 wird die Kirche erstmals urkundlich erwähnt, und zwar als die

„Kirche zum Sankt Florianus in den Wäldern von *Lavarono* innerhalb der Diözese von Feltre". Bis 1667, dem Jahr ihrer Weihe als Pfarrkirche, war sie eine von der Pfarrei Calceranica abhängige Kuratienkirche. Und bis 1785 gehörte sie zur Diözese Feltre, im Gegensatz zu Lusern, Brancafora und Casotto, die der Diözese Padua angehörten. Vielleicht ist das auch der Grund für die spärlichen Erwähnungen dieser Kirche in den Urkunden der örtlichen Archive. Schon 1520 war die Kirche von Grund auf erneuert worden, während die letzten umfassenden Renovierungsarbeiten im vergangenen Jahrhundert ausgeführt worden sind. Die Kircheneinrichtung und ihre künstlerische Ausstattung sind daher zeitgenössischer Art, bis auf das barocke Altarbild des heiligen Kirchenpatrons, dessen schöner Holzrahmen aus dem 18. Jahrhundert stammt. Zu diesem Altarbild stiegen an jedem 4. Mai, dem Florianitag, die Gebete und Anrufungen der Gläubigen von Lusern empor, in der Hoffnung, den Schutz des heiligen Florian von Lorch zu erlangen, der unter der Herrschaft des römischen Kaisers Diokletian den Märtyrertod erlitt und bis heute als Beschützer vor Überschwemmungen, Feuersbrünsten und Verbrennungen verehrt wird. Wasser und Feuer waren für die Menschen der Vergangenheit vielfach ein Grund für großen Schrecken und schiere Verzweiflung.

Obere Valsugana

Die Kirche Santa Maria Assunta in Civezzano

Don Giuseppe Vaja, Pfarrer von Civezzano schrieb 1926, dass „die hier stattfindende Marienverehrung auf das 10. Jahrhundert oder wenig später zurückgeht und entstanden ist durch eine außergewöhnliche Gnade, durch die Frömmigkeit der Menschen, insbesondere jener der Talgemeinschaft, aber auch durch das ehrwürdige Wirken der Trienter Bischöfe, die eine ganz besondere Vorliebe für

diese Gegend, die mit mehreren bischöflichen Lehen gesegnet ist, hatten." Urkundlich gesichert ist hingegen, dass im Jahr 1240 die Gläubigen aus Bozen im Laufe einer lang andauernder Dürre einen Bittgang hierher unternahmen und später diese Wallfahrt jedes Jahr kurz nach Pfingsten wiederholten. Dieses mühsame Pilgern von Bozen bis hierher dauert mehrere Tage und wurde erst 1777 unter Kaiser Joseph II. abgeschafft, wie es im Kirchenkalendarium des Archivs der Dompfarrei Bozen nachzulesen ist: Laut der ab 14. März 1777 geltenden Anordnung des Bezirksamtes wurde die Prozession nach Civezzano für immer abgesagt, so wie jede andere Veranstaltung dieser Art, bei der die Menschen auch über Nacht außer Haus blieben. Daher beschloss der Bozner Klerus im Einvernehmen mit den zuständigen weltlichen Behörden, den Bittgang nach Civezzano durch eine Prozession zur Marienkapelle hinter dem Hochaltar des Bozner Domes zu ersetzen, wie dies ebenfalls im erwähnten Kirchenkalendarium der Dompfarrei vermerkt ist.
Das Gebäude, vor dem wir heute stehen, wurde auf Betreiben des Fürstbischofs Bernhard von Cles zwischen 1522 und 1538 unter dem Baumeister und Steinmetz Alessio Longhi in einer Stilmischung zwischen Gotik und Renaissance neu gebaut anstelle einer vorbestehenden frühchristlichen Kirche aus dem 5. oder 6. Jahrhundert. Unter den Aufzeichnungen des clesianischen Archives finden sich erste Zeugnisse der hier beginnenden Marienverehrung, die von illustren Besuchen und einer Vielzahl von Vermächtnissen und Stiftungen zugunsten der neu errichteten Mariahimmelfahrtskirche begleitet wird. Auch heute noch kommen Gläubigen aus Cognola, einem Trienter Vorort an den Hängen des Monte Calisio, am Vortag des hohen Marienfestes in einer Prozession hierher, um auf Knien betend die Madonnenstatue mit dem Jesukind zu verehren, die in einer Nische an der linken Kirchenwand aufbewahrt wird. Das Kircheninnere ist mit kostbaren Fresken von venezianischer Prägung aus dem 16. Jahrhundert ausgeschmückt, auf denen verschiedene Episoden aus dem Leben der Heiligen Jungfrau dargestellt sind. Erlauchte Malereien, die von einigen Palma dem Jüngeren, von anderen wiederum dem Brusasorci zugeschrieben werden, beides hervorragende Künstler der venezianischen Schule.
Von der Zeit an, in der sich das Marienheiligtum von Piné in die Herzen der Gläubigen einzunisten begann, fing ab der ersten Hälfte des 18. Jahrhunderts die Beliebtheit der Mariahimmelfahrtskirche von Civezzano allmählich zu schwinden an, bis sie schließlich ganz zum Erliegen kam. Nicht einmal die zeitweilige Präsenz des Gemäldes der Caravaggio-Madonna aus Piné, das am 18. März 1808 auf Anordnung der bayerischen Regierung hierher verlegt wurde, konnte diesem Wallfahrtsort neuen Glanz verleihen. Ganz im

Gegenteil, die Einwohner von Civezzano wurden von diesem Tag an *rubamadone* genannt, sprich Madonnendiebe, während das Volk weiterhin fleißig nach Piné pilgerte, auch ohne das wundertätige Gnadenbild betrachten und verehren zu können. Das mit der Gnadenbildverlegung war übrigens nur ein kurzes Intermezzo, denn schon am 26. April 1809 wurde das Marienbildnis in einer feierlichen Prozession und unter großer Beteiligung von Gläubigen aus der ganzen Valsugana, dem Fersental und dem Pinetanogebiet an seinen angestammten Platz in Piné zurückgeführt.

Obere Valsugana

Die Kirche der heiligen Fabian und Sebastian in Viarago

Aus den schriftlichen Quellen geht nicht hervor, wann genau das Fersental zum ersten Mal von einer jener Pestseuchen heimgesucht wurde, deren Auswirkungen auf den Darstellungen des heiligen Rochus mit dem offenen Geschwür am Bein deutlich veranschaulicht sind. Bekannt ist, dass Trient im Jahr 1010 unter einer schweren Seuche litt, die 1339 wiederkehrte, um weitere zahlreiche Opfer zu fordern. Danach verging kein Jahrzehnt mehr, in dem die Pest nicht wieder auftauchte und um sich griff, wobei sie anscheinend oft wahllos bestimmte Orte oder Täler geißelte, während andere vor ihr vollkommen verschont blieben.
Die zahllosen Kapellen, Gemälde, Fresken und Statuen, die mit dem heiligen Rochus und dem heiligen Sebastian in Zusammenhang stehen, zeugen davon, wie sehr die Gläubigen auf die Fürsprache dieser beiden Schutzheiligen vertrauten, um nicht selbst Opfer der wütenden Seuche zu werden. Der Kult um den heiligen Rochus war ab 1420 außerordentlich weit verbreitet und wurde vor allem von den Franziskanern gefördert. Während einer dieser Epidemien – vermutlich war es die von 1630 – erlebten die Fersentaler einen der stärksten Momente ihres Glaubens. Angeführt von den Bauersleuten der Höfe von Fierozzo legten sie ein Gelübde ab, das sie jahrhundertelang einhielten, und das heute unter veränderten Voraussetzungen immer noch respektiert wird: Am 20. Jänner, dem Kirchweihfest von Viarago, wallfahren sie zur Pfarrkirche der heiligen Fabian und Sebastian, einem sehr alten Gotteshaus, das während der Barockzeit erneuert und erweitert wurde. In die beiden Weihwasserbecken seitlich an der Kirchentür sind die Jahreszahlen 1691 und 1710 eingemeißelt. Die Weihe der neuen Kirche erfolgte am 13. Juli 1782. Mit dem Bau dieser Kirche wollte man sich vor allem dem heiligen Sebastian und der Muttergottes gegenüber für die abgewendete Gefahr dankbar erweisen.

Ein weiterer Heiliger, der den Fersentaler Gläubigen sehr am Herzen lag, war der heilige Oswald. Die Verehrung dieses Heiligen, der im 10. Jahrhundert Bischof im englischen Worcester war, wurde von den deutschen Landrodern nach der ersten Jahrtausendwende in dieses Gebiet gebracht. Er wurde vor allem als Beschützer vor Tierseuchen angerufen, wie eine Votivtafel an der Nordwand des Langhauses bezeugt: „Gelübde abgelegt von den Leuten aus Viarago im Jahr 1802 als Danksagung an Gott und zu Ehren des heiligen Oswald, weil unser Vieh vor der Seuche bewahrt wurde, die in den Jahren Jahr 1789/1800/1801 das Gebiet von Pergine und darüberhinaus heimgesucht hat."
Das Gelübde an den heiligen Sebastian wurde von den Bewohnern von Fierozzo 1855 erneuert, als eine Choleraepidemie die Valsugana heimsuchte. Als Zeichen der Dankbarkeit für ihr Überleben beschlossen sie, eine Wallfahrt nach Viarago zu unternehmen, diesmal aber nicht aufrecht, sondern auf den Knien gehend. Dieser Kniegang dauerte sechzehn Stunden lang und konnte nur von gerademal drei Gläubigen kniend zu Ende gebracht werden. Dies geschah am 4. Oktober 1855, und seitdem wird diesen Gelübde jährlich am 20. Jänner, dem Sebastianstag, von einigen traditionsbewussten Fersentalern erneuert, auch wenn nicht mehr auf Knien, sondern in aufrechtem Gang.
An den Wänden dieser Kapelle befanden sich einst zahlreiche Graffiti mit Inschriften, Namen, Daten und Kreuzzeichen, die von den Pilgern hinterlassen wurden, um ihre Anwesenheit hier oder womöglich auch ihre Teilnahme an der Wallfahrt vom 20. Jänner zu bezeugen, aber leider sind diese kleinen, oft aber recht aufschlussreichen Andenken an einen Kirchenbesuch bei den erfolgten Renovierungsarbeiten immer wieder übertüncht worden.
Obwohl es nahezu keine schriftlichen Aufzeichnungen zu dieser traditionellen Winterwallfahrt gibt, erinnern sich die Ältesten der Gegend noch gut an das jährliche Vorbeiziehen der Prozession, bis um 1950 herum die Zahl der Wallfahrer abzunehmen begann.

Zwischen den 1950er und den 1970er Jahren war die Wallfahrtskirche von Viarago immer mehr zu einer Zwischenstation auf dem Weg zur immer stärker verehrten Madonna von Pinè geworden. Früher verteilten Frauen an die Pilger die *pinza dolce*, ein Fladenbrot aus Maismehl mit gewellter brauner Kruste, die mit Zucker bestreut ist.

Valsugana

Die Kirche zur Madonna von Onea

Begleiten wir die Gläubigen, die am ersten Sonntag im Juli die der Maria Geburt geweihte Pfarrkirche von Borgo Valsugana verlassen und sich der Wallfahrtsprozession nach Onea anschließen. Sie ziehen durch die historische Altstadt von Borgo, dem vormals römischen *Ausugum*, und anschließend den Kaiserweg entlang, der einst Venedig mit Trient und Mitteleuropa verband. Nachdem wir die zahlreichen beeindruckenden Freskomalereien an den Hausfassaden hinter uns gelassen haben – mehrere davon sind der Marienverehrung gewidmet, so etwa die Madonna mit Kind und dem heiligen Hieronymus am Gebäude mit der Hausnummer 14-20, sowie die von einem Cherubim gekrönte Madonna mit Kind (Nr. 25) und eine weitere Madonna mit Kind zwischen den heiligen Rochus und Sebastian (Nr. 3, Ecke Via degli Orti) – biegen wir ab und ziehen weiter in Richtung Roncegno, und schon wenige Minuten später stehen wir vor dem Heiligtum der Heiligen Jungfrau Maria von Onea.
Eine kleine mit süß duftenden Lindenbäumen gesäumte Allee führt uns direkt zur Kirche hin. Wie wir es von Cavalese und Truden her kennen, versammelten sich in längst vergangenen Zeiten auch hier im Schatten solcher Linden die Dorfältesten, um zu beraten.
Diese Kirche wurde errichtet, um ein seit Jahrhunderten hochverehrtes Marienfresko in einer Ädikula am alten Kaiserweg in sich aufzunehmen. Angesichts der stetig zunehmenden Besucher dieser kleinen Straßenkapelle ein Stück oberhalb der heutigen Kirche, hatte sich die Geistlichkeit von Borgo 1604 dazu entschlossen, den äußerst gut besuchten Ort der Verehrung mit einem Opferstock auszustatten. 1605 wurde schließlich der Bischof von Feltre, zu dessen Diözese Borgo bis 1785 gehörte, um

die Erlaubnis gebeten, eine Wallfahrt dorthin abzuhalten sowie mit dem Bau einer Kirche anstelle der kleinen Kapelle zu beginnen.
Nach längerem Hin und Her wurde die Kirche schließlich 1621 erbaut, und am 2. Juli, dem Fest von Maria Heimsuchung, das wundertätige Freskobildnis mit großem Pomp und unter ebenso großer Beteiligung des Volkes in einer feierlichen Prozession in seine neue Wirkungsstätte überführt.
Und die Madonna nahm ihre Tätigkeit als Gnadenspenderin und Wunderwirkerin sofort wieder auf, wie dem Buch 18 der Kirchenchronik im Gemeindearchiv von Borgo zu entnehmen ist.
Die Zügigkeit, mit der diese Wallfahrtskirche gebaut wurde, war zweifellos auch dem Verbot des Bischofs geschuldet, Wallfahrten nach Orten außerhalb der eigenen Diözese zu unternehmen, einem Verbot, das ganz offensichtlich im Widerspruch stand mit dem einstigen Gelübde der Gläubigen von Borgo, regelmäßig zur Madonna von Civezzano zu pilgern. Anstelle dieses ehemaligen zweitägigen Fußmarsches, wurden von nun an nur noch wenige Dutzende von Minuten benötigt, um eine Marienwallfahrt zu absolvieren, und zudem fielen erheblich weniger Spesen an.
Das alte Gelübde wurde daher an die Muttergottes von Onea weitergereicht mit der zusätzlichen Verpflichtung, an allen Festtagen der Heiligen Jungfrau – mit Ausnahme von Mariä Geburt, deren Verehrungsrituale der erzpriesterlichen Kirche von Borgo zustanden – Wallfahrten zu veranstalten, sprich zu Mariä Lichtmess, Mariä Verkündigung, Mariä Heimsuchung, Mariä Himmelfahrt, Mariä Empfängnis und Maria in Jerusalem. Heute gibt es nur noch eine dieser sechs Marienprozessionen, und zwar die am ersten Sonntag im Juli, kurz vor dem Jahrestag der Überbringung des Gnadenbildnisses von der Kapelle am Kaiserweg in die darunterliegende neu erbaute Wallfahrtskirche.
Diese Madonna versinnbildlicht auch die Diözesangrenzen und die damalige Macht des Bistums von Feltre über die tridentinischen Fürstbischöfe.
Später wurde die Kirche auch zum Bezugspunkt zahlreicher Bittgänge und Flurprozessionen nach folgendem Ablaufmuster: „Um fünf Uhr wird geläutet und die Messe *de Rogationibus* gesungen, danach findet die Prozession statt. Am Montag der Madonna von Onea werden die Evangelien gesungen und zwar a) an der ersten Station, b) an den Chà d'Onea, c) an der zweiten Rückwegstation und d) an der ersten Rückwegstation."
Die Legende weiß ergänzend zu berichten, dass die Kirche an dem Ort errichtet wurde, an dem eine der vielen Pest- und Choleraepidemien ihre Grenzen und ihr Ende fand und den Rest des Tales nicht mehr heimsuchen und dem grauenvollen Tod weihen konnte.

Valsugana

Die Kapelle der Madonna mora von Loreto in Strigno

Alle, die früher von Strigno in Richtung Tesino auf der alten Straße, die durch Bieno führt, unterwegs waren, hielten am Rande der kleinen Ortschaft an, um in einer Friedhofskapelle mit ungewöhnlichen architektonischen Merkmalen kurz zu beten: Sie ist in ihrer Größe und auch Formgestaltung dem Heiligen Haus von Loreto nachempfunden, und auch die malerische Ausschmückung entspricht einer sorgfältig ausgeführten Nachbildung der Fresken von Loreto.

Bevor die Gläubigen hier vor der schwarzen Madonnenstatue niederknieten, berührten und küssten sie einen Ziegelstein, der an der rechten Fassade ein Stück herausragt und von dem sie glaubten, er sei dem Heiligen Haus von Loreto entnommen. Dazu schreibt Ferruccio Romagna in seiner 1981 erschienenen Abhandlung über die Landpfarre von Strigno: „Doch wer dabei an die göttlichen Strafen dachte, die dem Dieb eines Bestandteils jenes Heiligtums drohten, der konnte dies wohl kaum glauben. Vielmehr ist es denkbar, dass dieser Ziegelstein mit dem Heiligen Haus in Berührung gebracht wurde, wie wir es von den Berührungsreliquien her kennen."

Die Kapelle an der heutigen Via Santa Caterina soll um 1640 in der Nähe eines jüdischen Friedhofs errichtet worden sein, der zu einem nahegelegenen kleinen Ghetto gehörte, in dem jüdische Handwerker und Händler wohnten. Auf Betreiben von Don Gaspare de Castelrotto wurde die Kapelle 1645 fertiggestellt und am 7. Mai mit einer feierlichen Prozession eingeweiht, bei der auch das Gnadenbildnis mitgetragen wurde.

Die kleine Andachtsstätte wurde von Pilgern und ebenso von den vielen Wanderhändlern aufgesucht, die im Winter sich auf den Weg in die Länder der österreichisch-ungarischen Monarchie machten. Die zahlreichen Votivgaben, die einst die Seitenwände füllten, wurden leider Gottes während des Ersten Weltkriegs zerstört. Das Aufsagen des Rosenkranzes wurde als Pflicht betrachtet, sobald man sich der Kapelle näherte, zumal diese in einer engen Beziehung zur Rosenkranzbruderschaft stand. Im letzten Jahrhundert war es Brauch, in der Loretokapelle von Strigno jeden Sonntag ab zwölf Uhr den Rosenkranz zu beten, wobei ein junger Schüler die Rolle des Vorbeters übernahm. Dieser Brauch wurde aber von der kirchlichen Obrigkeit verboten, weil er angeblich die Bedeutung der Gemeindegottesdienste schmälerte und deren Teilnahme daran schwinden ließ.

Das Schwarz der Jungfrau Maria erinnert an die berühmt-berüchtigten und geheimnisvollen „Schwarzen Madonnen" und an die Symbolik vieler heidnischer weiblicher Gottheiten, die ebenfalls in Schwarz dargestellt werden, darunter Isis und Cybele. In der vorchristlichen Vergangenheit war Schwarz eine positiv bewertete Farbe, die sich fördernd auf das Leben und den Wohlstand auswirkte. Und viele Mythen über die Entstehung des Universums assoziieren Schwarz mit dem ursprünglichen Unbestimmten, dem Archetyp des Chaos und dem keimenden Fruchtbarkeitsprinzip, das später mit den wichtigsten weiblichen Gottheiten, den Großen Müttern der Erde, in Verbindung gebracht wurde.

Valsugana

Das Kirchlein zur Madonna della Rocchetta in Ospedaletto

Oberhalb von Ospedaletto, zwischen den schroffen senkrechten Felswänden des Monte Lefre, findet sich ein spektakuläres Naturphänomen: *il ponte dell'orco*, die „Oger-Brücke", ein wahres Naturmonument aus dolomitischem Felsgestein mit einer Bogenspannweite von mehr als vierzig Metern, das durch Jahrtausende lang währende Erosion, Erdbeben und dem Temperaturgefälle entstanden ist.

Soweit die naturwissenschaftliche Interpretation. Doch es gibt auch noch eine andere Erklärung zur Entstehung dieses kühnen Naturbauwerks, die ein bisschen menschlicher klingt. Sie erzählt uns von einem einsamen Hirtenjungen, der sich während eines heftigen Gewitters in der Felslandschaft verirrte, in Todesangst verfiel und, um sein Leben zu retten, seine Seele an den Teufel verkaufte. Dieser rief seinen Kumpan, einen Oger namens Pluto, herbei und ließ diesen schnell eine Brücke bauen, über die hinweg der nun dem Teufel hörige Hirtenjunge sein eigenes Leben und das seiner Schafe retten konnte.

Das bringt uns zu einem anderen, ebenso jungen Hirten, der in der Legende um die Madonna della Rocchetta eine wichtige Rolle spielt. Man schrieb das Jahr 1640, und der arme, von Geburt aus stumme Bub, erlebte eine Marienerscheinung, als er bei seinen Schafen auf der Weide war. Es war eine leuchtende Madonna, ganz in Weiß gekleidet, die eine Spindel in der Hand hielt. Sie rief den

Jungen zu sich, erlaubte ihm, dem ganzen Dorf von dieser wundersamen Erscheinung zu erzählen und bat ihn, zu veranlassen, dass an der Stelle ihrer Erscheinung eine Kapelle gebaut wird. So kam es, dass 1663 diese Marienkirche entstand, in der die Muttergottes mit der Spindel in der Hand, einer *rocchetta,* dargestellt ist.
Kirchenamtlich ist die Kirche zwar „Maria, Hilfe der Christen" geweiht, aber hier wissen das wohl die wenigsten, denn alle sprechen nur von der Madonna della Rocchetta von Ospedaletto. Zweimal im Jahr, am dritten Osterfeiertag und am 31. Juli, dem Tag ihrer Erscheinung, wallfahrte man zu ihr, um ein Gelübde zu erfüllen. 1880 gewährte der Heilige Stuhl für den Tag der letztgenannten Wallfahrt einen vollkommenen Ablass für alle, die an ihr teilnahmen, um hier, im Marienheiligtum im wilden Bronzaletal, der Heiligen Jungfrau zu huldigen.
Ein herrlicher Panoramaweg, der von Ivano Fracena ausgeht, führt in etwa anderthalb Stunden über einen uralten Militärweg und am Ende über einen Hirtensteig zur kleinen Wallfahrtskirche.

Etschtal

Die Einsiedelei von Santa Cecilia in Volano

Es waren nicht nur Regen, Hagel und Gewitter, die den Menschen Angst einjagten. Auch die *suta*, die Dürre, gehörte zu den meteorologischen Tücken, die vor allem der Landwirtschaft erheblichen Schaden zufügen konnte. Es waren die einzelnen Gemeinden, die entschieden, was zu tun war, um dies zu verhindern, d. h. ob ein großer oder nur ein kleiner Bittgang anzuordnen war und wie die Kosten der Prozession und die Entschädigung mancher Teilnehmer aufzuteilen waren (Bedienstete, die einen Arbeitstag verloren, erhielten meist einen kleinen Obolus).
Man schrieb das Jahr 1716, die Dürre schien nicht enden zu wollen, und die Menschen flehten händeringend den Himmel um Regen für ihre Felder an. Da beschloss die Obrigkeit, am 16. Mai gleich drei Prozessionen abzuhalten und legte deren Wegverlauf fest: am ersten Tag zur Rochuskapelle, am zweiten zur Mariahilfkapelle von Castel Pietra und am dritten zur Kapelle der *Santa Cecilia nel nostro monte,* der Sankt Cäcilia auf unserem Berg.
Von da an war die kleine Kirche alljährlich das Ziel von Bittgängen während der Dürreperioden. Diese Regel wurde 1830 erneut bestätigt, als der Erzpriester von Volano an den Bischof von Trient das Ansuchen stellte, die Kapelle erneut segnen und den 5. August als Tag der künftigen Prozession festlegen zu dürfen, nachdem die vergangene Ernte nach einer erfolgten Wallfahrt durch die Vorsehung gerettet worden war. Der Regen, der zwei Tage nach dem Bittgang fiel, weckte bei vielen den Wunsch, eine weitere Wallfahrt zur Danksagung zu unternehmen, die wiederum mit reichlichem Regen belohnt wurde, nachdem auch die Gläubigen aus Besenello an dieser Danksagung teilgenommen hatten. So nahmen von nun an auch die Bewohner der umliegenden Gemeinden von Besenello, Calliano und Nomi eifrig an den Cäcilienwallfahrten teil, um das Unheil der Dürre von ihren Feldern fernzuhalten.
Das Kirchlein der Santa Cecilia wurde 1611 infolge eines Beschlusses der Gemeinde Volano erbaut. Aus demselben Jahr stammt auch das Fresko auf der einstmaligen kleinen Kapelle, die den heutigen Altarraum ausfüllt, und das eine Muttergottes mit Kind zwischen den heiligen Cäcilia und Petrus darstellt.
Eine der Votivtafeln erinnert an die wundersame Heilung, die dem erkrankten örtlichen Sakristan namens Demetrio Boschi auf die Fürbitte der heiligen Cäcilia hin zuteil geworden war.
Neben der traditionellen Wallfahrt am 5. August wurde eine Zeit lang auch am 22. November eine abgehalten, die allerdings bald schon abgeschafft wurde, weil sich die Strecke im November bereits als zu gefährlich erwies. Das sich nachtsüber gebildete und in der Morgensonne auftauende Eis hatte immer wieder (und tut es heute noch) zu Erdrutschen und Steinschlag geführt.
Bis an den heutigen Tag sind diese Cäcilienwallfahrten bei den Gläubigen beliebt geblieben und dienen immer noch auch dem

Zusammentreffen und der Pflege der Beziehungen zu den Bewohnern der umgebenden Gemeinden Calliano, Besenello, Nomi und Rovereto. 1983 waren es noch an die dreihundert Teilnehmer, die sich trotz des schlechten Wetters über den Cengio Rosso bis hier herauf mühten, um zu beten und an der nur tropfenweise wasserspendenden Quelle zu trinken oder das angebliche Heilwasser in kleine Fläschchen abzufüllen und mit nach Hause zu nehmen.
Am Abend des 4. August, dem Vorabend der großen Prozession, war dieser Ort traditionsgemäß der Dorfjugend vorbehalten, die auch die kleine Sebastiankapelle mit Blumen schmückte, eine Kapelle in unmittelbarer Nähe, die zu Beginn des 19. Jahrhunderts von der Bauernfamilie Postinghel vom angrenzenden *mas de la fam*, dem „Hungerhof", gestiftet wurde. In der Cäcilienkapelle dagegen war es ihre Aufgabe, ausgiebig zu lüften, um die von der Felsenhöhle verursachte Feuchtigkeit entweichen zu lassen und alles für den nächsten Tag vorzubereiten und herzurichten. Aus purem jugendlichen Übermut läuteten sie dabei immer wieder mit der kleinen Glocke und schleuderten dabei auch kleine brennende Holzscheite in die Luft. Nicht etwa Lärm und Feuer, die den Winter austreiben sollten, sondern reiner Ausdruck jugendlicher Spontaneität. Ohne es zu wissen, ahmten sie damit urzeitliche Rituale nach, die seit Anbeginn der Menschheit um das reinigende Feuer herum zelebriert wurden.
Nur einmal im Jahr, am 5. August, wird hier eine Singmesse zu Ehren der heiligen Cäcilia, der Schutzpatronin der menschlichen Stimme und der Kirchenmusik, abgehalten.

Vallagarina/Lagertal

Die Einsiedelei San Colombano bei Rovereto

Wenige Kilometer von Rovereto entfernt, am Eingang der Vallarsaschlucht, treffen wir rechterhand auf die Einsiedelei des heiligen Kolumban, die hundertzwanzig Meter über dem Wildbach Leno wie eingepfercht an einer überhängenden Felswand vor uns liegt.
Über hundertzwei in den Fels gehauene Stufen geht es in rund einer Viertelstunde empor zur Einsiedelei, die der in Stein gemeißelten Jahreszahl 753 zufolge schon seit Urzeiten genutzt worden sein soll. Eine Legende besagt, dass der irische Missionar und spätere heilige Kolumban von Luxeuil hier vorbeikam und einen Drachen (oder Bären) erlegte – ein Fresko vor Ort erinnert daran –, der für den Tod getaufter Kinder im reißenden Wasser des darunter fließenden Baches verantwortlich war.
Die Einsiedelei wurde wahrscheinlich von Mönchen des Klosters San Colombano im Priorat von Bardolino oder vielleicht sogar von

Mönchen aus dem emilianischen Bobbio genutzt, die rigoros die Regel befolgten, ihre Fastenzeiten als Eremiten zu verbringen. Der erste Bau einer kleinen Kirche unter dem natürlichen Felsendach geht auf das Ende des 10. Jahrhunderts zurück, während das heutige Gebäude aus dem 13. Jahrhundert stammt, aus der Zeit, als Fürstbischof Friedrich von Wangen deutsche Waldroder ins Land holte, um verwilderte Gegenden urbar zu machen.
Eines der Fresken erzählt die bekannteste der Legenden, die mit der Einsiedelei in Verbindung gebracht werden: den Kampf zwischen dem heiligen Kolumban und dem Drachen, der in den Höhlen unter der Felswand sein Dasein fristete. Aber es gibt noch andere Geschichten, die sich um diesen magischen Ort ranken wie die von den unter Schädlingsbefall absterbenden Maulbeerbäumen, die durch das Eingreifen des Heiligen auf einmal wieder gesund wurden, oder die von den Prozessionen, mit denen im 15. Jahrhundert der Himmel um ein Ende der Dürre und angefleht wurde.
Jahrhundertelang kamen die Gläubigen in Zeiten der anhaltenden Dürre in Bittgängen aus allen umliegenden Dörfern hierher, und Gott erhörte sie auch, wie der Erzpriester von Lizzana, Leonardo Contareno, am 12. September 1470 zu berichten weiß: „Ich selbst habe es oft genug erlebt, dass keine zwei Tage vergehen, ohne dass Gott den erlösenden Regen schickt." Um Gnaden durch die Fürbitte des heiligen Kolumban zu erlangen, scheint der März der geeignetste Monat gewesen zu sein, wie dies von den zahlreichen in diesem Monat in die Kirchenwände geritzten Votivinschriften belegt wird, beispielsweise von jener eines gewissen Manfrin Bertin, der am 26. Tag des Herrn im Monat März des anno domini 1555 den heiligen Columbanus mit größter Demut um Vergebung einer nicht näher benannten Schuld gebeten hatte.
Erst kürzlich wurden bei archäologischen Grabungen Funde aus der Jungsteinzeit entdeckt, die eindeutig belegen, dass dieser Ort unter dem Felsen bereits vor Tausenden von Jahren von Menschen genutzt wurde.

Lessinische Alpen

Die Kirche von San Rocco alla Sega bei Ala

Die kleine schlichte, aber eindrucksvolle Kirche von San Rocco, die in Sega in den Lessinischen Alpen zum göttlichen Schutz des kleinen Bergdorfes errichtet wurde, unterstreicht den mittelalterlichen Charakter dieser kleinen Siedlung.

Obwohl ihr Bau urkundlich auf das Jahr 1773 datiert wird, ist sie zweifelsohne sehr viel älter, ebenso wie das Hospiz, das einige Schritte oberhalb der Kirche steht und als Raststätte und Unterkunft für Reisende, Händler und Pilger diente, die vom Etschtal auf dem Weg über die Lessiner Hochebene waren. Nach dem mühsamen Aufstieg über den Passo di Fittanza fanden hier auch Hirten und Senner eine vorübergehende Erfrischung für Leib und Seele auf ihrem Weg zu den üppigen Bergweiden, die sich fast bis vor die Tore Veronas hin erstreckten. Auch war es für den ganzen Sommer über der sonn- und feiertägliche Treffpunkt, an dem die Älpler der vielen umliegenden Trienter Almen – es waren fünfzehn an der Zahl – zusammenkamen, um die Messe zu feiern. Wie schon vor dreihundert Jahren, erklingt auch heute noch in diesem abgelegenen Sankt-Rochus-Kirchlein am 17. August, dem Festtag des Heiligen, die Glocke, mit der die Gläubigen der Umgebung zur Erneuerung eines alten Gelübdes für eine überstandene Pest zusammengerufen werden. Einer jener wiederholt aufgetretenen Pestseuchen, die sich von Verona aus über das ganze untere Etschtal bis hinauf in einzelne Orte der Lessiner Alpen verbreitet hatten. Ein Gelübde, dessen jährliche Erneuerung zumindest bis 1844 standhielt, als die Pest aus Europa verschwand, doch bald schon durch eine andere ebenso grausame Geißel ersetzt wurde: die Cholera.

Der Ort ist reich an Legenden. Eine von ihnen besagt, dass ein Mann an der Spitze einer Gruppe von Waldarbeitern, die sich hier wiederholte Male – vor allem nachts – mühevoll bergauf bewegten, als Ansporn seinen Leuten immer wieder zurief: „Su avanti, coraggio!" (Vorwärts, nur Mut!) und von einem entfernten Echo mit Frauenstimme zur Antwort bekam: „Vi auguro buon viaggiooo..." (ich wünsch euch gute Reise). Sie nannten sie die *vecchietta*, das alte Weibchen, doch als sie eines Tages nicht mehr antwortete, fanden sie am Wegesrand eine neu entstandene Quelle, aus der kühles Wasser sprudelte. „Seht ihr? Das sind die Tränen des guten alten Frauchens. Wir müssen dafür sorgen, dass auch unsere Kinder sie nie vergessen!" Also hängte der fromme Holzfäller ein Bild des heiligen Valentin an den Ast eines Baumes neben der Quelle. Von diesem Tag an wurde das kleine Tal, das parallel zum Weg nach San Rocco verläuft, im Andenken an die gute alte Frau *val Bona* genannt.

Unteres Sarcatal

Die Kirche Santa Maria Inviolata in Riva del Garda

Man schrieb das Jahr 1601. An der Stelle, an der heute der barocke Bau der Madonna Inviolata steht, der Wallfahrtskirche zur Unbefleckten Jungfrau Maria, gab es früher nur braches Land und eine kleine Grenzmauer, auf die ein Bild der Muttergottes mit Kind in Begleitung der beiden Pestheiligen Rochus und Sebastian gemalt worden war, das Bartolomeo Mangiavino di Salò zugeschrieben wird und an die schrecklichen Zeiten des Schwarzen Todes erinnern sollte.

Eines Tages kniete ein verkrüppeltes Mädchen mit seinen beiden Krücken betend vor dem allseits verehrten Marienbild und erhob sich am Ende ohne sich stützen zu müssen. Die Kleine war vollkommen geheilt. Einige Zeit später widerfuhr einem Kind, das von einem Ochsenkarren überfahren worden war, das gleiche Schicksal: Es erhob sich aus dem Staub, als wäre nichts geschehen. Und

die Wunder wiederholten sich, woraufhin eine hölzerne Kapelle gebaut wurde, die sofort viele Gläubige anzog und damit auch ihren Opferstock mit Almosen gefüllt bekam, sodass bald schon die kleine Holzkapelle durch eine richtige Kirche aus Mauerwerk ersetzt werden konnte. So geschah es, dass am 18. Jänner 1603 das Grundstück erworben wurde, auf dem zu Ehren der Muttergottes eine Kirche errichtet werden sollte, die in einer Urkunde von 1619 als *Santa Maria Inviolata* erscheint. Der Förderer des Unternehmens war Kardinal Carlo Gaudenzio Madruzzo, der damit seinen Vetter, den Grafen Gianangelo Gaudenzio Madruzzo, den Statthalter von Riva und Arco, politisch unterstützen wollte. Glaube und Politik vermischen sich hier in diesen Mauern, deren wunderschöne Wandmalereien ein Werk des römischen Künstlers Davide Reti sind. Die Kirche ist ein kleines Barockjuwel mit quadratischem Grundriss und achteckigem Innenraum, der von fünf Altären – mit dem Gnadenbild auf dem Hochaltar –, kunstvoll geschnitzten Beichtstühlen, dem Chorgestühl mit Malereien von Palma dem Jüngeren und weiteren Fresken von Theophilus Polacco und Pietro Ricchi aus Lucca, genannt *il Lucchese*, bereichert wird.
Jahrhundertelang kamen Pilger aus den benachbarten Tälern von beiderseits des Gardasees und sogar aus Ala und aus Bozen hierher. Dann aber wurde es still. Erst kürzlich wurde die Wallfahrtskirche von Grund auf renoviert.

Nonsberg

Die Kirche Madonna della Misericordia in Casez

In der Kirche zu den heiligen Petrus und Paulus in Casez, einem kleinen Dorf im oberen Nonstal, wurde 1722 hinter dem Altarbild ein Fresko aus dem Jahr 1491 entdeckt, das die Madonna mit dem Kind als Mutter der Barmherzigkeit darstellt. Viele Gläubige kamen aus den Dörfern, um das wieder aufgefundene Madonnenbild zu bestaunen, das bald schon im ganzen Tal und darüber hinaus verehrt wurde. Und so geschah ein erstes Wunder: „Am 10. September 1723 wurde ein totgeborener Sohn von Pietro Mina und seiner Frau Catarina vor den Marienaltar gelegt. Da begann das bleiche Gesicht des kleinen Leichnams plötzlich rot anzulaufen, erblasste wieder, und begann erneut die Farbe lebendigen Fleisches anzunehmen und rote Wangen zu kriegen, woraufhin ich, der geweihte Priester Michele Bartolomeo Trentadue, in Anwesenheit von namentlich festgehaltenen Augenzeugen, das wundersam auferstandene Kind *sub conditione* getauft habe."
Dies sollte der Beginn zahlreicher kurzfristiger „Auferstehungen" sein, die das kleine Gotteshaus über Jahre hinweg als eine soge-

nannte Kirche à répit bekannt machte. Zwischen 1722 und 1742 wurden hundertdreißig totgeborene Kinder vor das Fresko der Heiligen Mutter der Barmherzigkeit gelegt, um die Aufschiebung des Todes für die Zeit eines Atemzuges zu erbitten, der notwendig war, um die Taufe zu spenden und der armen Seele des Kindes die Vorhölle zu ersparen.

Pejotal

Die Kirche Santa Lucia in Comasine

Die kleine Ortschaft Comasine war einst weitum bekannt für ihre Bergwerksstollen an den Hängen des Monte Boai, in denen Eisen und Asbest abgebaut wurden. Trotz des rauen Klimas und des unwegsamen Geländes siedelten hier schon zur Eisenzeit Menschen und widerstanden den Unbilden der Natur. Mehrmals wurde das Dorf durch Brände und Lawinen zerstört, und es gibt eine Reihe von schriftlichen Berichten und mündlichen Überlieferungen über

außergewöhnliche Ereignisse. Zeugnis davon liefern auch die vielen Votivgaben, die in der kleinen mittelalterlichen Kirche zur heiligen Lucia aufbewahrt werden, welche als älteste Kirche des Tales gilt und auf den Überresten einer vorbestehenden Wehranlage errichtet worden war.

Die in ihrem Inneren aufbewahrten Votivbilder erzählen nicht nur Geschichten der Hoffnung und des Glaubens, sondern auch von Danksagungen, wie auf der kurios beschrifteten Tafel eines gewissen Domenico Battistini, der siebenundfünfzig Stunden lang unter einer Lawine begraben war und noch lebend gefunden wurde „mit einem Nagel im Kopf und einem Kuhschwanz im Mund".

Um zur kleinen Wallfahrtskirche zu gelangen, empfehlen wir eine einstündige Waldwanderung von Cogolo aus.

SÜDTIROL

Burggrafenamt

Die St.-Magnus-Kapelle in Gagers bei Lana

Auf dem alten Weg von Lana ins Ultental steht diese Kapelle, die 1724 erbaut wurde, als man in der Abtei St. Mang im niederbayerischen Füssen beschlossen hatte, das alte Weingut Gagers, das sich in ihrem Besitz befand, zu renovieren. Seit jeher wurden hier Reben angebaut, und besonders deshalb kamen die Weinbauern der ganzen Umgebung hierher, um die lebensgroße Staue des heiligen Magnus zu verehren, dessen Wunderstab die ganz außergewöhnliche Fähigkeit hatte, Ratten, Ungeziefer und alles andere schädliche Ungetier zu verscheuchen, das eine Bedrohung der kostbaren Reben darstellte. Reben, aus deren Trauben auch die Messweine gekeltert wurden. Die Deckengemälde erzählen uns von weiteren Wundern, die vom heiligen Magnus gewirkt worden waren, so der Heilung von Blinden und Lahmen und sogar der Wiederbelebung von Toten. Die 1619 von Bartholomäus Steinle für das Füssener Benediktinerkloster geschnitzte Figurengruppe mit den heiligen Magnus und Benedikt sowie der heiligen Scholastika, wurde im Jahr 1715 von Bayern hierher überführt. Die Kapelle befindet sich in Privatbesitz und kann leider nicht besichtigt werden.

Unterland

Die St.-Vigil-Kirche in Kurtatsch

Die St.-Vigil-Kirche in Kurtatsch steht auf einem Felsen. Sie ist schon von weitem zu sehen, eine Wächterin des Sakralen, deren Wurzeln in einem vorchristlichen Merkurtempel gründen. Der älteste, romanische Teil der Kirche aus dem 13. Jahrhunderts ist noch im Glockenturm erhalten geblieben, und erst 1840 wurde das Langhaus um zwei Seitenschiffe erweitert. Der neugotische Altar von Josef Schmied verwahrt ein Bild der schmerzhaften Muttergottes aus dem 18. Jahrhundert, das die Inschrift *S. Mater Dolorosa ORP* trägt. Seit 1738 wird diese weinende Madonna mit dem Schwert in der Brust von den Gläubigen aus der Umgebung und auch von weiter her als wundertätig und gnadenspendend verehrt. Das anfängliche Wunder geschah ein paar Jahre zuvor, am 28. November 1733, als ein paar Tropfen auf Marias Antlitz als Tränen gedeutet wurden. Sie wurden geprüft und für authentisch befunden, wodurch dem Gemälde der Status eines der Volksverehrung würdigen

Gnadenbildes verliehen wurde. Noch im selben Jahr ereignete sich wenige Kilometer entfernt, in der St.-Nikolaus-Kirche von Kaltern, ein gleichartiges Wunder.

Das wundersame Marienbild von Kurtatsch vergoss auch nach der Freigabe zu seiner Verehrung wiederholte Male Tränen, deren Echtheit von verschiedenen Untersuchungskommissionen erneut bestätigt wurde. Die etwa dreißig erhalten gebliebenen Votivbilder zeugen von den Gnaden, die ihren Stiftern von der Schmerzensmutter gewährt wurden: Gnaden und Trost, die insbesondere den Schmerz und das Leiden betrafen, unter denen sie selbst in noch größerem Maße während der Passion und der Kreuzigung ihres Sohnes gelitten hatte. Die meisten Votivtafeln beziehen sich auf Totgeburten und früh verstorbene Säuglinge. Dieses wundertätige Marienbild gehört wohl zu jener Art der Gnadenbildnisse, die in den sogenannten à-répit-Kirchen verehrt wurden, denn mindestens drei Votivbilder aus den Jahren 1742, 1852 und 1893 sind dem Andenken solcher Fälle gewidmet. Bemerkenswert ist die Tafel aus dem Jahr 1852, die an eine Wallfahrtsprozession zum Kurtatscher Gnadenbild erinnert. Auch findet sich hier eine Votivtafel von 1802, auf der der heilige Romedius und der Tod eines Bären dargestellt sind. Als letztes Datum erscheint der 27. Juni 2001 und zeugt von dem immer noch anhaltenden Glauben vieler an das göttliche Eingreifen in das Irdische.

Überetsch

Die St.-Nikolaus-Kirche in Eppan

Die schöne Kirche aus dem 12. Jahrhundert ist bekannt für ihre beiden Glockentürme unterschiedlicher Bauart, die den alten Weg zum Mendelpass hinauf überragen. Und sie beherbergt ein Gnadenbild der *Mater Dolorosa*, das der Madonna von Sassoferrato in den Marken nachempfunden ist. Ursprünglich hing das Bild in der Stube des Bauernhofes von Paul Selva. Am Samstag, dem 14. März 1733, zündete seine Gattin Maria nach dem Abendessen wie üblich das kleine Licht unter dem Marienbild an und die ganze Familie versammelte sich zum Rosenkranzbeten. Während der Andacht bemerkte ihr Bruder Johannes plötzlich, wie ein Schweißtropfen über die Wange der Muttergottes rann, sich über ihren Hals, die Hände und das Kleid weiter nach unten bewegte und erst knapp über dem Bilderrahmen anhielt. Die herbeigerufenen Nachbarn und der Eppaner Pfarrer Expositus Waschgiera bestätigten den wundersamen Vorfall. Da die von nun an herbeiströmenden Gläubigen in der Bauernstube nicht mehr genügend Platz fanden, entschloss sich Paul Selva, das Bild der nahegelegenen St.-Nikolaus-Kirche anzuvertrauen. Die bischöfliche Kurie von Trient, die für solche Fälle zuständig war, beauftragte den Dekan Poda von Mezzocorona, das Ereignis zu untersuchen. Mit einem Dekret aus dem Jahr 1733 bestätigte der Fürstbischof von Trient, Dominikus Anton von Thun, das Wunder, wonach am 31. Mai, dem Dreifaltigkeitssonntag, das wundertätige Marienbildnis in Anwesenheit einer großen Zahl von Gläubigen und im Rahmen einer prunkvollen Zeremonie auf den

barocken, dem heiligen Nikolaus geweihten Hochaltar erhoben wurde. 1902 wurde dieser Altar durch einen neugotischen ersetzt. Die Wallfahrten wurden wiederaufgenommen und vermehrt abgehalten, wovon die zahlreichen Votivgaben auch jüngeren Datums zeugen.

Ritten

Die Kirche Maria Saal bei Lengmoos

Am alten Kaiserweg, der Klobenstein mit Kollmann verband, steht wenige Kilometer von Lengmoos entfernt rechterhand eine kleine weiße Kirche (1150 m), die der Gottesmutter geweiht ist und vor allem von den Rittner Bauern aufgesucht wurde, um Regen für ihr sehr niederschlagarmes Gebiet zu erbitten. Doch die Gläubigen baten hier nicht nur um Fürbitten für günstiges Wetter, sondern kamen auch der wiederholten Wunder wegen, die vom Gnadenbildnis von Maria Saal ausgingen, wovon die zahlreichen Votivbilder ein beredtes Zeugnis ablegen. Dabei knieten sie vor einem Bild, das der Legende nach in einem Schafstall aufgehängt war, bevor dieser die immer zahlreicher herbeiströmenden Menschen nicht mehr aufnehmen konnte und das Kirchlein eigens dafür gebaut wurde. Es stammt aus dem 17. Jahrhundert und wurde höchstwahrscheinlich an einer Zwischenstation der damaligen Salzhandelsroute errichtet, von der sich auch das Toponym *„saal"* für Salz ableiten lässt. 1719 musste der ursprüngliche Bau wiederum aufgrund des ständig wachsenden Pilgerstroms erneuert und vergrößert werden.

Besonders interessant und ungewöhnlich ist das Motiv eines Freskos, auf dem die Madonna mit Regenschirm dargestellt ist. Es wurde 1924 vom Künstler Alexander Dejaco aus Dank gemalt, den Ersten Weltkrieg unversehrt überstanden zu haben. Ursprünglich war die Diözese Brixen mit dieser Art der Mariendarstellung nicht einverstanden, denn der ikonografische Typus der sogenannten Schutzmantelmadonna, der aus dem Mittelalter stammt und später vor allem von den Jesuiten verbreitet wurde, war vom Trienter Konzil abgelehnt worden, weil er eine Vorherrschaft und Eigenständigkeit Mariens vorzugeben scheint. Bei den dargestellten Figuren handelt es sich um Mitglieder der Familie des Kerschbaumerhofs, bei der Dejaco auf Vermittlung der ebenfalls abgebildeten Nonne und des Priesters von der nahen Lengmooser Deutschordenskirche untergekommen war.
Ein schöner Spaziergang auf dem mit Nr. 1 markierten Weg führt uns in rund einer Stunde von Klobenstein vorbei am großartigen Naturspektakel der Erdpyramiden bis zur kleinen Wallfahrtskirche, von der aus man einen herrlichen Ausblick genießt.

Brixen

Die Mariahilfkirche in Zinggen

An der alten Straße zwischen Brixen und Vahrn in Richtung Brenner – dem ehemaligen Kaiserweg – findet sich rechterhand gegenüber dem Vizentinum eine kleine Kirche. 1650 herrschte hier noch eine Wiesenlandschaft vor, die Zinggen genannt wurde. Ihr Eigentümer, Philipp Oberinger, errichtete darauf eine hölzerne Kapelle, in der er zwei geschnitzte Figuren aufstellte, die er in der Nähe gefunden hatte: einen Schmerzensmann und eine Schmerzensmutter. Angesichts des unerwartet großen Zuspruchs der Brixner Bevölkerung, aber auch als Dank für den gerade heil überstandenen Dreißigjährigen Krieg (1618–1648), wurde beschlossen, anstelle der Kapelle eine Kirche zu bauen, die 1658 eingeweiht wurde. Nachdem diese bei einem Eisack-Hochwasser stark in Mitleidenschaft gezogen worden war, wurde sie 1768 von Grund auf renoviert und neu geweiht. Im Inneren wurde ein für den Tiroler Raum typisches Mariahilfbild aus dem endenden 16. Jahrhundert ausgestellt, das dem gleichnamigen, 1570 geschaffenen Gemälde Lucas Cranach des Älteren

im Innsbrucker Dom nachempfunden ist. Die beiden Seitenaltäre sind dem heiligen Josef und dem heiligen Antonius geweiht, und die jeweiligen Altarbilder sind, ebenso wie das des Hochaltars, Werke des Brixner Malers Josef Schöpf aus dem Jahr 1781. Die Fresken hingegen wurden von Josef Erler geschaffen, auch er ein Brixner Kirchenmaler.

Kurios ist die hölzerne Darstellung der Sieben Schläfer von Ephesus, die in einem Schrein unter der Statue der Schmerzensmutter aufbewahrt wird. Der Legende nach versteckten sich sieben junge Männer aus Ephesus, die sich auf der Flucht vor einer der immer wiederkehrenden Glaubensverfolgungen befanden, in einer Höhle und wurden auf Befehl von Kaiser Decius (250–251) eingemauert. Gott ließ sie in einen jahrhundertelangen Schlaf verfallen, bis sie unter Theodosius II. (408–450) wieder erwachten und damit ein Zeugnis von der Möglichkeit einer Auferstehung der Toten erbrachten. Dennoch wurden sie gefangen genommen, starben den Märtyrertod und wurden schließlich in der Höhle ihres Schlafes begraben.

Brixen/Plose

Die Mariahilfkirche auf dem Freienbühel

Von der Ortschaft St. Andrä aus, an der Talstation der Plose-Seilbahn, beginnt der Kreuzweg (Markierung Nr. 5), der in anderthalb Stunden und mit einem Höhenunterschied von etwa 260 Metern zu einer aussichtsreichen Anhöhe führt, auf der abgelegen und einsam auf 1771 Metern Höhe die Mariahilf geweihte Wallfahrtskirche Freienbühel steht. Erzählt wird, dass hier auf dieser Wiese im Mittelalter Sabbate von Hexen gefeiert wurden, die auf den umliegenden Bauernhöfen lebten, und dass die kleine Kirche 1733 zum Gedenken an Balbina gebaut wurde, eine Bäuerin aus dem Gadertal, die in Afers lebte und zu Unrecht der Hexerei beschuldigt worden war. Der während der Franzosenkriege von 1797 und 1809 zerstörte Bau wurde wieder errichtet und 1813 neu geweiht. Das ursprüngliche in den Kriegswirren beschädigte Marienbild wurde dabei durch eine Statue der Muttergottes mit Kind ersetzt. Von allem Anfang an wurde der Wallfahrtsort von den Gläubigen der Gegend hoch geschätzt und viel besucht. Auch heute noch steigen sie am ersten Sonntag im Juli in einer Prozession auf den Freienbühel hinauf, um ihre Maria, Hilfe der Christen, zu verehren.

Zwei weitere Wege führen zum Kirchlein, der erste in einer Dreiviertelstunde von Afers herauf, der zweite geht von Palmschoß aus. Der kleine Kirchenraum ist ausgeschmückt mit zahlreichen Kopien von Votivbildern, die bewegende, mehr oder weniger alltägliche Geschichten von Glaube und Hoffnung erzählen.

Eisacktal

Die Marienkapelle in der Stiftskirche von Kloster Neustift

Die Kapelle mit quadratischem Grundriss und halbrunder Apsis, die 1695 von Giovanbattista und Simone Delai im Auftrag des Abtes Troyer geschaffen wurde, befindet sich an der Nordseite des Langhauses der Stiftskirche von Kloster Neustift und zu Füßen des romanischen Turms, zwischen dessen Mauern sie eingefügt ist. Während die Fresken und Dekormalereien in üppigem Barockstil von den Kirchenmalern Kaspar Waldmann und Ägyd Schor ausgeführt wurden, ist der Altar ein 1711 geschaffenes Werk des Bildhauers Teodoro Benedetti. In der Mitte des Altars thront die wundertätige

gotische Marienstatue mit Kind, die 1511 von Marx Reichlich kunstvoll geschnitzt wurde.

Jaufental

Die Brunnenkapelle im Jaufental

Es ist ein nicht alltägliches Erlebnis, einen gekreuzigten Christus zu sehen, aus dessen Brust Wasser sprudelt. Hier, in der Brunnenkapelle aus dem 17. Jahrhundert im äußeren Jaufental, geschieht dies wirklich. Doch wehe, man trinkt es. Die Inschrift über der wasserspendenden Holzfigur besagt, dass es denjenigen, der davon trinkt, auch weiterhin dürsten wird, während jener, der das Wasser trinkt, das er (Christus) ihm geben werde, auf immer und ewig seinen Durst gelöscht haben wird.

Viele Bauern der Umgebung kamen mit ihrem Vieh, um es hier zu tränken und so vor Krankheiten zu schützen, wobei wohl auch der heilige Antonius, Schutzpatron der Tiere, eine Rolle gespielt haben mag, da ihm die angrenzende Kapelle geweiht ist. Die beiden Kapellen, die 1996 restauriert wurden, liegen eng beieinander, und die Fürsprache des heiligen Antonius– zusammen mit der des heiligen Sebastian und des heiligen Veit – konnte alles Unheil von den Tieren abwenden.

Aber es ist der hölzerne Christus, der uns staunen lässt, und zwar wegen des kleinen Röhrchens, das in der Wunde in seiner Seite steckt und aus dem Wasser fließt, das von einem muschelförmigen Brunnenbecken aufgefangen wird, einem Symbol der Fruchtbarkeit und Erneuerung.

Man muss das Johannesevangelium bemühen, um die Ikonografie dieser Holzskulptur zu verstehen: „Die Juden aber, dieweil es der Rüsttag war, dass nicht die Leichname am Kreuze blieben den Sabbat über, baten Pilatus, dass ihre Beine gebrochen und sie abgenommen würden […] Da kamen die Kriegsknechte und brachen dem ersten und dem anderen die Beine. Als sie aber zu Jesus kamen und sahen, dass er schon gestorben war, brachen sie ihm nicht die Beine, sondern einer der Kriegsknechte öffnete seine Seite mit dem Speer, und alsdann kam Blut und Wasser heraus." (Joh 19 31–35).

Wipptal

Die Valentinskirche in Valgenäun

Die Legende von der Gründung dieser Kirche bedient sich eines gängigen Motivs, das wir bereits von Maria Saalen bei St. Lorenzen und der Wallfahrtskirche von Riffian her kennen.

Auch hier erzählt man sich, dass die Bevölkerung die Kirche in der Talsohle bauen wollte. Die Zimmerleute machten sich an die Arbeit, doch beim Hobeln der Bretter zogen sie sich Schnittwunden zu, deren Blut die herumliegenden Späne tränkten. Nachts kamen

dann Vögel und flogen mit den blutverschmierten Spänen zu einer nahegelegenen Anhöhe, wodurch allen klar wurde, dass die Kirche genau an dieser Stelle gebaut werden musste, an der sich bereits früher einmal eine Kultstätte befunden hatte. Wahrscheinlich bedurfte es dieses Akts der Ersetzung, um die alten heidnischen Götter zu vertreiben und die Türen für die neuen Heiligen zu öffnen. So entstand diese Kirche auf ihrem kleinen, weitum sichtbaren Hügel. Sie stammt aus der Zeit um 1500 und entstand durch den Umbau einer vorbestehenden Kirche aus dem 14. Jahrhundert.

Eisacktal

Die Stöcklvaterkapelle bei Mühlbach

Hier handelt es sich um eine Kapelle, die 1729 anstelle eines Bildstockes errichtet wurde. Auf dem Altar aus dem 17. Jahrhundert steht eine beeindruckende Holzskulptur, die Jesus Christus als *Ecce homo* darstellt. Während der Fastenzeit ist die Kapelle ein vielbesuchter Wallfahrtsort, auch weil die Statue vor allem wegen ihrer angeblichen Fähigkeit verehrt wird, Augenleiden wundersam zu heilen.
Aber auch in Zeiten großer Trockenheit war die hölzerne Christusstatue Ziel von zahllosen Bittgängen, die bei anhaltendem Ausbleiben des Regens den Weg zum Schmerzensmann der Stöcklvaterkapelle einschlugen. Hatten anderorts bereits unternommene Wallfahrten und Umzüge mit den Madonnenstatuen auf den Schultern keine Abhilfe gegen die Dürre gebracht, so wandten sich viele Bauern aus dem Pustertal und dem Eisacktal direkt an den Stöcklvaterchristus, sozusagen als letzte Instanz. Kurz nach dem Ende einer dieser Prozessionen, bei der die Gnadenstatue bis in die Mühlbacher Pfarrkirche zur heiligen Helena mitgetragen wurde, begann es ausgiebig zu regnen.
Dieses und ähnliche Ereignisse verankerten sich in der Volkstradition, die der wundertätigen Statue nun bewiesenermaßen die Fähigkeit zusprach, Wünsche in Erfüllung zu bringen. Auch das Entstehen der barocken Stöcklvaterkapelle ist der Legende nach

dem zufälligen Fund einer kleinen Holzstatue zu verdanken, die zur Aufbewahrung in die Mühlbacher Pfarrkirche gebracht wurde, von dort aber am selben Tag noch verschwand und tags darauf in vergrößerter Ausführung im Wald hinter der heutigen Kapelle wieder auftauchte. Und alles eilte herbei, um sie zu verehren.

Pustertal

Unsere Liebe Frau im Stöckl in St. Sigmund

Die barocke Marienkirche wurde anfangs des 18. Jahrhunderts im Auftrag des Brixner Fürstbischofs Kaspar Ignaz Künigl nach Plänen von Simone Delai errichtet. Unser besonderes Interesse gilt der Totenkapelle der Familie Künigl, die sich im östlichen Teil dieser Kirche befindet. Sie soll über einem alten vorrömischen Tempel stehen, der im 5. Jahrhundert in ein christliches Gotteshaus umgewandelt wurde. Ihre heutige bauliche Gestaltung geht auf Umbauarbeiten aus dem 17. Jahrhundert zurück. Unser Blick bleibt am Bildnis der Muttergottes mit dem Kind haften, das sich an der Rückwand der Kapelle befindet und von einer Wolkenkrone mit Engelsköpfen umgeben ist. Ursprünglich handelt es sich um eine Holzskulptur aus dem 14. Jahrhundert, die heute durch eine Kopie ersetzt ist, und wird vom Volk und den immer noch recht zahlreichen Pilgern als die „Kornmutter" verehrt. Die Skulptur soll unter der Kapelle vergraben gewesen sein und kam 1602 bei Umbauarbeiten ans Tageslicht. Die Gläubigen knien hier aber auch vor dem Gemälde der „Maria im Ährenkleid" – ebenfalls einer Kopie, dessen Original im Brixner Diözesanmuseum aufbewahrt wird –, das Leonhard von Brixen zugeschrieben wird und als das älteste seiner Art im Tiroler Raum gilt. Ein Bild, das unsere Aufmerksamkeit in einem ganz besonderen Maß auf sich zieht: Maria, die neue Ceres, wird hier als junge Frau

mit langem blonden offenen Haar dargestellt, die inmitten einer blühenden Wiese steht und ein blaues Kleid trägt, das mit goldenen Ähren verziert ist. Der ikonografische Ursprung dieser Darstellung findet sich in Mailand: Dort erschien einem eingekerkerten Kaufmann die Jungfrau Maria in Gestalt einer Göttin des Getreides, deren Umhang mit Kornähren verwoben war. Diese Erscheinung, die er als ein Versprechen für Überfluss und Reichtum ansah, beeindruckte ihn derart, dass er ein Gemälde mit der Darstellung dieser seltsamen Marienfigur stiftete, das im städtischen Dom ausgestellt und von den Gläubigen mit Blumengirlanden behängt wurde. Im 15. Jahrhundert wurde diese Mailänder Urfassung der *Vergine del frumento*, wörtlich der „Jungfrau des Weizens", besonders im süddeutschen Raum und in Tirol zu einem äußerst beliebten Motiv für Marienbilder. Es standin Einklang mit der mittelalterlichen Vision der marianischen Barmherzigkeit, derzufolge es die Versinnbildlichung eines „fruchtbaren Kornfeldes, das reiche Ernte abwirft, obwohl nicht gesät worden war" darstellt (Jakob von Sarug, 6. Jh.).

Die ersten Wallfahrten zu dieser Kapelle gehen auf das Jahr 1370 zurück. Während einer Pestperiode wallfahrten die Gläubigen aus Taisten und Gsies hierher und versprachen, jedes Jahr zu ihrer Kornmutter zurückzukehren.

Unter den zahlreichen Votivtafeln sticht die von Barbara Künigl aus dem Jahr 1606 hervor, die sich bei der Ährenkleidmadonna für die Heilung ihrer Tochter Felizitas bedankt.

Pustertal

Die Brunnenkapelle in Hasenried bei Pfalzen

Der Ort, an dem diese kleine Kapelle steht, wurde lange bevor das Christentums ins Tal einzog, aufgesucht. Die Kapelle selbst wurde

über einer Heilquelle erbaut und liegt mitten auf einer Wiese in 1020 Metern Höhe. Vor allem Gläubige, die Probleme mit ihren Augen hatten, strömten hierher. Das Wasser wird auch heute noch durch eine Felsspalte etwa zwanzig Meter oberhalb der Kapelle geleitet und gelangt in die kleine Apsis der Kapelle, in der anstelle eines Altars eine dreiteilige Tuffsteingrotte den Chorraum ausfüllt. Dort sind die Madonnenstatue und das Brunnenbecken untergebracht, in dem das angeblich heilende Quellwasser für all jene gesammelt wurde, die ihre Augen darin baden oder damit auswaschen wollten. In gemeinsamer Wallfahrt hierher gepilgert, um für Heilung, Linderung und die Erfüllung unterschiedlichster Wünsche zu beten, wurde traditionsgemäß am Dreifaltigkeitsmontag und zu Ehren des Kirchenpatrons am 24. Juni, dem Johannistag.

Laut einem Votivbild wurde die Kapelle 1716 von Jakob Kofler vom Huberhof auf dem Jörgenberg aus Dankbarkeit dafür errichtet, dass er gerettet wurde, nachdem er von einem Heuhaufen verschüttet worden war.

Die Kapelle war so stark besucht, dass mit den darin gesammelten Almosen und Opfergaben die angrenzende Johanneskirche erbaut werden konnte. Urkundlich erwähnt wurde sie erstmals 1308, während ihr 1519 (oder laut anderer Quellen bereits 1457) ihre heutige gotische Formgestalt verliehen wurde. Die sich heute in Privatbesitz befindliche Kapelle ist von Pfalzen aus über den sogenannten „Pfaffensteig" zu erreichen.

Pustertal

Die Heiligkreuzkirche in Fronwies bei St. Lorenzen

An der Straße, die von Bruneck über Stegen nach St. Lorenzen führt und einst Pfaffensteig hieß, weil es anscheinend ein stark begangener Weg von Priestern war, die zwischen den verschiedenen örtlichen Kirchen hin und her eilten, um ihre Messen zu lesen, wurde 1732 die Heiligkreuzkirche errichtet. Dort wird ein hölzernes Kruzifix aufbewahrt, das als wundertätig gilt und vor allem von den Ladinern des Gadertals in großen Ehren gehalten wird. Das heute den Hochaltar prägende Kreuz soll einst von einem Bauer beim Pflügen eines Ackers in der Örtlichkeit „Stöckelstein" gefunden worden sein. Daraufhin wurde es von seinem Finder an der Kreuzung am Rande seines Ackers als Wegkreuz aufgestellt. Ab dem Tag, an dem Pater Johann Jäger mit seinen Schulkindern daran vorbei kam, wurde es zum beliebten Ziel seiner regelmäßigen Schulausflüge. Als das Kreuz von einem Sturmwind aus dem Boden gerissen wurde, wandte sich der Pater an den Grundbesitzer, einen gewissen Martin Mitterhofer aus St. Lorenzen, mit der Bitte, es zur Behebung

der erlittenen Schäden ins Pfarrhaus mitnehmen zu dürfen. Auch veranlasste er den Bau einer kleinen herzförmigen Kapelle um das Kruzifix herum, die sich aber bald schon angesichts des schnell angewachsenen Zustroms an Pilgern als viel zu klein erwies und schließlich durch die heutige Heiliggeistkirche ersetzt wurde. Am 7. August 1732 wurde sie vom Fürstbischof Kaspar Ignaz von Künigl feierlich geweiht. Mit Ausnahme der Zeit der josephinischen Sperrung, während der es in der Lorenzener Pfarrkirche aufbewahrt wurde, verblieb diese vom Volk hochverehrte Darstellung des Gekreuzigten durchgehend an seinem angestammten Platz in der kleinen Fronwieser Kirche.

Eines nachts sahen einige Bewohner der benachbarten Bauernhöfe ein flackerndes Licht in der Kirche, eilten hin und sahen das Kreuz in einen blendenden Lichtstrahl getaucht. Damit nahm eine ganze Reihe von Wundern ihren Anfang, die später in einer fürstbischöflich abgesegneten Broschüre beschrieben und veröffentlicht wurden.

Pustertal

Die Stiftskirche von Innichen

Viele Pilger kamen nach Innichen – dem vormaligen *Indica, Inticha und Intichen* –, um sich der Fürbitten des heiligen Candidus zu versichern, der hier im ausgehenden 8. Jahrhundert gewirkt haben soll. Der Heilige scheint auch den Ladinern aus dem entfernt gelegenen bellunesischen Comelico sehr wichtig gewesen zu sein, da sie nicht die Mühe scheuten, immer wieder bis hierher zu pilgern, um sich ihm anzuvertrauen.

Die Holzstatue des Heiligen aus der Zeit um 1230 befindet sich in der Krypta der Stiftskirche, während seine Reliquien in einer Altarurne aus dem 19. Jahrhundert aufbewahrt werden. Vor allem kamen Pilger aber nach Innichen, um das Fest des Heiligen Kreuzes zu feiern und damit an der Erfüllung eines Gelübdes teilzunehmen, das von den Gläubigen der Gegend nach den überstandenen Pestjahren von 1632 bis 1636 abgelegt worden war. In jener unheilvollen Zeit entwickelte sich die bereits im Mittelalter gegründete Bruderschaft vom Heiligen Kreuz in beachtlichem Ausmaß und wuchs von ursprünglich einigen Hunderten auf weit über zweitausend Anhänger an. In den darauffolgenden Jahrzehnten suchten sogar an die zehntausend weitere Gläubige aus allen Teilen des Habsburgerreiches um die Mitgliedschaft bei der Heiligkreuzbruderschaft an. Und viele von denen kamen zum großen Fest nach Innichen. Die erhalten gebliebenen Aufzeichnungen belegen die Anwesenheit von Pilgern aus Kärnten, aus dem Krain und sogar aus Venedig. Für einen Heiligkreuzbruder galt es als moralische Verpflichtung, mindestens einmal im Leben in Innichen gewesen zu sein, um in der Mutterkirche der Bruderschaft einen Ablass zu erhalten. Die Bruderschaft selbst veranstaltete die große Heilig-Kreuz-Prozession nach dem Vorbild früherer Karfreitagsumzüge, bei der neben Gruppen von Flagellanten auch viele Szenen aus der Heilsgeschichte nachgespielt wurden.

Ähnlich gestaltete Prozessionen fanden auch während der Feierlichkeit zu Ehren des heiligen Candidus statt, der hier als Schutzpatron der Armen und Bedürftigen verehrt wurde.

Pustertal

Die Kirche der heiligen Magdalena in Vierschach

Kurz vor der Grenze zu Osttirol erblickt man auf einem bewaldeten Hügel den weißen Kirchturm, der zur Magdalenenkirche gehört, deren Weihe auf das Jahr 1212 zurückreicht. Sie steht auf einer prähistorischen Festungsanlage und war in ihrer ersten Ausführung der heiligen Ursula geweiht, die vor allem in Kriegszeiten angerufen wurde, um einen leichten Tod, d. h. in Gottes Gnade zu erbitten.

Auch war sie als Behüterin der glücklichen Ehen und Beschützerin vor Verbrennungen beim Volk äußerst beliebt. Im Laufe der Zeit änderten sich die kulturellen Bedürfnisse der lokalen Bevölkerung, die nun sesshaft geworden war, sich dem Ackerbau und der Viehzucht widmete und endlich von den immer wiederkehrenden Kriegen und Raubzügen, die das frühe Mittelalter durch Jahrhunderte hindurch geprägt hatten, befreit war. So musste die heilige Ursula der heiligen Magdalena weichen. Und eine bessere Heilige hätte man sich gar nicht aussuchen können. Ihr langes, gewelltes Haar passt zur Umgebung, die einst reich an Wasser, Schilf, Quellen, Bächen, Mooren und Feuchtwiesen war. Magdalena – eigentlich Maria von Magdala, dem Ort am See Genezareth, dessen Namen auf Aramäisch „Turm der Fische" bedeutet – ist daher von Haus aus mit der aquatischen Welt verbunden. In zahlreichen europäischen, vorwiegend alpenländischen Spruchwörtern und Redensarten wird sie als Bringerin von Gewittern gesehen, die die Trockenheit in der heißesten Zeit des Jahres, im Juli, lindern und die Wiesen, Felder und Gärten wieder aufleben lassen.
In Vierschach wandten sich die Gläubigen, vor allem Frauen, an die heilige Magdalena, um sie als Heilerin von Bauchschmerzen zu bemühen, ein Attribut, das einer Legende entstammt. Es hieß nämlich, dass Magdalena, die angeblich in der französischen Provence gelandet war, in einer Höhle lebte, in die man mit dem Bauch auf dem Boden hineinkriechen musste. Grund genug, um sie auch zur Beschützerin des Unterleibs, der Mutterschaft und der Geburt sowie als Helferin gegen Magenerkrankungen zu ernennen. Bis zum Ausbruch des Zweiten Weltkriegs zogen an jedem 22. Juli Wallfahrtsprozessionen sowohl von der Südtiroler als auch von der Osttiroler Seite des Hochpustertals hinauf zum Vierschacher Gnadenbild der heiligen Magdalena, das 1740 vom Fleimstaler Maler Francesco Unterperger geschaffen wurde. Die Gläubigen von Innichen hingegen kamen gar dreimal im Jahr. Ihre Frühjahrs-, Sommer- und Herbstwallfahrten entsprachen dem jahreszeitlichen Lebensrhythmus der Vegetation: Keimung und Wachstum, Reifung und Ernte sowie Absterben in Erwartung eines neuen Lebens.

Ahrntal

Zu Unserer Lieben Frau von Loreto in Steinhaus

Im Jahr 1649 wurde die der schwarzen Madonna von Loreto geweihte Kapelle in Steinhaus auf Veranlassung von Joseph von Tannenberg und Franz Andreas von Sternbach, den mächtigen Betreibern der Prettauer Bergwerke, umgebaut und um ein Vielfaches vergrößert. Im Jahr darauf wurde die neue Kirche vom Brixner Weihbischof Jesse Perkhofer geweiht. 1704 kam es zu einer umfassenden Restaurierung, wonach sie erneut geweiht wurde, diesmal vom Fürstbischof Kaspar Ignaz von Künigl. Von Anfang an wirkte sie wie ein Magnet auf die Gläubigen des ganzen Tales, die auch von der schwarzen Hautfarbe der Madonna fasziniert waren. Wie Jean Markale in *The Mystery of the Druids* (Das Geheimnis der

Druiden) festhält, ist der Ursprung der schwarzen Madonnenbildnisse im Orient zu suchen: „Im früheren allgemeinen Volksglauben war Maria blond, und daher kann die spontane überschwängliche Verehrung von schwarzen Madonnen seitens der Gläubigen auf uralten Überlieferungen gründen, denen zufolge die Heilige Jungfrau Ähnlichkeiten mit antiken weiblichen Gottheiten aufweist." Über diesen dunkelhäutigen Darstellungen schwebte also immer noch der Geist der schwarzen Isis, der großen Göttin der ägyptischen Mythologie, die ihren Sohn Horus in ihren Armen trägt, ein vorgeschichtliches Pendant zur Muttergottes mit dem Kind. Darüber hinaus ist die Verehrung schwarzer heiliger Frauengestalten nicht eine rein christliche Tradition, sondern in allen Kulturkreisen der Erde zu Hause.

Gröden

Die St.-Silvester-Kapelle im Langental

Man kann wirklich nicht behaupten, diese dem heiligen Silvester geweihte Kapelle sei ein Wallfahrtsheiligtum. Es gibt kein wundertätiges Gnadenbild und auch keine mysteriösen Heiligenstatuen, die aus Wildbächen oder aus der Tiefe des Erdreichs, das üblicherweise zum Herrschaftsbereich des Teufels gezählt wird, geborgen wurden. Und doch wallfahren die Gläubigen von Wolkenstein zweimal im Jahr hierher, einmal im Frühjahr am Himmelfahrtssonntag

oder am darauffolgenden Montag und ein zweites Mal im Herbst am Tag nach dem Wolkensteiner Dorffest, das traditionsgemäß am 21. September gefeiert wird. Und als würde das nicht ausreichen, wird zu Maria Himmelfahrt auch noch eine Nachtwallfahrt von der Kirche Maria Schnee aus unternommen.

Die Kapelle wurde an einem Ort errichtet, um den sich zahlreiche Geschichten und Legenden ranken, die im Laufe der Jahrhunderte deutliche Spuren in der Volksfrömmigkeit hinterlassen haben.

Silvester I., der Papst aus der Zeit Kaiser Konstantins, der am 31. Dezember gefeiert wird, ist hier der zuständige Heilige. Er hatte seinerzeit die heidnischen Götter bekämpft und zur Christianisierung einiger vom heidnischen Drachenteufel beherrschten Bergregionen beigetragen. Er ist der Heilige des Wandels, des Aufbruchs in ein neues Jahr und einer neugeborenen Sonne, die der Erde wieder mehr Licht und Wärme spendet. Einem doppelgesichtigen Janus gleich schließt er die Tür hinter einem Halbjahr, das den Tod vor Augen führt, und öffnet eine neue, die zu einer erneuten Erstarkung der Sonne führt. Er steht auch all den Riten vor, bei denen Altes zerbrochen und durch Neues ersetzt wird, und er wacht über den Winter, die Jahreszeit der Kälte und des garstigen Wetters, die aber auch die Saat unter ihrer Schneedecke beschützt, um sie einem neuen Leben zuzuführen. Außerdem gehört Silvester zu den zwölf als heilig geltenden Nächten zwischen Weihnachten und Dreikönig, die sehr gefürchtet waren, weil in ihnen ungestört herumziehende böse Geister viel Unheil verursachten. Den Menschen wurde daher geraten, abends noch vor dem letzten Läuten nach Hause zu gehen und dort so geräuschlos wie möglich zu verharren, bis es wieder hell wurde Und während man sich heute vorwiegend in Dinnerpartys und Silvesterbälle stürzt, räucherte man früher mit gesegnetem Weihrauch das ganze Haus, den Stadel, den Stall und gar den Gemüsegarten aus, wobei sich die ganze Familie rosenkranzbetend an diesem sakralen Rundgang von Raum zu Raum beteiligte.

In diesem kleinen „Haus Gottes" mit seinem einzigen Raum und der schlichten Architektur fanden die Gläubigen alles vor, um die Geschichten aus dem Alten und dem Neuen Testament zu verstehen, denn die Wände im Inneren der Kapelle wurden ab 1732 in einem populären, leicht verständlichen Barockstil mit Fresken ausgeschmückt, die einem offenen Buch über unsere Glaubensgeschichten gleichkommen. Der umfangreiche Freskenzyklus stellt die vier Evangelisten Lukas, Markus, Matthäus und Johannes dar sowie das irdische Paradies mit Adam und Eva – das Alpha – und das Jüngste Gericht – das Omega. Achtunddreißig Bilder sind Episoden aus dem Leben Christi gewidmet, wobei die Szenen nummeriert sind wie die Seiten eines Buches und von deutschen

Bildunterschriften mit Gebetsaufforderungen begleitet werden. Die Bilderserie beginnt mit der Verlobung von Maria und Josef und endet mit der Auferstehung, der Himmelfahrt und der Herabkunft des Heiligen Geistes. Es ist eine Bibel für einfache Leute, die sie teilnehmen lässt am Opfer Jesu zur Errettung der Menschheit und am ewigen Kreislauf der Dinge.

Der Blick vieler Verehrer – zumindest jener der Hirten, Bauern und Viehzüchter – gilt aber vor allem der Triade, die in der Altarnische in einem Halbkreis angeordnet ist. Sie besteht aus der Holzstatue des segnenden heiligen Papst Silvesters, dem der heilige Franziskus von Assisi und der heilige Antonius von Padua zur Seite stehen. Gemein ist diesen drei Heiligen ihre Rolle als Beschützer der Tiere. In einer Zeit, in der das Vieh zusammen mit den Feldern und dem Wald die wichtigste Lebensgrundlage darstellten, war es wichtig, die Kapelle aufzusuchen und für das Heil der Tiere zu beten, die auf ihre Sommerweiden getrieben wurden. Für die Hirten gab es hier einen zweimaligen Halt, den ersten beim Auftrieb, um für sich und ihrem Vieh einen guten Sommer zu erbitten, und beim Abtrieb nach abgeschlossener Sömmerung, um dafür zu danken, dass auf der Alm alles gut gegangen ist.

1983 erstellten Bildhauer aus Wolkenstein einen Kreuzweg mit fünfzehn Stationen, der beim Weiler Daunëi beginnt und durch eine idyllische Waldlandschaft unter den Felswänden der Stevia entlang bis zur Kapelle hinaufführt. Der Kreuzweg, der vor dem Hintergrund des 1983 ausgerufenen Heiligen Jahres unter der Leitung von Kaplan Toni Fiung entstanden ist, wird auch als Besinnungsweg bezeichnet und wurde am 9. Oktober 1983 vom Diözesanbischof Josef Gargitter geweiht.

Gröden

Die St.-Leonhard-Kirche in Pufels

Unter den zahlreichen Wallfahrtsorten des Landes gibt es einen, bei dem der Zusammenhang mit dem verehrten Heiligen nicht ganz klar erscheint. Es ist dies die Pfarrkirche von Pufels, zu dessen Patron Sankt Leonhard viele Gläubige aus dem ganzen Grödental pilgerten. Die 1353 erstmals urkundlich erwähnte Kirche ist in Wirklichkeit viel älter, doch von dem ursprünglichen romanischen Bauwerk ist nur noch der Glockenturm mit seinen zwei- und dreiteiligen Rundbogenfenstern erhalten geblieben, während das Langhaus zwischen 1740 und 1745 umgebaut und barockisiert wurde. Ursprünglich gehörte die Kirche zur Pfarre Kastelruth, bis 1919 die pfarramtliche Eigenständigkeit beantragt wurde, zu der es aber erst 1944 kommen sollte.

Nach Angaben des Pfarrers von Runggaditsch-Pufels war die Kirche im Mittelalter ein viel besuchter Wallfahrtsort, aber es war nicht ganz klar, warum der Heilige besonders von den Bauersleuten verehrt und angerufen wurde. Sankt Leonhard, im süddeutschen Raum und ganz Bayern äußerst bekannt und geschätzt, war damals als der Schutzpatron für die Gefangenen, Schmiede, Kettenmacher und Fuhrleute, der sich aber auch der Sorgen der Knappen, der Schwangeren und gar der Banditen und Wegelagerer annahm. Weiters wurde er auch als Verfechter der sozialen Gerechtigkeit geschätzt, der gegen das Joch der Versklavung und Leibeigenschaft in der frühmittelalterlichen feudalen Gesellschaft kämpfte. Noch zu Beginn des 19. Jahrhunderts gab es in Pufels mindestens sechs Bauern, die jedes Jahr ein eigens dazu aufgezogenes Kalb dem heiligen Leonhard opferten – ob auf dem Kirchhof, in der Kirche selbst oder bei sich zu Hause auf dem Bauernhof, wissen wir nicht.

Stets Halt an der Pufelser Leonhardkirche machten, bis zu Beginn des Ersten Weltkriegs, auch die Wallfahrer aus Kastelruth am Tag nach Christi Himmelfahrt mit ihrem traditionellen „Großen Gerichtsumgang", der für „die Starken" von Kastelruth aus über St. Michael, Pufels, die Seiser Alm und hinunter nach St. Valentin führte, um von dort wieder an den Ausgangspunkt zurückzukehren. Den „Schwachen" war dagegen tags darauf eine deutlich weniger mühsame Wallfahrt vorbehalten, die von Kastelruth nach Seis und schließlich über St. Vigil, St. Oswald, Waidbruck, Tagusens und Tisens wieder zurück ging. Nach dem Ersten Weltkrieg wurden die beiden Umzüge, der der „Starken" und der der „Schwachen", zu dem Kreuzfreitagumgang vereint, der als „Pestprozession" auch heute noch abgehalten wird. Diese zieht in Kastelruth um vier Uhr morgens los, wird in St. Michael zum Lesen einer Messe unterbrochen und führt dann zur Kirche des heiligen Valentin – sie stammt aus dem 13. Jahrhundert und steht auf den Überresten einer Siedlung aus der Römerzeit –, in der eine weitere Messe gelesen wird, bevor es zurück nach Kastelruth geht. Der Ursprung auch dieser traditionsreichen Wallfahrt geht auf ein Pestgelübde aus dem 17. Jahrhundert zurück, zu dessen Andenken heute noch die Bewohner aller Häuser und Höfe, an denen die Prozession vorbeizieht, brennende Kerzen in die Fenster stellen.

Gröden

Wallfahrtskirche Mariahilf in Wolkenstein

Der Überlieferung nach liegt der Gründung dieser Marienkirche die Auffindung eines wundertätigen Bildes zugrunde. Die lateinische Inschrift *Wilhelmus de Wolkenstain anno 1503* über dem gotischen Portal der heutigen „alten Kapelle" und vormaligen Sakristei bezieht sich auf den Bau einer Vorgängerkapelle, die 1517 von Grund auf erneuert wurde. Um 1600 vermerkt Marx Sittich von Wolkenstein, dass diese *miten in Felt* gebaute Kirche das Ziel vieler Pilger sei. Sie kamen zum Teil von weit her, um Maria Schnee, der *Sancta Maria ad Nives*, wie der Ort auch manchmal genannt wurde, einen Besuch abzustatten und baten die Muttergottes um ihre Fürsprache, vor allem in Zeiten lang anhaltender Trockenheit: *wan es nit regnen will.*
Graf Engelhard Theoderich von Wolkenstein stiftete der Kirche ein Gemälde nach dem Vorbild des Gnadenbildes Mariahilf von Lucas Cranach dem Älteren, das im Jakobsdom von Innsbruck aufbewahrt wird. Anlass dazu wahr wohl die Erweiterung der Wallfahrtskirche, die 1678 in der Aufstockung des Glockenturms ihren Abschluss fand. Heute ist das Gnadenbild in einen kostbaren Rahmen aus reinem Gold eingefasst, der es noch heller erscheinen lässt. Es wird von zwei Engeln gehalten und thront über dem Tabernakel des neugotischen Altars von 1870. Der kunstvoll gestaltete Tabernakel selbst ist dagegen erst 1952 von Grödner Künstlern geschaffen worden. Im Unterschied zum cranach'schen Original mit Schleier werden die beiden Häupter der Gottesmutter und des Jesukindes mit edel-

steinbesetzten goldenen Kronen gewürdigt, Maria außerdem auch mit kostbaren Gehängen und Ringen. Beschützt wird sie zu beiden Seiten von sechs Holzskulpturen, die gleichfalls ihre schützenden, heilenden und apotropäischen Fähigkeiten in den Dienst der Pilger stellen. Es sind dies zwei Engel, Marias Eltern Joachim und Anna und ihre nahen Verwandten Zacharias und Elisabeth. In den Nischen darunter sind dagegen die Statuen der vier Evangelisten sowie die der heiligen Josef und Johannes des Täufers untergebracht.
Die Wallfahrer kamen vor allem aus St. Ulrich und St. Christina, wobei die Ulricher Gläubigen sich bei längerer Dürre zu umfassenden Bittgängen zusammenscharten, an denen ein Großteil der Bevölkerung teilnahm.
Einst kamen auch die Gadertaler häufig und in großer Anzahl, stets zu Fuß, besonders die aus Kolfuschg, Pescosta und Corvara, und blieben bis in die 1950er Jahre hinein diesem Wallfahrtsort treu verbunden. Heute ist dieses früher bei ihnen so beliebte Wallfahrtsziel mehr oder weniger in Vergessenheit geraten, es kommen nur noch wenige, und wenn, dann im Auto und privat, höchstens ab und zu mit Bus. Im Mai hingegen waren es hauptsächlich die Kastelruther und Seiser, die sich zu traditionellen Bittgängen in Richtung Mariahilf von Wolkenstein auf den Weg machten.

Gadertal

Die Mantëna-Kapelle

Den Ladinern, die nicht in ferne Landen pilgern konnten, boten sich als Ersatz die vielen Wallfahrtskapellen des Gadertals an, um die herum sich zur Fastenzeit an den Sonntagnachmittagen die

Gläubigen versammelten. Sie sind typisch für das Tal, etwa vierzig an der Zahl und stehen meist direkt vor einem Bauernhof. Diese kleinen Bauten der Glaubensbezeugung, auf Ladinisch *Anteriöls* genannt, enthalten ein Kruzifix, eine Statue sowie ein kleines Heiligenbild und laden die Vorbeigehenden zu einer kurzen Andacht ein.
Einer davon war einst ein echtes Heiligtum, wenn auch in Gestalt einer Miniaturausgabe: die Mantëna-Kapelle. Es handelt sich um ein kleines schlichtes Bauwerk, das 1619 im Weiler Mantëna am Weg in Richtung St. Vigil bei Enneberg neben der alten Trattoria Garsun errichtet wurde. Erneuert und neu ausgemalt wurde sie laut der Inschrift *„Fabbricata 1691 Rinnovata da Giuseppe Rudifera 1895"* zwei Jahrhunderte später. Sie besteht aus einem kleinen rechteckigen Raum mit kleiner halbrunder Apsis, einem Schindeldach und einem hölzernen Türmchen mit Wetterhahn und Kreuz, von dem einst eine kleine Glocke die Gläubigen zum Gebet oder zu den ab und zu gefeierten Messen herbeirief. Seit Ende des 19. Jahrhunderts zieren den Altar eine Nachbildung der Grotte von Lourdes mit der Madonnenerscheinung sowie ein Tabernakel aus dem 17. Jahrhundert. Eine weitere Statue der Maria als Königin des Himmels steht heute in der Wandnische, in der früher ein kleine Vitrine mit einer in hiesiger Tracht gekleideten Wachsfigur des Guten Hirten aus dem 19. Jahrhundert aufbewahrt, später aber aus Sicherheitsgründen entfernt wurde.
Die Zahl der Pilger, die heute noch den Weg hierher finden, ist stark geschwunden. Nur die Einwohner von St. Vigil kommen noch einmal im Jahr, im Juni, zum Fronleichnamsfest, wobei sich ihre Prozession an den zwei Wildbächen entlangschlängelt, die hier in Vergangenheit schon viel Unheil angerichtet haben. Deshalb werden die Brücken über diese beiden Bächen mit dem Weihwasser des heiligen Veit gesegnet, doch dabei angerufen wird der heilige Johannes von Nepomuk, der Wasserheilige schlechthin und Schutzpatron gegen alle Arten von Hochwasser und Überschwemmungen. Ein besonderes Ritual im Zusammenwirken zweier Heiligen, die das außer Kontrolle geratene Wasser mit der Epilepsie in Verbindung bringen, die wiederum zu den krankhaften Verrenkungen des berüchtigten Veittanzes führt.
Im kleinen Kirchenraum wird jeden Abend im Monat Mai der gemeinsame Rosenkranz gebetet. Selbst wenn die Kapelle heute nicht mehr als Wallfahrtsort genutzt wird, ist und bleibt sie doch ein aussagekräftiges Zeugnis für die Volksfrömmigkeit im unteren Gadertal.

Gadertal

Die Kapelle in Bad Rumestluns

In der Regel pilgern Gläubige zu einem Wallfahrtsort, weil dort ein Heiligenbild oder eine Statue aufbewahrt werden, die als wundertätig gelten. Eine aus Mauerwerk bestehende Kirche – jeder einzelne Stein davon steht sinnbildlich für einen Gläubigen – ist die kostbare Hülle, von der das auf ganz besondere Weise verehrte Gnadenbildnis umfangen ist. Es kann aber auch eine Reliquie sein, die den Wallfahrer anzieht, oder einfach eine Örtlichkeit, an der eine Erscheinung stattgefunden hat.
Nicht so in Bad Rumestluns – *Rumustluns* auf Ladinisch – einem Weiler im Wengental, einem Seitental des Gadertals. Hier gab es keine Erscheinung, kein wundertätiges Bild hängt an der Wand,

ebensowenig eine Reliquie, die von einem Fernpilger mitgebracht und gestiftet wurde. Und trotzdem wird dieser Ort schon seit Jahrtausenden ununterbrochen von Menschen aufgesucht, weil sich hier eine besondere Quelle findet, die das ganze Jahr hindurch leise vor sich hin murmelt und ein Bächlein bildet, das die Einheimischen *Gana* nennen, und sich schließlich in den Wildbach verwandelt, der durch das mythische legendäre *Reich der Fanes* fließt, das auch Karl Felix Wolff besungen hat. Die *Ganes*, Nymphen des Wassers, bilden zusammen mit den *Salvans*, den wilden Waldgeistern – in Entsprechung der altrömischen *Silvani* und der germanischen *Scharwangen* – die wichtigsten mythischen Wesen der heidnischen Kultur in den ladinischen Tälern. Die *Ganes* fristen ihr Dasein in feuchten Niederungen nahe an Quellen, Bächen und Seen, die auch als die „Augen der Seele" bezeichnet werden. Man findet sie auch nicht weit von hier, am Col dla Vedla in der Nähe von Rina, das Joch, das die Wallfahrer aus Enneberg überquerten, wenn sie zur Heiligkreuzkirche pilgerten. Auch hier soll es einst drei Heilquellen gegeben haben, und an einer von ihnen soll eine Heilerin namens *Ganaruna* gewirkt haben. Allein im Gadertal gibt es zahlreiche uralte Heilquellen, die nach und nach in kleine Thermalbäder umgewandelt wurden. Viele davon sind im Laufe der Zeit aufgelassen worden und verfallen, einige sind hingegen immer noch in Betrieb wie die Schwefelquellen von Bad Valdander, Cortina, Preroman und Pedratsches sowie die von Rumestluns, und jede dieser Quellen wurde im Geiste von einer *Gana* betreut. Einst tauchte man vollständig im Quellwasser unter, reinigte sich damit und löschte seinen Durst. Es war auch üblich, es zu erhitzen, um sich in seinem heilenden Dampf zu suhlen, und zwar in einem Holzkasten mit oben einem Loch, aus dem nur der Kopf herausragte: eine Sauna *ante litteram*.

Erst mit dem Aufkommen der chemischen Analysen entdeckte man, dass diese Wässer wirklich einen hohen Anteil an Kalzium, Magnesium, Karbonat und Sulfaten aufweisen und zur Behandlung von Rheuma, Hautkrankheiten und -infektionen, von Venenleiden, Skorbut und Appetitlosigkeit geeignet sind. Die Talbewohner hatten dies bereits lange Zeit vorher erkannt und suchten bei Bedarf diese Quellen auf, die von ihnen wie kleine Heiligtümer verehrt wurden.

Später wurde der alte Rumestlunserhof nebenan in ein Gasthaus mit Badeanstalt verwandelt. Eine Votivtafel in der Kapelle zeigt den ursprünglichen Zustand dieses „Badls", das zu Beginn der 19. Jahrhunderts bis zu hundert Gäste aus nah und fern aufnehmen konnte. Viele wurden wegen eines Hautausschlages behandelt, darunter auch der deutsche Nobelpreisträger für Physik, Max Planck.

Ganz in der Nähe der Quelle, auf der von Tausenden von Füßen betretenen Wiese, war bereits lange zuvor eine Kapelle errichtet worden, die 1896 durch einen Brand völlig zerstört wurde. An der, die heute vor uns steht, erblickt man schon von Weiten das große Fresko, das dem kreuztragenden Christus sowie den bildlich dargestellten sieben Todsünden gewidmet ist und uns daran erinnert, dass der Heiland für uns alle gestorben ist und wir die Schmerzen und Leiden des alltäglichen Lebens zu ertragen haben. Im Inneren des Kirchleins sind mehrere Fresken aus den dreißiger Jahren des vorigen Jahrhunderts zu sehen, während das sehr viel ältere Altarbild aus der Vorgängerkapelle, das heute an der linken Wand hängt, den heiligen Simon Stock darstellt, der das Skapulier von Unserer Lieben Frau vom Berg Karmel in Empfang nimmt: ein für den Tiroler Raum eher seltenes Motiv, so wie hierzulande auch die Verehrung dieses Schutzheiligen des Karmeliterordens äußerst selten vorkommt.

Das von den Gläubigen am meisten verehrte Bild ist hier jedoch die von Alexander Dejaco 1933 gemalte Muttergottes mit dem Kind als oberste Beschützerin der Heilbäder und der Kranken. An ihrer Seite sind die heiligen Antonius, Florian, Klara und Notburga dargestellt. Während mehrere Votivtafeln immer noch die Wände der Kapelle zieren, sind die früher hier zuhauf angesammelten Krücken und Gehstöcke mittlerweile an einen sicheren Ort gebracht worden.

Gadertal

Die St.-Barbara-Kirche in Wengen

Die Verehrung der heiligen Barbara kommt aus der Tiefe des Erdreichs. Unter anderem auch aus den Stollen der Bergwerke von Fursil am Fuße des Monte Pore, in denen die *Canòpi*, wie hier die Knappen in Anlehnung an ihre deutsche Bezeichnung genannt wurden, Erze schürften. Sie kamen aus ganz Europa, vorwiegend aus dem süddeutschen und dem böhmischen Raum hierher in diesen Landstrich, der von 1177 bis in die Mitte des 17. Jahrhunderts unter der Herrschaft der Fürstbischöfe von Brixen stand. Gemeinsam mit den Kaufleuten der Gegend veranlassten sie den Bau einer Kirche, der ihrer himmlischen Beschützerin geweiht werden sollte, die über sie wachte, während sie ihrer harten und lebensgefährlichen Arbeit unter Tage nachgingen. Und so wurden die Bergknappen aus Valparola zu den Stiftern der 1490 erbauten Barbarakirche in Wengen. *„1490. Anno Domini factum est ista khappela"* steht über dem rechten Fenster des Altarraums der Kirche geschrieben, die am 15. Mai 1491 an diesem landschaftlich wunderschönen Ort geweiht wurde und bald schon zu einem wichtigen Bezugspunkt der Gläubigen des ganzen Tales werden sollte.

Die massive Anwesenheit von Bergleuten in diesem Gebiet gab auch Anlass zu der Legende, derzufolge die mächtigen Herren von Rü bares Münzgeld und wertvollen Goldschmuck in unmittelbarer Nähe der Kirche im Boden vergraben hatten. Die Rede von einem Schatz der heiligen Barbara war bald in aller Munde. Und so kam es, dass eines Tages ein sehr armer und kinderreicher Bauer, der vom Wissen um den vermuteten Schatz besessen war, nach ihm zu graben begann. Währenddessen betete im Inneren der Kirche ein junger Melker, der sich beim Kartenspielen im nahen Dorfwirtshaus arg verspätet hatte, seinen Abendrosenkranz. Zuvor hatte er seine beiden gefüllten Milcheimer vor der Kirchentür abgestellt. Während er den Rosenkranz herunterleierte, hörte er plötzlich laute dumpfe Klopf- und Schürfgeräusche, die von den Kirchenwänden hallten. Zu Tode erschrocken und davon überzeugt, es würde sich um Hexen oder irgendwelche andere Unholde handeln, suchte er überstürzt das Weite und stolperte dabei donnernd und scheppernd über seine beiden Milcheimer. Darüber wiederum erschrak der grabende Bauer so sehr und war sich sicher, es handele sich dabei um die über sein frevlerisches Tun erbosten Geister der längst verstorbenen Herren von Rü, sodass auch er Pickel und Schaufel fallen ließ und schleunigst Reißaus nahm, um verwirrt und reumütig so schnell wie möglich an seinen Hof in Cians zurückzukehren, wo er gegen Mitternacht leichenblass und schweißgebadet ankam. Seitdem hat es niemand mehr gewagt, den immer noch um die Kirche herum vergrabenen Barbaraschatz zu suchen und zu heben.

Die heilige Barbara wird auch von den nicht erzschürfenden Ladinern verehrt, vor allem weil sie sie vor tödlichen Blitzschlägen beschützt, wovon auch ein gereimter Anrufungsvers zeugt: *Santa Barbara benedetta, liberaci dal tuono e dalla saetta* (gebenedeite heilige Barbara, befreie uns von Donner und Blitz).

Am Festtag der Heiligen war es üblich, die so genannten Barbarasträußchen zu verteilen, Kirschbaumzweige, die an diesem Tag in einer Vase eingefrischt auf das Fensterbrett der warmen Stube gestellt wurden, um nach genau zwanzig Tagen, an Heiligabend, zu erblühen. Geschah dies wirklich, kündigte sich damit eine Hochzeit im darauffolgenden Jahr an.

Seitlich am Altar häufen sich die geschriebenen, gezeichneten und gemalten frommen Wünsche, Hoffnungen und Träume der Kinder, aber auch die vielen handschriftlichen Bitten und Danksagungen der erwachsenen Gläubigen, die immer noch, besonders in den Sommermonaten, zahlreich hierher pilgern, wenn auch nicht mehr in gemeinschaftlichen Wallfahrtsprozessionen, sondern als fromme Einzelgänger oder im engen Kreis der Familie.

Gadertal

Die Muttergotteskirche in Enneberg Pfarre

In einem Ablassbrief aus dem Jahr 1347 wird dies Kirche erstmals namentlich genannt: *„Ecclesia plebis beate Marie de Marebio"*. Man weiß aber, dass sie bereits mehr als ein Jahrhundert früher bestand, denn 1212 finden zwei in ihr dienende Diakone namens Sifridu und Otto Erwähnung, während ein Pfarrer Marchwardus für die Zeit zwischen 1214 und 1237 nachgewiesen ist.

Sie wurde bald schon zu einem wichtigen Wallfahrtsort, da in ihr eine wundertätig geltende Marienstatue verwahrt wurde. Es heißt,

die Statue sei nach einem Murenabgang aus dem Schutt gerettet worden gemäß einem in der Geschichte der Entdeckungsmythen häufig vorkommenden Motiv. Von den vielen Attributen und Rollen, die der Heiligen Jungfrau Maria zugedacht sind, wurde die „Unserer Lieben Frau des Guten Rates“ gewählt, deren Festtag auf den 26. April fällt, aber üblicherweise am ersten Sonntag im Mai, dem Marienmonat, gefeiert wird. Das Attribut des „Guten Rates“ ist vor allem an die Frauenwelt gerichtet, die sich in besonderem Maße auf die Weisungen der Muttergottes verlassen kann.

Die Gnadenstatue stammt aus der Zeit um 1430, thront auf dem Hochaltar und umschließt mit ihrem goldenen Strahlenkranz zwei Engel, die das Gnadenbildnis der Madonna mit dem segnenden Jesukind in der Linken und dem Zepter in der Rechten emporheben. Die jährliche von hier ausgehende Prozession wird traditionsgemäß von den Frauen angeführt, und weiblich sind auch die beiden Heiligenstatuen, die in der Prozession mitgetragen werden: voran die der heiligen Notburga mit der Sichel, gefolgt von jener der wundertätigen Gnadenmutter.

Auch heute noch wird die Enneberger Muttergottes bei anhaltender Trockenheit in einem Bittgang über die Felder getragen, an dem auch Bauersleute aus den benachbarten Dörfern St. Lorenzen, St. Vigil und Campill teilnehmen.

Es sind die Beschwörungsrituale des Frühlings, der Wiedergeburt des Lebens und gleichzeitig der Bitte um günstige Wetter für eine reiche Ernte. Bei diesen Anlässen wurde aber auch um Gottes Segen für die eigene Gesundheit und die der ganzen Familie gebeten.

1636 war das Jahr, in dem die Gläubigen von Welsberg aus dem nahen Pustertal gewallfahrt kamen, um die Enneberger Madonna anzuflehen, der gerade wütenden Pest Einhalt zu gebieten und das grauenvolle Dahinsterben im Tal zu beenden. Und so geschah es auch durch die erhörte Fürbitte der Gottesmutter. Seitdem kehren die Welsberger in Erfüllung ihres Gelübdes jedes Jahr wieder, immer noch zu Fuß wie vormals, jetzt aber in Begleitung ihrer Fahnen und ihrer eigenen Musikkapelle.

Um die Wallfahrt von 1636 begann sich schon früh eine Legende zu bilden, wohl auch deshalb, weil die Enneberger diesen Welsberger „Eindringlingen“ nicht besonders hold waren. Um sie von Enneberg fern zu halten, stellten sie am Furkelpass (1758 m) Wachen auf, die jedoch in der Hitze der Lagerfeuer schläfrig wurden und es den Welsbergern ermöglichten, unbemerkt den Pass zu überqueren und ihre Wallfahrt zur Enneberger Muttergottes ungehindert fortzusetzen. Als sie aber an der Kirche ankamen, fanden sie diese zugesperrt und verriegelt vor. Daraufhin umkreisten sie dreimal die Kirche, bis diese von einer unsichtbaren Hand entriegelt und geöffnet wurde und sie in ihr angestrebtes Ziel eintreten ließ. Damit war die Tradition der dreifachen Kirchenumrundung geboren, die heute noch von den Welsberger Wallfahrern rigoros befolgt wird. Und wieder ist es die Zahl Drei, die nicht nur in der christlichen Religion, sondern auch in allen anderen Religionen der Erde eine eminente Rolle spielt.

Die Wallfahrt der Pusterer ist über die Jahrhunderte hinweg unverändert geblieben, auch mit ihrer Tradition, alle zwei Jahre eine große Kirchenkerze und alle hundert Jahre eine neue Votivtafel zu stiften. An der West- und Südwand des Langhauses hängen die vier großen Gemälde, die uns die erstaunliche Geschichte dieser Wallfahrt erzählen.

Ortsregister

J

K

L

M

N

O

P

R

Weiterführende Literatur

Büch, Ernst: *Über den Kult der heiligen drei Jungfrauen von Meransen und seine Beziehunger. zu Worms*, in *Der Schlern*, 45/1971, Bozen

Conta, Gioia: *I luoghi dell'arte*, 5 Bde., Bozen 1988–1995

Dall'Olio, Giuliana: *Per un soffio in Paradiso. I miracoli „à répit" della Madonna di Casez*, Associazione Culturale G. B. Lampi, Lavis (TN) 2014

Degasperi, Fiorenzo: *Pellegrinaggi e Santuari dei Ladini e delle genti Mòchene e Cimbre*, Curcu & Genovese, Trient 2008

Degasperi, Fiorenzo: *Trekking dello spirito*, Edizioni Curcu & Genovese, Trient 2012

Demarchi, Franco/Abbruzzese, Salvatore: *La sacra terra. Chiesa e territorio*, Edizioni Guaraldi, Dezember 1995

Fabris, Vittorio: La Valsugana orientale e il Tesino, 2 Bde., Edizioni Litodelta, Scurelle (TN) 2011

Fink, Hans: *Eisacktaler Sagen*, Athesia, Bozen 2002

Folgheraiter, Alberto: *I sentieri dell'infinito. Storia dei santuari del Trentino Alto Adige,* Edizioni Curcu & Genovese, Trient 1999

Folgheraiter, Alberto: *Tante grazie e così sia. Uomini e paesi del Trentino Alto Adige negli ex voto dei singoli e delle comunità*, Edizioni Curcu & Genovese, Trient 2008

Folgheraiter, Alberto: *I custodi del silenzio. La storia degli eremiti del Trentino*, Edizioni Curcu & Genovese, Trient 2016 (2. Auflage)

Gorfer, Aldo: *Il pane di Sant'Egidio*, Edizioni Saturnia, Trient 1983

Gelmi, Josef: *Maria in der Geschichte Tirols*, Safida Media, Kehl am Rhein (D) 2002

Haid, Hans: *Mythos und Kult in den Alpen*, Rosenheimer, Wien 1992

Mareso, Gisella/Pruccoli, Rosanna/Rosani, Tiziano: *Calendario inconsueto. Percorsi d'arte e tradizicni fra Alto Adige e Europa*, Autonome Provinz Bozen, Bozen 2003

Neri, Mauro: *Le mille e una leggenda del Trentino*, Athesia, Bozen 2019

Norsa, Alessandro: *Tradizioni nelle vallate ladine dolomitiche*, Istitut Ladin Micurà de Rü, 5 Bde., Bozen 2015

Paulin, Karl: *Die schönsten Tiroler Sagen*, Tyrolia, Innsbruck 2009

Santschi, Catherine: *Eremiten in Tirol und Vorarlberg*, A. Weger, Brixen 2010

Tilatti, Andrea (Hrsg.): *Santuari di confine: una tipologia?* Edizioni della Laguna, Gorizia 2008

Winkler, Robert: *Sagen aus dem Vinschgau*, Athesia, Bozen 2000

Vernaccini, Silvia/Zotta, Gianni: *Benedetta acqua*, Edizioni Curcu & Genovese, Trient 2009

Zolla, Elémire: *Aure. I luoghi e i riti,* Edizioni Marsilio, Venedig 1988

Bildnachweis

Mauro Mendini:	*4, 53, 54, 55, 56, 57, 58 (unten rechts), 59 (oben), 146, 147, 148, 149 (unten), 151, 152, 153, 155, 156, 157, 158, 159, 160–161, 162, 163, 164 (oben), 165 (oben), 177, 179, 180, 258 (unten)*
Maria Stancher:	*69, 70, 72*
Daniele Collesei:	*258 (oben)*
Schutzhaus Latzfonser Kreuz:	*91 (rechts)*
AdobeStock:	*8, 9, 18–19, 73, 77, 85, 86–87, 107, 108 (oben), 111, 117, 118 (oben), 119, 127, 128, 129, 130, 135 (links), 136 (links) 166, 197 (oben), 198, 199, 205, 237, 241, 244, 245*
Athesia-Tappeiner Verlag:	*32, 33 (rechts), 34 (rechts), 35, 39, 43, 45, 46 (oben), 47, 48, 49, 50, 51, 61, 62 (oben), 63, 68, 75 (unten links), 79, 80 (links), 81, 82, 83, 84, 88, 89, 90, 91 (links), 92*

Alle anderen Fotos stammen vom Autor.

Umschlag: *AdobeStock/Nina Niebuhr*

Umschlag hinten: *Fiorenzo Degasperi (Auswahl an Ex-Voti aus der Wallfahrtskirche von Montagnaga in Piné)*

Fiorenzo Degasperi

Der Autor dieses Buches lebt und arbeitet in Borgo Sacco, einem Stadtteil von Rovereto direkt am Ufer der Etsch. In der Tageszeitung *L'Adige* und den Zeitschriften *Trentino Mese* und *Arte Trentina* erzählt er von seinen Ausflügen in die Welt der Kunst, der mythologischen Landschaften und der sakralen Geografie des alpenländischen Kulturraums.
Seine Bücher – mittlerweile sind es über dreißig, von denen fünf mit nationalen und regionalen Preisen ausgezeichnet wurden – sind das Ergebnis einer langen Reise auf den zahllosen ineinander verschlungenen Wegen der Geschichte, der Kunst und der Fantasie des Imaginären. In diesem Buch schlängeln sich seine Erzählungen über Berg- und Talpfade, durch Bäche und Seen entlang der Wege, die zu abgelegenen Weilern und Dörfern führen – auf der Suche nach einsamen Bergkirchen und vergessenen Kapellen, den steinernen Zeugen, die von ihm in Wort und Schrift gefasst weitererzählt werden, vor allem in der Absicht, die so oft unterbrochen erscheinende Verbindung zwischen den Menschen und der Natur nachzuvollziehen und wieder aufleben zu lassen und all das wertzuschätzen, was diese Menschen an Kunst, Brauchtum, Mythen und Legenden im Laufe der Jahrhunderte hervorgebracht haben.

fiorenzo.degasperi4@gmail.com